"双一流"建设丛书·学术经典系列

社论中的政治文明

付长海 ◎ 著

中国传媒大学 出版社

·北京·

图书在版编目(CIP)数据

社论中的政治文明/付长海著.--北京：中国传媒大学出版社，2024.9.
(中国传媒大学"双一流"建设丛书)
ISBN 978-7-5657-2919-5

Ⅰ.D6

中国国家版本馆CIP数据核字第202408YV41号

社论中的政治文明

SHELUN ZHONG DE ZHENGZHI WENMING

著　　者	付长海
责任编辑	裴向敏
封面设计	拓美设计
责任印制	李志鹏

出版发行	中国传媒大学出版社		
社　　址	北京市朝阳区定福庄东街1号	邮　编	100024
电　　话	86-10-65450528　65450532	传　真	65779405
网　　址	http://cucp.cuc.edu.cn		
经　　销	全国新华书店		
印　　刷	唐山玺诚印务有限公司		
开　　本	787mm×1092mm　1/16		
印　　张	20.25		
字　　数	362千字		
版　　次	2024年9月第1版		
印　　次	2024年9月第1次印刷		
书　　号	ISBN 978-7-5657-2919-5/D·2919	定　价	98.00元

本社法律顾问：北京嘉润律师事务所　郭建平

目 录

导 论 /1

第一章 社会主义过渡时期的政治文明(1949—1956) /32
    第一节 社会主义过渡时期的政治意识文明 /32
    第二节 社会主义过渡时期的政治制度文明 /55
    第三节 社会主义过渡时期的政治行为文明 /66
    本章小结 /77

第二章 社会主义建设时期的政治文明(1956—1976) /79
    第一节 社会主义建设时期的政治意识文明 /79
    第二节 社会主义建设时期的政治制度文明 /106
    第三节 社会主义建设时期的政治行为文明 /112
    本章小结 /117

第三章 中国特色社会主义开创时期的政治文明(1976—1992) /119
    第一节 中国特色社会主义开创时期的政治意识文明 /119
    第二节 中国特色社会主义开创时期的政治制度文明 /148
    第三节 中国特色社会主义开创时期的政治行为文明 /169
    本章小结 /177

第四章 中国特色社会主义发展时期的政治文明(1992—2012) /179
    第一节 中国特色社会主义发展时期的政治意识文明 /179
    第二节 中国特色社会主义发展时期的政治制度文明 /201
    第三节 中国特色社会主义发展时期的政治行为文明 /213
    本章小结 /228

第五章 中国特色社会主义新时代的政治文明(2012—2019) /230
    第一节 新时代中国特色社会主义政治意识文明 /230
    第二节 完善新时代中国特色社会主义制度 /255
    第三节 新时代中国特色社会主义治国理政新实践 /271
    本章小结 /289

结　语 /291

附录　《人民日报》元旦社论篇名(1949—2020) /307
参考文献 /310

导 论

一、研究背景

改革开放以来,中国经济发展取得举世瞩目的成就,国内外许多学者开始把中国的发展称为一种"中国模式""北京共识""中国道路""中国经验"。作为一种特定的社会关系,政治是经济的集中体现。特定的阶级和政治力量"如果不从政治上正确地看问题,就不能维持它的统治,因而也就不能完成它的生产任务"①。因此,我们从政治层面对中国发展内在原因进行探究便成为一种必然。此前,相关学者对课题的研究多集中于改革开放以来的政治发展和政治文明成果方面,而对改革开放以前的政治文明成果的关注和研究不多,或者说把改革开放前后统一起来对中国社会主义政治文明进行整体性研究比较少。习近平指出,"我们党领导人民进行社会主义建设,有改革开放前和改革开放后两个历史时期,这是两个相互联系又有重大区别的时期,但本质上都是我们党领导人民进行社会主义建设的实践探索时期","两者绝不是彼此割裂的,更不是根本对立的"。② 中华人民共和国成立七十年来,中国人民创造了经济快速发展的奇迹和社会长期稳定的奇迹,中华民族迎来了从站起来、富起来到强起来的伟大飞跃。"中国特色社会主义制度和国家治理体系是以马克思主义为指导、

---

① 王浦劬.政治学基础[M].2版.北京:北京大学出版社,2006:14.
② 习近平.习近平谈治国理政[M].北京:外文出版社,2014:22-23.

植根中国大地、具有深厚中华文化根基、深得人民拥护的制度和治理体系,是具有强大生命力和巨大优越性的制度和治理体系。"①因此,研究中华人民共和国成立以来社会主义政治文明发展成果具有重要的理论和现实意义。

  回顾、梳理和研究中华人民共和国成立以来社会主义政治文明成果,无疑是一个宏大而艰巨的课题。社会主义政治文明是由社会主义政治意识、政治制度、政治行为等内容构成的综合性政治文化系统。社会主义政治文明的主要成果是什么？人们可以从政治学、历史学等领域对这一课题进行研究。同时,这一课题也是传播学特别是政治传播研究的任务。"当我们把来自某地区某国度的政治治理成果总结升华为政治文明的时候,所着力诉求的是其对人类政治所具有的普遍指导意义,这种意义的实现所依赖的正是政治传播。"②近年来,迅速发展的政治传播理论与方法成果,为研究社会主义政治文明提供了新的启示。邵培仁认为:"政治传播是一定阶级或阶层为了实现自己的根本利益对于现实环境的本来发展所做出的主动的刺激、反应、开拓,它总是和阶级、阶级斗争、政治斗争、政治活动紧密相连的。"③政治活动都是通过政治传播得以开展的,政治传播内容反映出政治理论的实践指向。荆学民指出,政治传播研究致力于"打破固有的传播学与政治学的学科壁垒,实现政治学与传播学的'视界融合'"④,旨在研究政治信息在政治共同体中的流动规律。在报纸、电视、广播、杂志、互联网、党政文件、图书等媒介形式中,《人民日报》是中国共产党的机关报,是中国共产党政治传播的最重要媒介之一,是传播党的方针政策的最重要喉舌,是中国社会主义政治文明建设的重要阵地和传播载体。《人民日报》每年元旦都会发表元旦献词或元旦社论,对上一年的全党全国重大事件进行回顾和总结,展望新一年的新形势、新任务,对下一年的重要工作进行部署,对新中国发展历史和成果做了全面清晰的记载,透露政治生活发展的新动向,比较清晰地记录和反映着每个历史阶段政治文明发展的轨迹,是传播和展示政治生活状况的最集中的窗口之一,为研究社会主义政治文明提供了材料。基于此,本研究以《人

---

① 中共中央关于坚持和完善中国特色社会主义制度 推进国家治理体系和治理能力现代化若干重大问题的决定(2019年10月31日中国共产党第十九届中央委员会第四次全体会议通过)[N].人民日报,2019-11-06(1).
② 荆学民.国际政治传播中政治文明的共振机制及中国战略[J].国际新闻界,2015(8).
③ 邵培仁.政治传播学[M].南京:江苏人民出版社,1991:25.
④ 荆学民.大陆政治传播研究亟待政治学深度介入[N].中国社会科学报,2015-01-07(B1).

民日报》的元旦社论为分析材料,考察元旦社论话语记载、反映、传播、构建的社会主义政治文明。

二、研究回顾

(一)政治文明研究

笔者用中国知网进行文献检索,以"政治文明"为篇名检索词,截至 2019 年 12 月,笔者共检索出相关论文 5253 篇。最早的研究成果是 J.卓尔杰维奇发表在《哲学译丛》1982 年第 1 期的《政治文明》。

从研究论文数量年度分布情况来看,国内研究政治文明主要在 2000 年以后,特别是集中在 2002—2012 年这一时期。从研究内容来看,不少学者从多个学科的视角对政治文明展开了全景式的研究,包括"政治文明概念的界定""政治文明的基本内涵""政治文明的特点""政治文明与物质文明、精神文明的关系""建设社会主义政治文明""政治文明与政治体制创新""政治文明与法治建设""政治文明与人的全面发展""政治文明与权力制衡、权力监督""政治文明与反腐倡廉""政治文明与大众传播"[1]等方面。

以"社会主义政治文明"为篇名检索词,截至 2019 年 12 月,笔者共检索出相关论文 1776 篇。最早的研究成果,是邹永图发表在《学术研究》1987 年第 4 期的《对社会主义政治文明建设的探索》。论文数量年度分布与学者们研究政治文明的成果大体一致。研究内容主要集中在"社会主义政治文明的实质""社会主义政治文明的内容""社会主义政治文明的地位和作用""社会主义政治文明的建设路径""社会主义政治文明的特征"等方面。

笔者在读秀中文学术搜索网站进行检索,截至 2021 年 5 月,以书名包含"政治文明"进行图书检索,笔者共检索出相关的中文图书 315 种;以书名包含"社会主义政治文明"进行图书检索,共检索出相关的中文图书 49 种。比较有代表性的著作有虞崇胜著的《政治文明论》,徐伟新主编的《社会主义政治文明论》,宋惠昌主编的《社会主义政治文明读本》,李良栋著的《社会主义政治文明论》,段志超、邱小玲著的《中国共产党与社会主义政治文明论略》等。

---

[1] 虞崇胜,邹旭怡.最近十年政治文明研究综述[J].云南行政学院学报,2013(3).

(二)政治传播研究

笔者用中国知网进行文献检索,截至 2019 年 12 月,笔者以"政治传播"为篇名检索词,共检索出相关中文论文 797 篇。最早的研究成果是黎元江发表在《南风窗》1988 年第 10 期上的《公共关系化:中国政治传播机制的走向》。

从研究论文的年度分布情况来看,国内学者对政治传播的研究发端于 20 世纪 80 年代末,自进入 21 世纪以来有关研究成果呈持续上升的趋势。根据荆学民教授的研究,中国政治传播研究重点集中在"舆情""危机传播""新媒体影响""文化软实力""对外传播能力"等方面,"当前政治传播的研究比较侧重于应用研究","缺少必要的深层次价值思考和系统的理论反思"。① 其中,从政治传播的视角研究政治文明特别是研究中国社会主义政治文明的成果数量不多。有代表性的论文有荆学民、施惠玲发表在《现代传播》2009 年第 4 期的《政治与传播的视界融合:政治传播研究五个基本理论问题辨析》,荆学民发表在《现代传播》2012 年第 2 期的《论中国特色政治传播战略研究的时代背景与现实意义》,刘文科、张文静发表在《云南行政学院学报》2010 年第 1 期的《当代政治传播的研究领域》,中共中央党校的宋黎明 2007 年的博士论文《中国共产党政治传播机制研究》,边巍、刘宏发表在《现代传播》2011 年第 2 期的《中国当代政治传播的变迁》,荆学民发表在《现代传播》2018 年第 1 期的《论中国政治传播研究向纵深拓展的三大进路》,陈力丹发表在《北京理工大学学报》2015 年第 3 期的《马克思和恩格斯的政治传播思想》等。

在读秀中文学术搜索网站,笔者以书名包含"政治传播"进行图书检索,共检索出相关图书 31 种。比较有代表性的著作有英国布赖恩·麦克奈尔(Brian McNair)著的《政治传播学引论》,张昆著的《政治传播与历史思维》,李元书著的《政治体系中的信息沟通》,荆学民著的《政治传播活动论》,张晓峰、赵鸿燕著的《政治传播研究》等。

(三)社论研究

笔者用中国知网进行文献检索,截至 2019 年 12 月,以"社论"和"政治"为篇名检索词,笔者共检索出论文 85 篇,以"社论"为篇名检索词并且摘要包含

---

① 荆学民,苏颖.中国政治传播研究的学术路径与现实维度[J].中国社会科学,2014(2).

"政治",共检索出论文296篇,以"社论"和"人民日报"为篇名检索词,并且摘要包含"政治",共检索出论文58篇。

在上述58篇与《人民日报》社论和政治相关的研究成果中,1991年以前成果共有5篇,1991年至2019年的研究成果共有53篇,年度分布比较均匀,成果数量最多的一年是2011年,共6篇。从研究领域来看,根据中国知网按学科统计,这些成果主要是从新闻与传播、中国语言文字的学科视角进行研究,分别占42%和28%,如果将"中国共产党""中国政治与国际政治""思想政治教育""马克思主义"等领域按政治学科统计,那么从政治领域研究《人民日报》社论和政治相关成果共有7篇,占13%。从研究内容来看,主要涉及"《人民日报》元旦社论中主流意识形态变迁与建构趋势""政治隐喻与政治话语、政治现实的关系和互动作用""《人民日报》元旦社论与中华人民共和国历史""《人民日报》社论与政治心理"等方面。主要的代表成果有南京大学李明2004年发表的博士论文《中国社会主流意识形态的建构与变迁——以1949—2008年〈人民日报〉社论为例》,日本村田忠禧发表在《中共党史研究》2002年第3期的《从〈人民日报〉元旦社论看中华人民共和国的历史》,黄勇军发表在《当代世界与社会主义》2012年第4期的《1979—1998年中国共产党提升政治合法性的路径选择——以〈人民日报〉元旦社论为切入点》,赵永华、赖华榕发表在《现代传播》2010年第7期的《党报话语里的"公信力"建构——基于人民日报社论、言论数据库(2002—2009)的内容分析》,陈邵桂发表在《当代传播》2005年第3期的《从〈人民日报〉元旦社论看社会政治心理文化的变迁》等。比较有代表性的著作有陈月明著的《使命与主体:〈人民日报〉(1949—2008)的话语呈现》、袁晞著的《社论串起来的历史》、王晓明主编的《轨迹:从元旦社论看中国的发展》等。

(四)问题的提出

1.社会主义政治文明研究需要进一步深化

尽管许多学者对中国社会主义政治文明进行了多方面的研究,也取得了比较丰富的成果。但是,以往的研究还存在一些需要深化的地方。首先,关于中国社会主义政治文明的讨论更多地局限于改革开放之后这一段时间,而改革开放之前,学者对政治文明成果的研究明显不足。这显然是不够全面的,应当将改革开放前后两个不同历史时期统一在中国社会主义政治文明重要命题之下,才能更好地分析中国社会主义政治特有的内在政治基因,更好地坚定"四个自信",开创中国社会主义政治文明的未来。其次,学者关于中国社会主义政治文明的研究多停留于宏观探讨,对中华人民共和国成立以来各个历史时期的政治意识文明、政治制度文明、政治行为文明进行中观、微观的研究明显不足。中国社会主义政治文明研究多关注应然的理论层面,而从实然的实践层面对已经发生和正在发生的社会主义政治文明发展的研究是不够的。

2. 社会主义政治文明研究可以从传播领域深化

社会主义政治文明是传播学特别是政治传播研究的题中之义。选择代表性的政治传播媒介,运用传播学理论以及政治传播研究成果,分析中国社会主义政治文明的发展是不同于以往政治学理论研究的新视角。尽管中国的政治传播学研究还不成熟,"也没有完整的框架,只是在政治传播研究的某些点上,诸如舆论研究、国家形象传播研究、大众传媒的政治社会化研究、国际政治传播等方面取得了一些成果"①,虽然政治传播研究还有诸多领域有待"开垦",但是最紧要的课题却是明确的,即"如何深入推进政治传播理论的研究,构建一种满足中国政治实践需要、体现中国政治特色、具有中国气派的政治传播理论",并"以此向世界展示我们的政治文明成果"②。从这个意义上来看,中国社会主义政治文明如何传播的问题,或许已经影响了媒介传播了什么样的社会主义政治文明问题。

3. 本研究的两个问题

本研究试图以 1949—2020 年《人民日报》元旦社论为分析材料,分析中华人民共和国成立以来社会主义政治文明及其传播问题:一是主要研究《人民日报》元旦社论传播了什么样的社会主义政治文明,也就是以《人民日报》元旦社论为窗口,通过分析各历史时期的政治话语,反映中华人民共和国成立以来的社会主义政治文明的主要内容、发展轨迹和基本形象等;二是研究社会主义政治文明是如何被《人民日报》元旦社论表达和传播的。在分析《人民日报》元旦社论传播了什么样的社会主义政治文明问题的同时,必然涉及中华人民共和国成立以来社会主义政治文明如何由元旦社论表达、传播的问题。赵月枝提出传

---

① 李彦冰,荆学民.我国近几年政治传播研究述评[J].东南传播,2010(6).
② 荆学民,施惠玲.政治与传播的视界融合:政治传播研究五个基本理论问题辨析[J].现代传播,2009(4).

播政治经济学"结合价值和道德哲学准则来理解传播的结构和历史,并评判传播过程是否有助于实现民主、平等、参与、公正和正义"①。本研究也将对《人民日报》元旦社论这样一种政治文明传播方式做简要分析。

三、基本概念

(一)政治文明

1844年,马克思在《关于现代国家的著作的计划草稿》中就有关于"集权制与政治文明"②的表述,但是并没有展开阐释。西方学者弗朗西士·列伯、阿尔蒙德、维巴、文特森·奥斯特罗姆等学者也曾提出"政治文明"的概念并加以论述。南斯拉夫学者J.卓尔杰维奇认为,"政治文明是一个综合性概念"③。同时他认为,作为一种历史现象,政治文明会随着社会改革变化和发展。

中国对政治文明问题的关注始于20世纪80年代初期。1982年,柯木火在《论历史唯物主义的出发点和结构》一文中指出,社会文明包括"物质文明、精神文明和政治文明"④。此后,理论界对政治文明进行了比较广泛的研究。与此同时,作为执政党的中国共产党也开始关注政治文明建设的问题。在2001年1月10日召开的全国宣传部长会议上,江泽民指出:"法治属于政治建设,属于政治文明;德治属于思想建设,属于精神文明。"⑤中共十六大报告提出,要发展社会主义民主政治,建设政治文明;中共十七大报告提出,深化政治体制改革,必须坚持正确政治方向,以保证人民当家作主为根本,以增强党和国家活力、调动人民积极性为目标,"扩大社会主义民主,建设社会主义法治国家,发展社会主义政治文明"⑥;中共十八大报告再次强调,要"扩大社会主义民主,加快建设社会主义法治国家,发展社会主义政治文明"⑦。十九大描绘了从2035年到21世

---

① 赵月枝.传播与社会:政治经济与文化分析[M].北京:中国传媒大学出版社,2011:19.
② 中共中央马克思恩格斯列宁斯大林著作编译局.马克思恩格斯全集:第四十二卷[M].北京:人民出版社,2016:238.
③ 卓尔杰维奇.政治文明[J].哲学译丛,1982(1).
④ 柯木火.论历史唯物主义的出发点和结构[J].暨南学报(哲学社会科学),1982(3).
⑤ 江泽民.江泽民文选:第三卷[M].北京:人民出版社,2006:200.
⑥ 胡锦涛.高举中国特色社会主义伟大旗帜 为夺取全面建设小康社会新胜利而奋斗——在中国共产党第十七次全国代表大会上的报告(2007年10月15日)[N].人民日报,2007-10-25(1).
⑦ 胡锦涛.坚定不移沿着中国特色社会主义道路前进 为全面建成小康社会而奋斗——在中国共产党第十八次全国代表大会上的报告(2012年11月8日)[N].人民日报,2012-11-18(1).

纪中叶,我国的发展目标:"在基本实现现代化的基础上,再奋斗十五年,把我国建成富强民主文明和谐美丽的社会主义现代化强国。到那时,我国物质文明、政治文明、精神文明、社会文明、生态文明将全面提升。"①

《中国大百科全书:政治学》对政治文明的解释是,政治文明即"人们改造社会所获得的政治成果的总和。一般表现为人们在一定的社会形态中关于民主、自由、平等、解放的实现程度"②。虞崇胜给政治文明下的定义是:"所谓政治文明,简单地说,就是人类社会政治生活的进步状态。从静态的角度来看,它是人类社会政治进程中取得的全部进步成果;从动态的角度来看,它是人类社会政治进化发展的具体过程。"③这一定义比较准确地概括出了政治文明的内涵与外延,本研究正是从这一定义出发展开社会主义政治文明的论述。"政治文明的概念,能准确地反映社会进步的状况,是衡量人们改造社会的历史尺度。"④政治文明表明了人类社会政治生活的进步状态,是一种人们改造社会所获得的政治成果,体现了人们在一定社会关系中关于民主、平等、自由、解放的实现程度,是人类社会政治发展的具体过程。"在人类文明发展过程中,政治文明的发展在具有其内在的连续性的同时,还具有形态上从低级到高级的发展过程。"⑤人们在一定生产力的基础上,通过对旧的生产关系和社会制度进行革命的改造,建立和发展新的社会形态,与经济基础相适应的社会政治制度、法律制度、民主制度也相应建立。人类政治文明的发展处于不断演进之中,在社会主义发展的不同历史阶段,政治文明也有在原来成果的基础上不断完善、发展和进步的趋势。

1.政治意识文明

政治意识文明是"指进步的政治意识,是人类政治意识进步发展的成果和状态"⑥。政治意识文明包括政治意识形态、政治价值观、政治思想、政治道德和政治心理等方面的内容。政治意识形态是政治共同体系统、自觉、直接地反映政治现象的思想体系,是维持政治共同体的精神支柱。政治价值观是政治意识

---

① 习近平.决胜全面建成小康社会 夺取新时代中国特色社会主义伟大胜利[N].人民日报,2017-10-28(1).
② 中国大百科全书总编辑委员会《政治学》编辑委员会,中国大百科全书出版社编辑部.中国大百科全书:政治学[M].北京:中国大百科全书出版社,1992:504.
③ 虞崇胜.政治文明论[M].武汉:武汉大学出版社,2003:123.
④ 范贤超,周建平.政治文明初探[J].学术研究,1986(5).
⑤ 林尚立.社会主义政治文明的历史方位与现实取向[J].马克思主义与现实,2002(4).
⑥ 虞崇胜.政治文明论[M].武汉:武汉大学出版社,2003:150.

文明中的核心内容,主要包括公平、公正、正义、理性、权利、义务、责任、自由、平等、博爱、民主、法治等。政治思想是政治意识的显性结构,它是关于政治生活和政治关系的理论、观点和学说的集合形态。政治道德是调整政治关系和政治生活的规范体系。政治心理是政治主体对政治生活和政治关系的一种不系统、不定型、自发的反映形式,是政治意识的感性阶段。虞崇胜认为,有容的政治是文明的。所谓有容,主要体现为:一是不同政治意识并存,就是既有主流政治意识,又有非主流政治意识;二是不同政治意识的碰撞,政治意识有差别,不同政治意识之间的矛盾、碰撞、冲突才能促进政治意识相互比较,推动其发展;三是政治意识的发展不能采取消灭不同政治意识的方式来实现,只能在不同政治意识的融合中实现;四是作为一个文明国家,总有一种占主导地位的政治意识。意识文明是政治文明体系中的重要组成部分,是政治文明的核心,为政治文明规定了发展的根本价值取向,有力地维护了政治合法性,是政治文明这一系统的思想基础和精神动力。

2.政治制度文明

西方政治理论认为,政治制度是包含在政治体系或政治系统中的一项重要内容。所谓政治体系或政治系统(political system)是指"那些社会的相互作用和制度,通过它们,一个社会做出的决定在多数时期内,被社会多数成员认为具有约束力"[①]。政治制度"通常指国家政权的性质及其组织形式的制度"[②]。政治制度的内容,包括国体和政体两个方面。政治制度文明是"指政治制度方面的进步状态"[③],具体表现为进步的政治制度形式、进步的政治组织机构和进步的运行机制。政治制度包括基本政治制度、具体政治体制和法律制度。基本政治制度,表明特定的政治形态的本质特征和特定历史阶段的政治文明的性质,集中反映生产资料的所有制性质和国体以及政治体的性质。具体政治体制是基本政治制度的实现形式,主要包括两大基本要素:一是政治组织(机构)系统;二是政治组织(机构)系统的运行规则或规章制度。基本政治制度具有较强的稳定性,政治体制会根据形势的变化,适时地做某些调整。法律制度是基本政治制度和具体政治体制的保障,是政治文明的重要组成部分。政治制度有一个

---

① 波格丹诺.布莱克维尔政治制度百科全书[M].邓正来,译.北京:中国政法大学出版社,2011:512.
② 高放.社会主义大辞典[M].郑州:河南人民出版社,1988:3.
③ 虞崇胜.政治文明论[M].武汉:武汉大学出版社,2003:167.

不断健全、完善、发展的过程。政治制度既是政治文明的内容,同时又对政治文明的发展起到了塑形、规制、教育等作用。文明的政治制度能够限制政治权力的滥用,很好地解决社会问题;给政治生活和政治行为划定边界,约束社会的政治生活和人们的政治行为;通过制度模式向人们灌输政治意识形态,影响人们的政治心理,形成一种政治习惯,引导政治行为。

3.政治行为文明

政治行为就是"人们涉及政治生活的各种活动",也就是"人们在政治生活中的各种活动就是政治行为"。① 从政治行为的常规形态来看,政治行为的形式大体可以分为政治斗争、政治管理、政治统治、政治参与等几个层面。马克思和恩格斯在《共产党宣言》中指出:"到目前为止的一切社会的历史都是阶级斗争的历史","而一切阶级斗争都是政治斗争"。②政治斗争是政治主体之间因利益矛盾引起的、围绕着公共权力而发生的冲突行为。一方面,政治斗争可以促进政治利益、政治权力和政治体制的调整与整合。正如普列汉诺夫所说:"政治斗争是一种社会改造手段。"③另一方面,政治斗争可能会影响社会政治的稳定,如果将政治斗争的"破坏"特征推向极端,无政府主义、暴力主义、恐怖主义、过激主义可能会肆意发展。政治管理是国家权力"按照某种特定的秩序和目标对政治生活进行自觉、有计划地约束或制约的方式。也就是说,通过这种特殊的约束方式政治生活的各方面都能按照某种既定的秩序和目标来运行和发展"④。政治管理一般包括政治管理主体、政治管理目标、政治管理对象、政治管理方式等要素。政治管理的方式就是实施政治管理的手段和形式。政治管理的主要行为方式有"政治领导""政治决策""政治组织""政治协调""政治沟通""政治监督"等。⑤ 政治统治实质上是一个阶级对另一个阶级的统治。政治统治通常对被统治阶级实行专政和控制意识形态的方式,所涉及的基本上是国体问题,通过政治统治可以看出一个国家的阶级属性。一些学者提出,衡量政治行为文明的核心标准是"有序"。政治行为文明与否,关键是要考察政治管理、政治统治、

---

① 虞崇胜.政治文明论[M].武汉:武汉大学出版社,2003:185.
② 中共中央马克思恩格斯列宁斯大林著作编译局.马克思恩格斯文集:第二卷[M].北京:人民出版社,2009:31,40.
③ 普列汉诺夫.社会主义与政治斗争[M].刘若水,译.北京:生活·读书·新知三联书店,1957:34.
④ 李景鹏.试论社会主义民主的运行机制和理论基础[J].政治学研究,1998(3).
⑤ 虞崇胜.政治文明论[M].武汉:武汉大学出版社,2003:192-193.

政治参与甚至政治斗争是否遵循了有序、活力等原则。

4.社会主义政治文明

社会主义政治文明是在社会主义社会的基础上产生的。马克思在《哥达纲领批判》中指出:"在资本主义社会和共产主义社会之间,有一个从前者变为后者的革命转变时期。这个时期也有一个在政治上相应的过渡时期,这个时期的国家只能是无产阶级的革命专政。"[①]马克思主义认为社会主义是资本主义社会与共产主义社会之间的一种过渡形态。社会主义政治文明正是在这样的历史方位上确立和发展的。社会主义政治文明发展的关键,就是要赋予民主共和国以新的内容,其核心价值就是使民主共和国成为广大人民当家作主的共和国。社会主义国家的出现,使人类政治文明的发展发生了本质意义的革命。马克思认为,社会主义政治形态与资产阶级共和国政治形态之间的一个重要差别在于,在社会主义民主共和国下,"社会把国家政权重新收回,把它从统治社会、压制社会的力量变成社会本身的生命力;这是人民群众把国家政权重新收回,他们组成自己的力量去代替压迫他们的有组织的力量;这是人民群众获得社会解放的政治形式,这种政治形式代替了被人民群众的敌人用来压迫他们的假托的社会力量"[②]。社会主义否定了社会政治生活中少数人对多数人的专政,第一次实现了由多数人对少数人的专政,真正实现了占人口绝大多数人当家作主。社会主义扬弃了资产阶级的虚假自由、民主、平等等政治理念,提出并实践了真正的公正、民主、平等、自由政治价值,使人类政治文明的价值选择趋向全人类解放的道路,反映了社会绝大多数人民群众的意志和愿望。社会主义政治文明本质上是人民民主的政治文明,是一种新型的、为绝大多数人享有的、民主的政治文明。

中国的社会主义政治文明是马克思主义政治文明理论与中国实际相结合的产物,是中华人民共和国成立后在探索社会主义建设的进程中取得的积极政治成果和文明状态。经过中国共产党人的长期实践探索,中共十六大概括提出,坚持党的领导、人民当家作主和依法治国的统一性,是社会主义民主政治的

---

① 中共中央马克思恩格斯列宁斯大林著作编译局.马克思恩格斯文集:第三卷[M].北京:人民出版社,2009:445.
② 中共中央马克思恩格斯列宁斯大林著作编译局.马克思恩格斯文集:第三卷[M].北京:人民出版社,2009:195.

重要优势,这也被认为是中国社会主义政治文明的主要特征。这一概括表明我国"初步找到了具有中国特色和时代特色的政治制度的基本框架。这个框架不同于西方资本主义的政治制度模式,又超越了传统的社会主义制度模式,具有鲜明的时代感和中国特色,是社会主义政治文明在当代、在中国的新发展"[①]。从内容角度来看,中国社会主义政治文明主要包括政治意识、政治制度、政治行为三个层次。社会主义政治文明中的政治意识,在政治文明结构中居于第一层次,对政治制度和政治行为起到主导作用。社会主义政治文明中的政治制度,在政治文明结构中居于第二层次,它是社会主义政治文明的实体部分,包括国家制定的经济、文化方面的发展战略、规则制度、政策方针等。社会主义政治文明中的政治行为,在政治文明结构中居于第三层次,它是社会主义政治文明的基础部分。政治意识、政治制度,归根到底要落脚于政治行为。社会主义政治文明的稳定发展,要靠社会成员和社会团体政治行为的协调一致。

(二)政治话语

1.话语

"在语言学里,话语可以简单地定义为句子以上的语言单位。话语是语言和思想的结合体。"[②]20世纪70年代以后,西方语言学界出现了会话分析和篇章分析两个新的研究分支。会话分析研究口头话语,篇章分析主要研究书面话语。会话分析和篇章分析被统称为话语分析。当代话语分析有"四个大的研究取向"[③],一是通过话语分解解决语法上一些棘手的问题;二是研究单个话语(包括句子)是如何组成话语的,探寻话语自身的构成规律;三是把话语分析当作研究社会问题的工具;四是研究话语作为社会活动的有机成分及其过程的展开规律。其中第三个取向在西方被称为"批判性话语分析",第四个取向被称为"共生性话语分析"。这两个取向都把话语活动视为人类生存活动的有机成分,研究范围已经超过了话语本身。批判性话语分析要弄清楚是什么社会政治因素使人们这么说话。共生性话语分析则要描述人们是通过说什么样的话使特定话语成为日常生活的现实。批判性话语分析研究取向为语言学与政治学的

[①] 房宁.建设有中国特色的社会主义政治文明[J].北方交通大学学报(社科版),2003(3).
[②] 纪程.话语政治[M].北京:中国社会科学出版社,2011:1.
[③] 纪程.话语政治[M].北京:中国社会科学出版社,2011:4.

交叉提供了一个结合点,也为通过话语分析研究政治这一新的政治学研究路径的可行性提供了依据。

福柯认为话语是由符号组成的,但话语不能被简单归结为语言和言语。话语是由陈述组成的,陈述是话语的单位,是话语的原子,陈述之于话语,就像句子之于文本。话语是一些陈述群。他说:"我们在话语形成的名义下所描述的东西,严格地讲,是一些陈述群,就是说,是一些词语性能的整体,它们不是由语法关系(句法或者语义)彼此在句子的层次上连接起来,也不是由逻辑关系(形式的协调或者概念的连贯)彼此在命题的层次上连接起来,也不是由心理关系(意识形式的同一性,心理的恒定,或者某个设想的重复)在表达的层次上连接起来,而是在陈述的层次上连接起来。"① "话语不是一个单纯的语言学概念,它更主要的是一个多元综合的关于意识形态再生产方式的实践概念。"② 话语形成的标志在于话语形式和话语主体的结合。比如,文贵良认为在抗日战争时期,毛泽东在延安通过政论白话文写作和毛泽东作为话语权威的结合完成了自己的政治话语体系。③

在符号传播的意义上,话语有两种基本的载体形式,即以听觉为基础的语音符号和以视觉为基础的文字符号。那些具有系统性和整体性的文字符号组合被称为文本。在话语表述层面,文字符号总是会显示出某种形式的结构构成特征。对于文字间的这种结构性关联,可以从语词(包括具有独立概念意义的词组)、语句、语段和文本四个层面进行考察。语词是构成公共政策话语的基本文字单位,语句、语段的组合则反映了整体意义上的公共政策文本的结构面貌。在话语分析中,尤其是在系统化的话语领域,"语词(尤其是词组)往往被赋予了特殊的意义,因此能够从概念的角度去揭示特定的社会政治现象,比如改革开放、社会主义改造等"④。具有相对独立的概念意义的语词只是在点的层面揭示了特定公共政策话语可能的利益关系。要获得"更加准确和完整的表达还需要把语词放入其他证词的语法关联之中,这就是语句"⑤。特定的语句在一定程度上可以看作某一语词的语境背景。基于此,以特定的话语包括它的语词、语句、

---

① 福柯.知识考古学[M].谢强,译.北京:生活·读书·新知三联书店,2007:127.
② 陈晓明.解构的踪迹:历史、话语与主体[M].北京:中国社会科学出版社,1994:64.
③ 文贵良.话语与生存[M].上海:上海世纪出版集团,2007:72.
④ 杨正联.话语与过程[M].北京:社会科学文献出版社,2011:9.
⑤ 杨正联.话语与过程[M].北京:社会科学文献出版社,2011:11.

语段和文本为研究对象,进而对这些话语所承载的政治信息和它们所反映的政治文明进行考察便成为可能。

2. 政治话语

政治语言(languge of politics)也叫政治话语、政治语篇(political text/discourse),"是政治活动的参与者为达到某种交际目的而采用的一定形式的语言,是政治交流的工具,政治信息的符号载体"①。李元书认为,"政治语言是政治主体在政治活动中用来交流与传播政治信息的语言"②。威尔逊认为,政治话语分析主要关注的应该是"正式的、非正式的政治语境和政治参与者,特别是那些在政治环境中采取某种行为以获取特定政治目的的政治家、政治机构、政府、政治媒介和政治支持者等"③,与这些人及其行为相关的话语就可看作政治话语。陈丽江认为,政治话语是"由政治活动的参与者(如政党、政治家)利用语言达到其交际目的的(如发布消息、维持秩序、表明态度、施加影响、调控舆论等),是由政治家或者政治组织、社团、机构所发起的与政治内容相关的各种语类的话语,包括政治演讲、政治访谈、政党宣言、社论、政府新闻发布会、政治新闻报道、白皮书、政治专栏等,是一个包含各种类型的话语集合"④。张丽敏和秦晶认为,"政治语言是用于政治领域,反映政治思想,具有特定社会功能的言语"⑤。从狭义的角度来看,政治话语被认为是政治人物的话语。从广义的角度来看,政治话语应当是含有政治信息的话语。归纳关于政治语言、政治话语的多种定义,政治话语可以被定义为政治主体在政治活动中承载政治信息的语言。

与一般话语不同,政治话语具有鲜明的自身特征。田海龙把政治语言的特征概括为三个方面:"政治语言具有很强的目的性""政治语言应有明确的参与者""政治语言有多样的体裁形式"。⑥ 支永碧将政治话语的特征归纳为五个方面,即"政治话语具有很强的政治目的性""政治话语具有明确的参与者和政治主体""政治话语有多样的体裁形式和特定的结构要素""政治具有权力工具性,

---

① 支永碧.基于语料库的政治话语语用预设研究[M].苏州:苏州大学出版社,2010:12.
② 李元书.政治体系中的信息沟通[M].郑州:河南人民出版社,2005:74.
③ 支永碧.基于语料库的政治话语语用预设研究[M].苏州:苏州大学出版社,2010:13.
④ 陈丽江.文化语境和政治话语[D].上海:上海外国语大学,2007:10.
⑤ 张丽敏,秦晶.近年来国内政治语言研究述评[J].长春大学学报,2014(3).
⑥ 田海龙.政治语言研究:评述与思考[J].外语教学,2002(1).

是政治话语霸权的基础""政治话语具有时代性和社会公共性"。①张丽敏和秦晶认为政治语言具有"语言性与政治性""社会性与时代性""可传播性"三个特征。荆学民和李海涛从"政治话语霸权""政治话语的独白""政治话语的妖魔化"三个方面分析了政治话语的特征。② 我们认为,政治话语的主要特征应当包括以下几个方面。第一,政治话语具有政治性。马克思认为语言具有社会性特征,而政治话语的社会性特征集中表现为政治性。正如莱考夫指出的,"政治即语言,同时语言即政治"③。政治话语与政治有着内在联系。政治话语产生于政治活动过程之中,其内容由政治本身所决定。政治语言首先是为政治服务,它反映着特定的政治生活和社会文化,记录着人类社会的政治文明成果。同时,政治话语在政治互动中传播政治信息,能够对政治系统和政治发展产生直接和间接的作用。政治话语所具有的表达政治思想、政治沟通交流、政治认知评价、传递和积淀政治文明的功能,决定了政治话语是以语言符号作为交流政治信息的工具。第二,政治话语具有客观性。人类语言同时还具有客观性。作为一种符号体系,语言以语音、语汇、语法结构作为其存在的方式,词、短语、句子所表达的意义是语言反映的内容。"语言的客观性是指语言内容的客观性,而语言内容的客观性又是由其反映的对象实践活动的客观性决定的"④。政治话语的客观性特征体现为政治话语的内容记录着特定历史阶段的政治观念和思想,而特定历史阶段的政治观念和思想集中反映着当时主体的政治实践活动。第三,政治话语具有历史性。"语言的历史性是强调随着人们实践活动的不断发展,语言也随着实践活动的发展而日益丰富和完善。"⑤政治话语在为政治活动服务的过程中,必然会不断地适应政治活动的变化。政治发展的不同历史阶段具有不同的政治制度和政治文化,政治话语也随之改变。第四,政治话语具有权力工具性。政治话语的主体是政治活动的参与者,而政治活动参与者的政治话语无不与政治权力有关。政治主体以政治话语为政治传播和交流的工具,围绕谋求政治权力,发挥政治话语的政治意义和政治功效展开政治博弈,获得特定的利益。当政治话语主体聚焦于政治统治主体时,政治话语的权力工具性体现为

---

① 支永碧.基于语料库的政治话语语用预设研究[M].苏州:苏州大学出版社,2010:15.
② 荆学民,李海涛.论中国特色政治传播中的政治话语[J].青海社会科学,2014(1).
③ 支永碧.基于语料库的政治话语语用预设研究[M].苏州:苏州大学出版社,2010:9.
④ 陈庆汉.马克思论语言的本质特征及其意义[J].河南大学学报,2003(6).
⑤ 陈庆汉.马克思论语言的本质特征及其意义[J].河南大学学报,2003(6).

政治话语霸权性。这种霸权性"意味着政治当政者或者操持者,通过各种方式和途径对政治话语全方位、全过程地制造、垄断和控制"①。第五,政治话语的公共性。政治话语的公共性源于政治的公共性特征。尽管政治统治以维护政治权力主体地位为出发点,但又常常以"形式上或者实质上超乎各种各样社会政治力量的社会共同利益代表者的身份出现","以社会公共伦理的正当性为道义依据"②,并且必须承担起社会公共职能。一些学者提出,"随着人类社会内部的分化,人的活动被纳入一个以阶级对抗为基础的社会结构中,成为以国家权力为代表的公共权力进行支配和调节的对象,公共性越来越多地表现在政治活动中……如果说政治的重要特征是管理众人之事,那么这恰恰是公共性的主要内涵"③。由于政治主体的政治行为的公共性特征,决定了政治话语在一般情况下主要处理大多数人所关心的公共事务,从而使得政治话语也具有一定的社会公共性。

政治话语在政治文明建构和传播方面具有重要功能。"政治语言作为政治信息的符号载体,是政治传播体系的有机构成,政治语言深刻地制约、影响着政治传播及其他政治活动。"④政治话语在政治文明建构和传播中发挥着多种多样的功能,其中主要有7种:"信息传播""议题设置""阐释与联系""反映过去和未来""行为鼓动""表达民意""政治整合与政治认同"。⑤信息传播功能是指政治语言既能传达明确信息,又能传达隐含意义,既可以使人们从政治语言中通过推理获得政治信息,又可通过"说"的行为本身表达所隐含的象征意义。议题设置就是在传播过程中政治主体对政治话语进行的主题选择活动。议题设置功能表现在两个方面:一是晕轮效应,二是控制信息传播。晕轮效应是因媒体给予政治家言论以广泛关注而形成并日益加强。事件与媒体的广泛公开性相结合,就能使之得到广泛传播,成为人们关注的焦点、议题。控制信息传播是因为现实中政治信息庞杂,政治家只能选择最重要的政治话题,其重要性可能源于重大政策或个人的动机偏好,或意欲避开敏感话题。政治家通过选择,使某些问题处于静态,以防止它们变得重要,也防止公众的潜在行动。阐释与联系功

---

① 荆学民,李海涛.论中国特色政治传播中的政治话语[J].青海社会科学,2014(1).
② 王浦劬.政治学基础[M].北京:北京大学出版社,2006:121.
③ 郭湛.社会公共性研究[M].北京:人民出版社,2009:71.
④ 李元书.政治体系中的信息沟通[M].郑州:河南人民出版社,2005:74.
⑤ 李元书.政治体系中的信息沟通[M].郑州:河南人民出版社,2005:78-81.

能是政治家利用政治语言对现实进行解释或虚构,从而有利于政治家活动的一种功能。反映过去和未来功能是指政治语言能够反映过去的政治事件或政治过程,也可以描绘政治的未来发展。行为鼓动功能主要表现在 4 个方面,即直接诉求、创造情绪、行为替代、符号收益。政治语言的动员、号召或劝说,可以使人们产生政治家所期望的政治行动,也可以使人们产生希望与恐惧、民族自豪感、相互仇恨等情绪以及共同体意识和民族国家意识,也可能会代替行动解决或引起某些政治问题,也可能使人们所关心的行动符号化,人们得到安抚和保障,政治要求和抗议就会平息,取得符号收益。政治语言的一项重要功能是表达民意。政治整合与政治认同功能就是发动共同体成员参与社会政治活动,尽量避免人们游离于社会政治之外,促使政治共同体成员在思想和行为上取得一致的功能。

3.政治信息

与政治话语相关的一个重要概念是政治信息。苏联学者维·格·阿法纳西耶夫认为,"政治信息所反映的首先是社会政治生活领域的现象、事实和事件有关的消息的总和"[①]。中国学者李元书提出,"政治信息是人类在社会政治生活中所产生、获取、利用、传播、保存的信息的总和"[②]。政治信息既包括社会政治团体、执政者为进行政治统治而推行的观念形态的信息、制度形态的信息和具体政治行为的信息,又包括普通社会成员在社会政治生活中所表现的政治心理、政治参与等方面的信息。

政治信息的内容是纷繁复杂的。维·格·阿法纳西耶夫认为政治信息可以分为"关于政治生活的具体事实、事件的报道""从党的、阶级的观点说明事实""综合一些事实,进行分析,揭示政治生活这个或那个具体领域中的典型现象""揭示和分析政治领域中的规律性和稳定趋势""对整个政治生活领域做出系统化的、概括性的报道"等内容。[③] 戚珩在《政治意识论》中认为,按表现形式,政治信息可分为观念形态、实体形态、潜在形态、流动形态等类型;按所包含的内容,政治信息可分为直接性政治信息与间接性政治信息;按来源,政治信息可分为内部政治信息、外部政治信息、历史政治信息等。

---

① 阿法纳西耶夫.论政治信息及其传播工具[J].中国广播电视学刊,1989(6).
② 李元书.政治体系中的信息沟通[M].郑州:河南人民出版社,2005:78.
③ 阿法纳西耶夫.论政治信息及其传播工具[J].中国广播电视学刊,1989(6).

政治信息与政治文明之间有着密切的内在联系。哈佛大学欧廷格提出："没有物质,就什么东西都不存在;没有能量,就什么事情都不发生;没有信息,就什么东西都无意义。"①信息一般具备3个最重要特征,"信息是能够减少不确定性的讯息,以符号的形式存储、处理和传播;信息是一切传播和反馈系统的构成要素;信息能够再现或部分再现物质与能量过程"②。信息在人类认识和把握物质、能量等客观世界中占据重要地位。人类正是通过再现或部分再现物质与能量过程体现信息的本质。从信息与社会系统的关系来看,信息是系统的组织程度和有序程度,维纳提出："任何组织之所以能够保持自身的内稳定情况,是由于它具有取得、使用、保持和传递信息的方法。"③"社会政治与信息传播同生共存,不可须臾分离。"④政治信息与政治文明的关系集中体现为,政治信息产生于政治生活过程以及构成政治生活过程的各项要素中,由各种传播媒介所承载,以政治话语等符号来表现,反映着人类社会各个历史阶段的政治文明。反映或再现政治文明成为政治信息的基本功能。

(三)作为社会主义政治文明话语载体的《人民日报》元旦社论

1.社论

社论是报纸言论的一种,是报纸中最重要的新闻评论。在西方新闻学理论中,"社论是报纸或杂志总主笔或领导人发表意见的文章"⑤。美国出版的《有效社论写作》一书对社论的描述是："社论是一家报纸或杂志对于某一问题发表的意见……它是一种经过深思熟虑的观点或政策的披露,这一观点或政策,发自此一出版品言论方面的主持者。"⑥美国米歇尔·加特奈尔评价社论是"报纸的心脏和灵魂"⑦。中国新闻传播学学者张友渔给社论下的定义是："社论者,代表报社的意见,对于时事有所解释、批判及主张以期指导读者的论评也。"⑧秦硅、胡文龙认为,社论是"编辑部重要的指导性言论,它集中地反映并传播一定政

---

① 邵培仁.传播学[M].北京:高等教育出版社,2000:107.
② 陈卫星.传播的观念[M].北京:人民出版社,2004:25.
③ 维纳.控制论[M].郝季仁,译.北京:科学出版社,1962:160.
④ 张昆.媒介发展与政治文明[J].新闻大学,2006(3):6—13.
⑤ 冯健.中国新闻实用大辞典[M].北京:新华出版社,1996:102.
⑥ 刘大保.社论写作[M].北京:中国广播电视出版社,2000:6.
⑦ 芬克.冲击力:新闻评论写作教程[M].柳珊,译.北京:新华出版社,2002:73.
⑧ 张友渔.张友渔新闻学论文选[M].北京:新华出版社,1988:26.

党、社会政治集团或社会群众团体对当前重大事件和迫切问题的立场、观点和主张,是影响并指导社会舆论的有力的评论形式"①。刘大保在其《社论写作》一书中,对社论下了这样一个定义:"社论是代表媒体(报纸、杂志、通讯社、广播电台、电视台等)编辑部和媒体主办者对重大新闻事件或时事政治问题发表的权威性评论。在广播电台、电视台称为'本台评论'。媒体的社论集中反映并传播一定政党、社会集团、社会阶层对即时发生的新闻事实或现实问题的立场、观点、主张,是社会舆论的重要组成部分,并对社会舆论产生重大影响。"②上述定义基本上概括出了社论的基本内涵和外延,其基本要点是:从地位上,社论是媒体的重要言论;从主体上,它代表媒体的观点和意见;从内容上,它反映的是重大新闻事实或重大时政问题;从功能上,它导向明确,旨在反映舆论,引导舆论。

社论在新闻传播体系中居于无可替代的重要地位。对于报纸而言,社论在公众认知、情感、态度、行动和公众舆论引导方面发挥着重要作用,具有很高的地位。人们用"报纸的灵魂""报纸的心脏"等来比喻社论的属性和地位。张友渔认为:"社论者,表现报纸的个性之精神、之灵魂也;正直坦白,以表示其所抱之思想、感情、知识、社会的立场之喉舌也。"③中外报纸对社论都非常重视,把它看作体现社会责任、提高报纸品位和声誉的重要途径。社论的重要地位,首先取决于它具有直接代表媒体或者媒体主办者发言的特殊职能。社论被喻为报纸的"首席发言人"。其次,社论的重要地位取决于它强大的舆论功能。马克思说:"报纸是作为社会舆论的纸币流通的。"④报纸的这种舆论功能,主要是由新闻评论特别是社论来实现的。一些西方重要报纸历来有着巨大影响。"华盛顿的最高决策者没有一个不是在一天的开始先读《纽约时报》的……《华盛顿邮报》就是因为从总统到所有的华盛顿官员天天早晨阅读而变得重要起来。"⑤"美国主流报纸的社论和其他言论也确实拥有广大读者并对于舆论产生了极大的影响力。"⑥在中国,孙中山在革命之初就认识到社论的重要作用。他指出:"革

---

① 秦硅,胡文龙.新闻评论学[M].北京:中国人民大学出版社,1987:199.
② 刘大保.社论写作[M].北京:中国广播电视出版社,2000:7-8.
③ 张友渔.张友渔新闻学论文选[M].北京:新华出版社,1988:28.
④ 中共中央马克思恩格斯列宁斯大林著作编译局.马克思恩格斯全集:第七卷[M].北京:人民出版社,2016:523.
⑤ 沃克.报纸的力量:世界十二家大报[M].苏潼均,译.北京:新华出版社,1997:2.
⑥ 胡舒立.西方办报艺术(三)社论,报纸的旗帜——美国报纸言论准则初探[J].国际新闻界,1994(4):17-20.

命派之报纸,则以社论为主要材料,执笔者亦一时知名之士,惟其有明确之主张,与牺牲之精神,故辛亥革命乃易于成功耳。"① 中国共产党同样重视社论的舆论功能。邓拓认为:"社论是报纸的旗帜,是评论文体中的'重型武器'。它表明报纸对当前重大事件和重要问题的立场和态度。"②

　　社论作为一种新闻评论体裁,具有政治性、新闻性、政论性、群众性等特征。首先,社论具有显著的政治性。政治性源于政治对媒体有着决定性影响。国家政治制度和统治阶级的立场决定了主流媒体的立场和社论的立场。政治是大众传媒的重要消息来源和报道内容,社论出台的动因、内容和反映的政治导向也取决于现实的政治状况和政治需要。社论的政治性还体现为它对政治发展具有较强的能动作用。社论是政治主体进行政治活动的重要工具和形式,成为政治的重要组成部分。媒体通过社论的舆论力量为政治活动和政治力量进行鼓动和宣传,在一定的政治发展阶段发挥关键作用。其次,社论具有新闻性。社论的新闻性主要是指它的"时效性、评论对象的特定性和现实针对性"③。中国报界中"看完大样写社论"的说法,指的就是要根据当天新闻报道的重点确定社论题目,然后再写作。再次,社论具有政论性。新闻评论的政论性一般体现为两个方面:一是言论对评论对象要有判断,明辨其真伪、正误、是非、善恶、美丑,再进一步表达肯定或者否定,褒扬或者批评的鲜明态度;二是要用理性化的论证为主要说理手段,社论"不能仅从一般的事理分析入手进行说理,更重要的,还要从思想、政治、理论的高度,进行严密科学的论证"④;最后,社论具有群众性,社会主义国家重视社论的群众性,强调社论要表现出高度的思想理论水平,同时要贴近群众,把社论当作"理论一经掌握群众,也会变成物质力量"⑤的重要工具。1942年4月1日《解放日报》改版社论《致读者》中提出,社论的群众性是指"密切地与群众联系,反映群众的情绪、生活需求和要求,记载他们的可歌可泣的英勇奋斗的事迹,反映他们身受的苦难和惨痛,宣达他们的意见和呼声。报纸的任务:不仅要充实群众的知识,扩大他们的眼界,启发他们的觉悟,

---

① 谷长岭,俞家庆.中国新闻事业史参考资料[M].北京:中国广播电视大学出版社,1987:3.
② 袁军.新闻媒介通论[M].北京:北京广播学院出版社,2000:74-75.
③ 刘大保.社论写作[M].北京:中国广播电视出版社,2000:97.
④ 刘大保.社论写作[M].北京:中国广播电视出版社,2000:98.
⑤ 中共中央马克思恩格斯列宁斯大林著作编译局.马克思恩格斯文集:第一卷[M].北京:人民出版社,2009:11.

教导他们,组织他们,而且要成为他们的反映者、喉舌,与他们共患难的朋友"①。

2.《人民日报》元旦社论的政治传播特征

与一般的媒体社论不同,《人民日报》元旦社论在传递各个历史阶段的政治信息、记录政治文明方面具有重要地位。这种重要地位源自《人民日报》元旦社论在中国政治传播链条中的关键作用。《人民日报》元旦社论具有鲜明的政治传播特征。

《人民日报》元旦社论的政治传播特征主要表现为以下几点。

第一,突出的党性特征。《人民日报》元旦社论的政治传播特征首先表现为它的党性特征。马克思和恩格斯曾经提出,"就党的领导机构与党的报刊的一般关系而言,前者对后者负有领导或监督的职责"②。列宁明确提出了党报的党性原则和理论,"党的报刊是党的工作的一部分,是无产阶级事业的一部分""党的报刊应当成为各级党组织的机关报刊""党中央的机关报应当成为全党思想上的中心"。③ 中国共产党的"喉舌"理论,强调报刊是人民的喉舌或读者的喉舌,报刊是党或党的领导机构的喉舌。党报的党性要求报纸"必须与整个党的方针、党的政策、党的动向密切联系,呼吸相通"④。党报社论的党性特征具体表现为,首先,社论是与广大群众见面的重要方式。毛泽东提出:写文章尤其是社论,一定要从政治上总揽全局,紧密结合政治形势,这叫政治家办报。⑤ 中国共产党从历史唯物主义历史观出发,把群众路线当作党的生命线和根本工作路线。党报要使党的纲领路线、方针政策、工作任务、工作方法,最迅速、最广泛地同群众见面。毛泽东指出,"精心写作社论是一项极重要的任务,你们自己、宣传部长、秘书长、报社总编辑,要共同研究。第一书记挂帅,动手修改一些最重要的社论,是必要的",因为这"对于全省工作、全体人民,有极大的组织、鼓舞、激励、批判、推动的作用"⑥。在革命、建设和改革的不同年代,党报社论充分显示出在统一人民群众思想和行动方面的强大力量。其次,社论还是党的一种重要的工作方式。党报既是群众工作的方式,又是党务工作的方式。"党报社论

---

① 陈力丹.马克思主义新闻学词典[M].北京:中国广播电视出版社,2002:81.
② 陈力丹.马克思主义新闻学词典[M].北京:中国广播电视出版社,2002:19.
③ 陈力丹.马克思主义新闻学词典[M].北京:中国广播电视出版社,2002:36.
④ 陈力丹.马克思主义新闻学词典[M].北京:中国广播电视出版社,2002:81.
⑤ 吴冷西.忆毛主席:我亲身经历的重大历史事件片段[M].北京:新华出版社,1995:40.
⑥ 毛泽东.毛泽东新闻工作文选[M].北京:新华出版社,1983:202.

也许最能替代开会的工作方式,召集开会无非是传达党的路线政策,安排党的工作,强化党的领导,或向群众宣传政策,号召群众,组织群众行动,而社论比新闻更能达到这些目的。"①丁法章认为党报社论是"代表报社、刊物或通讯社编辑部(政党机关报代表同级党委)就当前国内外重大事件、事变或问题表明立场的指导性言论"②。"只有通过社论这一个战斗的文字体裁,才能够最便利地指导广大群众,用正确的立场、观点和方法去对待和处理当前每一个重大的问题;向广大群众及时、明确地提出一项主张、一个行动方针、一个斗争任务,并要求为其实现而奋斗。"③

第二,传播地位重要。《人民日报》是中国最具权威性、发行量最大、特别强调党性的综合性日报。中华人民共和国成立以来,《人民日报》积极宣传党和国家的路线、方针、政策,它的社论更是起到了旗帜的作用,在《人民日报》乃至社会主义政治传播体系中具有特殊的政治地位和政治价值。《人民日报》元旦社论分析评论国内外的重大事件和问题,表明党中央的政策和立场,具有很强的政治性、政策性,是中国集中进行政治传播的窗口,也是研究社会主义政治文明的一个重要线索和一份原始材料。

第三,传播主体权威。从传播主体来说,作为每年都要发表的社论,这些社论稿往往"须经中央重要领导审阅,根据审阅意见修改后刊发"④。中华人民共和国成立以来,"毛泽东、刘少奇、周恩来等中央领导与《人民日报》社长、总编辑之间交往密切,政治局扩大会议经常会通知报社社长、总编辑参加布置社论主题和要义,使社论成为党和政府准确、合格的代言人"⑤。

第四,传播内容重大。从传播内容来看,《人民日报》元旦社论主题重大,内容全面,突出宣传党的基本路线、方针和政策,论述涉及过去一年的评价和今后新的任务及目标、党和国家层面的重大政治事件、新的一年政治经济文化以及社会生活各方面的展望。紧扣时代脉搏,展示社会主义革命、建设、改革的全过程,反映了社会主义政治文明的基本脉络。

第五,传播过程持续。从传播过程来看,《人民日报》元旦社论的发布极具

---

① 陈月明.使命与主体:《人民日报》社论(1949—2008)的话语呈现[M].上海:复旦大学出版社,2013:67.
② 丁法章.新闻评论教程[M].上海:复旦大学出版社,2002:228.
③ 周修强.社论是报纸的旗帜:略论邓拓关于报纸社论的理论[J].新闻战线,1986(5).
④ 陈月明.使命与主体:《人民日报》社论(1949—2008)的话语呈现[M].上海:复旦大学出版社,2013:79.
⑤ 陈月明.使命与主体:《人民日报》社论(1949—2008)的话语呈现[M].上海:复旦大学出版社,2013:82.

规律性和连续性。《人民日报》元旦社论自1949年以来,年年都有,从未间断,并且能够更加清晰、方便、全景式地展示社会政治环境的发展、意识形态的转变和政治论辩话语使用的变化。

第六,传播形式独特。在传播形式上,《人民日报》元旦社论具有深刻的思想性、理论性和实践性。它的思想性体现在对马克思主义的认识、对党的方针政策的宣传贯彻上;它的理论性是通过一系列哲理性的语言来表达的;它的实践性是通过紧密联系过去一年和新的一年的社会主义建设实践展开的。《人民日报》元旦社论紧密结合当时的政策,时代背景感强,有事有议,事议结合。

第七,传播效果强大。《人民日报》元旦社论具有权威性、代表性、鼓动性,它是党和国家的喉舌,在宣传党的理论及意识形态,解释国家政策、路线等方面,具有强大的议程设置作用,影响社会舆论、政策决定及其他社会政治行为。

3.《人民日报》元旦社论与社会主义政治文明

马克思主义认识论认为,"认识的本质是以实践为基础的主体对客体的能动反映"①。反映或摹写是人类认识的基本规定性。所谓认识的反映性或摹写性,是指人的认识必然是以客观事物为原型的,在人的认识中一定含有反映或摹写某种客观事物的内容。同时,人的认识还具有能动性和创造性特征。正如列宁所说,"认识是人对自然界的反映。但是,这并不是简单的、直接的、完整的反映,而是一系列的抽象的过程,即概念、规律等构成、形成过程"②。人的认识不仅能反映出对象本来如此的状态,而且能够反映出对象对于满足人类社会的需要所应当具有的形态。在人类理性认识过程中,存在建构性思维。所谓建构,"从认识发生学的角度来看,是指人的认知结构的构造的过程;从认识过程的角度来看,是指主体在思维中对客体信息的建构或重构的过程"③。主体对客体信息的建构,也就是主体对所获取的信息在选择、加工、改造的基础上,按照正确反映客体的要求把这些信息在大脑中重新组合成观念信息系统的过程。这表明,认识不仅仅是客体在主体头脑中的直接映现,主体必须通过对客体重新组织、重新构造,才能使客体成为反映者头脑中的映象。这样建立起来的观念映象可能正确地反映客体,也可能歪曲地反映客体。建构与反映并不是对立

---

① 李秀林.辩证唯物主义和历史唯物主义原理[M].北京:中国人民大学出版社,2004:239.
② 中共中央马克思恩格斯列宁斯大林著作编译局.列宁全集:第五十五卷[M].北京:人民出版社,1990:152.
③ 李秀林.辩证唯物主义和历史唯物主义原理[M].北京:中国人民大学出版社,2004:265.

或相反的,建构作为反映的一种内在规定,主体观念保证客体活动能动、有序、积极地进行。语言是人所特有的认识中介和认识工具。语言首先是客体意义的"代码",它以符号的形式对客体的意义做出了约定俗成的共同规定。语言符号不仅产生了语言同客体的语义关系,而且产生了语言同主体的语用关系以及语言同语言之间的关系,即"符号"与"符号"的结合关系。"人们通过语言符号的结合,在思维中操作客体,而且能够进行抽象的思维,从而形成了与动物的反映方式不同的人的认识活动。"[1]人类正是通过语言这种中介和工具,与社会产生交往过程,通过传播和交流来对客观世界进行建构和反映。这种用于社会传播过程中的语言,也就成为分析和研究人们与客观世界关系的重要对象。

《人民日报》元旦社论反映社会主义政治文明的发展。新闻传播领域的反映观认为,话语是现实世界(客观世界、主观世界和社会世界)的反映,它强调现实对发话者、话语行为和话语内容的制约性。"对话语中一些现象,人们总是从发话者和社会的现实状况上去寻找印证或解释。话语犹如一面镜子,人们可以从这个镜子中窥视到发话者身份和思想、社会现实的某个侧面。""语言是社会之镜,透过这面镜子,可以更好地展示五彩斑斓的社会生活;社会是语言之根,置身社会语境,可以切身感受到语言使用的方方面面。"[2]反映观的预设大多是"现实决定了言语,言语反映社会、反映思想,语言的使用与社会现实和言语者思想意识存在函数关系"[3]。基于19世纪末的实证主义和理性主义哲学思潮而发展起来的所谓"客观新闻学"理论认为,在人之外存在一个可供认知的客观世界,同时人有能力"客观反映"这个外在的客观世界。"这种倡导以客观、公平、公正等原则,力求像'镜子'一样'客观反映'这个外在的'客观世界'理念,常被人称为新闻'反映论'。"[4]其观点是:"新闻文本具有唯一的、正确的意义,来源于权威性的信源","新闻报道的首要功能是传递信息和告知公众"。[5] 反映论视角下的政治与传媒的关系,首先体现为政治对大众传媒的影响有决定性的一面。这种决定性影响一方面体现在,一个国家的政治制度和统治阶级的阶级立

---

[1] 李秀林.辩证唯物主义和历史唯物主义原理[M].北京:中国人民大学出版社,2004:268.
[2] 胡壮麟.语言学教程[M].北京:北京大学出版社,2019:140.
[3] 陈月明.使命与主体:《人民日报》社论(1949—2008)的话语呈现[M].上海:复旦大学出版社,2013:44.
[4] 蒋晓丽,李玮.从"反映论"到"对话观":论多重语境下新闻的转向[J].湘潭大学学报(哲学社会科学版),2012(6).
[5] 史安斌,钱晶晶.从"客观新闻学"到"对话新闻学":试论西方新闻理论演进的哲学与实践基础[J].国际新闻界,2011(12).

场对新闻媒体的政治性和阶级性具有决定性影响;另一方面政治是大众传媒重要的消息来源和报道内容。这种影响"主要通过统治阶级法律和设立的政府机构的约束和管辖来实现的"①。同时,大众传媒对政治有能动作用。这种能动作用一方面体现在大众传媒可以成为政治活动的重要手段和工具,起到沟通政治信息、反馈意见等作用;另一方面,大众传媒必须在一定程度上反映公众意见和呼声,具有一定的公众立场。在社会主义国家,大众传媒的人民性,即必须反映人民群众的意见、维护人民群众的利益,增加了它对社会主义国家政治能动性的影响力。从这一视角出发,分析《人民日报》元旦社论是观察分析社会主义政治文明的重要窗口。

《人民日报》元旦社论建构社会主义政治文明的话语。作为当前的一种思潮,建构主义是许多学科领域的学者认同的知识观。福柯的"话语间性"思想,强调通过考察话语之间的对立、竞争、协同、接应,去发现知识的建构过程。② 卡林·诺尔-塞蒂纳认为:"科学知识的生产是建构性的,而非描述性的,是一个由决定、协商和接受构成的过程。"在传播学领域,传播被认为具有社会建构功能,进而形成了一些媒介建构观理论。"传播可以将人们联系在一起,也可以切断人们之间的联系。在这个过程中,人们得以建构更大规模的系统——家庭、公司,甚至国家。"③"米德的符号互动说、杜威等芝加哥学者关于共同体的思想中蕴含着建构观念;李普曼的舆论学思想隐含的前提之一就是话语的建构性,其'拟态环境说'反映了他的建构观。"④建构观的核心假设是话语具有现实建构或塑造现实的功能,强调发话者的主体意识对话语、话语行为的操纵,以及话语改变现实的力量。一些学者提出,《人民日报》元旦社论体现了上位话语与下位话语的建构互动关系。所谓上位话语,"是中国共产党和国家最高权力机构的话语,其构成是党和国家以集体和机构的名义发布的各种官方话语和文本,也包含着政党和国家领袖的话语"⑤。上位话语的核心话语包括社会主义国家主流意识形态,路线方针政策,国家治理理念等方面的概念、命题和观点。上位话语

---

① 刘华蓉.大众传媒与政治[M].北京:北京大学出版社,2011:41.
② 黄顺铭."镜子"与"探照灯"辨析:对新闻传播学中反映论与建构论的认识思考[J].现代传播,2003(1).
③ 陈静茜,吴卉.传播之于社会的意义:建构主义取向的传播学研究——克劳斯·克里彭多夫(Klaus Krippendorff)教授学术访谈录[J].新闻记者,2021(4):87—96.
④ 陈月明.使命与主体:《人民日报》社论(1949—2008)的话语呈现[M].上海:复旦大学出版社,2013:50-51.
⑤ 陈月明.使命与主体:《人民日报》社论(1949—2008)的话语呈现[M].上海:复旦大学出版社,2013:87.

是《人民日报》元旦社论最重要的语境,不仅为社论话语提供了背景知识,也为社论话语确定了话语原则和话语取向,同时又是社论话语最重要的主题源和语料源。所谓下位话语是大众和社会生活层面的话语。《人民日报》元旦社论的主要任务就是按照上位话语的思想意识来建构相应的下位话语,包括建构社会认同——意识形态"形态化",建构下位话语——意识形态"意识化",建构集体意识——意识形态"社会化"。《人民日报》元旦社论与社会主义政治文明的关系既体现为前者对后者的反映关系,同时也体现为前者对后者的建构关系。《人民日报》元旦社论首先决定于政治文明的发展,反映政治文明的状况,同时《人民日报》元旦社论也在实现社会主义政治文明形态化、意识化、社会化过程中建构了社会主义政治文明的内容与形象。

四、研究方法与框架

(一)研究方法

1.话语分析法

"话语分析是对语言运用研究的通称。话语既是语言现象,也是社会现象和社会过程。"[①]话语分析要求把话语置于话语实践和社会实践过程中,全面地理解话语中的权力关系。根据诺曼·费尔克拉夫提出的话语分析模式,任何话语事件都可以被看作一个文本、一个话语实践的例子、一个社会实践的实例。话语分析也相应地在文本、话语实践、社会实践三个维度上展开。进行话语分析主要包括三个方向,"1.文本分析;2.文本生产、分布、消费的分析;3.话语事件的社会文化分析"[②]。文本分析是"一种对文字资料进行深入研究的分析方法,即在选定的特定时间和特定地点,统计某类文献中的某些单词、词组或符号出现的频次,以此为依据来揭示人们的思想特征"[③]。文本分析假设某种符号在一定时期内反复出现,表现了人们内心深处的某种情感。文本分析有助于研究相关文献的内容特征,以及对文献所包含的信息量及其变化进行分析和推理。在

---

① 胡春阳.传播的话语分析理论[D].上海:复旦大学,2005:32.
② 胡春阳.传播的话语分析理论[D].上海:复旦大学,2005:110.
③ 赵磊.建构和平:中国对联合国外交行为的演进[M].北京:九州出版社,2007:15.

话语分析中,"可以对文本的'词语''语法''连贯性'和'文本结构'予以分析"①。在词语分析方面,可以根据文本的具体特征有选择地分析词语意义、表达以及隐喻等。诺曼·费尔克拉夫认为,"话语分析的研究计划首先是根据特殊形式的社会实践的问题来确定的,其次是根据它们与社会结构的关系来确定的"②。本文主要运用文本分析方法,以《人民日报》元旦社论文本为主要研究对象,通过元旦社论话语进行社会主义政治文明传播研究,对作为政治话语的重点词语的选择方法是,第一,对政治文明的本质内涵和类型进行分析,对社会主义政治意识文明、制度文明、行为文明可能涉及和包含的主要范畴、概念、理论进行分析、归纳、整理,确定查找内容,即关键词语、短语和句子。第二,对特定历史时期的元旦社论文本,利用 Word 查找功能查找能够反映这一时期政治意识文明、制度文明、行为文明的关键词语、短语和句子。第三,对查找到的内容进行梳理分析,从元旦社论中的关键词语、短语和句子切入,结合社论全文、理论文献、历史背景、政治状况,对话语能指(词语)背后的所指(政治文明)进行考察分析。

2.文献研究法

除了对《人民日报》元旦社论文本进行分析外,本研究还参考了中国共产党历次党代会报告、历次党章、中国共产党历史、中华人民共和国史、《中国人民政治协商会议共同纲领》、《中华人民共和国宪法(1954、1975、1978、1982)》、马克思主义经典著作、中国共产党中央领导人著作、中国共产党重要文献选编、政治学、传播学、社会学等文献和学术资料,力图能够分析、梳理政治文明发展的轨迹,准确地概括和把握中国社会主义政治文明的内涵及其发展特点。

3.历时分析法

笔者通过对中华人民共和国成立以来各个阶段的《人民日报》元旦社论和政治文明进行纵向梳理,将新中国不同阶段的社会主义政治文明进行比较分析,在中国社会发展的历史进程中,把握社会主义政治文明发展的基本脉络、主要特征和内在联系。

---

① 胡春阳.传播的话语分析理论[D].上海:复旦大学,2005:113.
② 费尔克拉夫.话语与社会变迁[M].殷晓蓉,译.北京:华夏出版社,2003:210.

4.系统分析法

笔者把政治文明作为一个系统,分别考察社会主义政治意识文明、政治制度文明以及政治行为文明,在对政治文明各要素之间的联系和作用的分析中全面把握社会主义政治文明。

(二)研究框架

关于新中国的历史发展阶段划分,学者们有几种不同的观点。《中国共产党历史》第二卷(1949—1978)把中华人民共和国成立之后的历史阶段划分为四个阶段,即"中华人民共和国的成立和向社会主义过渡的实现(1949年10月—1956年9月)""社会主义建设的全面展开和对中国建设社会主义道路的艰辛探索(1956年9月—1966年5月)""'文化大革命'的内乱和林彪、江青两个反革命集团的覆灭(1966年5月—1976年10月)""在徘徊中前进和实现伟大的历史转折(1976年10月—1978年12月)"。《剑桥中华人民共和国史》把中华人民共和国的历史划分为四个阶段,即"模仿苏联模式(1949—1957年)""寻求中国道路(1958—1965年)""'文化大革命':混乱中的中国(1966—1969年)""'文化大革命':为继承权而斗争(1969—1982年)"。《中华人民共和国史稿》将中华人民共和国的历史发展分为四个阶段,即1949—1956年、1956—1966年、1966—1976年、1976—1984年。对于改革开放之前的新中国历史阶段划分,学者们的意见大体上是一致的。

改革开放到中共十八的历史阶段划分,争议也比较多,其中代表性观点包括下面几个。一是将改革开放后的时期作为一个历史阶段来对待。二是以党的中央领导核心为标志,将改革开放后的历史阶段分为第二代中央领导集体、第三代中央领导集体和以胡锦涛为总书记的党中央领导时期三个阶段;三是将改革开放后分为"第二次经济建设时代(1978—中共十五大)"和"制度建设时代(进入21世纪,以'十六大'为标志)"两个阶段。这一观点来自胡鞍钢,他根据党的政治纲领和政治发展方向变化,将中华人民共和国成立以来的历史划分为四个时期:"第一次经济建设时代(1953—1957年)""阶级斗争与'文化大革命'时期(1957—1978年)""第二次经济建设时代(1978—十五大)""制度建设时代

(进入21世纪,以'十六大'为标志)"。① 四是将改革开放以来的政治发展划分为"1978—1988年"和"1989—1999年"两个阶段。这一观点来自谢庆奎。他认为,自1949年中华人民共和国成立以来到1999年的50年间,中国政治体系表现出社会转型和政治变迁的性质,带有过渡阶段的特色。这个过渡阶段,又可以被分为若干个小阶段:"1949—1956年,建立健全新的政治体系;1957—1965年,政治体系发生了'左'的倾斜;1966—1977年,新的政治体系'左'倾化;1978—1988年,拨乱反正,改革开放,中国的经济和政治几乎同步发展,取得了重大的成就;1989—1999年,中国的政治发展走上先经济后政治的发展轨道。"②

参考上述观点,从政治文明发展的角度来看,改革开放前的历史大致可以分为两个阶段,即社会主义过渡时期(1949—1956年)和社会主义建设时期(1956—1976年)。前一个阶段是向着社会主义过渡、进行社会主义改造、确立社会主义基本制度的阶段;后一个阶段是探索中国自己建设社会主义道路的阶段,虽然社会主义政治文明经历了严重的挫折,但是也取得了理论成果和实践成果。根据中共十八大的划分,改革开放后到中共十八大,第二代中央领导集体"开创了中国特色社会主义",第三代中央领导集体"把中国特色社会主义推向二十一世纪",新世纪新阶段的党中央"在新的历史起点上坚持和发展了中国特色社会主义"。由此,改革开放后的历史发展,大致可以划分为两个阶段,即中国特色社会主义开创阶段(1976—1992年)和中国特色社会主义发展阶段(1992—2012年)。前一个阶段确定了中国特色社会主义的基本思路和基本原则;后一个阶段坚持和发展了中国特色社会主义。中共十八大以后,中国进入了政治文明发展的新阶段,中国特色社会主义进入新时代。

根据上述分析,按照不同历史阶段的政治发展主题、任务、特征,中国社会主义政治文明发展大致分为五个阶段,本研究的框架相应地由以下几部分组成。

1.引论

2.社会主义过渡时期的政治文明(1949—1956年)

1949年,中华人民共和国成立,中国进入了新民主主义社会。到1956年,

---

① 胡鞍钢.第二次转型:以制度建设为中心[J].战略与管理,2002(3).
② 谢庆奎.新中国五十年的政治发展[J].理论学习与研究,1999(5).

中国基本完成农业、手工业和资本主义工商业的社会主义改造,制定了中华人民共和国第一部宪法,建立了人民代表大会制度、中国共产党领导的多党合作和政治协商制度、民族区域自治制度,中华人民共和国成立告别了"王朝时代",真正确立了社会主义制度。这一时期的政治文明,正如毛泽东所预言的:"中国的命运一经操在人民自己的手里,中国就将如太阳升起在东方那样,以自己的辉煌的光焰普照大地,迅速地涤荡反动政府留下来的污泥浊水,治好战争的创伤,建设起一个崭新的强盛的名副其实的人民共和国。"①

3.社会主义建设时期的政治文明(1956—1976年)

这一时期的前十年,是中国开始全面建设社会主义的十年,社会主义政治文明建设取得了很大成绩。这一阶段的后十年,党、国家和人民遭到严重的挫折和损失。社会主义建设时期,中国共产党对政治文明的探索为之后新的历史时期开创中国特色社会主义提供了宝贵经验、理论准备、物质基础。

4.中国特色社会主义开创时期的政治文明(1976—1992年)

这一时期,从中共十一届三中全会的拨乱反正,到中共十二大党和国家领导体制改革,从制定"八二宪法"到中共十三大提出政治体制改革蓝图,最后到邓小平南方谈话,中国政治发展进入了一个新的轨道,即中国特色社会主义民主政治建设道路。社会主义政治文明经历了政治主题从"以阶级斗争为纲"到"社会主义现代化建设"的转变,政治话语从"革命话语"到"建设、改革、发展话语"的转变。

5.中国特色社会主义发展时期的政治文明(1992—2012年)

这一时期,中国特色社会主义得到坚持和发展。中共十四大明确了建立社会主义市场经济的目标;中共十五大提出"依法治国";中共十六大提出社会主义政治文明建设;中共十七大提出坚定不移发展社会主义民主政治、深化政治体制改革。社会主义政治文明建设的总体目标逐渐明确,政治体制改革的具体目标和措施不断完善和深化。

6.中国特色社会主义新时代的政治文明(2012—2019年)

这一时期,形成了以习近平同志为核心的党中央领导集体,党中央的治国

---

① 毛泽东.毛泽东选集:第四卷[M].北京:人民出版社,1991:1467.

理政新理念、新思想、新战略不断发展。中国特色社会主义进入新时代,展现出更加强大的生命力,社会主义政治文明发展迈入新境界。中共十八大提出全面建成小康社会和政治、经济、文化、社会、生态"五位一体"的新思路;中共十九大提出,决胜全面建成小康社会,开启全面建设社会主义现代化国家新征程,"到建党一百年时建成经济更加发展、民主更加健全、科教更加进步、文化更加繁荣、社会更加和谐、人民生活更加殷实的小康社会,然后再奋斗三十年,到中华人民共和国成立一百年时,基本实现现代化,把我国建成社会主义现代化国家"[①]。中华民族伟大复兴的中国梦、全面建成小康社会、人类命运共同体、习近平新时代中国特色社会主义思想,推进国家治理体系和治理能力现代化,统筹推进"五位一体"总体布局、协调推进"四个全面"战略布局等治国理政新思想、新战略,使中国特色社会主义政治文明优势进一步彰显。

7. 结语

---

① 习近平.决胜全面建成小康社会 夺取新时代中国特色社会主义伟大胜利:在中国共产党第十九次全国代表大会上的报告(2017年10月18日)[N].人民日报,2017-10-28(1).

第一章
社会主义过渡时期的政治文明
(1949—1956)

1949—1956年,被看作新民主主义社会向社会主义社会过渡的时期。这一时期,中国实现了从半殖民地半封建社会到民族独立、人民当家作主的新社会,从新民主主义到社会主义的两个历史性转变。"这是中国历史上最深刻的社会变革。"[①]中华人民共和国成立的头三年,中国共产党迅速肃清社会黑恶势力,统一了中国大陆,废除了旧制度,建立了人民民主专政的政权。1953年,中国共产党正式提出过渡时期的总路线。1954年9月,第一届全国人民代表大会召开,审议通过了《中华人民共和国宪法》。到1956年年底,中国对农业、手工业和资本主义工商业的社会主义改造基本完成,社会主义基本制度建立起来。1949—1956年的民主政治探索,为此后中国的民主政治发展奠定了政治前提和制度基础。

第一节 社会主义过渡时期的政治意识文明

社会主义政治意识文明,主要是指关于社会主义的政治价值观、政治思想、政治道德和政治心理等,是社会主义政治意识进步发展的成果和状态,是社会主义政治文明的核心和灵魂。马克思认为,意识形态是指统治阶级的思想观念

---

① 中共中央党史研究室.中国共产党历史:第二卷(1949—1978)上册[M].北京:中共党史出版社,2011:3.

体系，而"社会主义意识形态是指作为意识形态的马克思主义"①。因此，社会主义政治意识文明与社会主义意识形态具有内在的相通性或一致性。中华人民共和国成立后，为了巩固无产阶级专政，建设社会主义国家，作为执政党的中国共产党在社会主义政治意识方面进行了深入探索，取得了新中国社会主义政治意识文明的早期成果。作为党报的《人民日报》是中国共产党政治传播的重要阵地和媒介，在新中国意识形态工作中有着重要地位。《人民日报》元旦社论因其具有的独特地位、内容和方式，记录着社会主义政治意识文明发展的过程。随着中华人民共和国的成立，以前意识形态领域混乱的局面得以终结，以马克思列宁主义、毛泽东思想为核心的政治意识文明开始确立。《人民日报》元旦社论记录了中国人民对"解放、自由、民主、正义"等政治价值的新追求，以及马克思主义政治意识形态主导地位正式确立，形成了以爱国主义为主要内容的新型政治道德和获得解放的政治心态。

一、社会主义过渡时期的政治价值观

解　放

1950年元旦社论：一九四九年，是中国人民解放战争获得伟大胜利和中华人民共和国宣告诞生的一年。……这一年，我们解放了和管理了全国的大城市和广大乡村，在这些地方迅速地建立了初步的革命秩序，镇压了反革命活动，并初步地发动和组织了劳动群众。在许多城市中已经召集了各界人民代表会议。在许多乡村中，已经肃清了土匪，推行了合理负担政策，展开了减租减息和反恶霸运动。

自　由

1950年元旦社论：四万万七千五百万人已经团结起来，在中国共产党的领导和世界反帝国主义阵营的援助下，推翻了几千年的封建主义统治和一百多年的帝国主义统治，按照自己的愿望，建设自由幸福的生活。

---

① 郑永廷.社会主义意识形态发展研究[M].北京：人民出版社，2002：45.

民　主

1949年元旦社论：只有彻底地消灭了中国反动派，驱逐了美国帝国主义的侵略势力出中国，中国才能有独立，才能有民主，才能有和平，这个真理难道还不明白吗？

1952年元旦社论：应当在今年内全部地完成在城市中在工矿和交通等公私企业中的反封建主义的民主改革。……在一九五二年，我们应当在全国农村实现了土地改革、全国工矿交通企业实现了民主改革的基础上，普遍发展增产节约运动。

1953年元旦社论：从现在起，就应当在人民群众中间进行最广泛的宣传，告诉人民认真地准备这次选举，以便把人民所真正满意和认为必要的人选举做代表和人民政府的委员，而不要让任何坏分子混入人民的政权机关。人民的民主权利的充分发挥……将大大提高人民群众的革命积极性和劳动积极性，而这正是我国建设计划得以顺利实现的最重要条件之一。

正　义

1951年元旦社论：中国人民在一九五一年必须继续支援在朝鲜的中国人民志愿军和朝鲜人民的正义斗争……让我们高举爱国主义的旗帜，为巩固和扩大我们的胜利而勇敢地奋斗吧！我们的事业是先进的、正义的，是与全人类的利益相一致的，渺小的脆弱的反动的帝国主义如果不停止它对于中国和东方的侵略，就只有加速它自己的灭亡，而我们的伟大祖国，却将永远不可动摇地前进，再前进。

1953年元旦社论：在过去三年多的短短时间中……我们胜利地完成了国家的统一，完成了土地改革，进行了抗美援朝的斗争和镇压反革命的斗争，肃清了帝国主义在中国的残余势力，巩固了国内各民族的团结，调整了工商业，稳定了物价，平衡了财政收支，进行了反对贪污、浪费、官僚主义和反对行贿、偷税漏税、盗窃国家资财、偷工减料、盗窃国家经济情报的斗争，开展了增产节约运动，完成了经济的恢复工作。由此可见，有毛泽东同志的领导和斯大林同志的援助的四万万七千五百万人民的正义事业,是无往而不胜的。

(一)解放

中华人民共和国成立之初,"解放"成为《人民日报》元旦社论的核心话语之一。1949年元旦社论提出"使中国人民来一个大解放"①。1950年《人民日报》元旦社论概述了1949年人民解放战争的胜利成果。1951年《人民日报》元旦社论强调中国人民"终于在斗争中找到了马克思列宁主义的真理作为解放自己的武器"②。

"解放"作为一种新的政治价值观被中国人民赋予了丰富的内涵。哲学上,"解放"是指解除束缚和禁锢,得到放达与自由发展。在马克思看来,"解放"指的是摆脱被压迫、被奴役、被束缚的状态。在《〈黑格尔法哲学〉批判》中,马克思指出解放就是要"摧毁一切奴役制"③。历史唯物主义认为,人类的解放是一个历史过程。只有实现共产主义社会,才能真正实现人的自由和解放。在资本主义向共产主义社会过渡的历史阶段中,存在一个过渡性的中介环节,即社会主义社会阶段。马克思和恩格斯在《共产党宣言》中指出:"工人革命的第一步就是使无产阶级上升为统治阶级,争得民主。无产阶级将利用自己的政治统治,一步一步地夺取资产阶级的全部资本,把一切生产工具集中在国家即组织成为统治阶级的无产阶级手里,并且尽可能快地增加生产力的总量。"④列宁在此基础上进一步提出:"从向着共产主义发展的资本主义社会过渡到共产主义社会,非经过一个'政治上的过渡时期'不可,而这个时期的国家只能是无产阶级的革命专政。""人民大多数享有民主,对人民的剥削者、压迫者实行强力镇压,即把他们排斥于民主之外——这就是民主从资本主义向共产主义过渡时改变了的形态。"⑤

针对中国半殖民地半封建的社会状况,中国共产党首先在实现中国人的

---

① 将革命进行到底[N].人民日报,1949-01-01(1).
② 在伟大爱国主义旗帜下巩固我们的伟大祖国[N].人民日报,1951-01-01(1).
③ 中共中央马克思恩格斯列宁斯大林著作编译局.马克思恩格斯文集:第一卷[M].北京:人民出版社,2009:18.
④ 中共中央马克思恩格斯列宁斯大林著作编译局.马克思恩格斯文集:第二卷[M].北京:人民出版社,2009:52.
⑤ 陈占安.马克思主义经典著作选编导读[M].北京:北京大学出版社,2002:238-240.

"解放"问题上进行了深入探索。1925年,毛泽东在《〈政治周报〉发刊理由》一文中指出:"为什么要革命?为了使中华民族得到解放,为了实现人民的统治,为了使人民得到经济的幸福。"①"我国几亿人民一旦真正得到解放,他们巨大的生产潜力一旦被解放出来,并被用于各个领域的创造性活动,就能促进经济发展,提高全世界的文化水平。"②帝国主义和封建主义不但破坏了中国人民的生产力,同时也使中国人民不能发展他们的聪明才智,精神也不能发展。因此,推翻帝国主义的民族压迫,推翻封建主义的统治,实现中华民族的独立,实现中国的民主自由,就成为中国人民解放的基础条件。中国人民获得解放,首先要实现国家的独立。"中国共产党代表全国人民要求独立!中国如果没有独立就没有个性!民族解放就是解放个性!政治上要这样做!经济上要这样做!文化上也要这样做"③。其次要实现民主政治。1945年,毛泽东提出,在打败日本帝国主义侵略之后,党的政治路线:"就是得到全国的解放,全国人民的解放,建立一个新的中国,一个新民主主义的中国,一个独立的、自由的、民主的、统一的、富强的中国。"④

中华人民共和国的成立,标志着中国人民实现解放的进程进入了新阶段,新的社会制度的建立为实现进一步解放创造了条件。对于中华人民共和国成立以后中国人民实现解放的图景,毛泽东进行了美好设想,"我们团结起来,以人民解放战争和人民大革命打倒了内外压迫者,宣布了中华人民共和国的成立。我们的民族将从此列入爱好和平自由的世界各民族的大家庭,以勇敢而勤劳的姿态工作着,创造自己的文明和幸福,同时也促进世界的和平和自由。我们的民族将再也不是一个被人侮辱的民族了,我们已经站起来了。我们的革命已经获得全世界广大人民的同情和欢呼,我们的朋友遍于全世界"⑤。中华人民共和国成立后,针对帝国主义、国内反动派、国内阶级还存在的现实,毛泽东提出,"我们现在的任务是要强化人民的国家机器,这主要是指人民的军队、人民的警察和人民的法院,借以巩固国防和保护人民利益。以此作为条件,使中国有可能在工人阶级和共产党的领导之下稳步地由农业国进到工业国,由新民主

---

① 中共中央文献研究室.毛泽东文集:第一卷[M].北京:人民出版社,1993:21.
② 中共中央文献研究室.毛泽东文集:第一卷[M].北京:人民出版社,1993:393.
③ 中共中央文献研究室.毛泽东在七大的报告和讲话集[M].北京:中央文献出版社,1995:141.
④ 中共中央文献研究室.毛泽东文集:第三卷[M].北京:人民出版社,1996:334.
⑤ 中共中央文献研究室.毛泽东文集:第五卷[M].北京:人民出版社,1996:344.

主义社会进到社会主义社会和共产主义社会,消灭阶级和实现大同"①。1949年,夏衍在《中国人民解放战争胜利的意义》一文中指出:"中国人民获得了这一伟大胜利之后,英美帝国主义在东方大陆的最根深蒂固的堡垒被摧毁了,中国封建主义、官僚资本主义的脊梁被打断了,这个胜利意味着支配了中国人民四千年的封建势力的终了,这一胜利意味着奴役了中国人民一百年的帝国主义势力的完蛋。"②

社会主义过渡时期,中国共产党正是按照使中国人民获得解放的价值目标,规划国家蓝图,建构新中国的架构,开创了中国政治文明发展进程的新纪元。

(二)自由

中华人民共和国成立初期,"自由"是中国人民向往的另一项重要政治价值。1950年《人民日报》元旦社论提出,中国人民将"按照自己的愿望,建设自由幸福的生活"③。1951年《人民日报》元旦社论指出,中华民族不仅以刻苦耐劳著称于世,而且是酷爱自由、富于革命传统的民族。1955年《人民日报》元旦社论指出,我国人民解放台湾、反对美国侵略的斗争,是同全世界人民捍卫和平、民主和独立自由的斗争不可分割的。

社会主义政治文明的发展被认为是实现主体自由的历史过程。"在马克思主义的概念体系中,人类的解放和人类自由基本上是两个相同含义的范畴。"④人的解放就是要实现人的自由全面发展。根据马克思主义理论,实现人类自由的途径是无产阶级进行不断革命,经由政治革命到社会革命、政治解放到社会解放;社会主义是实现人类自由、解放的过渡性阶段。

在中国民主革命时期,争自由、争民主始终是中国共产党的政治价值目标,也是反对帝国主义、封建主义、国民党专制统治的基本口号之一。反对帝国主义、封建主义的革命运动,就是争自由、争民主、争平等、求解放的运动。毛泽东指出:"在封建制度下,人民是没有人格、没有自由、没有独立性、没有个性

---

① 毛泽东.毛泽东选集:第四卷[M].北京:人民出版社,1991:1476.
② 夏衍.中国人民解放战争胜利的意义[J].世界知识,1949(4).
③ 完成胜利,巩固胜利迎接一九五〇年元旦[N].人民日报,1950-01-01(1).
④ 韩冬雪.马克思主义政治哲学诸范畴初探[M].长春:吉林出版集团有限责任公司,2007:137.

的……原因是他们没有财产。独立性、个性、人格是一个意义的东西,这是财产所有权的产物。"①因此,要恢复人民的个性、自由,就要进行革命斗争,取得政治上和经济上的解放。1939年3月,毛泽东指出,"我们中华民族,中国人民,就要打碎帝国主义与封建势力的压迫,为争取民族和人民的自由与平等而奋斗"②。

中华人民共和国的成立,中国人民对自由的追求实现了历史性突破。与中华人民共和国成立前相比,人民成了国家的主人,享受到前所未有的自由。《中国人民政治协商会议共同纲领》和《中华人民共和国宪法》规定人民享有思想、言论、出版、集会、结社、通讯、人身、居住、宗教信仰、示威游行等自由权。毛泽东指出:"我们的宪法规定,中华人民共和国公民有言论、出版、集会、结社、游行、示威、宗教信仰等自由。"③他还指出,宪法规定:国家机关实行民主集中制,国家机关必须依靠人民群众,国家机关工作人员必须为人民服务。所谓有公民权,在政治方面,就是说有自由和民主的权利。"但是这个自由是有领导的自由,这个民主是集中指导下的民主,不是无政府状态。无政府状态不符合人民的利益和愿望。……这种民主和集中的统一,自由和纪律的统一,就是我们的民主集中制。在这个制度下,人民享受着广泛的民主和自由;同时又必须用社会主义的纪律约束自己。"④这说明,中国共产党人在带领人民实现自由的同时,并没有将自由绝对化、抽象化。

中国共产党人在提出争取政治自由的同时,也关注到了个性解放的问题。毛泽东认为,个性不解放就没有民主主义和社会主义。他在《论联合政府》一文中提出,"没有几万万人民的个性的解放和个性的发展,一句话,没有一个由共产党领导的新式的资产阶级性质的彻底的民主革命,要想在殖民地半殖民地半封建的废墟上建立起社会主义社会来,那只是完全的空想"⑤;"我们要对党员进行教育,使他们自觉,懂得社会上还有很多人没有人格,没有自由,要为他们的自由而奋斗"⑥。这些观点说明,中国共产党人关注到了马克思主义自由观中个

---

① 中共中央文献研究室.毛泽东文集:第三卷[M].北京:人民出版社,1996:415.
② 中共中央文献研究室.毛泽东文集:第二卷[M].北京:人民出版社,1993:166.
③ 中共中央文献研究室.毛泽东文集:第七卷[M].北京:人民出版社,1999:207.
④ 中共中央文献研究室.毛泽东文集:第七卷[M].北京:人民出版社,1999:208—209.
⑤ 中共中央文献研究室.毛泽东文集:第三卷[M].北京:人民出版社,1996:1060.
⑥ 中共中央文献研究室.毛泽东文集:第三卷[M].北京:人民出版社,1996:415-416.

性自由的问题。

(三)民主

1949—1957年的《人民日报》元旦社论,多次表达了中国共产党对民主政治价值的理解与实践。1949年《人民日报》元旦社论提出,只有彻底地消灭了反动派,驱逐了美国帝国主义的侵略势力,中国才能独立,才能民主。1952年《人民日报》元旦社论提出,要完成在城市中、在工矿和交通等公私企业中的反封建主义的民主改革。1953年《人民日报》元旦社论提出了发挥人民的民主权利,选举人民代表和政府机构的任务。

马克思主义认为,资本主义社会根本无法实现真正的自由、民主。资本主义的民主"是一种残缺不全的、贫乏的和虚伪的民主,是只供富人、只供少数人享受的民主"[1]。只有社会主义、共产主义才能实现真正的民主。由于生产力的极大发展和生产资料公有制的建立,在社会主义社会,人民将享受到比资本主义社会更真实、更全面、更广泛的自由和民主。列宁指出:"民主意味着在形式上承认公民一律平等,承认大家都有决定国家制度和管理国家的平等权利。"[2]实现真正的民主是社会主义和共产主义的目标。

在革命过程中,中国共产党始终高举民主的旗帜。毛泽东认为,走出"历史周期率"的秘诀在于人民民主。在第一届全国人民代表大会上,毛泽东明确解释了人民民主的含义。他指出:"我们的民主不是资产阶级的民主,而是人民民主,这就是无产阶级领导的、以工农联盟为基础的人民民主专政。人民民主的原则贯串在我们整个宪法中。"[3]中华人民共和国的成立,意味着由工人阶级、小资产阶级与民族资产阶级等社会集团组成的中国人民,开始以民主的国体和政体来管理国家了。这种新型的国家制度,保证人民当家作主,管理国家和社会。人民即工人阶级、农民阶级、城市小资产阶级和民族资产阶级。中国共产党认为,人民民主专政实际上是无产阶级专政。人民民主专政意味着先要在人民内部实行民主。

在如何实现人民民主方面,中华人民共和国成立初期中国共产党就进行了

---

[1] 中共中央马克思恩格斯列宁斯大林著作编译局.列宁选集:第三卷[M].北京:人民出版社,2012:191.
[2] 中共中央马克思恩格斯列宁斯大林著作编译局.列宁选集:第三卷[M].北京:人民出版社,2012:201.
[3] 中共中央文献研究室.毛泽东文集:第六卷[M].北京:人民出版社,1999:326.

积极探索。第一,建立民主制度。1948年9月,毛泽东指出,要采用民主集中制,而不采用资产阶级议会制。在中国采用民主集中制,开人民代表大会,不搞资产阶级的议会制和三权鼎立。《中国人民政治协商会议共同纲领》确立了国家制度和政权组织形式。1954年9月,第一届全国人民代表大会第一次会议的召开,标志着人民代表大会制度在全国范围内正式建立。从1949年9月政协会议的召开到1954年第一届全国人大会议期间,中国实行了一系列民主制度,体现了在实现人民民主方面的努力。比如建立地方民主制度、建立国营企业民主管理制度、加强工会建设、加强党内民主监督,完成土地革命任务和废除封建婚姻制度,实行劳动保险制度,卖行普选等。第二,保证人民广泛权利。人民民主制度必须通过民主权力的实现来体现。人民民主制度建立起来以后,人民应依照法律规定,通过各种途径和形式,行使管理国家、管理各种企业、管理文化教育等各项民主权利。毛泽东认为,人民能不能参与国家管理,是人民民主是否实现的根本标志,倘若人民没有参政权、平等权、保障权、受益权、各项自由权等民主权利,人民民主制度就是徒有虚名。"根据'五四宪法'精神,从1954年到1957年,中央一级颁布了600多件重要法规。在中华人民共和国成立初期的八年中,颁布了近千件重要法规,在保障人权和促进国家繁荣方面发挥了重要作用。"[①]第三,倡导民主的方法和作风。对人民实行充分的民主,才能调动人民的积极性和创造性,没有广泛的人民民主,无产阶级政权就不能巩固。人民内部存在着各种矛盾,必须用民主的方法加以处理和解决。上下级之间、领导与群众之间,要提倡民主作风。1956年9月,中共八大着重提出了执政党的建设问题,强调要坚持民主集中制和集体领导制度,反对个人崇拜,发展党内民主和人民民主,加强党和群众的联系。

(四)正义

1951年《人民日报》元旦社论指出,"我们的事业是先进的,正义的,是与全人类的利益相一致的"。1953年《人民日报》元旦社论列举了中华人民共和国成立三年来社会主义革命与建设的巨大成就,强调"四万万七千五百万人民的正义事业,是无往而不胜的"。1951年、1955年和1957年《人民日报》元旦社论,分别在抗美援朝、解放台湾、声援埃及等背景下,突出强调了中国反对帝国主

---

① 张东.人权理论若干重大问题研究[D].北京:中共中央党校,2009:8.

义,维护世界和平,解放全人类等事业的正义性。

"把正义作为一个历史范畴来看待,是马克思恩格斯正义观的一个基本特征。"①从马克思主义的角度来看,正义属于一种意识形态,意识形态都受经济基础的决定和制约。资产阶级有资产阶级的正义观,无产阶级有无产阶级的正义观。"正义为一定时代、一定社会的经济基础所决定并反映该时代的经济基础,又随经济基础的改变而改变。"②社会正义只能随着生产力的发展而阶段性、渐进性地实现。正义的观念不在于它指出了"应该"实行什么样的分配方式,关键在于它指明了如何实现这种分配方式。"真正的自由和真正的平等只有在共产主义制度下才有可能实现,而这样的制度是正义所要求的。"③

中华人民共和国成立初期,中国内忧外患、百废待兴,中国共产党带领全国人民建立新中国、建立社会主义制度、发展人民利益、实现公正平等,把"大写的"社会主义正义观鲜明地写在自己的旗帜上。中国共产党在实现正义方面的努力主要体现在:第一,建立中华人民共和国。《中国人民政治协商会议共同纲领》规定了中华人民共和国的国家性质以及国家各个领域的基本方针和政策,选举了中国人民政治协商会议的全国委员会、中央人民政府委员会。中华人民共和国的成立,意味着在政治上推翻了"三座大山",中国人民成为国家的主人,为实现社会公平与正义创造了前提条件。第二,向社会主义过渡。中国共产党认为,中国要由落后的国家变为先进的国家,要实现正义必须要搞社会主义。"关于中国的前途,就是搞社会主义。"④随着1954年《中华人民共和国宪法》的制定和社会主义政治制度的确立、三大改造的完成,社会主义制度在中国建立起来,为实现社会公平正义创造了制度条件。第三,实现人民利益。毛泽东认为,劳动者参与管理的权利是人民的基本权利,"这是社会主义制度下劳动者最大的权利,最根本的权利。没有这种权利,劳动者的工作权、休息权、受教育权等权利,就没有保证"⑤。土地改革的完成,使无地、少地的农民获得了耕地和生产资料,农民生活有了保障。国家采取扩大就业和实行社会救济的办法解决城

---

① 朱大鹏.社会主义正义观研究[D].兰州:兰州大学,2011:56.
② 朱大鹏.社会主义正义观研究[D].兰州:兰州大学,2011:52.
③ 中共中央马克思恩格斯列宁斯大林著作编译局.马克思恩格斯全集:第一卷[M].北京:人民出版社,2002:482.
④ 中共中央文献研究室.毛泽东文集:第七卷[M].北京:人民出版社,1999:124.
⑤ 中共中央文献研究室.毛泽东文集:第二卷[M].北京:人民出版社,1993:335.

市失业人员的生活问题。西方学者罗伯特·罗尔认为,"20世纪50年代早期的土地改革运动,大大促进了农村收入的均等化。同中华人民共和国成立前相比城乡收入差别已经大大改善,工人和所有雇员的实际工资提高,同时农产品收购价格也提高了65%,而工业产品在农村地区的销售价格只增长了不到15%。农村人口的实际收入增加了,这导致了城乡人均收入差别缩小"[1]。第四,努力实现政治、性别、分配等的社会平等。夺取政权后,中国共产党强调干部不能高居于群众之上,而要深入群众之中,了解和学习群众、引导和组织群众。在性别平等方面,毛泽东指出,"中国的妇女是一种伟大的人力资源,必须发掘这种资源,为了建设一个伟大的社会主义国家而奋斗。要发动妇女参加劳动,必须实行男女同工同酬的原则"[2]。在分配平等方面,毛泽东认为,"按劳分配和等价交换这样两个原则,是在建设社会主义阶段内人们决不能不严格遵守的马克思列宁主义的两个基本原则"[3]。第五,维护国家主权。中华人民共和国成立之初,中国确立了"另起炉灶""打扫干净屋子再请客""一边倒"的外交方针,倡导和平共处五项原则,把维护民族独立、国家主权作为新中国重要的正义原则加以坚持。

二、政治思想的"破"与"立"

中华人民共和国成立初期,中国共产党一方面对封建主义、帝国主义反动思想开展了批判运动。另一方面,确立了社会主义政治思想的主导地位。《人民日报》元旦社论通过"思想改造运动""马克思列宁主义""毛泽东思想"等话语表现了政治思想上"破"与"立"的过程。

思想改造运动

1952年元旦社论:应当在知识分子中间展开思想改造运动,以便使现有的和将来的知识分子能够忠诚地服务于人民事业。思想改造的工作不但对于知识分子是需要的,对于全国各阶层人民都是需要的。全国人民都应当了解我们的国家的今天和明天,了解自己在国家

---

[1] 胡鞍钢.中国政治经济史论:1949—1976[M].北京:清华大学出版社,2007:277.
[2] 中共中央文献研究室.毛泽东文集:第六卷[M].北京:人民出版社,1999:458.
[3] 中共中央文献研究室.建国以来毛泽东文稿:第十册[M].北京:中央文献出版社,1996:8.

中的地位,了解什么是应当做的或不应当做的,什么是可以做的或不可以做的,因而改造自己所有的不利于人民、其最后结果一定也不利于自己的错误思想。思想改造运动的发展,必然使中国人民民主统一战线空前地巩固起来。

<h2 style="text-align:center">马克思列宁主义 毛泽东思想</h2>

1951年元旦社论:优秀的中国爱国者不甘心于这种落后和被压迫状态,因此进行了前仆后继的斗争,终于在斗争中找到了马克思列宁主义的真理作为解放自己的武器。伟大的中国劳动人民与马克思列宁主义相结合的事实,使中国人民迅速地在思想上、政治上以至于军事上超过了已经腐朽的西方资本主义国家,而这就造成了中国人民革命的伟大胜利。

1952年元旦社论:反贪污、反浪费、反官僚主义的斗争,使中国共产党的整党工作得到了更丰富的内容。每一个中国共产党的党员,必须清算自己思想中的资产阶级小资产阶级的影响,必须努力学习马克思列宁主义,学习马克思列宁主义和中国革命实践相结合的毛泽东思想,只有这样,才能够正确地领导全国人民完成新的历史任务。

1957年元旦社论:根据我们党在长期复杂的斗争中得出的经验,我们要做好任何革命工作,必须采取马克思列宁主义的领导方法,这就是调查研究,进行阶级分析,全面规划,规定基本措施,推广先进经验。

(一)破除封建主义、帝国主义思想

中华人民共和国成立初期,封建主义、帝国主义思想在思想文化领域的影响仍然存在。中国共产党以马克思列宁主义为指导,在知识分子乃至各阶层中展开思想改造运动,对封建主义、资产阶级等思想进行批判。这正是1952年《人民日报》元旦社论提出在知识分子中间展开思想改造运动的背景。

发动知识分子思想改造运动。1950年年底,以清末山东人武训"行乞兴学"为主题的电影《武训传》公映。电影上映后,各报刊发表了大量的评论文章。从

1951年4月开始,有的报刊上出现了批评《武训传》有严重错误的文章。关于《武训传》的讨论,引起了中共中央和毛泽东的注意。1951年5月20日,《人民日报》发表经毛泽东改写的社论《应当重视电影〈武训传〉的讨论》,严厉批评武训和对武训的赞扬,把对电影《武训传》的讨论与批评,由如何评价历史人物武训的问题,引申到如何看待中国近现代历史和中国出路的问题。毛泽东提出,批判电影《武训传》不是就事论事,而是要求共产党员和党的组织,联系实际,学习运用马克思主义,清除侵入党内的资产阶级错误思想,并强调应当"研究自从1840年鸦片战争以来的一百多年中,中国发生了一些什么向着旧的社会经济形态及其上层建筑(政治、文化等)做斗争的新的社会经济形态,新的阶级力量,新的人物和新的思想,而去决定什么东西是应当称赞或歌颂的,什么东西是不应当称赞或歌颂的,什么东西是应当反对的"①。"这是一场涉及文艺、历史、理论和思想领域的斗争,实际上成为知识分子思想改造运动的一个组成部分。"②随后,1951年秋至1952年秋,遍及全国的知识分子思想改造运动集中展开。运动首先从全国各大高校开始,后来迅速在全国教育界展开。这场运动帮助知识分子提高了政治觉悟,对于中华人民共和国成立之初马克思主义意识形态的构建起到了重要的作用。

批判资产阶级唯心主义思想。1952年年底到1953年年初,抗美援朝即将结束,新民主主义革命遗留下来的任务也已基本完成,人民政权得到了巩固,国民经济得到了恢复。1953年9月,中共中央提出了过渡时期的总路线。政治、经济领域的重大变化要求意识形态领域与之相适应。资产阶级思想和马克思主义、唯物主义和唯心主义之间的对立,被认为是社会主义革命过程中两大阶级在思想领域的根本对立,彻底批判和铲除资产阶级思想便成了意识形态领域的首要任务。1954年到1955年间,中共中央接连发动了对俞平伯《红楼梦研究》的批判,对胡适思想的批判。1955年1月,中共中央发出了《关于在干部和知识分子中组织宣传唯物主义思想批判资产阶级唯心主义思想讲演工作的通知》(以下简称《通知》)。《通知》指出,通过对胡适唯心主义的批判,向人民群众宣传马克思主义的唯物主义思想,以提高人民的觉悟。同年3月,中共中央又发出了《关于宣传唯物主义思想批判资产阶级唯心主义思想的指示》。由此,文

---

① 中共中央文献研究室.毛泽东文集:第六卷[M].北京:人民出版社,1999:167.
② 当代中国研究所.中华人民共和国史稿:第一卷[M].北京:人民出版社,2012:267.

艺界、理论界开展了对俞平伯《红楼梦研究》的批判和对胡适的在文、史、哲领域的资产阶级唯心主义的批判。对胡适思想的批判,涉及哲学、文学、历史学、教育学、政治学、经济学等不同的学术领域,一系列有组织、有计划的批判,将实用主义、资产阶级唯心主义和马克思主义做了系统的比较,阐述了马克思主义的基本观点。"这些批评和批判,总体来说是有积极意义的。它推动了当时各级干部和高等院校师生的马克思主义理论学习的普及和发展,同时使广大人民群众受到了一次深刻的理论联系实际的马克思主义哲学教育。"①但是,在这次教育和批判中,也存在一些问题,主要表现为批判运动混淆了学术问题和政治问题的界限。

(二)确立马克思主义的主导地位

封建主义、资本主义思想被破除的同时,社会主义政治意识形态开始确立。1951年《人民日报》元旦社论指出优秀的中国爱国者不甘心于这种落后和被压迫状态,因此进行了前仆后继的斗争,终于在斗争中找到了马克思列宁主义的真理作为解放自己的武器。1952年《人民日报》元旦社论则从党内教育的角度,要求共产党员进行马克思列宁主义、毛泽东思想的学习。1953年《人民日报》元旦社论则倡导以马克思列宁主义为指导的领导方法和工作方法。确立马克思主义主导地位的主要做法包括以下几种。

一是开展理论研究。第一,翻译出版马克思主义经典著作。1953年1月,中共中央成立马克思、恩格斯、列宁、斯大林著作编译局,系统地翻译出版马恩列斯的全部著作。第二,整理出版《毛泽东选集》。1950年10月、1952年4月、1953年4月,《毛泽东选集》第一卷、第二卷、第三卷分别出版发行。第三,开展马克思主义研究。中华人民共和国成立初期,理论工作者出版和发表了大量有关马克思主义的著作和论文,用通俗的、浅显的语言解释马克思主义,方便广大人民群众理解。一些党外学者,也开始研究马克思主义。冯友兰、黄药眠、季羡林等人也开始学习研究马克思主义,而且都有研究文章问世。值得肯定的是,中华人民共和国成立初期的学术研究是自由开展的,对马克思主义的研究基本上是遵循理论发展和学术研究的规律而进行的。

二是对工农、干部和知识分子进行教育。第一,对工农进行教育。中华人

---

① 许启贤.中国共产党思想政治教育史[M].北京:中国人民大学出版社,2004:227.

民共和国成立后,中国共产党对占中国主体的工人、农民开展了普遍的政治启蒙教育。在农村,通过组织农民参加"冬学"进行教育,在城市的各个企业,主要是通过定期和不定期的上大课进行教育。中国共产党还对一部分有文化程度的工人、农民进行系统的马克思主义理论教育。郭沫若在1950年6月全国政协一届二次会议上作的《关于文化教育工作的报告》中提出:"在建国不到一年的时间里,全国参加政治学习、政治训练班学习的人数达47万;参加工人夜校、工人业余文化学校学习的人数约50万;参加市民业余补习学校学习的人数为70万;参加农民冬学学习的为1000万人。另有全国大众学校师生100多万人参加了政治学习。"①第二,对干部进行教育。中共中央制定了一套干部理论教育制度,针对干部文化程度不同实施分级学习制度,把全国党校分为高级、中级、初级,分别有计划、有步骤地把党的干部依照级别调入党校进行培训。第三,对知识分子开展思想改造的学习运动。

三是建立社会主义教育宣传机制。第一,发展全日制教育,兴办夜校、职业教育、工人农民识字班,提高民众文化知识水平,为民众接受马克思主义创造条件。第二,中华人民共和国成立初期,学校按照《中国人民政治协商会议共同纲领》中关于"人民政府的文化教育工作,应以提高人民文化水平,培养国家建设人才,肃清封建的、买办的、法西斯主义的思想,发展为人民服务的思想为主要任务"②的要求,废除国民党时代的反动课程,设立宣传马克思主义的政治课程,并在全国各级学校建立了党团组织。第三,掌握了全国的报纸、电台、通讯社等舆论工具,构建起全国性社会主义舆论宣传机制,以便更加有利于马克思主义、毛泽东思想的宣传。

三、社会主义过渡时期的政治道德

在伦理学和政治学界,学者们对政治道德有多种定义。有的学者认为,政治道德是"为了实现和维护一定的政治理想与政治秩序,在政治实践中形成的有关政治活动合理的、适宜的系列价值观念、行为规范与从政者道德品质的总和"③。朱贻庭主编的《伦理学大辞典》把政治道德定义为:"一定阶级和政治集

---

① 朱育和.当代中国意识形态情态录[M].北京:清华大学出版社,1997:8.
② 中国人民政治协商会议共同纲领[N].人民日报,1949-09-30(2).
③ 杨松.论政治道德与政治道德化[J].暨南大学学报,1997(2).

团用以处理政治关系的道德原则、规范及其实践的总和。"[①]有的学者提出:"政治道德是人们在政治领域从事政治活动时所应遵循的伦理规范和行为准则。"[②]还有的学者把政治道德区分为广义和狭义两个方面。"广义的政治道德,是指一定阶级和政治集团为了实现和维护一定的政治理想与政治秩序,在政治实践中形成的伦理价值观、道德准则以及政治行为主体的道德规范的总和。狭义的政治道德是指政治生活中行为主体的道德品质。"[③]我们认为,政治道德是政治行为主体在政治实践中形成的伦理价值观、道德准则、道德规范和道德品质的总和。在社会主义中国,政治道德主体主要是指工农阶级及其代表中国共产党。中国共产党作为执政党,其政治道德集中体现为一种执政道德。这种政治道德,体现在执政党的性质、宗旨、目的、理想信念、路线、方针政策上,也体现为执政党的党员、领导干部的道德修养。

社会主义过渡时期,中国共产党大力弘扬社会主义新型政治道德。1951年《人民日报》元旦社论,以"在伟大爱国主义旗帜下巩固我们的伟大祖国"为题,用了大部分篇幅宣传爱国主义。1953年《人民日报》元旦社论则提出在各行各业广泛开展爱国主义的生产竞赛。1950—1957年每年的《人民日报》元旦社论,都号召勤俭节约、反对浪费。1950年《人民日报》元旦社论提出过去因为有这种艰苦奋斗的作风,因而取得了人民的信任和战争的胜利;今后一定要保持这种艰苦奋斗的传统,帮助国家积累资金,争取经济战线上的迅速成功。1952年《人民日报》元旦社论指出增产节约的大敌是贪污、浪费和官僚主义。1955年《人民日报》元旦社论强调必须厉行节约,克服浪费。这一时期的《人民日报》元旦社论有效营造出了中华人民共和国成立初期热爱祖国、艰苦奋斗、勤俭建国的道德氛围。

爱国主义

> 1951年元旦社论:所有这些,就是我们伟大祖国的简单图画。……让我们高举爱国主义的旗帜,为巩固和扩大我们的胜利而勇敢地奋斗吧!……百倍地巩固和热爱我们的祖国!我们的伟大祖国万岁!

[①] 朱贻庭.伦理学大辞典[M].上海:上海辞书出版社,2002:221.
[②] 王泽应.我国政治伦理学研究的回顾与展望[J].中南大学学报(社会科学版),2004(5).
[③] 宋晓燕.中国共产党执政的政治道德研究[D].南京:东南大学,2006:4-5.

反对浪费

1950年元旦社论：我们过去因为有这种艰苦奋斗的作风，因而取得了人民的信任和战争的胜利；今后一定要保持这种艰苦奋斗的传统，来帮助国家积累资金，争取经济战线上的迅速成功。在生产节约的总目标下，应该大力提倡爱护国家的公共财产，反对浪费。目前许多机关企业的浪费是很严重的，必须开展群众性的反浪费运动来加以克服。

1952年元旦社论：增产节约的大敌是贪污、浪费和官僚主义。因此，目前的反贪污、反浪费、反官僚主义的斗争对于一九五二年物产节约计划的实现有决定的意义。必须认真发动群众，把这个斗争进行到底，使它贯彻到每个机关，每个工厂，每一条街和每一个村庄，使严重的贪污现象、浪费现象和官僚主义现象不再有发生的可能。

厉行节约

1955年元旦社论：我们必须厉行节约，克服浪费。各个经济部门应该十分注意贯彻经济核算制度，竭力节省国家建设的资金。……人力浪费的现象也必须加以克服。这就要加强和改善企业中的劳动组织，坚决纠正许多企业机构庞大、分工过于烦琐、非生产人员过多的现象。一切单位都要实行严格的定员定额，贯彻责任制度，提高劳动效率，降低产品的成本和节约开支。

为人民服务

1956年元旦社论：我们的党，一向是以马克思列宁主义的普遍真理和中国革命的具体实践相结合为自己一切工作的指针的。在民主革命的阶段中是如此，现在，在社会主义革命阶段中也是如此。民主革命的阶段中，我们的党经过了四次革命战争，积累了极其丰富的经验，形成了一整套的适合于中国具体情况的政策，掌握了革命战争的战略战术，形成了全党一致的实事求是、艰苦朴素、为人民服务的工作作风，组成了一个广大的统一战线，因而能在最后一次革命战争中，仅仅以三年的时间,就像摧枯拉朽一样,赶走了美国帝国主义,推翻了蒋介石卖国集团的反动统治,取得了人民民主革命的伟大胜利。

(一)激发全民爱国热情

中华人民共和国成立初期,爱国主义成为全民政治道德的主要内容。1949年9月29日,毛泽东为《新华月报》创刊号题词:"爱祖国,爱人民,爱劳动,爱护公共财产为全体国民的公德。"后来,"五爱"被写进了《共同纲领》和《中华人民共和国宪法》。"五爱"中爱祖国被放在突出位置,是当时政治道德、公民道德规范的首要内容。1951年《人民日报》元旦社会以"在伟大爱国主义旗帜下巩固我们的伟大祖国"为题,具体论述了为什么必须兴起爱国主义的高潮,什么是今天中国人民的爱国主义的内容,它对于中国人民的军事、政治、经济任务有什么意义。社论指出,我们反对拒绝学习外国和轻视其他民族的国粹主义者和民族主义者,反对妄自尊大,但是也反对妄自菲薄。社论引用了毛泽东《中国革命和中国共产党》一文中关于中国和中华民族的论述,中华民族是一个有光荣革命传统和优秀历史遗产的民族。伟大的中国劳动人民与马克思列宁主义相结合的事实,使中国人民迅速地在思想上、政治上以及军事上超过了已经腐朽的西方资本主义国家,而正是这一点造就了中国人民革命的伟大胜利。深入开展的爱国主义教育活动,激起了领导干部和人民群众的强烈爱国热情,全国人民的爱国热情空前高涨并转化为支援朝鲜前线、恢复和发展国民经济、推动社会改革的巨大动力。通过爱国主义教育,中国人民的民族自尊心、自信心、自豪感得到空前强化,民族精神得到空前振奋。

(二)确立政治道德核心和原则

全心全意为人民服务是中国共产党的根本宗旨,思想来源是马克思主义的群众史观。早在1944年,毛泽东在《为人民服务》一文中就指出,"我们是为人民服务的"。所有共产党人和革命干部,都应该"全心全意为人民服务,一刻也不脱离群众;一切从人民的利益出发,而不是从个人或小集团的利益出发"。要使"共产党人的一切言论行动,必须以合乎最广大人民群众的最大利益,为最广大人民群众所拥护为最高标准"①。中共七大首次把全心全意为人民服务作为党的优良作风的核心内容之一写进党章总纲和党员应尽的义务中,并把"为人民服务"提到了"党的唯一宗旨"的高度。毛泽东经常提醒全党同志要注意克服形形色色的个人自由主义思想,要求"共产党员无论何时何地都不应以个人利益放在第一位,而应以个人利益服从于民族的和人民群众的利益"②。1954年的《中华人民共和国宪法》第17条规定:"一切国家机关必须依靠人民群众,经常保持同群众的密切联系,倾听群众的意见,接受群众的监督。"第18条规定:"一切国家机关工作人员必须效忠人民民主制度,服从宪法和法律,努力为人民服务。"③全心全意为人民服务,要成为一切共产党人的价值标准和道德标准,也要成为社会主义道德的核心和基本原则。

在社会主义革命和建设时期,中国共产党进一步提出了社会主义的集体主义原则,"提倡以集体利益和个人利益相结合的原则为一切言论行动的标准的社会主义精神"④。在制定党的方针政策时,毛泽东指出"一切从人民的当前利益和长远利益相结合出发";在制定分配政策时,他主张"统筹兼顾","必须兼顾国家、集体和个人三个方面"⑤,"经常注意调节其中的矛盾"。在《论十大关系》一文中,毛泽东批评了把个人与集体相对立,以为限制个体就会强化集体,发展个体就会削弱集体的错误观点,认为个人与集体是相互补充、相互促进的。这体现了兼顾个人利益和社会集体利益的集体主义原则。中华人民共和国成立后集体主义思想深入人心,"不仅党的领袖(毛泽东、周恩来、刘少奇等)和党内理论家(艾思奇、杨献珍、冯定等)普遍地论述了集体主义理论,而且一些有影响的民主人士和知识分子也广泛地阐释了集体主义观点,楚图南和马寅初是其中比较有代表性的"⑥。

(三)强化干部廉洁奉公

对于一个刚刚掌握国家政权的政党来说,再也没有比始终保持头脑清醒、

---

① 毛泽东.毛泽东选集:第三卷[M].北京:人民出版社,1991:1094-1096.
② 毛泽东.毛泽东选集:第二卷[M].北京:人民出版社,1991:522.
③ 中华人民共和国宪法(1954年)[EB/OL].(2000-12-26)[2000-12-26].http://www.npc.gov.cn/wxzl/wxzl/2000-12/26/content_4264.htm.
④ 中共中央文献研究室.毛泽东文集:第六卷[M].北京:人民出版社,1999:450.
⑤ 中共中央文献研究室.毛泽东文集:第七卷[M].北京:人民出版社,1999:28.
⑥ 夏伟东.从毛泽东是否使用过集体主义概念谈起:兼论五四以来中国革命道德传统中的集体主义概念[J].道德与文明.2000(6).

防止因胜利而迷失方向更重要的了。中华人民共和国成立前夕,毛泽东告诫全党:"因为胜利,党内的骄傲情绪,以功臣自居的情绪,停顿起来不求进步的情绪,贪图享乐不愿再过艰苦生活的情绪,可能生长。可能有这样一些共产党人,他们是不曾被拿枪的敌人征服过的,他们在这些敌人面前不愧英雄的称号,但是经不起人们用糖衣裹着的炮弹的攻击,他们在糖弹面前要打败仗。我们必须预防这种情况。"① 中华人民共和国成立之初,毛泽东亲自领导了"三反""五反"运动,保持了干部的良好作风。《共同纲领》明确规定:"中华人民共和国的一切国家机关,必须厉行廉洁的、朴素的、为人民服务的革命工作作风,严惩贪污、禁止浪费,反对脱离人民群众的官僚主义作风。"② 毛泽东认为,中国共产党是一个代表中国人民和中华民族的先进群体,"共产党员在政府工作中,应该是十分廉洁、不用私人、多做工作、少取报酬的模范"③。清正廉洁、克己奉公成为党员领导干部必备的政治道德素质。

(四)发扬艰苦奋斗精神

中华人民共和国成立前后,中国共产党带领中国人民积极发扬"自力更生,艰苦奋斗,吃苦在前,享受在后,不怕吃苦,勇于吃苦"的道德精神,将其转化为建设祖国,变革社会的巨大精神动力。毛泽东将共产党取得执政地位比喻为"进京赶考",告诫全党全国人民,革命以后的路程更长,工作更伟大、更艰苦。夺取全国胜利,只是万里长征走完了第一步,务必继续"保持谦虚、谨慎、不骄、不躁的作风"④。中华人民共和国成立后,毛泽东教导全党务必"不要靠官,不要靠职位高,不要靠老资格吃饭",而是"把架子收起来",与人民一道奋斗。他还要求党政干部"不做寿""不送礼""少拍掌""不以人名作地名""不要把中国同志和马、恩、列、斯平列",并表示"遵守这些规定,就是谦虚态度""务必使同志们继续地保持艰苦奋斗的作风"⑤。

---

① 毛泽东.毛泽东选集:第四卷[M].北京:人民出版社,1991:1438.
② 中国人民政治协商会议共同纲领[N].人民日报,1949-09-30(2).
③ 毛泽东.毛泽东选集:第二卷[M].北京:人民出版社,1991:522.
④ 毛泽东.毛泽东选集:第四卷[M].北京:人民出版社,1991:1439.
⑤ 毛泽东.毛泽东选集:第四卷[M].北京:人民出版社,1991:1438-1439.

四、社会主义过渡时期的政治心态

幸　福

1950年元旦社论：四万万七千五百万人已经团结起来，在中国共产党的领导和世界反帝国主义阵营的援助下，推翻了几千年的封建主义统治和一百多年的帝国主义统治，按照自己的愿望，建设自由幸福的生活。……当武装的敌人在全中国的土地上被肃清以后，当全中国人民的觉悟性和组织性普遍地提高起来以后，我们的国家就将逐步地脱离长期战争所造成的严重困难，并逐步走上幸福的境地了。

骄　傲

1951年元旦社论：难道我们不应当为我们的祖国而骄傲，而欢呼吗？难道我们对于自己的力量和前途，应当有丝毫的怀疑吗？无论是在军事、政治或经济的战线上，我们都已经得到了伟大的胜利，在今后必将得到更伟大的胜利。……我们的伟大祖国，却将永远不可动摇地前进，再前进。

希　望

1953年元旦社论：在过去三年多的短短时间中，我国人民在毛泽东同志和中国共产党的英明领导之下，在苏联的大力支援之下，曾经解决了过去千百年所不能解决的问题，使我们的祖国从悲惨的黑暗地狱中顿然走到了充满阳光和希望的人间世界。

大喜事

1956年元旦社论：这是一件大喜事。这是震动世界的一件大事。五万万中国农民热烈地欢迎和要求农业合作化，兴高采烈地走社会主义的道路。……各大城市出现了动人的现象：资本主义工商业各行业纷纷联合起来请求实行公私合营，被政府批准合营的行业和企业，张灯结彩，敲锣打鼓，上街游行，庆祝公私合营，庆祝走社会主义的道路。

> 资本主义工商业中广大的工人、店员、工程技术人员、职员和绝大多数的工商业家热烈地欢迎社会主义,这又是一件大喜事。

政治心态是反映政治文明的一面镜子。政治心态的状况反映着民众对政权的满意状况和认同程度,是政权获得合法性的基本条件之一。美国政治学家阿尔蒙德在研究政治文化时指出,"政治文化是一个民族在特定时期流行的一套政治态度、信仰和感情"[①]。我国学者将政治心态表述为"政治心理的态度,其主要表现为政治取向方面的认知、情感、评价与动机,对人们的政治行为起着支配性作用的政治心理取向"[②]。好的政治心态有助于扩大政治参与,推动政治文明的发展。好的政治心态,包括对国家这个政治共同体有较高的认同,对政治共同体中政权和权威人物有较高的认同,对自己在政治过程中的影响力比较自信,对政治过程中的其他政治活动者比较信任等。

社会主义过渡时期,《人民日报》元旦社论所表达的特有的政治心态成为这一时期政治文明的特有标志。"人民群众赞成什么,不赞成什么,拥护什么,反对什么,并不是偶然的,在那些千差万别的意见后面,有一种共同的因素起着决定的作用,这就是人民群众的需要。"[③]1950年《人民日报》元旦社论指出:当武装的敌人在全中国的土地上被肃清以后,当全中国人民的觉悟性和组织性普遍地提高起来以后,国家就将逐步地脱离长期战争所造成的严重困难,并逐步走上幸福的境地了。1951年《人民日报》元旦社论,排除人们的怀疑和自卑心理,强调伟大祖国将永远不可动摇地前进,再前进。1956年《人民日报》元旦社论,展示了人们对社会主义的向往,表达了三大改造完成进入社会主义的兴奋和喜悦。

(一)翻身得解放的心态

中华人民共和国的成立,标志着国家四分五裂、持续战乱的历史结束,一个独立、统一的新中国诞生了,中国人民从此站了起来。在巨大胜利的鼓舞下,中国人民表现出了强烈的翻身得解放心态,爱国热情、革命热情和工作热情空前

---

① 阿尔蒙德,鲍威尔.比较政治学:体系、过程和政策[M].曹沛霖,译.北京:东方出版社,2007:26.
② 李建宇.社会主义政治文明建设中的国民政治心态分析[J].河南社会科学,2011(1).
③ 刘学谦.社会主义群体凝聚力学[M].北京:红旗出版社,1991:58.

高涨。正如胡绳所记述的:"中国共产党和中国人民解放军的干部和战士在新区工作中的全心全意为人民服务的作风、艰苦的生活和严格的纪律,使人们耳目一新。广大工农劳动群众满怀翻身的喜悦。青年学生和知识分子欢欣鼓舞,大批参加革命工作。华侨青年和留学生纷纷回国。许多中间力量,包括从反动营垒中分化出来的力量,主动向人民靠拢。许多人要求重新学习,改变旧思想,以适应变化了的情况。……中华大地上呈现出万象更新的局面。"①根据一些学者对上海市民的研究,中华人民共和国成立初期,经过上海市政府的民主改革运动,中华人民共和国成立前上海企业中普遍存在如抄身制、拿摩温制、封建把头制等制度被废除,对恶霸势力进行了清洗,社会环境得到一次彻底净化。工人感慨:"解放是第一次翻身,民主改革是第二次翻身。"②1950年5月1日新中国第一部《中华人民共和国婚姻法》(以下简称《婚姻法》)颁布实施,上海随即展开大规模的贯彻婚姻法运动,妇女的婚姻自主权、财产权得到法律保障。一些妇女在了解《婚姻法》之后说:"我现在觉得自己有了力量,过去在反动派时代,没有人肯帮助我,现在人民政府的《婚姻法》帮助我们妇女翻身,脱离苦海,希望政府替我做主。"③中华人民共和国成立初期的翻身得解放是全国民众普遍持有的心态,这对国家的政权建设是非常重要的。

(二)当家作主的心态

中华人民共和国的成立打开了政治输入的广泛渠道,各阶层民主权利得到保障,基层群众获得当家作主的主人翁意识。中华人民共和国成立后,黄炎培担任了中央人民政府委员、政务院副总理兼轻工业部部长。而此前,北洋政府曾两次任命他为教育总长,但他都拒不就职。黄炎培的儿子曾问黄炎培:"为什么您年过七十反而做起官来了?"他说:"人民政府,是人民的政府,是自家的政府。自家的事,需要人做时,自家不应该不做。我这是在做事,不是做官。"④以上海工人阶级为例,1949年8月,上海第一届各界人民代表会议召开,120名工人代表由上海总工会(筹)与各产业工会协商确定名单后,按产业类别参加了会议。此后历届会议工人代表的人数不断增加。工人阶级作为领导阶级的地位

---

① 胡绳.中国共产党的七十年[M].北京:中共党史出版社,1991:292-293.
② 杨丽萍.试论建国初期上海市民的翻身感[J].华东师范大学学报(哲学社会科学版),2006(2).
③ 杨丽萍.试论建国初期上海市民的翻身感[J].华东师范大学学报(哲学社会科学版),2006(2).
④ 孟庆春.跟毛泽东学凝聚人心[M].北京:红旗出版社,2009:266.

逐步得到确立。由于政治地位的提高,工人阶级的其他权利也得以保障。1950年开始,职工业余文化教育迅速发展,尤其是新学制的颁布,使工人在文化学习上有了制度保证。到1951年12月,全市职工业余学校增加到700所,参加学习的职工18万人。一些工人对此感触颇深:"现在劳动人民可不同了,一切都翻了身。不谈别的,就拿我文化上翻身来说吧,我离开了学校,算来实足有十九年了,……十九年来我做梦也没想到过还有机会能够踏进学校的大门。"①

(三)生活改善的幸福心态

人民群众特别是基层群众的幸福感主要源于贫富差距的缩小,物质生活水平的改善。为了改善人民生活水平,政府一方面平息物价波动,稳定市场秩序,保障市民的生活供给。另一方面,针对不同行业、不同工种之间工资高低悬殊的现象,根据"高的多减,低的不减或少减"的原则,通过指令性措施加以调整,缩小差别。"在适当提高工资水平的基础上,对职工工资制度进行了改革"②,产业工人的工资普遍得到了提高。1952年,全民所有制企业职工的月平均工资从57.19元增长到65.18元,增幅为14%。我国经过对现行工资制度的改革和调整,工资高低悬殊的现象逐渐消失,一般市民都能维持着大体相当的生活水准。1950年11月,上海市总工会对当时新生纱厂938名实际上失业的工人家庭进行的调查显示,全家吃三顿粥的家庭有300户,只能吃到两顿粥的有85户,社会贫困现象普遍存在。1951年,记者再次对金家巷(产业工人聚居区)居民生活进行调查,百姓们说,"过去,富人过年,穷人过关,休说吃肉,连有大米下锅也是好的了,今年的光景大不同了","倒霉的王小二已经翻身了"③。巷内居民忙着磨粉蒸糕,饭桌上有鱼有肉,为了过年,居民们自发组织起来进行大扫除活动。

第二节 社会主义过渡时期的政治制度文明

政治制度文明是政治文明的重要组成部分,具有根本性、全局性、稳定性和

---

① 杨丽萍.试论建国初期上海市民的翻身感[J].华东师范大学学报(哲学社会科学版),2006(2).
② 周仲海.建国前后上海工人工薪与生活状况之考察[J].社会科学,2006(5):83—91.
③ 杨丽萍.试论建国初期上海市民的翻身感[J].华东师范大学学报(哲学社会科学版),2006(2).

长期性特征,在政治文明中居于关键和核心地位,反映的是政治上层建筑的进步状态。中华人民共和国成立后,中国社会主义制度经过创建、改革、建设,社会主义根本政治制度、基本政治制度和具体政治制度不断发展完善,为新中国取得历史性成就提供了有力保障。在社会主义过渡时期,中国共产党结合中国的社会历史文化传统和现实国情,借鉴其他各国政治制度文明成果,建立了人民代表大会制度、中国共产党领导下的多党合作和政治协商制度、民族区域自治制度等政治制度,从而确立了与人民民主专政的国体相适应的政治制度框架。

一、建立人民民主专政

人民民主专政

1949年元旦社论:现在摆在中国人民、各民主党派、各人民团体面前的问题,是将革命进行到底呢,还是使革命半途而废呢?如果要使革命进行到底,那就是用革命的方法,坚决彻底干净全部地消灭一切反动势力,不动摇地坚持打倒帝国主义,打倒封建主义,打倒官僚资本主义,在全国范围内推翻国民党的反动统治,在全国范围内建立无产阶级领导的以工农联盟为主体的人民民主专政的共和国。

1950年元旦社论:什么是中国人民在一九五〇年所应当执行的主要任务呢?第一,以一切力量完成人民解放战争,肃清中国境内的一切残余敌人,解放台湾、西藏、海南岛,完成统一全中国的大业。在已经推翻了敌人的统治的地方,应当肃清土匪、特务分子和隐藏的反革命分子,镇压反革命活动,建立革命秩序,建立人民民主专政。

1951年元旦社论:这就是说,中国人民必须在一九五一年努力发展土地改革工作,坚决消灭潜伏的反革命分子和少数地区残余的土匪,认真加强全国工人阶级的组织工作和政治教育工作,继续加强各民族、各民主阶级、各民主党派的团结。在一九五〇年冬至一九五一年春,全国已有一亿三千万人口的新解放区在进行着土地改革,而在一九五一年冬至一九五二年春,全国除少数民族地区外,将基本上完成土地改革工作。这将使中国人民民主专政的政治基础和经济基础大为加强。

1954年元旦社论：在进行经济建设的同时，我们从去年起在全国范围内展开了普选运动，选举各市、县的人民代表大会的代表。截至去年九月底，全国已有三千五百多个乡镇和城市完成了选举。预计在今年春天，全国县一级的选举即可完成，以后将召开省、市人民代表大会及全国人民代表大会，使我国人民民主专政的制度更加完备，更有力地领导全国人民完成第一个五年计划建设的伟大任务。

中华人民共和国的成立，意味着"工人革命的第一步就是使无产阶级上升为统治阶级，争得民主"①，意味着马克思主义国家理论在中国实践的开始，标志着革命任务由新民主主义到社会主义的转变，民主革命的人民民主专政也开始向人民民主专政转变。面对这一转变，1949年《人民日报》元旦社论提出要在全国范围内建立无产阶级领导的以工农联盟为主体的人民民主专政的共和国。1951年《人民日报》元旦社论提出为了加强中国人民民主专政的政治基础和经济基础这一目标，需要完成的革命和建设任务。1954年《人民日报》元旦社论论述了如何通过建立人民代表大会制度，选举人民代表，以使人民民主专政制度更加完备。

（一）人民民主专政是革命的方向

马克思主义认为阶级斗争必然导致无产阶级专政。列宁指出："一切革命的根本问题是国家政权问题。"②无产阶级只有夺取政权，利用政权的力量，才能剥夺资产阶级的生产资料，建立和发展社会主义制度。无产阶级与剥削阶级的政治权力的本质区别在于它是由以占人口绝大多数的无产阶级和人民群众为主体的政治权力，它是无产阶级和人民群众共同力量的凝结，同时也是为他们的利益服务的。无产阶级国家虽然具有国家的一般特征，但它已不是原来意义的国家了。无产阶级政治权力是由以无产阶级为主体的绝大多数社会成员掌握的政治权力。马克思曾预言："劳动阶级在发展进程中将创造一个消除阶级

---

① 中共中央马克思恩格斯列宁斯大林著作编译局.马克思恩格斯文集：第二卷[M].北京：人民出版社，2009：52.
② 中共中央马克思恩格斯列宁斯大林著作编译局.列宁选集：第三卷[M].北京：人民出版社，2012：19.

和阶级对立的联合体来代替旧的市民社会;从此再不会有任何原来意义的政权了。"①

中国共产党领导中国革命,首先要解决中国革命的道路问题和建设什么样的国家政权的问题。毛泽东提出中国革命必须分民主革命和社会主义革命两步走。从1939年12月至1949年6月,毛泽东在《中国革命和中国共产党》《新民主主义论》《论联合政府》《在中国共产党第七届中央委员会第二次全体会议上的报告》《论人民民主专政》等一系列文章中,明确指出中国共产党的现实目标是要建立"新民主主义社会""新民主主义政权""新民主主义制度""新民主主义共和国",并详细论述了新民主主义国家的国体和政体。1949年6月,毛泽东在《论人民民主专政》中,论述了在中国建立人民民主专政的问题。他认为,"总结我们的经验,集中到一点,就是工人阶级(经过共产党)领导的以工农联盟为基础的人民民主专政"②。对人民内部的民主方面和对反动派的专政方面,互相结合起来,就是人民民主专政。中华人民共和国成立前夕,毛泽东再次指出,中国走向社会主义,"唯一的路是经过工人阶级领导的人民共和国"③。具体而言,要以人民共和国政权为条件,使中国"在工人阶级和共产党的领导之下稳步地由农业国进到工业国,由新民主主义社会进到社会主义社会和共产主义社会,消灭阶级和实现大同"④。在这一理论指导下,中国革命的方向就是要建立人民民主专政制度。

(二)人民民主专政的建立

中华人民共和国成立初期,按照人民民主专政国家性质的内在要求,在中国共产党的领导下,新的国家政权得以建立。

第一,成立中华人民共和国。1949年9月21日至30日,中国人民政治协商会议第一届全体会议召开,通过了《中国人民政治协商会议组织法》《中华人民共和国中央人民政府组织法》两个法律性文件,中华人民共和国国都、纪年、国歌、国旗四个决议案,以及《中国人民政治协商会议共同纲领》《中央人民政府

---

① 中共中央马克思恩格斯列宁斯大林著作编译局.马克思恩格斯文集:第一卷[M].北京:人民出版社,2009:655.
② 毛泽东.毛泽东选集:第四卷[M].北京:人民出版社,1991:1480.
③ 毛泽东.毛泽东选集:第四卷[M].北京:人民出版社,1991:1471.
④ 毛泽东.毛泽东选集:第四卷[M].北京:人民出版社,1991:1476.

副主席和全体委员名额》《关于选举中国人民政治协商会议全国委员会和中央人民政府委员会的规定》三个议案,选举出由180人组成的中国人民政治协商会议第一届全国委员会和中央人民政府主席、副主席,中央人民政府委员会委员。《中国人民政治协商会议共同纲领》是新中国的建国纲领,具有临时宪法的作用,它规定了中华人民共和国的国家性质以及国家各个领域的基本方针和政策。《中国人民政治协商会议共同纲领》规定:"中华人民共和国为新民主主义即人民民主主义的国家,实行工人阶级领导的、以工农联盟为基础的、团结各民主阶级和国内各民族的人民民主专政,反对帝国主义、封建主义和官僚资本主义,为中国的独立、民主、和平、统一和富强而奋斗。"①人民民主专政政权在全国的建立,标志着半殖民地半封建的社会制度彻底结束。

第二,建立社会主义制度。中华人民共和国成立后,中国共产党的历史任务之一就是引导全国人民由新民主主义国家向社会主义国家转变。为此,1953年中共中央提出过渡时期总路线,要求在10—15年时间内基本上完成向社会主义过渡。1953—1956年,伴随着国民经济第一个五年计划的实施,国家在推进工业化的同时,实现了对个体农业、手工业和资本主义工商业的社会主义改造,确定了社会主义基本经济制度,使中国发生了最深刻、最伟大的社会变革。我国通过农业合作化把大量的小农个体经济改造成为集体经济;通过手工业的社会主义改造,把手工业初步纳入社会主义轨道;通过对资本主义商业的改造,使得资本主义经济关系基本上被社会主义经济关系所代替。

第三,制定宪法,确立社会主义政治制度。1954年9月20日,中华人民共和国第一届全国人民代表大会第一次会议通过《中华人民共和国宪法》(以下简称《宪法》)。《宪法》的起草前后用了近七个月的时间,反复研究,多次修改。"中华人民共和国第一部宪法是一部社会主义类型的宪法,它反映了中国人民的意志,代表着中国人民的利益,它为建立和健全社会主义民主和社会主义法制奠定了基础。"②起草《宪法》的指导思想是坚持人民民主原则和社会主义原则,它以国家大法形式肯定了从新民主主义过渡到社会主义的必然趋势和基本途径,以及许多基本原则和基本制度。《宪法》规定了国家的性质和政治制度,即国体和政体。"中华人民共和国是工人阶级领导的、以工农联盟为基础的人

---

① 中国人民政治协商会议共同纲领[N].人民日报,1949-09-30(2).
② 当代中国研究所.中华人民共和国史稿:第一卷[M].北京:人民出版社,2012:215.

民民主国家。""中华人民共和国的一切权力属于人民。"这些国家制度的核心内容和基本准则被根本大法确定下来。

二、确立人民代表大会制度

人民代表大会

1950年元旦社论：我们必须巩固和扩大这种团结。巩固和扩大团结的最好办法之一，是召开各省、市、县的各界人民代表会议，吸收各党派、各阶级、各团体、各民族的代表参加，共商国家和地方的大事。一九五〇年，各地必须依照中央人民政府所颁布的省、市、县各界人民代表会议组织通则，按期召开代表会议，把它变成一种经常的制度，使我们的人民民主专政在组织上更加巩固和完备。

1953年元旦社论：一九五三年向全国人民提出了三项伟大的任务：第一，继续加强抗美援朝的斗争，争取更大的胜利；第二，开始执行国家建设的第一个五年计划，完成和超额完成一九五二年度建设计划；第三，召集全国人民代表大会，通过宪法，通过国家建设计划。

1954年元旦社论：在进行经济建设的同时，我们从去年起在全国范围内展开了普选运动，选举各市、县的人民代表大会的代表，截至去年九月底，全国已有三千五百多个乡镇和城市完成了选举。预计在今年春天，全国县一级的选举即可完成，以后将召开省、市人民代表大会及全国人民代表大会，使我国人民民主专政的制度更加完备，更有力地领导全国人民完成第一个五年计划建设的伟大任务。

1956年元旦社论：1955年7月，第一届全国人民代表大会第二次会议通过了我国发展国民经济的第一个五年计划。

从1949年至1956年，中国共产党根据人民民主专政国体的需要，结合中国政治发展实际，借鉴中外政体建设经验，设计新中国政权组织形式，建立了人民代表大会制度这一根本政治制度。1950年《人民日报》元旦社论指出，巩固和扩大全国人民大团结的最好办法之一，是召开各省、市、县的各界人民代表会议，吸收各党派、各阶级、各团体、各民族的代表参加，共商国家和地方的大事。

1953年《人民日报》元旦社论指出,当年的三大任务之一就是召集全国人民代表大会。1954年和1956年《人民日报》元旦社论,都谈到了召开人民代表大会、发挥人民代表大会职能的情况。

在国家政体的问题上,马克思、恩格斯旗帜鲜明地反对资产阶级的议会制,主张"议行合一"或者说是"代议制"。在实践中,马克思、恩格斯创立了新型的工人阶级的政权形式——"公社"。列宁根据俄国的实际情况,提出并建立了无产阶级同人数众多的非无产阶级的劳动阶层结成的阶级联盟——苏维埃。毛泽东进一步发展了马克思、恩格斯关于"公社"制和列宁的"苏维埃"制思想,提出了人民代表大会制度这一概念。1949年3月13日,毛泽东在中共七届二中全会上的总结中提出:"我们不采取资产阶级共和国的国会制度,而采取无产阶级共和国的苏维埃制度。……'苏维埃'这个外来语我们不用,而叫作人民代表会议。"①

中华人民共和国成立之初,由于大部分新解放区的地方政权尚在组建之中,民主革命遗留的任务尚未完成,各地人民的组织程度和觉悟也很不平衡,召开全国人民代表大会的条件还不具备,中国人民政治协商会议代行全国人大的职权,以全国政协通过的《中国人民政治协商会议共同纲领》(以下简称《共同纲领》)作为临时宪法。《共同纲领》指出:人民行使国家政权的机关为各级人民代表大会和各级人民政府。各级人民代表大会由人民用普选方法产生。各级人民代表大会选举各级人民政府。各级人民代表大会闭会期间,各级人民政府为行使各级政权的机关。国家最高权力机关为全国人民代表大会。刘少奇说:"我们国家的政治制度是人民代表大会制度","我们采用这种政治制度,是同我们国家的根本性质相联系的。中国人民就是要用这样的政治制度来保证国家沿着社会主义道路前进"②。

1954年9月,第一届全国人民代表大会第一次会议召开。"宪法和一系列组织法的通过,标志人民代表大会制度立法程序最终完成和国家根本政治制度最终形成。"③1954年《宪法》第一条规定,"中华人民共和国是工人阶级领导的、以工农联盟为基础的人民民主国家"。第二条规定,"中华人民共和国的一切权

---

① 中共中央文献研究室.毛泽东文集:第五卷[M].北京:人民出版社,1996:265.
② 中共中央文献研究室.建国以来重要文献选编:第5册[M].北京:中央文献出版社,1993:488.
③ 齐鹏飞,温乐群.20世纪的中国:走向现代化的历程(政治卷1949—2000)[M].北京:人民出版社,2010:31.

力属于人民。人民行使权力的机关是全国人民代表大会和地方各级人民代表大会。全国人民代表大会、地方各级人民代表大会和其他国家机关,一律实行民主集中制"①。人民代表大会制度,不同于资本主义国家的议会制度和苏联的苏维埃制度,其特点在于,人民按照民主选举方式选出人民代表,便于人民管理国家事务,有利于联系群众和接受群众监督,真正体现了主权在民,人民当家作主。人民代表大会集体行使权力,集体决定问题,对于法律的制定以及重大问题,要进行充分讨论,民主决定。人民代表大会既制定法律,议决国家大事,又组织行政机关,并领导和监督其工作,保证国家机关协调高效运转。人民代表大会制度在中央和地方国家机构的职权划分上,注重调动两个积极性,既保证中央的统一领导,又充分发挥地方的主动性、积极性。"从1954年到1965年召开了三届人大会议,全国人大基本上做到按期举行。基层人民代表大会从1953年到1963年先后进行了五次普选,也基本上做到了按时选举。"②人民代表大会制度得到了保障,较好地行使了国家权力。

三、开创中国特色政党制度

政治协商会议

1949年元旦社论:一九四九年将要召集没有反动分子参加的以完成人民革命任务为目标的政治协商会议,宣告中华人民共和国的成立,并组成共和国的中央政府。

1950年元旦社论:这一年,全国民主力量的代表人物举行了人民政治协商会议,通过了国家的根本大法《共同纲领》,成立了中央人民政府。

1953年元旦社论:在过去三年多的时间中,由于进行巨大的社会政治改革和经济恢复的工作,实行人民代表大会制度的条件还不具备,我国采取了由中国人民政治协商会议的全体会议代行全国人民代表大会职权,而由地方各级人民代表会议逐步代行地方各级人民代表大会职权的办法。同时,由于还没有制定宪法,《中国人民政治协商会

---

① 中华人民共和国宪法[J].法学研究,1954(3):1-13.
② 梁柱.论社会主义三大基本政治制度的形成与完善[N].光明日报,2004-08-31.

议共同纲领》暂时代替了宪法的一部分作用。

1949年召开的政协会议，是中国共产党领导的多党合作和政治协商的重要机构。《共同纲领》中的相关规定，"表明了中国共产党领导的多党合作和政治协商这一具有中国特色的基本政治制度的确立"①。1949年、1950年、1953年的《人民日报》元旦社论分别提及政治协商会议的召开、作用等政治事件。

中华人民共和国成立初期，党的政党制度还没有明确表述为"中国共产党领导的多党合作和政治协商制度"，但是实际实行的统一战线政策实质上就是这一制度。中华人民共和国成立后，共产党与民主党派和党外民主人士的主要合作方式有，积极安排党外人士参加政权；参政的党外民主人士有职有权；鼓励党外人士议政，提出批评建议等。实行人民代表大会制度以后，中国人民政治协商会议的职能发生了重大变化。1954年12月，中国人民政治协商会议第二届全国委员会第一次会议后，人民政协完成了职能转换，形成了全国人大与人民政协并存的局面。

随着社会主义改造的基本完成，毛泽东和中国共产党"把共产党领导下的多党合作、政治协商，进一步提升为必须长期坚持的基本政治制度"②。坚持这一政治制度的原因在于：一是资产阶级思想残余的存在。社会主义改造完成之后，资产阶级和上层小资产阶级的成员虽然变成了社会主义劳动者的一部分，各民主党派也随之变成了这部分劳动者的政党，但由于在这部分劳动者中，仍然存在着资产阶级思想的残余，因而，"各民主党派还需要在一个很长时间内继续联系他们，代表他们"，"帮助他们改造"③。毛泽东认为，"凡属一切确实致力于团结人民从事社会主义事业的、得到人民信任的党派，我们没有理由不对它们采取长期共存的方针"④。二是坚持这一制度有利于党的执政。中国共产党认为，虽然自己是一个全心全意为人民服务的政党，但是还有缺点，并且不可能没有错误。共产党要"善于从各民主党派和无党派民主人士的监督和批评中得到帮助"⑤。因此，社会主义制度基本建立以后，仍然需要与民主党派互相监督。

---

① 梁柱.论社会主义三大基本政治制度的形成与完善[N].光明日报，2004-08-31.
② 高宝柱.确立新中国的完整政治制度：毛泽东与中国社会主义建设概论之九[J].党史文汇，2003(9).
③ 中共中央办公厅.中国共产党第八次全国代表大会文献[M].北京：人民出版社，1957：47-48.
④ 中共中央文献研究室.毛泽东文集：第七卷[M].北京：人民出版社，1999：28.
⑤ 中共中央办公厅.中国共产党第八次全国代表大会文献[M].北京：人民出版社，1957：48.

1956年,毛泽东在《论十大关系》中总结了社会主义建设经验,把中国共产党与各民主党派和无党派民主人士的关系,概括为"长期共存、互相监督"。毛泽东指出:"究竟是一个党好,还是几个党好?现在看来,恐怕是几个党好。不但过去如此,而且将来也可以如此,就是长期共存,互相监督。"①"长期共存,互相监督"方针体现了发扬社会主义民主,调动一切积极因素为社会主义建设事业服务的宗旨,受到了各民主党派的拥护,丰富了社会主义民主政治建设的内容。

四、确立民族区域自治制度

民 族

1950年元旦社论:在国内,我们的人民民主统一战线已经在组织上形成了,各党派、各阶层、各团体、各民族联合的中央人民政府已经成立了。

1951年元旦社论:我们反对拒绝学习外国和轻视其他民族的国粹主义者和民族主义者,反对妄自尊大,但是也反对妄自菲薄。

1953年元旦社论:全国各阶层各民族人民应当团结一致,为新的更伟大的胜利而奋斗。

中国共产党主张民族平等,提倡各民族在平等的基础上联合起来,共同反对帝国主义和封建主义的压迫,建立各民族自由平等的国家。《人民日报》元旦社论中多次提到并号召各民族联合、民族团结,并在此基础上建立政府、建设国家。

中国的历史经验表明,中华民族是不可分割的统一体,各民族之间在政治、经济和文化上存在着互相依存、共同发展的根本利益。同时,国内各民族的分布,呈现为以汉族为主体的大杂居、小聚居的局面。中国共产党根据中国统一的多民族国家的历史特点,把马克思主义的国家学说和民族理论同中国的国情和民族特点相结合,提出了中国民族区域自治政策的理论。1951年《人民日报》元旦社论引用了毛泽东在《中国革命和中国共产党》一文中的论述:"中华民族

---

① 中共中央文献研究室.毛泽东文集:第七卷[M].北京:人民出版社,1999:34.

不但是以刻苦耐劳著称于世,同时又是酷爱自由富于革命传统的民族。……中华民族的各族人民对于外来民族的压迫都是不愿意的,都是要用反抗的手段解除这种压迫。他们赞成平等的联合,而不赞成互相压迫。在中华民族的几千年的历史中,产生了很多的民族英雄与革命领袖。所以,中华民族又是一个有光荣革命传统和优秀历史遗产的民族。"①这些思想成为新中国实行民族区域自治的理论基础。

《共同纲领》在第六章民族政策中明确规定:"各少数民族聚居的地区,应实行民族的区域自治,按照民族聚居的人口多少和区域大小分别建立各种民族自治机关。"②这就以法律的形式,使民族区域自治成为新中国的一项基本政治制度。1952年8月,中央人民政府颁布了《中华人民共和国民族区域自治实施纲要》,其成为中华人民共和国成立初期指导民族区域自治工作的纲领性文件。它规定:第一,各民族自治区都是中华人民共和国领土不可侵犯分离的一部分;第二,各民族自治区的自治机关都是中央人民政府统一领导下的一级地方政权,并受到上级人民政府的领导;第三,在少数民族聚居的地区,依据当地民族关系,经济发展条件,并参酌历史情况,可以建立以一个少数民族聚居区为基础的自治区,也可以建立以一个大的少数民族聚居区为基础的自治区,也可以以两个或多个少数民族聚居区为基础联合建立自治区;第四,各自治区的自治机关享有广泛的自治权利:在中央人民政府和上级人民政府法令所规定的范围内,以其自治权限,制定本自治区单行法规,呈报上级人民政府核准;在国家统一的经济制度和经济建设计划之下,得以自由发展本地方的经济;在国家统一财政制度下,依据中央人民政府和上级人民政府对民族自治区财政权限的划分,管理本自治区的财政,等等。

1954年颁布的第一部《中华人民共和国宪法》,对民族区域自治做了原则规定:"中华人民共和国是统一的多民族的国家。各少数民族聚居的地方实行区域自治。各民族自治地方都是中华人民共和国不可分离的部分。"③刘少奇在一届全国人大上的《关于中华人民共和国宪法草案的报告》中说:"我们坚决地认定,必须让国内各民族都能积极地参与整个国家的政治生活,同时又必须让各

---

① 在伟大爱国主义旗帜下巩固我们的伟大祖国[N].人民日报,1951-01-01(1).
② 中国人民政治协商会议共同纲领[N].人民日报,1949-09-30(2).
③ 中华人民共和国宪法[N].人民日报,1954-09-21(2).

民族按照民族区域自治的原则自己当家作主,有管理自己内部事务的权利";"建设社会主义社会,这是我国国内各民族的共同目标。只有社会主义才能保证每一个民族都能在经济和文化上有高度的发展。我们的国家是有责任帮助国内每一个民族逐步走上这条幸福的大道的"①。《宪法》通过国家根本大法的形式,保证各少数民族在聚居的地方,都能真正行使自治权,确立了民族区域自治制度是中国的一项基本政治制度,是我国社会主义民主政治制度中的一项重要内容。1947年5月1日,内蒙古自治区建立了全国第一个省级自治区。1955年9月,新疆维吾尔自治区成立。

第三节　社会主义过渡时期的政治行为文明

"政治行为是政治关系的直接动态表现。"②中国政治行为主体是中国共产党和国家以及构成国家的主要机构,而最广泛意义的政治行为主体是人民群众。中国社会主义政治行为包括中国共产党及其所领导的国家实现人民政治统治、政治管理的行为和人民群众的政治行为。实现人民政治权利的有效性,应当是衡量社会主义政治行为的重要标准。《人民日报》元旦社论记录的社会主义过渡时期政治行为文明主要有"巩固新的国家政权""完成社会主义革命""开展'三反''五反'""整风整党运动"等。

一、巩固国家政权

镇压反革命

1950年元旦社论:这一年,我们解放了和管理了全国的大城市和广大乡村,在这些地方迅速地建立了初步的革命秩序,镇压了反革命活动,并初步地发动和组织了劳动群众。

反恶霸

1950年元旦社论:在一九五〇年,除了解放较久的地区外,一般新

---

① 资料来源:刘少奇的《关于中华人民共和国宪法草案的报告》。
② 王浦劬.政治学基础[M].北京:北京大学出版社,2006:113.

区应该首先努力推翻反动的恶霸统治,进行减租。在反恶霸和减租斗争中,建立人民民主秩序,提高群众的觉悟,加强农民的组织。

土地改革

1952年元旦社论:我们在新解放的一亿五千万以上农业人口地区完成了土地改革。

民主改革

1952年元旦社论:应当在今年内全部地完成在城市中在工矿和交通等公私企业中的反封建主义的民主改革。

抗美援朝

1953年元旦社论:我们胜利地完成了国家的统一,完成了土地改革,进行了抗美援朝的斗争和镇压反革命的斗争,肃清了帝国主义在中国的残余势力。

(一)镇压反革命,剿匪清霸

中华人民共和国成立后,新的国家政权首先需要完成肃清国民党军队的后期作战,解放中国的全部国土。国民党败退台湾后,潜伏在大陆的大批反革命分子进行破坏活动,对新生的国家政权构成了严重威胁。1949年8月6日,新华社发表《肃清特务土匪,巩固革命秩序》,指出凡是新解放区必须有一个相当长的时期,集中全力进行剿匪反恶霸斗争。1950年7月,政务院、最高人民法院发出《关于镇压反革命活动的指示》。1951年2月,中央人民政府发布《中华人民共和国惩治反革命条例》。公安部召开了第三次全国公安会议。至1953年秋,全国镇压反革命运动全部结束,基本上清除了国民党反动派在大陆的残余势力,以及长期危害人民和社会安定的各种匪患与黑社会势力,全国社会治安情况大为好转。

(二)收回主权,抗美援朝

1950年1月,北京军管会发布《收回在北京市内各外国兵营的布告》,宣布收回外国所谓"驻兵权"。随后政务院颁布《关于关税和海关工作的决定》,建立新的海关制度和税则,废除外国在华经济特权和妥善处理外资在华企业,收回海关管理的主权,把百年来被外国控制的海关变为独立自主的人民海关。为了抵抗美帝国主义的侵略,中国人民进行了抗美援朝战争,这场战争充分体现了中国人民不畏强权、维护和平的决心和力量,提高了中国的国际地位,造就了中国空前的团结统一和社会稳定,为国家长期进行经济建设和社会变革赢得了和平环境。

(三)土地革命和企业民主改革

1950年6月,中央人民政府颁布《中华人民共和国土地改革法》,废除地主阶级封建土地所有制,实行农民土地所有制。"到1953年,大陆的土地改革基本完成。"①土地改革中,地主阶级约7亿亩土地和大批耕畜、农具、房屋、粮食先后被没收,并被分给了约3亿无地、少地和缺少生活资料的农民,这些农民约占农业人口的60%至70%。农民从封建土地关系的束缚中彻底解放出来,农村发生了翻天覆地的变化,实现了"耕者有其田",建立和巩固了农村基层人民政权,解放了农村生产力,改善了农民生活,为中国的工业化扫除了障碍。在农村进行土地改革的同时,工矿企业开展了反封建的民主改革。首先,清理废除各种压迫工人的制度,对这些制度的罪行发动群众控诉。1950年,政务院先后批准公布《关于废除搜身制度的决议》《关于废除各地搬运业中封建把头制度暂行处理办法》《关于在国营工厂建立工厂管理委员会的指示》,从1950年2月开始,国营、公营企业进行管理改革,建立了由厂长、副厂长、总工程师和其他负责人以及工人职工代表参加的管理委员会,决定企业重大问题,同时通过工人群众的选举建立了职工代表会议,作为工人群众参加管理、行使主人翁权利的群众组织。

(四)消除社会丑恶现象

政府采取有效措施取缔卖淫嫖娼、贩毒吸毒、聚众赌博等丑恶现象。各地采取措施封闭妓院、改造妓女,帮助她们学习技艺,过上正常人的生活。全国又开展禁毒斗争,在全国人民努力下,贩毒吸毒基本灭绝。1950年5月1日,我国

---

① 当代中国研究所.中华人民共和国史稿:第一卷[M].北京:人民出版社,2012:31.

颁布并施行了《中华人民共和国婚姻法》,废除了包办强迫、男尊女卑、漠视子女利益的封建婚姻制度,实行男女婚姻自由、一夫一妻、男女权利平等、保护妇女和子女合法权利的新民主主义婚姻制度,有力推动了妇女解放和社会风尚的转变,为社会主义政治建设奠定了良好的社会基础。

(五)恢复国民经济

从1949年到1952年,我国按照公私兼顾、劳资两利、城乡互助、内外交流的方针,促进各种经济发展,工业总产值年均递增34.8%,农业总产值年均递增14.1%。[①] 及时恢复和建设交通、邮电通讯事业,兴建水利等基础设施,加强城乡交流活跃经济生活、加强内外交流突破封锁禁运,恢复工业生产和农业生产,农民生活有了较为明显的改善,城市职工就业率迅速扩大、职工工资有较大幅度提高、职工劳动保险和福利事业得到发展,国家卫生事业发展较快,医疗条件改善明显。

通过采取一系列疾风暴雨般的措施,新的国家政权得到巩固和加强。1953年《人民日报》元旦社论,在列举了中华人民共和国成立后胜利地完成了国家的统一,完成了土地改革,进行了抗美援朝的斗争和镇压反革命的斗争,肃清了帝国主义在中国的残余势力,巩固了国内各民族的团结,调整了工商业,稳定了物价,平衡了财政收支,进行了反对贪污、浪费、官僚主义和反对行贿、偷税漏税、盗窃国家资财、偷工减料、盗窃国家经济情报的斗争,开展了增产节约运动,完成了经济恢复工作等一系列重大任务的同时,描述道,"在过去三年多的短短时间中,我国人民在毛泽东同志和中国共产党的英明领导之下,在苏联的大力支援之下,解决了过去千百年所不能解决的问题,使我们的祖国从悲惨的黑暗地狱中顿然走到了充满阳光和希望的人间世界"[②]。

二、向社会主义过渡

社会主义工业化 社会主义改造

1953年元旦社论:工业化——这是我国人民百年来梦寐以求的理

---

① 当代中国研究所.中华人民共和国史稿:第一卷[M].北京:人民出版社,2012:125.
② 迎接一九五三年的伟大任务[N].人民日报,1953-01-01(1).

想,这是我国人民不再受帝国主义欺侮不再过穷困生活的基本保证,因此这是全国人民的最高利益。全国人民必须同心同德,为这个最高利益而积极奋斗。……我国的工业化的速度需要大大超过任何资本主义国家所曾经历的速度,而采取苏联和各人民民主国家在工业化和工业发展过程中所采取的那种高速度。

1954年元旦社论:在发展国民经济中,我们必须努力进一步建设社会主义的新工业,把现有的社会主义工业扩大起来,办得更好;我们必须努力对农业、手工业和私营工商业实行社会主义的改造。这两方面的任务必须紧密联系在一起。好比一只鸟,它要有一个主体,这就是发展社会主义的工业;它又要有一双翅膀,这就是对农业、手工业的改造和对私营工商业的改造。

1956年元旦社论:我国过渡时期的总任务,是以社会主义工业化为主体,而对农业、手工业的社会主义改造和对资本主义工商业的社会主义改造是两个不可缺少的组成部分,这三者是互相配合的。

1957年元旦社论:我国社会主义事业中极其重要的一个方面——伟大的社会主义改造,在1956年已经基本完成。农业合作化已经健康地在全国范围内基本上实现,手工业合作化也已基本上完成,资本主义工商业已经实现全行业公私合营,群众的社会主义积极性空前高涨。

"向社会主义过渡"成为这一时期最显著的时代特征。中国共产党按照《共产党宣言》中"消灭私有制"理论,参考苏联社会主义模式,成功地领导了生产资料私有制的社会主义改造,引导中国向社会主义过渡。

(一)社会主义过渡路线的提出

中国共产党提出向社会主义过渡,首先是基于对社会主义的认识。中华人民共和国成立初期中国共产党对社会主义的认识,基本上以苏联模式为模板,把苏联的社会主义当作中国的榜样。苏联建成社会主义的标准主要包括:消灭剥削,国家工业化,农业集体化等。受其影响,当时中国共产党对社会主义的认识大致包括以下内容:一是实现社会主义工业化。1953年,毛泽东在过渡时期的总路线中提出"党的任务是在十年至十五年或者更多一些时间内,基本上完成国家工业化和社会主义的改造"①。1954年,毛泽东在第一届全国人民代表大会第一次会议上提出,应该准备在几个五年计划内,将经济文化落后的中国,"建设成为一个工业化的具有高度现代文化程度的伟大的国家"②。二是社会主义革命的目的是解放生产力。毛泽东认为,生产关系变革的最终目的是为发展社会主义社会的生产力服务,是要创造出比资本主义更高的生产力。1956年,毛泽东在最高国务会议第六次会议上明确指出:"社会主义革命的目的是为了解放生产力。农业和手工业由个体的所有制变为社会主义的集体所有制,私营工商业由资本主义所有制变为社会主义所有制,必然使生产力大大地获得解放。"③这样就为大大地发展工业和农业的生产创造了社会条件。三是建立生产资料的社会主义所有制。中国进入社会主义,需要消灭剥削制度,建立社会主义所有制。1953年9月,周恩来在一次会议上说:"什么叫社会主义?社会主义最基本的就是完成了社会主义改造,就是取消了生产资料的私人资本主义所有制,归国家所有了,就是农业、手工业集体化了。"④1955年11月,刘少奇提出:"要建成社会主义社会,就要改变资本主义所有制和个体所有制,建立全民所有制和集体所有制。只要我们抓紧了这一点……那么,我们就基本上没有违背马列主义,就不会犯重大错误。"⑤四是其他方面,包括实行按劳分配的原则;建立、巩固和完善人民当家作主的人民民主制度;建设以马克思主义为指导的民族的、科学的、大众的文化;根据和平共处五项原则同任何国家建立和发展外交关系;提高人民生活水平,实现人民幸福等。

中华人民共和国成立之初,中国人民政治协商会议制定的《共同纲领》,没有提出马上搞社会主义。但在之后几年的多次党内干部会上,毛泽东、刘少奇、周恩来都说过,到底什么时候搞社会主义,估计至少10年,多则15年或20年。到1952年,随着形势的发展,原来向社会主义过渡的设想发生了改变。中共中央认为,制定党在过渡时期的总路线,明确地向全党和全国人民提出向社会主义过渡的任务,是适时的和必要的。1953年6月,毛泽东明确提出在10年到

---

① 中共中央文献研究室.建国以来毛泽东文稿:第四册[M].北京:中央文献出版社,1990:251.
② 中共中央文献研究室.毛泽东文集:第六卷[M].北京:人民出版社,1999:350.
③ 中共中央文献研究室.毛泽东文集:第七卷[M].北京:人民出版社,1999:1.
④ 周恩来.周恩来选集:下卷[M].北京:人民出版社,1984:105.
⑤ 刘少奇.刘少奇选集:下卷[M].北京:人民出版社,1985:177.

15年或者更多一些时间，实现国家的社会主义工业化，实现国家对农业、手工业和资本主义工商业社会主义改造，初步形成了党在过渡时期的总路线。1953年9月24日，在庆祝中华人民共和国成立四周年的口号中，过渡时期总路线公布。与此同时，大规模的对农业、手工业和资本主义工商业的社会主义改造启动。当年12月13日，毛泽东在修改中央宣传部拟定的《为动员一切力量把我国建设成为一个伟大的社会主义国家而奋斗——关于党在过渡时期总路线的学习和宣传提纲》时，对过渡时期总路线做了具体表述："从中华人民共和国成立，到社会主义改造基本完成，这是一个过渡时期。党在这个时期的总路线和总任务，是要在一个相当长的时期内，逐步实现国家的社会主义工业化，并逐步实现国家对农业、手工业和资本主义工商业的社会主义改造。这条总路线是照耀我们各项工作的灯塔，各项工作离开它，就要犯右倾或'左'倾的错误。"①社会主义过渡时期的总路线概括起来，就是"一体两翼""一化三改"，即实现社会主义工业化是总路线的主体，实现农业、手工业以及资本主义工商业的社会主义改造（即"三改"）是总路线的两翼。

（二）向社会主义过渡的政策措施

1.实现社会主义工业化

社会主义工业化是总路线的主体。毛泽东认为，"没有工业，便没有巩固的国防，便没有人民的福利，便没有国家的富强"②。社会主义工业是实行社会主义改造的物质基础，"只有充分强大的社会主义工业才能吸引、改组和代替资本主义工业，才能支持社会主义的商业，改造和代替资本主义商业，才能用新的技术来改造个体的农业和手工业，才能最迅速地扩大生产，积累资金，造就社会主义的建设人才，培养社会主义的习惯，从而创造保证社会主义完全胜利的经济上、文化上和政治上的前提"③。实现国家的社会主义工业化的重点是发展重工业，它是建立国家工业和国防现代化的基础。实现社会主义工业化必须首先发展国营工业，同时逐步实行农业、手工业的合作化和对资本主义工商业的改造。

---

① 中共中央文献研究室.建国以来毛泽东文稿：第四册[M].北京：中央文献出版社，1990：405.
② 毛泽东.毛泽东选集：第三卷[M].北京：人民出版社，1991：1080.
③ 中共中央文献研究室.建国以来重要文献选编：第四册[M].北京：中央文献出版社，1993：701.

2.对农业实行社会主义改造

土地改革完成后,中国农业生产力获得解放,但农业经济的主体还是小农经济,小农经济的特点是分散、落后、生产水平低下,不能满足人民和工业化的需要。小农经济又是不稳固的,时刻向两极分化。因此,要按照社会主义原则逐步改造中国农业,变规模狭小的落后的个体农业为规模巨大的技术先进的农业。对农业实行社会主义改造,主要通过依靠贫农,联合中农,逐步发展互助合作运动,逐步由限制富农剥削到最后消灭富农剥削,把落后的小规模生产的个体经济变为先进的大规模生产的合作经济。"这种由带有社会主义萌芽到具有更多社会主义因素,再到完全社会主义的合作化发展道路,就是逐步实现对农业社会主义改造的道路。"①除了生产合作,供销也要合作,使农民与资产阶级割断联系,同时还要发展信用合作,逐步消灭高利贷。所有这些,都是限制资本主义在农村的发展。

3.对资本主义工商业实行社会主义改造

在革命胜利后一段时期内,是可以利用资本主义工商业发展国民经济的。但是,由于"资产阶级唯利是图的本质必然对国计民生产生破坏作用"②,又存在资本主义所有制和生产社会性之间的矛盾,资本主义内部的工人和资本家之间的矛盾。这些矛盾"造成工业产品在市场上供不应求,影响国家计划的完成"③。因此,必须对资本主义工商业进行社会主义改造。对资本主义工商业的社会主义改造,第一步是经过国家对资本主义的监督和管理,经过国营经济对资本主义的联系和合作,把私人资本主义引导到国家资本主义轨道上来。随着国家对整个国民经济控制的加强,国家资本主义企业中国家资金和国家管理力量增大,国家就可以变国家资本主义经济为社会主义经济。

4.对手工业实行社会主义改造

对手工业进行社会主义改造的原因,在于手工业存在突出的分散性、落后性和不稳定性特点。手工业的社会主义改造,是指使手工业成为社会主义国营经济领导下的社会主义经济的补充,初步纳入社会主义轨道。通过手工业生产

---

① 当代中国研究所.中华人民共和国史稿:第一卷[M].北京:人民出版社,2012:159.
② 当代中国研究所.中华人民共和国史稿:第一卷[M].北京:人民出版社,2012:160.
③ 当代中国研究所.中华人民共和国史稿:第一卷[M].北京:人民出版社,2012:161.

小组、手工业供销生产合作社过渡到手工业生产合作社三个过程,"到1956年6月底,组织起来的手工业者已占从业人员的90%以上,全国大陆地区基本实现了手工业合作化"①。

(三)社会主义过渡的完成

根据当时的估计,要完成"一化三改"的任务,大约需要经过三个五年计划,即需要15年左右的时间。后来,预定的社会主义改造时间大大缩短。1956年9月,中共八大宣布:社会主义改造已经取得决定性的胜利。这就表明,无产阶级同资产阶级之间的矛盾已经基本上解决,几千年来的阶级剥削制度的历史已经基本上结束,社会主义的社会制度在中国已经基本上建立起来了。这就意味着社会主义改造的任务基本完成。

在社会主义过渡时期,大规模经济建设和工业化取得了巨大成就。从1953年到1957年年底,第一个五年计划超额完成,国民经济面貌发生了重大变化。生产资料私有制社会主义改造的基本完成,使社会主义经济成分在国民经济中占了绝对的优势。中国过去没有的一些工业,包括飞机、汽车、发电设备、重型机器、新式机床、精密仪表、电解铝、无缝钢管、合金钢、塑料、无线电等,从无到有地建设起来。"1957年工业总产值达到784亿元,比1952年增长128.6%。农副业总产值达到604亿元,比1952年增长25%。"②人民生活水平也得到较大改善,"1957年全民所有制职工年平均工资达到637元,比1952年增长42.8%。全国农民收入增加30%"③。"这一期间不仅是中国经济发展的第一个黄金时期,也是中国社会进步的第一个黄金时期;不仅出现了经济高速增长,而且出现了社会大变迁、大转型。这是中国历史上'千年未有大变局'的开端。中国现代化的巨变第一次遍及整个中国社会,第一次惠及全中国人口。"④

社会主义改造的基本完成,私有制被公有制取代,国民经济结构发生了根本性的变化,标志着社会主义制度在中国基本建立。在短短的几年时间,中国就完成了社会主义革命,但并没有引起社会的急剧动荡,也没有使生产力受到大的破坏,反而在经济建设上取得了巨大成就。社会主义革命的成功,在社会

---

① 当代中国研究所.中华人民共和国史稿:第一卷[M].北京:人民出版社,2012:202.
② 当代中国研究所.中华人民共和国史稿:第一卷[M].北京:人民出版社,2012:184-185.
③ 当代中国研究所.中华人民共和国史稿:第一卷[M].北京:人民出版社,2012:187.
④ 胡鞍钢.中国政治经济史论:1949—1976[M].北京:清华大学出版社,2007:223.

主义公有制的基础上巩固了社会主义政治制度,同时也为进一步发展社会主义民主和法制开辟了道路。

三、"三反"、"五反"、整风整党运动

反贪污、反浪费、反官僚主义

1952年元旦社论:目前的反贪污、反浪费、反官僚主义的斗争对于一九五二年增产节约计划的实现有决定的意义。必须认真发动群众,把这个斗争进行到底,使它贯彻到每个机关,每个工厂,每一条街和每一个村庄,使严重的贪污现象、浪费现象和官僚主义现象不再有发生的可能。

(一)"三反""五反"运动

从1951年秋季开始,中国共产党已经在着手整理自己的基层组织,这个整理组织的工作将在1952年内全面展开。反贪污、反浪费、反官僚主义的斗争,使中国共产党的整党工作得到了更丰富的内容。每一个中国共产党的党员,必须清算自己思想中的资产阶级、小资产阶级的影响,必须努力学习马克思列宁主义,学习马克思列宁主义和中国革命实践相结合的毛泽东思想。只有这样,才能够正确地领导全国人民完成新的历史任务。

为了防止资产阶级思想和生活方式的腐蚀,保持艰苦奋斗的优良传统,惩治和克服党内滋长起来的腐败现象,1951年10月,毛泽东提出增加生产、厉行节约的号召。增产节约运动的开展,暴露出各级党政机关内部存在着许多贪污、浪费现象和官僚主义问题。1951年12月,中央作出《中共中央关于实行精兵简政、增产节约、反对贪污、反对浪费和反对官僚主义的决定》(以下简称《决定》)。《决定》指出,近两三年来,严重的贪污案件不断发生,证明了中共七届二中全会所提出的防止和克服资产阶级思想对党侵蚀的必要性的决议是正确的。该《决定》分党政军三个系统成立各级增产节约检查委员会,首长负责,亲自动手,自上而下和自下而上相结合,检查贪污浪费现象。一些典型的贪污案件被揭发出来。1952年2月,最高人民法院对七名大贪污犯进行宣判。2月10日,

河北省召开了对刘青山、张子善的公判大会,判处二人死刑。1952年6月,"三反"运动结束。"三反"运动中,"经查实,贪污1000万以上的共10万多人,其中有严重贪污行为的罪犯,被判处有期徒刑的9942人,被判处无期徒刑的67人,被判处死刑的42人,被判处死缓的9人"①。"三反"运动,清除了干部队伍中的贪污腐败分子,产生了很好的教育干部效果,树立了干部的良好作风。党政机关工作人员中开展"三反"斗争的同时,工商界开展了一场反对行贿、偷税漏税、盗骗国家财产、偷工减料、盗窃国家经济情报的"五反"运动。1952年6月,历时半年的"五反"运动结束。"五反"运动有力地打击了不法资本家严重的"五毒"行为,在工商业者中普遍进行了一次守法经营教育,推动了在私营企业中建立工人监督和民主改革的进程。

(二)开展整风和整党运动

针对中华人民共和国成立后,党员大量增加,很多党员思想作风不纯、骄傲自满、官僚主义、命令主义的不良作风,中共中央于1950年5月至年底开展了整风运动。整风的重点是有针对性地克服上级机关的官僚主义和中下级机关的命令主义,纠正干部、党员中的居功自傲情况和"革命到头"思想。在初步解决工作作风方面问题的基础上,为了进一步解决党内思想不纯和组织不纯等问题,1951年下半年,党中央又开展了整党运动。第一步是对党员普遍进行关于党纲党章和怎样做一个共产党员的教育,第二步是进行党员登记,第三步是党组织对党员做审查鉴定,最后是根据不同情况做出组织处理。经过整党,"共有32.8万人离开了党的组织。其中,属于混入党内的各种坏分子和蜕化变质分子23.8万人被清除出党,9万余人不够党员条件下自愿或被劝告退党"②。

社会主义过渡时期被认为取得了公认的伟大成绩。邓小平认为,"社会主义改造时搞得成功,很了不起"③。中国完全是以一种新的生活、新的制度、新的形象、新的力量出现在世界的东方。胡鞍钢认为,"它是新中国现代化发展的第一个黄金时期,也是中国现代历史上首次出现GDP占世界总量比重上升的时期。这一时期中的GDP占世界GDP总量比重由4.5%提高到5.5%,而印度的

---

① 当代中国研究所.中华人民共和国史稿:第一卷[M].北京:人民出版社,2012:109.
② 中共中央党史研究室.中国共产党历史第二卷:上册[M].北京:中共党史出版社,2011:172.
③ 邓小平.邓小平文选:1975—1982[M].北京:人民出版社,1994:258-259.

GDP 占世界 GDP 总量比重由 4.2% 下降到 3.7%"①。这一时期中国取得迅速发展和巨大成绩,背后有着政治文明方面的重要原因。美国学者弗雷德里克·C.泰韦斯认为:"首先,党领导的团结是取得这些成就的基础。领导层对国家工业化和社会改造方面的广泛共识是一笔巨大的政治资产。其次,革命胜利使党和军队干部以及其他社会精英广泛分享了政权的职权,并直接获得利益。再次,对马克思主义的共同信仰和在雄心勃勃的工业化和社会主义改造方面的广泛一致性促进了精英分子的凝聚力。再次,在没有建设社会主义经验与知识准备的条件下,苏联提供了现成的经验和模式。最后,毛泽东在维护党内团结与形成政治共识方面起了关键性作用。"②

本章小结

1949 年至 1956 年的《人民日报》共发表了 8 篇元旦社论,对社会主义过渡时期的政治文明进行了集中反映,塑造了令人深刻的新中国政治文明整体形象。

在政治意识文明方面,《人民日报》元旦社论表达了这一时期中国共产党和中国人民追求的"解放、自由、民主、正义"的政治价值。"思想改造运动""马克思列宁主义""毛泽东思想"等话语呈现了破除封建主义、帝国主义反动思想,确立社会主义政治思想主导地位的过程。《人民日报》元旦社论大力宣传了爱国主义、艰苦奋斗、勤俭建国等新的道德规范,形成了中华人民共和国成立初期全国良好的道德氛围,通过"幸福""骄傲""希望"等话语表现了中华人民共和国成立初期人民翻身得解放、当家作主的主人翁心态。

在政治制度方面,《人民日报》元旦社论通过话语,表达了成立人民民主专政国家政权的正当性、确定性,展示了这一政权的强大威力。《人民日报》元旦社论描述了中国人民运用人民民主专政的国家政权,组织中国人民向着令人向往的社会主义制度前进,建立了实现人民当家作主的人民代表大会等基本政治制度,制定了《宪法》。

在政治行为方面,社会主义过渡时期《人民日报》元旦社论,展示了继续完

---

① 胡鞍钢.中国政治经济史论:1949—1976[M].北京:清华大学出版社,2007:278.
② 胡鞍钢.中国政治经济史论:1949—1976[M].北京:清华大学出版社,2007:280.

成民主革命,迅速恢复国民经济,制定过渡时期总路线等政治行为。在话语方面呈现出"革命"与"建设"并重的阶段性特征。这一时期的《人民日报》元旦社论中,"革命"共出现88次,"斗争"共出现62次,"镇压"共出现5次,"打倒"共出现3次,"消灭"共出现24次,"敌人"共出现43次,"建设"共出现151次,"生产"共出现138次,"巩固"共出现36次,"恢复"共出现29次,"发展"共出现98次。《人民日报》元旦社论中既有革命话语,又有建设话语,呈现了新中国初期中国人民完成民主革命、社会主义革命任务的同时,激情满怀地进行新中国国家建设的社会图景。

第二章
社会主义建设时期的政治文明
（1956—1976）

无论是中共党史还是中华人民共和国史，一般都把1956—1976年划分为两个时期。1956—1966年，被称为全面建设社会主义的十年或者探索中国社会主义道路的十年。这一时期，社会主义制度在中国的大地上扎下了根基，并奠定了新生的社会主义制度物质的和精神的基础。中国共产党开始探索和实践社会主义建设的战略，召开了第八次党代会，提出了正确处理人民内部矛盾的理论，形成了社会主义政治文明的积极成果，积累了建设社会主义文明的宝贵经验。

第一节　社会主义建设时期的政治意识文明

社会主义建设时期，《人民日报》元旦社论以"强国""民主""正义"等为标志，反映了对社会主义政治价值观的积极探索；以"正确处理人民内部矛盾""论十大关系"等为标志的话语，反映了中国共产党对社会主义建设理论的探索；以"艰苦奋斗""勤俭建国""学雷锋""不畏困难""革命的乐观主义"等为标志的话语，反映了社会主义建设时期的政治道德和政治心态。

一、社会主义建设时期的政治价值观

建设社会主义现代化强国

1958年元旦社论:我国人民既然能够推翻压在我们头上的三座大山——帝国主义、封建主义和官僚资本主义,既然又能够在很短的时间内使我国的经济建设和文化建设有了飞跃的发展,那么我们就完全有理由相信,我国人民一定能够把我国建设成为现代工业和现代农业的强国,建设成为社会主义社会和共产主义社会。我国地大、物博、人多,我国人民又勤劳又勇敢,我国又有了最先进的社会主义制度,没有任何理由不去尽最大努力实现这个远大的理想。

1960年元旦社论:中国人民的奋斗目标是,在新的十年间,要在主要工业产品的产量方面赶上或者超过英国,基本上建立起完整的工业体系,基本上实现工业、农业和科学文化的现代化,从而把中国建成为一个强大的社会主义国家。

1965年元旦社论:我们要有这样的雄心壮志:争取在不太长的历史时期内,把我国建设成为一个高度革命化的、永不变色的社会主义强国,同时又是一个具有现代农业、现代工业、现代国防、现代科学技术的社会主义强国。

1977年元旦社论:我们一定能够造成一个政治上生动活泼,经济上繁荣昌盛,科学文化百家争鸣、百花齐放,人民生活在生产发展的基础上不断改善的崭新局面。我们一定能够在本世纪内全面实现农业、工业、国防和科学技术现代化,把我国建设成为强大的社会主义国家的宏伟目标。

民　主

1958年元旦社论:这样,就将使我国出现这样一种政治局面,这就是一个又有集中又有民主的、又有纪律又有自由的、又有统一意志、又有个人心情舒畅、生动活泼的政治局面。

1965年元旦社论:好话,坏话,正确的话,错误的话,都要听;特别是对于那些反对的话,要耐心听,要让人把自己的话说完。这是毛泽东同志经常提倡的优良的民主作风。我们党一贯实行民主集中制,这就是在民主基础上的集中,在集中指导下的民主。

1969年元旦社论:伟大领袖毛主席教导我们说:"没有民主,不可能有正确的集中,因为大家意见分歧,没有统一的认识,集中制就建立不起来。什么叫集中?首先是要集中正确的意见。在集中正确意见的基础上,做到统一认识,统一政策,统一计划,统一指挥,统一行动,叫作集中统一。"(一九六二年在七千人大会上的讲话)

正 义

1962年元旦社论:中国人民一贯坚决反对以美国为首的帝国主义集团的侵略政策和战争政策,积极支持亚洲、非洲、拉丁美洲各国人民的民族民主运动,支持西欧、北美和澳洲的工人运动,支持世界和平运动以及各国人民的一切正义斗争。所有这些,是我国人民的神圣的国际义务和责任。

1972年元旦社论:中小国家在联合国里能够联合起来发挥这样令人鼓舞的作用,正义的呼声能够这样占上风,美苏两霸陷于这样孤立,这是过去从来没有过的。联合国发生的变化,是国际形势大好的一个生动反映。

1975年元旦社论:我们的事业是正义的。正义的事业是任何敌人也攻不破的。

(一)强国

中华人民共和国的成立和社会主义革命的完成,表明民族独立、人民解放、建立新社会制度的任务已经完成。进入社会主义建设时期,有了最先进的社会主义制度,加上地大、物博、人多,中国人民又勤劳又勇敢,建设社会主义强国成为全国人民首要的奋斗目标。1958年《人民日报》元旦社论力图让全国人民相信建设成为现代工业和现代农业的强国、建设成为社会主义社会和共产主义社会一定能够实现。1960年《人民日报》元旦社论提出20世纪60年代的奋斗目标是,要在主要工业产品的产量方面赶上或者超过英国,基本上建立起完整的工业体系,基本上实现工业、农业和科学文化的现代化,从而把中国建成为一个强大的社会主义国家。1965年《人民日报》元旦社论提出了建设社会主义强国,要建成一是高度革命化的、永不变色的社会主义强国,二是具有现代农业、现代工业、现代国防、现代科学技术的社会主义强国。1977年《人民日报》元旦社论号召20世纪内要建设成为强大的社会主义国家。建设社会主义强国的政治价值追求,有着深刻的历史背景,凝聚着深重的民族情结。

1956年9月,中共八大通过的《中国共产党章程》提出:"中国共产党的任务,就是有计划地发展国民经济,尽可能迅速地实现国家工业化,有系统、有步骤地进行国民经济的技术改造,使中国具有强大的现代化的工业、现代化的农业、现代化的交通运输业和现代化的国防。"[1]1958年5月,中共八大二次会议,通过了"鼓足干劲、力争上游、多快好省地建设社会主义"的总路线。1958年1月1日,《人民日报》发表元旦社论——《乘风破浪》,提出在今后25至45年赶超美国的目标,把原定50至60年时间缩短了15至25年。这些虽然反映了当时执政党急于求成的"左"倾冒进错误,但是,从另一方面也是中国共产党乃至全国人民实现社会主义强国梦的真实写照。毛泽东指出:"力求在一个不太长久的时间内改变我国社会经济、技术方面的落后状态,否则我们就要犯错误。"[2]他认为,"我们不能走世界各国技术发展的老路,跟在别人后面一步一步地爬行"[3],因此,必须打破常规,尽量采用先进技术,在一个不太长的历史时期内,把中国建设成为一个社会主义的现代化强国。他说:"中国大革命家,我们的先辈孙中山先生,在20世纪初期就说过,中国将要出现一个'大跃进'。他的这种预见,必将在几十年的时间内实现。这是一种必然趋势,是任何反动势力所阻挡不了的。"[4]杨奎松认为:"如果我们能够理解那个时代的话,我们应该能够发现,

---

[1] 《中国共产党历次党章汇编》编委会.中国共产党历次党章汇编:1921—2012[M].北京:中国方正出版社,2012:205.
[2] 毛泽东.把我国建设成为社会主义的现代化的强国(一九六三年九月、一九六四年十二月)[J].党的文献,1996(1).
[3] 毛泽东.把我国建设成为社会主义的现代化的强国(一九六三年九月、一九六四年十二月)[J].党的文献,1996(1).
[4] 毛泽东.把我国建设成为社会主义的现代化的强国(一九六三年九月、一九六四年十二月)[J].党的文献,1996(1).

它是当时举国上下成百上千万人想要创造人间奇迹的集体雄心的写照。"①

撇开那些"左"倾错误的影响,中国在追求建设社会主义强国这一目标上所进行的努力不能被忽略和轻视。这些努力具体包括:从工业化到四个现代化,形成相应的经济强国战略、科技强国战略、文化强国战略、军事强国战略等。

1.从工业化到四个现代化

中华人民共和国成立初期,社会主义现代化的基本内容和奋斗目标经历了从"国家工业化"到"四个现代化"的转变。在1954年9月,在第一届全国人民代表大会第一次会议上,毛泽东指出,要把我国"建设成为一个工业化的具有高度现代文化程度的伟大的国家"②。在这次会议上,周恩来说:"我国的经济原来是很落后的。如果我们不建设起强大的现代化的工业、现代化的农业、现代化的交通运输业和现代化的国防,我们就不能摆脱落后和贫困,我们的革命就不能达到目的。"③后来,毛泽东在《关于正确处理人民内部矛盾的问题》中,以及中共八大二次会议的决议中,都有建设具有现代工业、现代农业和现代科学文化的社会主义国家的提法。1959年年末至1960年年初,毛泽东完整地表达了四个现代化的思想。他在阅读苏联《政治经济学教科书》时指出:"建设社会主义,原来要求是工业现代化、农业现代化、科学文化现代化,现在要加上国防现代化。"④1964年12月,毛泽东在修改周恩来在第三届全国人民代表大会第一次会议的报告草稿时,增加了"把我国建设成为社会主义的现代化的强国"这一段文字。这样,就正式形成了四个现代化的强国目标。

1964年12月21日,在第三届全国人民代表大会第一次会议上,周恩来在政府工作报告中指出,今后发展国民经济的主要任务,"就是要在不太长的历史时期内,把我国建设成为一个具有现代农业、现代工业、现代国防和现代科学技术的社会主义强国,赶上和超过世界先进水平"⑤。他同时提出,要在20世纪内分两步实现四个现代化,第一步,建立一个独立的比较完整的工业体系和国民经济体系;第二步,全面实现农业、工业、国防和科学技术的现代化,使我国经济

---

① 杨奎松.毛泽东的"强国梦"[N].南方周末,2008-04-03(D23).
② 中共中央文献研究室.毛泽东文集:第六卷[M].北京:人民出版社,1999:350.
③ 力平.周恩来与"四个现代化"的提出[EB/OL].(2010-12-21)[2018-12-21].http://www.hprc.org.cn/gsgl/gsys/201012/t20101221_116518_1.html.
④ 中共中央文献研究室.毛泽东文集:第八卷[M].北京:人民出版社,1999:116.
⑤ 周恩来.周恩来选集:下卷[M].北京:人民出版社,1984:439.

走在世界前列。这一宏伟目标和两步走的战略方针,原本准备从1966年起开始实施,但是"文化大革命"打断了这个进程。1975年1月,第四届全国人民代表大会第一次会议上,周恩来重申"在20世纪内,全面实现农业、工业、国防和科学技术的现代化,使我国国民经济走在世界的前列"①。

2. 确立实现强国目标的战略

第一,走中国式工业化道路。"一五"计划期间,中国工业化采用模仿苏联工业化模式,在取得巨大成就的同时,也带来了不少负面影响。党和政府在1956年前后开始对"一五"时期的工业化建设与苏联工业化模式进行经验总结和理论反思,提出了"中国工业化的道路"的命题,对苏联工业化模式进行扬弃,探索中国自己的工业化道路。其基本内容包括以建立独立完整的工业体系为目标,以农业为基础、以工业为主导的工业化模式,沿海工业与内地工业协同发展的工业化布局等。随后中国工业化经历了以"大跃进"为标志的片面发展重工业的超高速赶超模式。② 在强国思想的指导下,中国通过第一个五年计划,建立了比较完整的基础工业体系和国防工业体系的骨架,初步奠定了我国工业化和国防现代化的基础。"一五"计划后,虽然经过了"大跃进"的偏差,但工业化仍然取得了很大成就。1965年同1957年相比,主要工业产品的产量,钢增长1.29倍,原煤增长0.771倍,发电量增长2.5倍,原油增长6.75倍。十年间我国新建和扩建了一大批重要工业企业,"已经初步建成具有相当规模和一定技术水平的工业体系"③。

第二,走科技强国之路。中华人民共和国成立后,党和国家领导人十分重视科技工作。1956年,毛泽东指出:"要在几十年内,努力改变我国在经济上和科学文化上的落后状况,迅速达到世界上的先进水平。"④同年,我国出台了《1956—1967年科学技术发展远景规划》。1957年2月,毛泽东提出要把中国建设成为具有高度"现代工业、现代农业和现代科学文化的社会主义国家"的三个现代化主张。⑤ 1958年,我国成立国家科学技术委员会,中国的科学技术管理体系形成。周恩来于1964年12月第三届全国人民代表大会政府工作报告

---

① 周恩来.政府工作报告[N].人民日报,1975-01-21(1).
② 杨宏伟.马克思主义工业化理论与中国特色工业化道路研究[D].兰州:兰州大学,2010:95-98.
③ 当代中国研究所.中华人民共和国史稿:第二卷[M].北京:人民出版社,2012:222.
④ 中共中央文献研究室.毛泽东文集:第七卷[M].北京:人民出版社,1999:2.
⑤ 中共中央文献研究室.毛泽东文集:第七卷[M].北京:人民出版社,1999:207.

中正式提出,今后发展国民经济的主要任务,"就是要在不太长的历史时期内,把我国建设成为一个具有现代农业、现代工业、现代国防和现代科学技术的社会主义强国,赶上和超过世界先进水平"①。1949—1966年,我国科技事业有了比较全面的发展,取得了辉煌的成就,选育和推广了主要作物169种优良新品种,初步掌握了冶金、纺织、石油、化工、机械制造、水利水电、交通运输等主要产业的生产和建设技术,控制和消灭了多种流行病,具备了生产合成药物的技术能力,成功地爆炸了第一颗原子弹,在世界上第一次人工合成牛胰岛素等。②

第三,形成文化强国战略。社会主义建设时期,中国共产党根据社会主义建设的时代要求,对文化建设做出部署,形成了建设文化强国的战略。早在1940年1月,毛泽东在《新民主主义论》中就提出:"我们不但要把一个政治上受压迫、经济上受剥削的中国,变为一个政治上自由和经济上繁荣的中国,而且要把一个被旧文化统治因而愚昧落后的中国,变为一个被新文化统治因而文明先进的中国。"③在怎样建设文化强国方面,中国共产党提出了"百花齐放、百家争鸣"的方针。1956年4月,在中央政治局扩大会议上,毛泽东认为,"百花齐放、百家争鸣的方针,是促进艺术发展和科学进步的方针,是促进我国的社会主义文化繁荣的方针。艺术上不同的形式和风格可以自由发展,科学上不同的学派可以自由争论"④。社会在不断发展,文化也应该不断发展、不断创新,要反对文化上的单一、教条和保守,以解决人民内部不同意见、不同观点、不同风格、不同学派、不同思想与矛盾。毛泽东还提出了文化建设的六条标准,其中最重要的两条是社会主义道路和党的领导。在"双百"方针指导下,文化生产力得到解放。如将1965年与1955年相比,"群众性艺术表演团体从2414个发展到3458个、文化馆从2437个发展到2598个,公共图书馆从96座发展到577座,博物馆从50座发展到214座、广播电台从58座发展到87座、期刊从370种增长到790种、报纸从285种增长到343种"⑤。

第四,建设强大的国防。社会主义建设时期,面临着帝国主义的威胁,我国只有实现国防的现代化,才能有效地抵御帝国主义可能发动的侵略,建设社会

---

① 中共中央文献研究室.周恩来经济文选[M].北京:人民出版社,1993:563.
② 李君,田一颖.1949—1966年党对科技工作的领导与成就探析[J].兰台世界,2013(4):32—33.
③ 毛泽东.毛泽东选集:第二卷[M].北京:人民出版社,1991:663.
④ 中共中央文献研究室.毛泽东文集:第七卷[M].北京:人民出版社,1999:54.
⑤ 国家统计局.新中国五十五年统计资料汇编[M].北京:中国统计出版社,2005:86—87.

主义的现代化强国。抗美援朝战争结束后,面对美国对中国实施的军事遏制和经济政治上的打击,1959年年底、1960年年初,毛泽东在建设工业现代化、农业现代化、科学文化现代化的基础上,提出要加上国防现代化。经过艰苦努力,到20世纪60年代中期,"我国国防科技水平与世界先进水平的差距大幅度缩小至10年左右"①。

(二)民主

社会主义建设时期,中国共产党在如何推进社会主义民主建设方面进行了深入探索。1958年、1965年、1973年的《人民日报》元旦社论中,多次引述毛泽东关于"形成一个既有集中、又有民主,既有纪律、又有自由,既有统一意志、又有个人心情舒畅、生动活泼的政治局面"的论述。1969年《人民日报》元旦社论,引用了毛泽东在1962年七千人大会上关于民主与集中关系的论述。这一时期中国共产党在民主观方面,"以八大和七千人大会为中心,先后形成两个高峰"②,形成了一些宝贵的成果,比如以苏为鉴走自己的民主发展之路,提出了民主发展的理想目标、健全党的民主集中制、发展党内民主、扩大民主范围、反对官僚主义、关注民主与法制关系等,这些成果成为后来中国社会主义民主理论与实践发展的源头。

1.以苏为鉴走自己的民主发展之路

1956年苏共二十大,赫鲁晓夫的秘密报告引起了中国共产党人的反思。中共领导人开始打破原有思想束缚,探索不同于苏联、东欧等社会主义国家的、具有中国特色的民主政治,"比如动员全党开门整风、保留民主党派、提出'双百'方针等"③。以苏为鉴,走自己的民主发展道路,"标志着中国共产党人开始以实事求是精神建设适合中国国情的民主政治,引领探索建设型理论的方向"④。

2.提出发展民主的理想目标

1957年7月,毛泽东阐述了他的理想目标:"是想造成一个又有集中又有民

---

① 徐焰.中国国防现代化进程[J].中国党政干部论坛,1999(8).
② 段炼.从革命型到建设型的民主模式转换:新中国建立以来中国共产党民主政治理论发展历程(1949—2002)[D].北京:中共中央党校,2011:147.
③ 段炼.从革命型到建设型的民主模式转换:新中国建立以来中国共产党民主政治理论发展历程(1949—2002)[D].北京:中共中央党校,2011:118.
④ 段炼.从革命型到建设型的民主模式转换:新中国建立以来中国共产党民主政治理论发展历程(1949—2002)[D].北京:中共中央党校,2011:118.

主,又有纪律又有自由,又有统一意志,又有个人心情舒畅、生动活泼,那样一种政治局面,以利于社会主义革命和社会主义建设,较易于克服困难,较快地建设我国的现代工业和现代农业,党和国家较为巩固,较为能够经受风险。"①毛泽东所希望的这种目标,也是其他领导人所赞同和主张的。1957年8月,周恩来谈社会改革问题时说:"政治上的制度要适合社会主义的经济基础,也要改革,要改革成为民主集中制。又有民主,又有集中;又有自由,又有纪律;又有个性的发展,又有统一意志。"②刘少奇也非常重视民主集中制在党和国家中的重要作用。他认为,"无产阶级的民主集中制,是社会主义政治、经济、文化各方面的根本制度。没有这种民主集中制,就不能建设社会主义"③。

3.健全党的民主集中制

中共八大认真地研究了民主集中制问题,并做出相应的决议,提出要贯彻集体领导原则,扩大党内民主。邓小平在修改八大党章的报告中提出了坚持集体领导和反对个人崇拜,从中央到县一级党的各级代表大会实行常任制。八大党章在总纲中规定,"中国共产党的组织原则是民主集中制,这就是在民主基础上的集中和在集中指导下的民主",并第一次全面解释了民主集中制原则中民主和集中的含义及相互关系。第二章"党的组织机构和组织制度"中,具体规定了民主集中制的六个基本条件,第一次提出了"四个服从"。民主与集中的关系是统一的。在人民内部,民主是对集中而言,自由是对纪律而言。毛泽东指出,"在人民内部,不可以没有自由,也不可以没有纪律;不可以没有民主,也不可以没有集中。这种民主和集中的统一,自由和纪律的统一,就是我们的民主集中制"④。1962年,在扩大的中央工作会议上,毛泽东把是否要实行民主集中制提到了要社会主义还是要资本主义、要无产阶级专政还是要资产阶级专政的高度。他针对一些同志对民主集中制不理解的问题,指出,"不论党内党外,都要有充分的民主生活,就是说,都要认真实行民主集中制。要真正把问题敞开,让群众讲话,哪怕是骂自己的话,也要让人家讲"⑤;"我们的集中制,是建立在民主基础上的集中制。无产阶级的集中,是在广泛民主基础上的集中。各级党委是

---

① 中共中央文献研究室.建国以来毛泽东文稿:第六册[M].北京:中央文献出版社,1992:543.
② 周恩来.周恩来选集:下卷[M].北京:人民出版社,1984:266-267.
③ 刘少奇.刘少奇选集:下卷[M].北京:人民出版社,1985:364.
④ 中共中央文献研究室.毛泽东文集:第七卷[M].北京:人民出版社,1999:209.
⑤ 中共中央文献研究室.毛泽东文集:第八卷[M].北京:人民出版社,1999:291.

执行集中领导的机关。但是,党委的领导,是集体领导,不是第一书记个人独断。在党委会内部只应当实行民主集中制。第一书记同其他书记和委员之间的关系是少数服从多数"①。同时,中国共产党开始将民主集中制"扩大运用于国家政治制度建设和社会生活的各个层面,将民主集中制确立为我国社会主义民主政治建设的基本原则"②,即不仅在党内实行民主集中制,而且在国家的政治生活和人民群众的生活中也要实行民主集中制。

4.探索民主方法

1956年11月,毛泽东在中共八届二中全会上说,以后凡是人民内部的事情,党内的事情,都要采用"小民主"的方法来解决,而不是采用"大民主"的方法解决,因为历史上一切大的民主运动,都是用来反对阶级敌人的。同年12月4日,毛泽东在给黄炎培的信中,又明确提出"人民内部的问题仍将层出不穷,解决的方法,就是从团结出发,经过批评与自我批评,达到团结这样一种方法"③。毛泽东在《关于正确处理人民内部矛盾的问题》一文中,着重指出:"凡属于思想性质的问题,凡属于人民内部的争论问题,只能用民主的方法去解决,只能用讨论的方法、批评的方法、说服教育的方法去解决,而不能用强制的、压服的方法去解决。"④1957年4月,邓小平在《共产党要接受监督》这篇报告中指出,"要让群众能经常表达自己的意见,在人民代表大会上,政协会议上,职工代表大会上,学生代表大会上,或者在各种场合,使他们有意见就能提,有气就能出"⑤。

5.保障党员民主权利,反对宣传个人

保障党员的民主权利,在中央七大上就提出来了。1954年《宪法》对保障人民民主权利做了规定。毛泽东反对压制批评,提出了著名的"三不主义"(即不抓辫子、不戴帽子、不打棍子),用这种形象的提法来限制一些人侵犯他人民主权利。周恩来把那种束缚思想、侵犯人们民主权利的做法概括为"五子登科"(即套框子、抓辫子、挖根子、戴帽子、打棍子),并给以严厉批评,提出要把这种风气反过来。刘少奇说:"绝对不许压制民主,更不许打击报复。"⑥朱德也说,残

---

① 中共中央文献研究室.毛泽东文集:第八卷[M].北京:人民出版社,1999:294.
② 陈国清.论"八大"前后中共领导集体建设社会主义民主政治的思想[J].中国延安干部学院学报,2012(6).
③ 毛泽东.毛泽东书信选集[M].北京:人民出版社,1983:514-515.
④ 中共中央文献研究室.毛泽东文集:第七卷[M].北京:人民出版社,1999:209.
⑤ 邓小平.邓小平文选:第一卷[M].北京:人民出版社,1994:273.
⑥ 刘少奇.刘少奇选集:下卷[M].北京:人民出版社,1981:412.

酷斗争,无情打击是个坏作风,"要很好地爱护干部,尊重党员的权利"①。邓小平指出,按党章规定,党员有权保留自己的意见,在问题没有做出决定之前,在党的会议上或党的报刊上,可以自由发表意见。周恩来等人在不同场合指出,宣传、神化个人是违反实事求是的。他说:"说出一句话来就是百分之百正确,天下没有这种事情。人们不仅在犯错误的时候要讲出不正确的话,即使在正确的时候也会有些话讲得不恰当,过火一些……毛主席自己也是这样,他写的东西很多是几易其稿的。"②周恩来还在不同场合说:"人总是有缺点的"③,"天下没有完人"④,"没有绝对正确的人"⑤,"党是有威信的,党的威信不等于哪一个个人的威信"⑥,等等。

6.扩大民主的范围

随着社会主义事业的不断发展,人民民主专政的主体必然会发展壮大,而被专政的对象不断减少,扩大民主便成为一种客观要求。1962年3月,周恩来作政府工作报告时指出,"我国的阶级斗争总的趋势是波浪式的,但是向着缓和的方向发展,如果认为阶级斗争已经结束或者短期内可以结束,是不对的。同样,如果以为阶级斗争不是向着缓和方向发展,而是不断尖锐化,也是不对的"⑦。同年4月,周恩来在全国政协三届三次会议上指出:"社会主义改造和社会主义建设取得伟大成果的基础上,现在要团结一切可以团结的力量,动员更多可以动员的因素,来参加社会主义建设,扩大我们的民主生活。"⑧但是,这些正确的观点后来被"左"的观点所取代,这样,扩大民主也就未能实现。

7.克服官僚主义

防止和克服官僚主义也是社会主义民主建设的重要内容。1956年11月,在中共八届二中全会上,毛泽东指出:"我们一定要警惕,不要滋长官僚主义作风,不要形成一个脱离人民的贵族阶层。谁犯了官僚主义作风,不去解决群众

---

① 朱德.朱德选集[M].北京:人民出版社,1983:388.
② 周恩来.周恩来选集:下卷[M].北京:人民出版社,1984:324.
③ 周恩来.周恩来选集:下卷[M].北京:人民出版社,1984:333.
④ 周恩来.周恩来选集:下卷[M].北京:人民出版社,1984:359.
⑤ 中国社会科学院文学研究所图书资料室.周恩来与文艺:上册[M].北京:社会科学出版社,1980:42.
⑥ 中国社会科学院文学研究所图书资料室.周恩来与文艺:上册[M].北京:社会科学出版社,1980:37.
⑦ 资料来源:1962年4月16日第二届全国人大会三次会议结束,http://cpc.people.com.cn/GB/64162/64165/78561/79763/5558514.html.
⑧ 周恩来.周恩来选集:下卷[M].北京:人民出版社,1984:389.

的问题,骂群众,压群众,总是不改,群众就有理由把他革掉。"①他曾尖锐地把官僚主义称作"反人民的作风"。为了防止和克服官僚主义,一是广泛发动群众。1962年1月,毛泽东在扩大的中央会议上指出:"没有广泛的人民民主,无产阶级专政就不能巩固,政权会不稳。没有民主,没有把群众发动起来,没有群众的监督,就不可能对反动分子和坏分子实行有效的专政,也就不可能对他们进行有效的改造,他们就会继续捣乱,还有复辟的可能。"②二是干部要和群众真正地打成一片。领导干部"要以普通劳动者的姿态出现,以平等态度待人"③。"鞍钢宪法"正是满足这种要求的民主形式,即"两参一改三结合"的思想——干部参加劳动,工人参加管理,不断改革不合理的规章制度,工人群众、领导干部和技术人员三结合。1961年制定的"工业七十条"正式确认了这个管理形式。三是加强对干部的教育。毛泽东认为,干部之所以出现问题,是因为没有教育。毛泽东要求:"要长期教育干部,非有几十年不能教育好。"④1963年2月,毛泽东在中央工作会议上专门讲了社会主义教育运动的问题。他强调:"要把社会主义教育运动好好抓一下。社会主义教育,干部教育,群众教育,一抓就灵。"⑤四是整党整风。要通过整党整风运动反对官僚主义,教育广大党员干部。毛泽东指出:"要达到这个目的,不是短时间内所能完成的,需要一个长期过程,需要每一年整风一次,彻底批判那些老爷式的和官僚主义、命令主义的人们,把他们的缺点改变过来。"⑥

8.注重法制建设

中共八大明确要求把系统地制定完备的法律,健全国家的法制作为改进国家工作的迫切任务之一。1956年,刘少奇在党的八大政治报告中指出,"为了巩固我们的人民民主专政,为了保卫社会主义建设和保障人民民主权利,目前国家工作中的迫切任务之一,是着手系统地制定比较完备的法律,健全我们国家的法制";"必须使全国每一个人都明了并且确信,只要他没有违反法律,他的公民权利就是有保障的,他就不会受到任何机关和任何人的侵犯;如果有人非法

---

① 中共中央文献研究室.毛泽东年谱(1949—1976)第三卷[M].北京:中央文献出版社,2013:34.
② 中共中央文献研究室.毛泽东文集:第八卷[M].北京:人民出版社,1999:298.
③ 中共中央文献研究室.毛泽东文集:第八卷[M].北京:人民出版社,1999:129.
④ 逄先知,金冲及.毛泽东传:下[M].北京:中央文献出版社,2003:1167.
⑤ 逄先知,金冲及.毛泽东传:下[M].北京:中央文献出版社,2003:1311.
⑥ 中共中央文献研究室.建国以来毛泽东文稿:第九册[M].北京:中央文献出版社,1996:109.

地侵犯他,国家就必然出来加以干涉"①。刘少奇还强调了国家机关人员和党员干部在遵守法律方面的责任。董必武在中共八大上做了《进一步加强人民民主法制,保障社会主义建设事业》的发言,提出了"依法办事"是加强人民民主法制的中心环节的思想。② 1957年1月,毛泽东强调,"一定要守法,不要破坏革命的法制。法律是上层建筑。我们的法律,是劳动人民自己制定的。它是维护革命秩序,保护劳动人民利益,保护社会主义经济基础,保护生产力的。我们要求所有的人都要遵守革命法制"③。

(三)正义

中国共产党对正义的认识是一个不断发展的过程。社会主义建设时期,《人民日报》元旦社论对正义观的表达主要体现在两个层面,一是将整个社会主义事业认定为正义的事业,如1975年《人民日报》元旦社论再次引用毛泽东在全国人大一届一次会议开幕式上的讲话:"我们的事业是正义的。正义的事业是任何敌人也攻不破的。"二是从国际关系的层面,强调亚非拉发展中国家反抗帝国主义侵略的民族民主斗争的正义性,以及表明中国政府的支持态度。在"我们的事业是正义的"总判断下,社会主义建设时期经济政策、政治民主、社会管理、对外政策等方面,都包含着对实现社会公平正义的诠释,并且首先集中体现在对实现平等的追求上。

1.在实现经济平等方面

一是建立和完善生产资料社会主义公有制,为实现平等的经济权利奠定基础。毛泽东认为,生产资料占有状况的不平等是人与人之间不平等的经济根源,"只有集体所有制向全民所有制过渡,逐步扩大所有制规模,提高公有化程度,才能不断消除人们在生产资料占有上的差距,从而在更大范围和更高程度上实现人与人的平等"④。无论是合作化运动,还是人民公社化运动,根本动因都在于解决经济平等问题。二是实行各尽所能、按劳分配的分配原则。斯塔尔

---

① 中共中央办公厅.中国共产党第八次全国代表大会文献[M].北京:人民出版社,1957:53.
② 齐鹏飞,温乐群.20世纪的中国:走向现代化的历程(政治卷1949—2000)[M].北京:人民出版社,2010:57;董必武.进一步加强人民民主法制,保障社会主义建设事业[EB/OL].(2004-12-29)[2019-07-11].http://news.xinhuanet.com/ziliao/2004-12/29/content_2391993.htm.
③ 中共中央文献研究室.毛泽东文集:第七卷[M].北京:人民出版社,1999:197-198.
④ 郭根山.毛泽东的平等观及其历史价值[J].科学社会主义,2006(2).

认为,坚持国家财富的平等分配,是毛泽东认定的社会主义重要原则。他分析道:"毛泽东以国家财富来改变中国的经济状况的观点是建立在他所信奉的社会主义原则的基础之上,国家财富不仅要增加,更重要的是要平等分配。"① 毛泽东指出:"反对平均主义,是正确的;反过头了,会发生个人主义。过分悬殊也是不对的。我们的提法是既反对平均主义,也反对过分悬殊。"②

2.在实现政治平等方面

这一时期,中国共产党主要围绕发扬人民民主,克服官僚主义展开活动,以保证实现政治平等和人民当家作主。毛泽东指出,"在我们国家,如果不充分发扬人民民主和党内民主,不充分实行无产阶级的民主制,就不可能有真正的无产阶级集中制","无产阶级专政就会转化为资产阶级专政,而且会是反动的、法西斯式的专政"③。毛泽东充分肯定社会主义条件下人民参与国家和社会事务管理的权利,他在1959年《读苏联〈政治经济学教科书〉的谈话》中指出:"这里讲到苏联劳动者享受的各种权利时,没有讲劳动者管理国家、管理军队、管理各种企业、管理文化教育的权利。实际上,这是社会主义制度下劳动者最大的权利,最根本的权利。没有这种权利,劳动者的工作权、休息权、受教育权等权利,就没有保证。"④ 这些观点体现了中国共产党维护和实现人民当家作主,人民行使管理国家权利的政治平等观。

3.在实现社会平等方面

一是力图消灭社会差别。毛泽东认为,人与人之间的平等意味着不能有差别存在,而消灭社会差别则是平等的体现。毛泽东和中共中央把人民公社看作消灭社会差别、实现社会平等的具体途径。1958年《关于人民公社若干问题的决议》提出,人民公社是一条"城乡差别、工农差别、脑力劳动和体力劳动的差别逐步缩小以至消失的道路,以及国家对内职能逐步缩小以至消失的道路"⑤。二是努力消除社会分工。1966年5月7日,毛泽东在给林彪的信(即"五·七指示")中,要求各行各业、各个单位都要办成"大学校",都要以一业为主,兼营它

---

① 斯塔尔.毛泽东的政治哲学[M].中共中央文献研究室编辑组,译.北京:中国人民大学出版社,1992:302.
② 中共中央文献研究室.毛泽东文集:第八卷[M].北京:人民出版社,1999:130.
③ 中共中央文献研究室.毛泽东文集:第八卷[M].北京:人民出版社,1999:296-297.
④ 中共中央文献研究室.毛泽东文集:第八卷[M].北京:人民出版社,1999:129.
⑤ 关于人民公社若干问题的决议[N].人民日报,1958-12-19(1).

业。并且,大学校内部也没有专业分工,而是每个人都"亦工亦农、亦文亦武",都是"全面发展的亿万共产主义新人"①。这体现了毛泽东尽快消灭社会不平等现象的愿望。三是反对一切特权。"打破等级制度和特权思想,避免贫富悬殊、两极分化的社会现象,铲除滋生资产阶级的土壤和条件,始终是毛泽东力图解决的重要问题。"②

4.在平等外交方面

这一时期,在外交方面,中国坚持国家不分大小、社会制度相同与否一律平等,各国事务应由各国人民自己来管,各大洲事务只能由各大洲的人民自己处理,不需要大国、特别是超级大国插手。"国家间的事要由大家商量解决,不能由两个大国来决定。"③在经济上,坚持国与国之间应当平等互惠,任何一方不剥削另外一方。在政治上,坚持主权平等原则。和平共处五项原则始终贯穿于社会主义中国的平等外交战略,成为中国外交的指导方针。中国坚持把平等外交放在自力更生基础上,使平等外交有了坚实的物质基础。中国与其他第三世界国家在历史上都遭受过帝国主义的侵略和压迫,独立后又都面临着发展经济的共同任务。中国重视加强同其他第三世界国家的团结与合作,反对一切形式的霸权主义和强权政治,中国永远不称霸,永远不搞扩张。

二、社会主义建设理论探索

在社会主义建设时期,中国共产党以一种开放的姿态面对建设中的新课题,在政治思想方面形成了调动一切积极因素为社会主义服务和正确处理人民内部矛盾的理论成果,作为党的指导思想的毛泽东思想有了新的发展。1958年《人民日报》元旦社论,直接提及"在1957年年初,党中央和毛主席提出了正确处理人民内部矛盾问题,接着又展开了以处理人民内部矛盾为主题的整风运动"。1977年《人民日报》元旦社论,通过公布中央决定发表《论十大关系》,再次强调调动一切积极因素,建设强大的社会主义国家,是各项工作都必须遵循的基本方针。

---

① 全国都应该成为毛泽东思想的大学校[N].人民日报,1966-08-01(1).
② 郭根山.毛泽东的平等观及其历史价值[J].科学社会主义,2006(2).
③ 中华人民共和国外交部,中共中央文献研究室.毛泽东外交文选[M].北京:中央文献出版社,1994:590.

正确处理人民内部矛盾

1958年元旦社论：在1957年年初，党中央和毛主席提出了正确处理人民内部矛盾问题，接着又展开了以处理人民内部矛盾为主题的整风运动。

社会主义教育运动

1965年元旦社论：在这个运动中，要根据社会主义的彻底革命的原则，放手发动群众，在政治、经济、思想和组织这四个方面进行清理和基本建设，正确地区别和处理人民内部矛盾和敌我矛盾，在人民群众中进行一次深刻的阶级教育和社会主义教育。

论十大关系

1977年元旦社论：中央决定发表了毛主席的光辉著作《论十大关系》。毛主席这一重要著作，捍卫和发展了马克思主义的哲学、政治经济学和科学社会主义，是一个伟大的历史文献。毛主席说："我们一定要努力把党内党外、国内国外的一切积极的因素，直接的、间接的积极因素，全部调动起来，把我国建设成为一个强大的社会主义国家。"这是我们各项工作都必须遵循的基本方针。

（一）确立调动一切积极因素为社会主义服务的方针

社会主义制度建立后，如何认识社会主义、如何建设社会主义？这一时期，中国共产党进行了积极的理论探索。1956年4月25日，毛泽东在中共中央政治局扩大会议上发表了《论十大关系》的讲话。这次讲话是他在听取了中央34个部门的工作汇报后，以苏联建设社会主义的经验和问题为鉴戒，针对中国社会主义建设中面临的问题，论述了社会主义革命和建设中的十大关系，提出了社会主义建设的一个基本方针。这个方针就是"要把国内外一切积极因素调动起来，为社会主义事业服务"[①]。《论十大关系》把所关注的问题，概括为重工业

---

① 中共中央文献研究室.毛泽东文集：第七卷[M].北京：人民出版社，1999：23.

和轻工业、农业的关系;沿海工业和内地工业的关系;经济建设和国防建设的关系;国家、生产单位和生产者个人的关系;中央和地方的关系;汉族和少数民族的关系;党和非党的关系;革命和反革命的关系;是非关系;中国和外国的关系。

在政治上,《论十大关系》提出了以团结的方针,妥善处理各种社会关系的重要思想。要处理好汉族和少数民族关系,强调反对大汉族主义,地方民族主义也要反对。要巩固各民族的团结,共同努力建设伟大的社会主义祖国。要处理好党和非党的关系,毛泽东认为:"我们有意识地留下民主党派,让他们有发表意见的机会,对他们采取又团结又斗争的方针。"①在此基础上,他还提出各民主党派与共产党长期共存,互相监督的观点。要处理好革命和反革命的关系,毛泽东认为,对反革命分子,要坚决清理,按不同情况采取"杀关管放"不同的处理办法;同时要给他们以生活出路,使他们有自新的机会。要处理好是非关系,对于犯了错误的同志,采取"惩前毖后,治病救人"的方针,一要看,二要帮。要处理好中国与外国的关系,"一切民族、一切国家的长处都要学,政治、经济、科学、技术、文学、艺术的一切真正好的东西都要学。但是,必须有分析有批判地学,不能盲目地学,不能一切照抄,机械搬用。他们的短处、缺点,当然不要学"②。

《论十大关系》的发表,为中国建设社会主义提出了一系列重要指导思想和根本方针,总结了中华人民共和国成立以来社会主义革命和建设的经验,是关于如何建设社会主义理论的重要成果。

(二)提出正确处理人民内部矛盾的理论

社会主义革命的完成,使国内阶级关系、主要矛盾发生了根本转变。为了适应这种变化,中国共产党深入探索执政规律,形成了关于正确处理人民内部矛盾的理论。这一理论的提出有着深刻的国际和国内背景。从国际背景来看,苏共二十大批判了斯大林的错误,在国际共产主义运动中引发了思想混乱和政治动摇,波兰和匈牙利发生了部分群众反对政府的事件。帝国主义和各国反动势力也乘机掀起了反共反苏反社会主义的浪潮。从国内情况来看,国内政治生活中人民内部矛盾日益凸显。从1956年下半年起,一些城市和乡村接连出现

① 中共中央文献研究室.毛泽东文集:第七卷[M].北京:人民出版社,1999:34-35.
② 中共中央文献研究室.毛泽东文集:第七卷[M].北京:人民出版社,1999:41.

不安定情况。随着党的"百花齐放、百家争鸣"方针的提出,思想文化界中一些在内容、方法上标新立异的东西纷纷出现。民族工作中也出现了一些矛盾和问题。以上情况引起党和政府的高度重视。毛泽东认为,"社会主义国家内部的反动派同帝国主义者互相勾结,利用人民内部的矛盾,挑拨离间,兴风作浪,企图实现他们的阴谋。匈牙利事件的这种教训,值得大家注意"①。中国社会出现的新情况、新问题,人民内部矛盾的日益凸显,要求党和国家正确处理社会主义社会的新矛盾和新问题。在这种情况下,毛泽东提出了正确区分和处理敌我矛盾和人民内部矛盾这两类矛盾的学说。

这一学说的基本内容包括五点内容。第一,社会主义社会仍然存在矛盾。斯大林长期否认社会主义社会存在矛盾,认为只有统一和差别。毛泽东运用唯物辩证法的对立统一规律观察社会主义社会,提出社会主义社会也充满了各种矛盾,正是这些矛盾推动着社会主义社会向前发展。毛泽东指出:"矛盾是普遍存在的,不过按事物的性质不同,矛盾的性质也就不同。"②"在社会主义社会中,基本矛盾仍然是生产关系和生产力之间,上层建筑和经济基础之间的矛盾。"③社会主义制度,可以对基本矛盾中的某些不适应的环节和部分及时地加以调整和完善,使矛盾不断地得到解决。

第二,社会主义社会存在两类性质完全不同的矛盾。毛泽东提出:"在我们的面前有两类社会矛盾,这就是敌我之间的矛盾和人民内部的矛盾。这是性质完全不同的两类矛盾。"④敌我之间的矛盾是对抗性矛盾。人民内部的矛盾,在劳动人民之间来说,是非对抗性的。在被剥削阶级和剥削阶级之间来说,除了对抗性的一面,还有非对抗性的一面。工人阶级和民族资产阶级之间存在着剥削和被剥削的矛盾,这本来是对抗性的矛盾,但是在中国的具体条件下,这两个阶级的对抗性的矛盾如果处理得当,可以转变为非对抗性的矛盾,可以用和平的方法解决这个矛盾。

第三,把正确处理人民内部矛盾作为国家政治生活的主题。人民内部矛盾大量显露出来,在国家政治生活中的地位日渐重要和突出。毛泽东指出,"革命时期的大规模的急风暴雨式的群众阶级斗争基本结束,但是阶级斗争还没有完

---

① 中共中央文献研究室.毛泽东文集:第七卷[M].北京:人民出版社,1999:211.
② 中共中央文献研究室.毛泽东文集:第七卷[M].北京:人民出版社,1999:213.
③ 中共中央文献研究室.毛泽东文集:第七卷[M].北京:人民出版社,1999:214.
④ 中共中央文献研究室.毛泽东文集:第七卷[M].北京:人民出版社,1999:204-205.

全结束;广大群众一面欢迎新制度,一面又还感到还不大习惯;政府工作人员经验也还不够丰富,对一些具体政策的问题,应当继续考察和探索。这就是说,我们的社会主义制度还需要有一个继续建立和巩固的过程,人民群众对于这个新制度还需要有一个习惯的过程,国家工作人员也需要一个学习和取得经验的过程";"我们提出划分敌我和人民内部两类矛盾的界线,提出正确处理人民内部矛盾的问题,以便团结全国各族人民进行一场新的战争——向自然界开战,发展我们的经济,发展我们的文化,使全体人民比较顺利地走过目前的过渡时期,巩固我们的新制度,建设我们的新国家,就是十分必要的了"[①]。正确处理人民内部矛盾的理论,明确了国家政治生活的主题,体现了党和国家指导方针和行动策略的重大调整。

第四,提出了正确处理人民内部矛盾的方针和方法。为了正确处理人民内部矛盾,毛泽东提出了"团结—批评—团结"的总方针,即从团结的愿望出发,经过批评或者斗争,使矛盾得到解决,在新的基础上,达到新的团结。毛泽东还深入考察了经济、政治和思想文化等领域中的具体矛盾,提出了解决这些矛盾的具体方针政策。

第五,论述了中国工业化道路的问题。继《论十大关系》之后,毛泽东再次提出中国工业化道路的问题,主要论述了重工业、轻工业和农业的发展关系问题。工业化道路不只是工业本身的问题,从社会关系上来说,它还是正确处理工人和农民之间这个最大的人民内部关系和矛盾的问题。

毛泽东正确处理人民内部矛盾理论,"站在历史唯物主义的高度创造性地分析研究现实社会主义运动中的重大现实问题,极大地推进了社会主义政治哲学的变革"[②]。

(三)宣传普及马列主义毛泽东思想

这一时期的中国共产党继续宣传马列主义毛泽东思想。一是进行大规模的社会主义教育。如1956—1966年期间,以运动形式对城乡人民群众进行社会主义教育。1957年8月8日,中共中央发出《关于向全体农村人口进行一次大规模的社会主义教育的指示》,要求在农村进行一场关于社会主义和资本主

---

① 中共中央文献研究室.毛泽东文集:第七卷[M].北京:人民出版社,1999:216.
② 李放."政治解放"视域中的人民内部矛盾理论[J].理论探索,2007(4).

义两条道路的大辩论。社会主义教育运动对于提高广大人民群众社会主义思想觉悟是有益的。

二是提高党员干部的马克思主义理论水平。为了提高党员干部的理论水平，毛泽东多次向全党提出读书建议，并亲自拟定书目，如斯大林著的《苏联社会主义经济问题》《马恩列斯论共产主义社会》，苏联科学院经济研究所编写的《政治经济学教科书（社会主义部分）》等。1959年12月10日至1960年2月9日，毛泽东的读书小组先后在杭州、广州两地读《政治经济学教科书（社会主义部分）》。毛泽东在读书过程中边读边议，围绕如何建设社会主义、探索建设道路进行了重要思考。刘少奇、周恩来等领导分别带领各级领导干部开展读书运动。1960年9月下旬，《毛泽东选集》第四卷出版，中央要求各地有计划地安排宣传和学习。

三是开展工农兵学哲学运动。1958年，在"把马克思列宁主义理论应用到实际工作中去"的口号下，工农兵学哲学运动开始。运动初期，一些工农兵群众自发组织学习毛泽东的《实践论》《矛盾论》《关于正确处理人民内部矛盾的问题》等哲学著作。"各种形式的哲学小组、哲学学习班、马列主义业余大学、农村红专学校纷纷成立，从自发的学习到有组织的学习，一个工农兵和广大人民群众学哲学、用哲学的运动轰轰烈烈地开展起来。"[①]1963年7月，《哲学研究》发表社论《把哲学交给群众，让群众掌握哲学》，要求哲学工作者面向群众，学习群众，投入哲学的普及工作中去。这一运动大致经历了1958年至1962年、1962年到1966年、1966年到20世纪70年代末三个发展阶段。工农兵学哲学运动"它在一定程度上打破了哲学的神秘感，拉近了哲学与普通群众的距离，普及了马克思主义哲学的一些世界观和方法论知识，促进了哲学与现实生产、生活的结合，有助于人们思想认识和工作方法的提高和改善。……其存在的问题和不足之处：运动是在文化水平比较低、学习时间和空间都很受限制的工农兵群众中展开的，而哲学本身又是一种抽象程度比较高的开放性学问，这种差距的存在，特别是当时'以阶级斗争为纲'的'左'的错误思想的引导，使得工农兵学哲学、用哲学活动存在突出政治、夸大阶级斗争的误区和一些简单化、教条化的缺

[①] 崔英杰.对"工农兵学哲学"的回顾和思考[J].赤峰学院学报（汉文哲学社会科学版），2006(1)：55-56.

陷,存在着急功近利的实用主义、形式主义的倾向"①。总之,这场运动"无论是它的参加人数之多、它的影响之大,还是它本身具有的意蕴之独特与深远,在当代中国马克思主义哲学发展史上都是空前的"②。

(四)形成反"和平演变"理论

20世纪50年代中期,国际上相继发生了苏共二十大上赫鲁晓夫全盘否定斯大林和波匈事件,引起了中共中央和毛泽东的极大警惕。美国国务卿杜勒斯开始大力兜售和平演变战略,公开宣称美国的政策是促进苏联、东欧和中国等社会主义国家自由化,断言"共产主义将从内部瓦解"。1957年6月,杜勒斯在记者招待会上宣称,"如果他(苏联、东欧和中国等社会主义国家)继续要有孩子的话,而他们又有孩子的话,他们的后代将获得自由"③。这就是西方将"和平演变"的希望寄托在共产党第三代、第四代人身上的提法来源。杜勒斯提出"和平演变"战略后,毛泽东就敏锐地抓住了这个问题。1959年11月,在杭州召开的一次小范围会议上,毛泽东提议印发杜勒斯关于和平演变的三篇演说,要与会同志认真看一看。这三个材料都是关于杜勒斯讲对社会主义国家和平演变问题的。谈到杜勒斯的"和平的转变"思想时,毛泽东指出:"和平转变谁呢?就是转变我们这些国家,搞颠覆活动,内部转到合乎他的那个思想。就是说,他那个秩序要维持,不要动,要动我们,用和平转变,腐蚀我们。"④因此要提高对西方国家搞和平演变的警惕性。

反"和平演变"思想的主要内容有三点。一是社会主义仍然存在着资本主义复辟的危险。针对苏共二十大上赫鲁晓夫全盘否定斯大林,1956年4月5日与12月29日,《人民日报》先后发表了《关于无产阶级专政的历史经验》和《再论无产阶级专政的历史经验》两篇文章,指出既要反对教条主义,又要反对修正主义。1957年2月,毛泽东指出:"修正主义,或者右倾机会主义,是一种资产阶级思潮,它比教条主义有更大的危险性。"⑤二是社会主义还存在着意识形态领

---

① 周广友.工农兵学哲学运动与马克思主义哲学大众化[M]//中国辩证唯物主义研究会.马克思主义哲学论丛.北京:社会科学文献出版社,2016:236.
② 辛鸣.中国新哲学的一次尝试——对"工农兵学哲学"运动的理论思考[J].毛泽东思想论坛,1996(4):26-28.
③ 杜勒斯言论选辑[M].北京:世界知识出版社,1959:322.
④ 中共中央文献研究室.毛泽东年谱(1949—1976):第四卷[M].北京:中央文献出版社,2013:237.
⑤ 中共中央文献研究室.毛泽东文集:第七卷[M].北京:人民出版社,1999:233.

域的斗争。毛泽东指出,在社会主义社会,存在无产阶级和资产阶级意识形态方面的阶级斗争,这种斗争是曲折的,有时甚至是很激烈的。三是要培养无产阶级革命事业接班人。由于帝国主义反动派把推行"和平演变"的希望寄托在共产党第三代、第四代人身上,因此要对青年人加强教育,要培养和造就千百万无产阶级革命接班人。

三、社会主义建设时期的政治道德

这一时期,建设社会主义的热情,鼓舞着全国人民,形成了以"雷锋精神""铁人精神""焦裕禄精神"等为代表的时代精神和政治道德主基调。这些道德风貌为社会主义政治意识文明打上了深深的时代烙印。"这些精神,以雷霆万钧之势,改变着旧社会的不良风气,它犹如清新的空气,滋润着人们的灵魂。这些精神,是革命时期的道德精神的继承和发扬,是建设时期我们克服一切艰难困苦的精神动力。就其实质来说,这些精神,也就是社会主义精神和共产主义精神。"[①]

艰 苦 奋 斗

1957年元旦社论:在整个社会生活中,要提倡勤俭朴素的风气,特别是领导工作人员必须关心群众生活,与群众共甘苦。只要我们依靠群众,克勤克俭,把各方面的工作都做到、做好,我们就能够进一步取得新的成就。

1969年元旦社论:新老干部都要用毛泽东思想自觉地改造世界观,保持谦虚、谨慎、不骄、不躁的作风,保持艰苦奋斗的作风,保持劳动人民的本色,拜人民群众为师,警惕资产阶级糖衣炮弹的袭击。

学 雷 锋

1966年元旦社论:自力更生、艰苦奋斗的革命精神,正在各行各业中生根、开花、结果。学雷锋,学王杰,学一切先进人物,成为广大人民群众的自我教育运动。毫不利己、专门利人的革命风格,一不怕苦、二不怕死、一心为革命的思想,成为我们社会的新的崇高的道德风尚。

---

① 罗国杰.中国道德建设的回顾与展望[J].齐鲁学刊,2002(2).

所有这些,精神变物质,促进了人民群众为社会主义革命和社会主义建设作出更大的贡献。

勤俭建国

1971年元旦社论:要发扬独立自主、自力更生、艰苦奋斗、勤俭建国的革命精神,突出无产阶级政治,进一步开展"工业学大庆,农业学大寨,全国学人民解放军"的群众运动,努力全面地完成和超额完成一九七一年的国民经济计划。

自力更生

1976年元旦社论:老、中、青三结合,使各级领导班子生气勃勃,千百万无产阶级革命事业接班人正在按照毛主席提出的五条标准锻炼成长。

(一)端正干部党员的权力观

在社会主义建设时期,中国共产党清醒地认识到领导、干部、党员怎样对待和使用手中的权力、以什么态度对待人民群众,是一个重要的原则问题。1956年召开的中共八大,毛泽东指出:"同资产阶级的政党相反,工人阶级的政党不是把人民群众当作自己的工具,而是自觉地认定自己是人民群众在特定的历史时期为完成特定的历史任务的一种工具。"[①]毛泽东进一步指出:"我们的权力是谁给的?是工人阶级给的,是贫下中农给的,是占人口百分之九十以上的广大劳动群众给的。"[②]正因为如此,党员干部就应当代表和维护广大人民群众的利益,利用这个权力来为人民服务;就应当依靠人民群众来行使这个权力。毛泽东强调,"我们代表了无产阶级,代表了人民群众,打倒了人民的敌人,人民就拥护我们。共产党基本的一条,就是直接依靠广大革命人民群众"[③]。毛泽东还强调,干部对自己的位置要摆得对,即使是高级干部、中央委员,都必须"以一个普

---

① 邓小平.邓小平文选:第一卷[M].北京:人民出版社,1994:217-218.
② 中共中央文献研究室.建国以来毛泽东文稿:第十二册[M].北京:中央文献出版社,1998:581.
③ 中共中央文献研究室.建国以来毛泽东文稿:第十二册[M].北京:中央文献出版社,1998:581.

通劳动者的姿态出现在人们之前"①。共产党人必须牢记,"要搞民主作风,不能搞家长作风"②。

(二)明确干部党员道德标准

中共八大通过的《中国共产党章程》,在党员的义务条文中,实际上也是规定了共产党员应遵循的 10 项政治道德。邓小平在《关于修改党的章程的报告》中要求,党员必须是从事劳动而不剥削他人劳动的人。"中央认为,关于有任何功劳、任何职位的党员,都不允许例外地违反党章、违反法律、违反共产主义道德的规定,在今天具有特别重要的意义。党不但不需要,而且不允许有任何在遵守党员义务方面与众不同的老爷。一个人只有不因为自己的功劳和职位而骄傲,不用来作为'特殊化'的资本,反而更加谦虚和谨慎,更加提高自己的以身作则的责任心,他的功劳和职位,才是值得尊敬的。否则,他的骄傲和放肆,必然会把自己淹死。党决不能姑息这样的人,而脱离广大的群众。"③

1963 年 5 月,周恩来曾提出党员干部要过"五关","过'五关',就是过思想关、政治关、社会关、亲属关和生活关"④。过思想关,就是要树立马克思列宁主义或者说辩证唯物主义和历史唯物主义的世界观和人生观。过政治关,就是要立场坚定,讲党性。过社会关,就是要抵制封建主义、资本主义腐朽习气的侵蚀。过亲属关,是要不能因为亲属关系影响事业前进。过生活关,就是要艰苦朴素,"把整个身心放在共产主义事业上,以人民的疾苦为忧,以世界的前途为念"⑤。此外,中共中央还颁布了毛泽东亲自主持制定的《党政干部三大纪律,八项注意》(1961 年 1 月,第二次修正草案)。三大纪律为:"一切从实际出发;正确执行党的政策;实行民主集中制。"八项注意为:"同劳动同食堂;待人和气;办事公道;买卖公平;如实反映情况;提高政策水平;工作要同群众商量;没有调查就没有发言权。"⑥

中国共产党还提出了革命接班人的培养标准问题。1964 年 7 月 14 日,《人

---

① 中共中央文献研究室.建国以来毛泽东文稿:第七册[M].北京:中央文献出版社,1992:198.
② 中共中央文献研究室.建国以来毛泽东文稿:第十一册[M].北京:中央文献出版社,1996:86.
③ 邓小平.关于修改党的章程的报告[N].人民日报,1956-09-18(3).
④ 周恩来.周恩来选集:下卷[M].北京:人民出版社,1984:423.
⑤ 周恩来.周恩来选集:下卷[M].北京:人民出版社,1984:427.
⑥ 李庚靖.毛泽东干部教育思想新论[D].上海:华东师范大学,2003:77.

民日报》与《红旗》杂志编辑部联名发表《关于赫鲁晓夫的假共产主义及其在世界历史上的教训——九评苏共中央的公开信》,对培养和造就无产阶级革命事业接班人的问题做了系统阐述。无产阶级革命事业接班人(坚持社会主义事业的领导骨干)必须具备五项条件[①]:一、必须是真正的马克思主义者;二、必须是全心全意为中国和世界的绝大多数人服务的革命者;三、必须是能够团结绝大多数人一道工作的无产阶级政治家;四、必须是党的民主集中制的模范执行者;五、必须谦虚谨慎,戒骄戒躁,具有自我批评精神,勇于改正自己工作中的缺点和错误。

(三)加强干部党员道德教育

毛泽东认为,如果干部长期脱离实际、脱离群众,浮在上面做官当老爷,他们就会逐渐淡忘党的全心全意为人民服务的宗旨,滋长官僚主义作风和特权思想,甚至走上以权谋私的道路。于是干部下放参加集体生产劳动,被作为防止干部特殊化、保持同群众密切联系的重要途径之一。从1957年至1976年间,中共中央多次发出干部下放劳动的指示,把党政机关干部下放到农村和厂矿进行劳动锻炼,把军队干部下放到连队进行基层锻炼,在劳动实践中锻炼干部是这一阶段干部教育的突出特点,在中国共产党干部教育史上产生了深刻的影响。

(四)公民政治道德教育

1957年2月,毛泽东提出:"我们的教育方针,应该使受教育者在德育、智育、体育几方面都得到发展,成为有社会主义觉悟的有文化的劳动者。"[②]1958年《中共中央、国务院关于教育工作的指示》更加明确地规定,教育的目的是培养有社会主义觉悟的有文化的劳动者,其中的"社会主义"更是明确了教育的政治性质。20世纪60年代初期,中国共产党在人民群众中开展艰苦奋斗、奋发图强的革命传统和理想信念教育,即用共产主义思想教育群众,鼓励人们把今天的社会主义建设和明天的共产主义理想结合起来,发扬艰苦奋斗的革命传统,辛勤工作,埋头苦干,同心同德,共渡难关。毛泽东于1963年发出了"向雷锋同

---

① 关于赫鲁晓夫的假共产主义及其在世界历史上的教训[N].人民日报,1964-07-14(4).
② 中共中央文献研究室.毛泽东文集:第七卷[M].北京:人民出版社,1999:226.

志学习"的号召。此后,用先进典型进行全心全意为人民服务的共产主义道德教育活动蓬勃开展起来。郝建秀、邢燕子、焦裕禄、草原小姐妹等先进典型,为共产主义道德教育树立了一面旗帜,成为全国人民学习的榜样。

在多位先进典型中,雷锋是影响最大的人物之一。雷锋被称为"在毛泽东思想哺育下成长起来的伟大的共产主义战士"。雷锋1960年参军,1962年8月15日因公殉职。雷锋殉职后,他的事迹在军内外引起强烈反响。1963年3月5日,毛泽东和中央领导人为雷锋题词,号召全国人民向他学习。"向雷锋同志学习"成为一个全民性的运动。雷锋精神主要包括:努力学习马列主义、毛泽东思想,自觉接受党的教育,严格要求自己;"螺丝钉"精神;艰苦奋斗,克勤克俭;毫不利己、专门利人,全心全意为人民服务的人生观等。学雷锋运动产生了巨大的深远的社会影响。通过学习,人们的思想觉悟有了明显提高,克己奉公、助人为乐的共产主义精神被大大发扬,好人好事层出不穷,拾金不昧、拾物归主、扶老助幼、积极参加各种义务劳动,做好事不留名等成为当时的社会风尚。艰苦奋斗的优良传统大发扬,雷锋式的人物不断涌现。在雷锋精神的旗帜下,全国涌现了成千上万的英雄模范人物和集体。雷锋精神鼓舞了整整一代人,开创了一代共产主义新风。

四、社会主义建设时期的政治心态

社会主义改造完成后,中国人民在政治心理上,表现出斗志昂扬建设社会主义国家的心态,在经历了急于求成的"大跃进"后,进一步表现出既有雄心壮志,又脚踏实地的心态。这些政治心态也呈现在《人民日报》元旦社论中。

革命的乐观主义

> 1956年元旦社论:但是我们对于艰苦困难毫无惧怕。"高山也要低头,河水也要让路",这是开辟康藏公路的英勇筑路者们的名言。这句名言代表了我们全国人民为建设社会主义而奋斗的心情。
>
> 1958年元旦社论:我们的事业是革命的事业,最最需要的就是革命的乐观主义,就是在战略上藐视一切"强大"的敌人,藐视一切"严重"的艰难困苦——虽然在战术上需要重视它们,需要一个一个地加以征服,但是这也只有在战略上藐视它们的前提之下才能够实现。古

人说要"乘长风破万里浪",在我们的面前正是万里浪:建成社会主义和共产主义,建成强大的现代工业、现代农业和先进的科学文化。但是我们完全有信心达到目的。让我们乘风前进!让我们乘压倒西风的东风前进,乘压倒右派、压倒官僚主义、压倒保守思想的共产主义风前进!

超过英国

1960年元旦社论:被解放了的六亿五千万人这样一个伟大的生产力,正在向着充分认清了的目的地,沿着充分认清了的路线,采取着充分认清了的方法,开足马力向前飞跑。不这样也是不可能的,因为中国的经济和文化太落后了,帝国主义一直在威胁着我们,甚至侵占着我们的领土,而妨碍人民前进的落后的生产关系和上层建筑已经推翻了,人民已经觉醒起来,不再沉睡了。……这样的人民,在鼓足干劲、力争上游、多快好省地建设社会主义的总路线的鼓舞下……不但对于1960年的继续跃进和更好的跃进,充满了决心和信心,而且对于整个六十年代的连续跃进,也充满决心和信心。中国人民的奋斗目标是,在新的十年间,要在主要工业产品的产量方面赶上或者超过英国,基本上建立起完整的工业体系,基本上实现工业、农业和科学文化的现代化,从而把中国建成为一个强大的社会主义国家。

1962年元旦社论:我们要有雄心壮志,又要脚踏实地。雄心壮志,就是说要站得高,看得远,经受得起任何困难,抵挡得住任何风浪,敢于斗争,敢于胜利。脚踏实地,就是说要每时每刻从实际出发,实事求是。

这一时期,中国共产党人和中国人民形成的为建设社会主义而奋斗的精神面貌是十分可贵的。在社会主义建设进程中,广大党员和人民群众意气风发,斗志昂扬。在国内发生严重经济困难、国际上受到战争威胁和巨大压力(发达资本主义国家对我国长期封锁禁运;苏联撕毁合同,撤走专家,中断援助)的情况下,党和人民坚持独立自主,自力更生,团结一致,艰苦奋斗,以高昂的英雄气概和热情投身建设事业,深入探索社会主义中国的发展道路,培养起自强自立、不怕鬼、不信邪的精神。领袖和人民,干部和群众,休戚与共,同甘共苦。焦裕禄、王进喜、雷锋、钱学森、李四光、钱三强、茅以升等成为时代的楷模和杰出代表。许多干部、职工、科学技术人员以及人民解放军指战员,响应党的号召,到最艰苦的地方去,到祖国最需要的地方去,默默无闻,埋头苦干,无私奉献。"在这十年中,各条战线上涌现出大量可歌可泣的建设社会主义的优秀典型和先进人物。党中央号召全党和全国人民向先进模范人物学习,使全党和全国人民在社会主义建设事业中焕发出更大的热情和力量。社会主义建设事业在战胜重重困难后逐步地重新出现欣欣向荣的景象。"①

第二节 社会主义建设时期的政治制度文明

在社会主义建设时期,政治制度文明呈现出曲折发展的特点,其成果主要体现在,中共八大前后和20世纪60年代初的调整时期,中国共产党对政治关系、领导体制、党的建设、行政体制的有益探索。这些成果为突破苏联模式的弊端,探索中国社会主义政治制度文明,提供了理论资源。

1956年5月2日,毛泽东在最高国务会议上发表了《论十大关系》。1956年9月15—27日中共八大召开。中共八大前后,毛泽东和中国共产党在社会主义政治制度建设方面进行了有益探索。1957年2月27日,毛泽东发表《关于正确处理人民内部矛盾的问题》的讲话,对民主集中制等问题进行论述。20世纪60年代初,面对继续"大跃进"造成的经济全面紧张,中共中央决心调查研究,纠正错误,调整政策。1961年1月,中共八届九中全会正式决定对国民经济实行"调整、巩固、充实、提高"的八字方针,确定用三年时间对国民经济进行调整。1962年1月11日至2月7日,中共中央召开扩大的中央工作会议,即七千人大会,进一步总结1958年"大跃进"以来的经验教训,更坚决地执行调整方针。这一期间,中国共产党在政治关系和政治制度方面也进行了调整。

---

① 中共中央党史研究室.中国共产党历史(第二卷,1949—1978):下册[M].北京:中共党史出版社,2011:737.

一、健全民主集中制

民主集中制

1975年元旦社论：各级党委要坚持民主集中制。在党委内部，要搞"群言堂"，反对"一言堂"，在毛泽东思想的基础上，搞好"一班人"的团结。基层党组织要健全党内的民主生活，经常开展批评和自我批评。

民主集中制最初是"作为党的组织原则提出来的，后又派生出领导制度、工作制度、党内生活准则等概念"①。社会主义建设时期，中国共产党对民主集中制进行有效探索，特别是中共八大在完善民主集中制方面形成的成果体现为，正确解决民主集中制中的上下级关系，赋予民主集中制以新的内涵，强调集体领导、反对个人崇拜等。② 健全民主与集中制首先体现为明确了民主与集中的辩证关系。"在人民内部，不可以没有自由，也不可以没有纪律；不可以没有民主，也不可以没有集中。这种民主和集中的统一，自由和纪律的统一，就是我们的民主集中制。"③ 其次，提出了贯彻民主集中制的目标。就是毛泽东提出的："我们的目标，是想造成一个又有集中又有民主，又有纪律又有自由，又有统一意志，又有个人心情舒畅、生动活泼，那样一种政治局面，以利于社会主义革命和社会主义建设，较易于克服困难，较快地建设我国的现代工业和现代农业，党和国家较为巩固，较为能够经受风险。"④ 最后，进行民主集中制的实践探索。1961年，中国共产党重点解决党内生活不正常的问题，在企事业党组织中健全民主集中制。"农业六十条""科学十四条""高教六十条""工业七十条"中，都规定党组织必须严格遵守民主集中制，实行集体领导和分工负责相结合的原则。"这些规定不是重复党章条文，而是针对'大跃进'以来的个人凌驾于集体之上，

---

① 张静如，刘洪森.中国共产党认识和贯彻民主集中制的历史考察[J].北京行政学院学报，2013(3).
② 张静如，刘洪森.中国共产党认识和贯彻民主集中制的历史考察[J].北京行政学院学报，2013(3).
③ 中共中央文献研究室.毛泽东文集：第七卷[M].北京：人民出版社，1999：209.
④ 毛泽东.一九五七年夏季的形势[EB/OL].(1957-07-01)[2019-04-15]. http://data.people.com.cn/pd/zywx/detail.html?id=770a4b464c6941459dc665cd8d0cf41c.

个人专断作风膨胀而提出的。"①1962年1月,中央召开扩大的中央工作会议(七千人大会),会议的主要目的是总结经验,统一认识,加强党的民主集中制,切实贯彻调整国民经济的方针。毛泽东等党和国家第一代领导人在讲话中着重指出,必须健全党的民主集中制,必须在总结正反两个方面的经验的基础上,加深对社会主义建设规律的认识,这进一步丰富和发展了马克思主义关于民主集中制的思想。

二、调动中央和地方两个积极性

两个积极性

1971年元旦社论:"有两个积极性,比只有一个积极性好得多",要"在中央的统一计划下,让地方办更多的事"。

毛泽东指出:"我们的国家这样大,人口这样多,情况这样复杂,有中央和地方两个积极性,比只有一个积极性好得多。我们不能像苏联那样,把什么都集中到中央,把地方卡得死死的,一点机动权也没有。"②为了发挥中央和地方两个积极性,他认为要扩大民主,中央要下放权力,给地方以更大的独立性和自主权,中央办事要和地方商量,未经商量就不能贸然下命令。要给工厂和企业一定的权力和自主权,不能凡事都集中在中央。他还提出,"中央的部门可以分成两类。有一类,它们的领导可以一直管到企业,它们设在地方的管理机构和企业由地方进行监督;有一类,它们的任务是提出指导方针,制定工作规划"③。给地方以更大的自主权,妥善处理中央和地方两个积极性,目的就是调动一切积极因素,服务社会主义建设。发挥中央和地方两个积极性的观点反映出毛泽东要扩大民主,创造一个既有统一性又有独立性的政治局面的思想和政治策略。中共八大提出了正确调整中央同地方关系的任务,要求根据统一领导、分级管理、因地制宜、因事制宜的原则,改进国家行政体制,划分企业、事业、计划

---

① 齐鹏飞,温乐群.20世纪的中国:走向现代化的历程(政治卷1949—2000)[M].北京:人民出版社,2010:101.
② 中共中央文献研究室.毛泽东文集:第七卷[M].北京:人民出版社,1999:31.
③ 中共中央文献研究室.毛泽东文集:第七卷[M].北京:人民出版社,1999:32.

和财政的管理范围,"适当扩大各省、自治区、直辖市的管理权限,并且注意改进和加强中央各部门的工作"①。

三、人民代表大会制度的曲折发展

一些学者认为:"1954—1957是人大制度的初步巩固,1957—1966年是人大制度的曲折发展,1966—1976是'文革'时期人大制度遭遇严重践踏。"②其中,从1954年到1957年上半年的全国人民代表大会工作还十分活跃。"在这三年中全国人大及其常委会审议通过了80多个法律法令和有关法律问题的决定,审查批准了一五计划和年度经济计划预算,决定了综合治理黄河的方案等重大问题。"③1957年5月8日,中共全国人大常委会机关党组"根据中共中央和毛泽东的指示,经过半年多的研究探索提出了健全人民代表大会制度的具体方案"④,但由于种种原因,这些建议未被采纳。1957年后,人民代表大会作为权力机关的地位被各级党的机关代替,人大及其常委会的工作也不能正常开展。对此,在七千人大会上,刘少奇指出:"无论何时何地,都不应该用党的组织代替人民代表大会和群众组织,使它们徒有其名,而无其实。"⑤周恩来在全国人大第二届第三次会议上作政府工作报告时也指出:"我们的民主集中制,表现在国家政治生活方面,首先就是全国各族人民,经过人民代表大会制,统一和集中地行使国家的权力,全国人民代表大会和它的常设机关以及各级人民代表大会,充分发挥它们在国家生活中的作用,对于发扬人民民主和推进社会主义建设事业,具有重大的意义。"⑥1975年1月8—10日,周恩来主持召开的中共十届二中全会中,我国开始有目的、有步骤地恢复人大制度,会议讨论并决定召开第四届全国人大会议。1975年1月13日,第四届全国人大第一次会议终于在北京召开了,使得中断八年之久的人大会议有所恢复。由此,各级人大开始恢复职能,立法和监督工作重新开始,一度停顿的刑法、民法和诉讼法的起草工作

---

① 中国共产党第八次全国代表大会关于发展国民经济的第二个五年计划(一九五八——一九六二)的建议[EB/OL].(1956-09-29)[2018-10-10].http://data.people.com.cn/sc/detail?articleId=2fa1ec0891424d8ea23c24573d8506cc.
② 申坤.中国人民代表大会制度的历史变迁研究[D].北京:中央党校,2013:48.
③ 万其刚.我国人民代表大会制度的形成与发展[J].当代中国史研究,2005(1).
④ 万其刚.我国人民代表大会制度的形成与发展[J].当代中国史研究,2005(1).
⑤ 欧阳雪梅.刘少奇社会主义民主政治思想及实践[J].当代中国史研究,2008(6).
⑥ 周恩来.努力造就有利于进行社会主义建设的政治局面[J].党的文献,1995(1).

也开始恢复。

四、调整行政管理体制

1960年,中央决定重新成立华北、东北、华东、中南、西南、西北六个中央局,作为中央的代表机构,加强统一领导,进行纵向收权。1961年1月,中共中央作出《关于调整管理体制的若干暂行规定》,强调集中统一。另外就是调整党政关系,主要采取两个措施。一是省及以下各级党委不再设分管政府工作的书记,应该由政府办的工作由政府去办。二是地区和县两级党委不再设书记处,党委内的机构限于管理组织、宣传、监督、统战等党务工作,与政府对口的机构予以撤销。在科研机构和高等院校,建立和完善党委领导下的所长、校长负责制,由所务、校务(甚至系务)委员会或行政会议,集体研究行政、业务问题。在工矿企业,建立党委领导的厂长负责制。在农村人民公社,建立公社管理委员会,处理行政业务工作。20世纪60年代初行政管理体制调整,"在调整中基层和企事业单位讲党政分开,而在中央、中央局和省三级又是强化党政策一体化"①。

五、人民公社制度

人民公社

1959年元旦社论:过去的一年是我国发生伟大变化的一年。社会主义经济建设和文化建设的大跃进和人民公社运动,构成了这一年的史无前例的辉煌的成就。

1961年元旦社论:1960年,我国农业遭受了特大的自然灾害。全国十六亿多亩的耕地,在1959年有六亿亩受灾,在1960年又有九亿亩即全部耕地的一半以上受灾,其中灾情特别严重的有三亿至四亿亩。这样的灾害是百年未有的。由于我们进一步巩固了具有伟大生命力的人民公社,大规模地开展了农田水利建设,全面地组织了工业的力量和其他方面的力量来支援了农村的抗灾救灾,特别是由于全国农民在党的领导下进行了紧张顽强、英勇无畏的斗争,这就在很大程

---

① 齐鹏飞,温乐群.20世纪的中国:走向现代化的历程(政治卷1949—2000)[M].北京:人民出版社,2010:104.

度上减轻了灾荒的危害。但是灾害仍然是非常严重的。1960年的农业生产计划和依靠农业供给原料的轻工业生产计划都没有能够完成。

1963年元旦社论：从过去几年的事实，也可以越来越清楚地看到人民公社制度的巨大优越性。如果我们不是依靠人民公社集体经济的力量，在遭到百年来少有的连年大灾的情况下，农业生产是不可能这样迅速地好转的，农村几亿人民以至全国人民的生活是不可能这样稳定的。

人民公社制度体现了中国共产党的执政理念及其对共产主义理想的追求。根据马克思主义理论，共产主义社会将消灭私有制和剥削阶级，实行土地等财产的国家所有，实现"各尽所能、按需分配"和阶级与国家的最终消亡。"公社实行土地等财产归集体所有和'一大二公''政社合一'的制度"①。人民公社是建成社会主义和逐步向共产主义过渡的最好组织形式和发展成为未来共产主义社会的基层单位。人民公社制度是在农业生产合作社的基础上为适应大规模的农田水利建设及建设社会主义而迅速建立起来的。1958年8月17—30日，中共中央在北戴河召开政治局扩大会议，通过了《中共中央关于在农村建立人民公社问题的决议》，决定在农村建立人民公社。"人民公社发展的主要基础是我国农业生产全面的不断的跃进和五亿农民愈来愈高的政治觉悟。……几十户、几百户的单一的农业生产合作社已不能适应形势发展的要求。在目前形势下，建立农林牧副渔全面发展、工农商学兵互相结合的人民公社，是指导农民加速社会主义建设，提前建成社会主义并逐步过渡到共产主义所必须采取的基本方针"②。《决议》认为，人民公社建成以后，人民公社的集体所有制中，已经包含若干全民所有制的成分了。这种全民所有制，将在不断发展中继续增长，逐步地代替集体所有制，然后再经过多少年，我国社会就将进入各尽所能、各取所需的共产主义时代。人民公社被认为是建成社会主义和逐步向共产主义过渡的最好的组织形式，它将发展成为未来共产主义社会的基层单位。随后，一个大办人民公社的全民运动轰然兴起。至1958年10月底，全国农村共建立了26,000多个人民公社，参加的农户占全国农户总数的99.1%。《关于人民公社

---

① 刘娅.目标·手段·自主需要：人民公社制度兴衰的思考[J].当代中国史研究，2003(1).
② 中共中央关于在农村建立人民公社问题的决议[N].人民日报，1958-09-10(1).

若干问题的决议》中规定:"人民公社应当实行统一领导、分级管理的制度。公社的管理机构,一般可以分为公社管理委员会、管理区(或生产大队)、生产队三级。"①人民公社内设有工、农、商、学、兵各种组织。1982年11月26日召开的第五届全国人大第五次会议,决定停止人民公社建立乡政权。人民公社是实现"工占农利"的重要制度保障,同时改善了农业生产条件,促进了农业经济的增长,维护了农村社会的稳定,在经济十分窘迫的情况下,建立健全了一整套社会保障制度。人民公社制度在中国历史发展中有着独特的地位。后来党对"什么是社会主义"逐渐有了一个正确的认识,邓小平认为"社会主义的经济政策到底对不对,归根到底要看生产力是否发展,人民收入是否增加。这是压倒一切的标准"②。中国社会主义农业的改革和发展,从长远看,要有两个飞跃。"第一个飞跃,是废除人民公社,实行家庭联产承包为主的责任制。这是一个很大的前进,要长期坚持不变。"③

第三节 社会主义建设时期的政治行为文明

从政治文明的角度来看,这一时期,中国共产党和政府的政治行为主要围绕"正确处理人民内部矛盾""开展整风运动和反右派斗争""反对帝国主义和霸权主义"等主题展开。

一、正确处理人民内部矛盾

正确处理人民内部矛盾

1958年元旦社论:在1957年年初,党中央和毛主席提出了正确处理人民内部矛盾问题,接着又展开了以处理人民内部矛盾为主题的整风运动。

为了正确处理人民内部矛盾,毛泽东提出了"团结—批评—团结"的总方

---

① 关于人民公社若干问题的决议[N].人民日报,1958-12-19(1).
② 邓小平.邓小平文选:第二卷[M].北京:人民出版社,1994:314.
③ 中共中央文献研究室.改革开放三十年重要文献选编(上)[M].北京:中央文献出版社,2008:570.

针。以这一方针为指导,毛泽东深入考察了经济、政治和思想文化等领域中的具体矛盾,提出了解决这些矛盾的具体方针政策。

一是在经济方面实行"统筹兼顾、适当安排"。对于全国城乡各阶层人民的物质文化生活要统筹安排,兼顾国家、集体和个人三者的利益,妥善解决人民内部在物质利益方面的矛盾。"无论粮食问题,灾荒问题,就业问题,教育问题,知识分子问题,各种爱国力量的统一战线问题,少数民族问题,以及其他各项问题,都要从对全体人民的统筹兼顾这个观点出发,就当时当地的实际可能条件,同各方面的人协商,作出各种适当的安排。"①

二是在共产党与民主党派的关系上,坚持"长期共存、互相监督"。

三是在科学文化工作中,要坚持"百花齐放、百家争鸣"。毛泽东提出百花齐放、百家争鸣的方针,是促进艺术发展和科学进步的方针,是促进我国的社会主义文化繁荣的方针。他认为,"百花齐放是一种发展艺术的方法,百家争鸣是一种发展科学的方法。百花齐放、百家争鸣这个方针不但是使科学和艺术发展的好方法,而且推而广之,也是我们进行一切工作的好方法"②。对于判断艺术上、科学上的是非,应保持慎重的态度。毛泽东提出了六条政治标准,以判断人们的言论、行动是否正确:(1)有利于团结全国各族人民,而不是分裂人民;(2)有利于社会主义改造和社会主义建设,而不是不利于社会主义改造和社会主义建设;(3)有利于巩固人民民主专政,而不是破坏或者削弱这个专政;(4)有利于巩固民主集中制,而不是破坏或者削弱这个制度;(5)有利于巩固共产党的领导,而不是摆脱或者削弱这种领导;(6)有利于社会主义的国际团结和全世界爱好和平人民的国际团结,而不是有损于这些团结。③ 这六条政治标准中,最重要的是社会主义道路和党的领导。提出这些标准,是为了帮助人民发展对于各种问题的自由讨论,而不是为了妨碍这种讨论。

四是在知识分子的问题上,毛泽东认为,凡是真正愿意为社会主义事业服务的知识分子,都应当给予信任,从根本上改善同他们的关系,帮助他们解决各种必须解决的问题,使他们得以积极地发挥他们的才能。为了充分适应新社会的需要,知识分子要继续前进,继续改造自己,逐步地抛弃资产阶级世界观,在

---

① 中共中央文献研究室.毛泽东文集:第七卷[M].北京:人民出版社,1999:228.
② 中共中央文献研究室.毛泽东文集:第七卷[M].北京:人民出版社,1999:279.
③ 中共中央文献研究室.毛泽东文集:第七卷[M].北京:人民出版社,1999:234.

自己的工作学习中,逐步树立共产主义世界观,学好马克思列宁主义,同工人农民打成一片。

五是在教育问题上,毛泽东指出:"我们的教育方针,应该使受教育者在德育、智育、体育几个方面都得到发展,成为有社会主义觉悟的有文化的劳动者。"①这对中国教育方针的确立和办学方向,产生了深远影响。

六是在工商业者问题上,工商业者同工人阶级的思想感情、生活习惯还有一个不小的距离,因此工商业者应当把企业作为自我改造的基地,在企业内同职工一起劳动,经过学习改变自己的某些旧观点。

二、开展整风运动和反右派斗争

整风运动

1958年元旦社论:在我国,1957年也是全国人民在各个战线上取得辉煌胜利的一年。在过去的一年中,我国展开了全民性的整风运动和反对资产阶级右派的斗争。这是继1955年和1956年基本上完成了在经济战线上的社会主义革命之后的、在政治战线和思想战线上的社会主义革命。

反右派

1958年元旦社论:资产阶级右派乘共产党整风的机会,对党、对社会主义发动了猖狂的进攻,激起了全国广大人民群众的极大的义愤。因而整风运动就进入以处理敌我矛盾为主的阶段——反右派斗争阶段。经过了声势浩大的反右派斗争,资产阶级右派的进攻被粉碎了,右派分子被孤立了,人民群众的政治觉悟大大提高了,社会主义制度更加巩固了。

全党整风是党的八大提出来的,目的是克服主观主义、官僚主义、宗派主义的思想和作风。但是,1956年前后国际共产主义运动中相继出现一些突发事件:苏共二十大对斯大林进行批判,随后东欧发生波兰与匈牙利事件。1957年

---

① 中共中央文献研究室.毛泽东文集:第七卷[M].北京:人民出版社,1999:226.

的"整风运动"以及"反右运动"的前期,主要目的是通过和缓的方式来正确处理人民内部矛盾。但是,运动中,一些意见超过了中共预想的程度,在这种情况下,中共中央认为有必要发起反击。

1957年6月8日,《人民日报》发表社论《这是为什么?》。同一天,毛泽东起草《中共中央关于组织力量准备反击右派分子进攻的指示》。《人民日报》社论的发表和中共中央指示的下达,标志着"反右运动"正式开始。此后,党中央相继发出一系列指示,要求把运动推向地县、市区、大厂矿和中小学教职工以及少数民族地区,"反右运动"进一步在全国范围内广泛开展。事实表明,反对社会主义制度和党的领导的敌对势力确实存在,对极少数右派分子的猖狂进攻坚决予以反击,借以教育广大党员和人民,是正确的和必要的。"反右派斗争在全国人民中间澄清了根本的大是大非,稳定了新建立起来的社会主义制度。"①

三、反对帝国主义和霸权主义

反对帝国主义

1959年元旦社论:帝国主义世界一天天烂下去、社会主义世界一天天好起来的形势,大大鼓励了全世界一切争取和平、爱好和平的人们。

1961年元旦社论:在过去一年,我国同其他社会主义各国一道,坚持执行了反对帝国主义侵略、支持世界人民反对帝国主义和殖民主义的革命斗争、争取不同社会制度国家和平共处和维护世界和平的政策,并且取得了很大的成就。

反对霸权主义

1972年元旦社论:越来越多的中小国家联合起来反对两个超级大国的霸权主义和强权政治,第三世界国家在国际事务中所起的积极作用日益加强,一切受到两个超级大国侵略、颠覆、控制、干涉和欺负的国家和人民正在结成广泛的统一战线,这是当前国际关系中的一个重

---

① 中共中央党史研究室.中国共产党历史:第二卷(1949—19478) 上册[M].北京:中共党史出版社,2011:291.

要趋势。

1973年元旦社论：整个世界在大动荡、大分化、大改组的过程中改变着面貌。各国人民的革命斗争正在深入发展。中、小国家更广泛地联合起来反对美苏两个超级大国的霸权主义和强权政治。苏修在全世界人民面前进一步暴露出它的社会帝国主义面目。不论苏修、美帝玩弄多少阴谋诡计，都不能阻止国家要独立、民族要解放、人民要革命的历史潮流奔腾向前。

1976年元旦社论：当前国际形势大好，天下大乱。世界各种基本矛盾日益激化，革命和战争的因素都在明显增长。"土豆烧牛肉"的假共产主义彻底破产，各国马列主义政党和组织在反对现代修正主义的斗争中发展壮大。第三世界国家和人民在反帝、反殖和反对大国霸权主义的斗争中，发挥了主力军的作用。

20世纪50年代末至60年代，世界局势"大动荡、大分化、大改组"，社会主义阵营与帝国主义阵营相对抗的国际格局逐步演变为美苏争霸。为了应对美苏争霸，维护世界和平，捍卫中国权益，20世纪60年代初，毛泽东提出，中国"在反对修正主义问题上，我们的矛头主要对准赫鲁晓夫；在反对帝国主义问题上，我们集中力量反对的是美帝国主义"①。中国的抗美抗苏"反帝反修"的外交战略，"全面主导并贯穿于20世纪50年代末至60年代的中国对外关系，使中国经受住了险恶国际形势的严峻考验"②。

反对美国帝国主义方面。这一时期，中国高举"反帝"旗帜，坚决反对美帝国主义干涉中国内政、侵略和控制全世界的霸权主义，积极倡导建立广泛的国际反美统一战线。从20世纪50年代末到60年代，中国与美帝国主义开展了针锋相对的斗争。1958年，在毛泽东领导下，中国人民解放军炮击金门、马祖，粉碎了美国阴谋制造"两个中国"的企图，挫败了帝国主义在台湾海峡地区扩大侵略范围和进行军事威胁的战争边缘政策。

反对苏联霸权主义方面。20世纪50年代后期至60年代，苏联赫鲁晓夫集团企图"美苏合作，主宰世界"。中国以"坚持原则，后发制人；坚持斗争，留有余

---

① 迟爱萍.毛泽东国际战略思想的演变[J].党的文献，1994(3).
② 舒建国.毛泽东"反帝反修"外交战略的内涵及其实践效应[J].南昌大学学报(人文社会科学版)，2008(3).

地;坚持团结,反对分裂"的策略方针,同赫鲁晓夫集团展开了坚决的斗争,坚定不移地维护国家主权。毛泽东严词拒绝了赫鲁晓夫提出的、有损中国主权的、关于建立长波电台和联合舰队的要求,奉行"人不犯我,我不犯人;人若犯我,我必犯人"的自卫方针,抗御苏联对中国的军事挑衅。

中国加强同亚非拉国家的团结合作,支持各国人民的正义斗争,广交朋友,打牢"反帝反修"的基础。这一时期,中国采取积极主动的姿态,高度重视发展与亚非拉国家的友好关系,积极支持被压迫国家和人民反帝、反殖、争取和维护民族独立的斗争。中国主动出击,大力加强同亚非拉国家的交往。刘少奇于1963年和1965年先后访问亚非八国。周恩来分别在1956—1964年期间三次访问亚非国家,提出了中国同阿拉伯国家和非洲国家相处的"五项原则"和中国对外援助"八项原则"。1956—1965年间,先后有26个亚非拉国家同中国正式建立外交关系。中国奉行睦邻友好的外交政策,解决历史遗留问题,处理好与周边国家的关系。同时,中国在和平共处五项原则基础上,改善和增进与西欧、日本的关系。

本章小结

1956—1976年的《人民日报》共发表了21篇元旦社论,记录了社会主义建设时期的政治文明,其中既包括社会主义政治文明取得的有益成果,也反映了政治发展曲折的一面。

在政治意识文明方面,这一时期的《人民日报》元旦社论表述了建设社会主义强国、社会主义民主等政治价值观;记录了中共中央调动一切积极因素为社会主义服务的方针、正确处理人民内部矛盾的理论、如何处理社会主义建设中的主要关系等理论;呈现了20世纪50—60年代特有的以"艰苦奋斗、勤俭建国"为特征的政治道德风貌;表达了当时中国人民斗志昂扬、建设祖国的政治心态。

在政治制度方面,这一时期的《人民日报》元旦社论反映了中国共产党在领导体制、政党制度、反对官僚主义、民族问题、民主集中制等社会主义政治制度方面的探索。

在政治行为方面,这一时期的《人民日报》元旦社论真实记录了中国共产党正确处理人民内部矛盾,开展整风运动、"反右运动",反对帝国主义和霸权主义等重大政治行为过程。

在话语内容的主题方面,这一时期的《人民日报》元旦社论呈现出"革命"性话语强于"建设"性话语的状况。社会主义建设时期,"建设"和"革命"成为最具代表性的政治话语,其中"革命"比"建设"出现的频次多,特别是在1966—1976年间,"革命"话语出现得更为集中。1956—1976年,《人民日报》元旦社论中共出现651次"革命"词汇,其中1966—1976年社论中的"革命"就有551次。

第三章
中国特色社会主义开创时期的政治文明
（1976—1992）

1976—1992年,中国共产党先后召开了中共十一届三中全会、中共十二大、中共十三大和中共十四大,形成了以邓小平同志为核心的第二代中央领导集体。1989年,中共十三届四中全会至五中全会,完成了第二代和第三代中央领导集体的交替。这期间,中国共产党重新调整了政治文明主题,明确了政治文明发展方向,开创了中国特色社会主义。

第一节 中国特色社会主义开创时期的政治意识文明

与党的工作重心转移相适应,这一时期的《人民日报》元旦社论以富强、民主与法制、共同富裕、建设中国特色社会主义、"四有"新人等话语为标志,反映了中国特色社会主义开创时期的政治价值观的新拓展、政治道德的新要求和政治心态的新特点。

一、中国特色社会主义开创时期的政治价值观

李德顺认为,社会主义核心价值观"主要并非单纯依靠话语和权威的力量,而是依靠群众的实践和经验,为自己确立现实的主流地位"[①]。在中国特色社会主义开创时期,社会主义政治价值观主要包括富强、民主与法制、解放思想、解

---

① 李德顺.走向民主法治:当代中国政治文明的价值体系初探[M].北京:法律出版社,2011:109.

放生产力、实现共同富裕等。这些政治价值观确立于改革开放以来的现代化建设实践,并在《人民日报》元旦社论话语中得到了集中体现。

富　强

1985年元旦社论:搞好改革,加速经济发展,使国家更快地强盛起来,使人民更快地富裕起来,是我们国家的大局。……十一届三中全会以来,我们各方面工作发展比较顺利,关键就在于紧紧抓住经济建设这个中心,牢牢记住国家强盛、人民富裕这个根本出发点,不允许干扰这个中心,偏离这个根本出发点。"问渠那得清如许,为有源头活水来。"搞四化、为人民才是振兴中华永不枯竭的源头。干扰经济建设这个中心,偏离国家强盛,人民富裕这个出发点,只能走歪政治方向。

1986年元旦社论:现在建设社会主义的物质文明和精神文明,建设繁荣富强的中国,是需要万众一心,胼手胝足,顽强奋斗,需要全国上下都来学习、掌握科学文化技术,注重经济效益,做新时代的愚公。

1990年元旦社论:亿万人民从亲身经验中深深体会到:不走社会主义道路中国就没有前途,不搞改革开放中国就没有希望;坚持"一个中心、两个基本点",建设有中国特色的社会主义,是把我国建设成为富强、民主、文明的社会主义现代化国家的唯一正确的道路。如果说八十年代的收获,那么应该说这样的共识是最重要的收获。

四个现代化

1980年元旦社论:八十年代是光明的,充满希望的,也是严峻的,充满考验的。这是我们向四个现代化乘风破浪前进的年代,大有作为的年代。

1984年元旦社论:邓小平同志多次指出:"我们党在现阶段的政治路线,概括地说,就是一心一意地搞四个现代化。这件事情,任何时候都不要受干扰,必须坚定不移地、一心一意地干下去。……这件事情一定要死扭住不放,一天也不能耽误。"

民主和法制

1980年元旦社论:发扬民主和健全法制也是一致的。民主必须法制化,必须加强法律的权威,而我们的法律是保护人民,保护人民的民主权利的。

1981年元旦社论:党中央政治局在8月召开的扩大会议,和随后举行的五届人大第三次会议,分别决定了并开始执行了党的和国家的领导制度的民主化改革,着手废除实际存在的干部领导职务终身制。

1987年元旦社论:政治上安定团结,端正党风和社会风气的工作取得了新的进展,社会主义民主和法制建设不断加强。中国人民今天所需要的民主,只能是社会主义民主或称人民民主,而不是资产阶级的个人主义的民主。特别值得注意的是,在我国,剥削阶级虽然已经消灭,但是阶级斗争还将在一定范围内长期存在。我们决不可以忘记对极少数敌视和破坏我国社会主义制度的敌对分子进行斗争,任何时候,决不可放下人民民主专政这个武器。

解 放 思 想

1979年元旦社论:要打掉精神枷锁,真正解放思想。毛泽东同志说:"我们除了科学以外,什么都不要相信,就是说,不要迷信。"……各级党委和每个支部,都来鼓励、支持党员和群众敢想、敢说、敢干、敢于创新,都来做解放思想的促进派。

1980年元旦社论:要坚持解放思想,实事求是。

1984年元旦社论:为什么会发生这样大的变化?主要就是因为农村的广大干部和群众坚持三中全会的路线,解放思想,实事求是,进行了多方面的探索和创新,特别是创造并逐步推行了联产承包制,找到了建设具有中国特色的社会主义现代化农业的根本途径。

解 放 生 产 力

1985年元旦社论:推进以城市为重点的经济体制改革,是今年的第一件大事。第二件大事是制定"七五"计划纲要,三是继续搞好整党,四是进一步调整各级领导班子。这四件大事,围绕着一个中心:进一步解放生产力,实现党的十二大提出的本世纪末工农业年总产值翻两番的战略目标。

1988年元旦社论：不久前，党的十三大深刻总结了历史经验，提出社会主义初级阶段的理论和党的基本路线，进一步解放了党和人民的思想，也将进一步解放生产力，更使全党和全国各族人民对未来充满信心。

共同富裕

1992年元旦社论：要按照十三届八中全会决定的要求，坚持深化农村改革，继续稳定以家庭联产承包为主的责任制，不断完善统分结合的双层经营体制，积极发展社会化服务体系，逐步壮大集体经济实力，引导农民走共同富裕的道路，开创农业和农村工作的新局面。

（一）富强

1. 由强国向富强目标的转变

社会主义建设时期，国家奋斗目标突出强调的是"强国"二字。1976—1992年的《人民日报》元旦社论，通过"国家强盛""人民富裕""四个现代化""振兴中华"等话语，强烈地表达出中国人民追求国家富强的政治价值观。与此前强调的建设"社会主义强国"不同，中国特色社会主义开创时期，中国共产党的政治价值观逐渐聚焦到实现"富强"的目标上。1985年《人民日报》元旦社论指出："搞好改革，加速经济发展，使国家更快地强盛起来，使人民更快地富裕起来，是我们国家的大局。搞四化，为人民才是振兴中华永不枯竭的源头。干扰经济建设这个中心，偏离国家强盛，人民富裕这个出发点，只能走歪政治方向。"[①]国家建设目标由"强国"到"富强"的变化背后，包含了深刻的内涵。

实现富民强国，关系着中国和中华民族的前途和命运，也关系着中国共产党和社会主义的前途和命运。摆脱贫穷落后实现国家富强是历史交给的任务。邓小平认为，大多数人口普遍处于贫困状态，体现不出社会主义的优越性。邓小平指出："社会主义如果老是穷的，它就站不住。"[②]社会主义"总要使人民生活

---

① 和衷共济搞四化[N].人民日报,1985-01-01(1).
② 邓小平.邓小平文选:第二卷[M].北京:人民出版社,1994:191.

逐步改善,人民群众收入不断增加,当然也包括使整个国家一步一步地富强起来"①。社会主义的特点是富裕,不是贫穷。实现富强目标,是坚持党的执政地位和社会主义道路的必然要求。邓小平指出:"世界上一些国家发生问题,从根本上说,都是因为经济上不去,没有饭吃,没有衣穿,工资增长被通货膨胀抵消,生活水平下降,长期过紧日子。"②如果我们的经济不能发展,人民的生活水平不能提高,人民就会不支持我们,社会主义就有失败的危险。对于中国这样的社会主义国家"不发展经济,不改善人民生活,只能是死路一条"③。人民不可能长期支持一个贫穷和发展慢的社会主义。对强国、富强目标的追求,体现了中国共产党在社会主义政治价值观上的继承和发展。

2. 富强目标具体化为四个现代化

这一时期,中国共产党将实现富强的总体目标具体化为实现四个现代化的目标。"文化大革命"期间中国现代化发展出现中断。周恩来在1975年作政府工作报告时重新提出,在20世纪内,全面实现农业、工业、国防和科学技术的现代化目标。但是由于"四人帮"的破坏,四个现代化又一次中断。1978年12月召开的中共十一届三中全会作出了把党的工作重点转移到社会主义现代化建设上来的战略决策。1979年,邓小平在党的理论工作务虚会上指出:"我们当前以及今后相当长一个历史时期的主要任务是什么?一句话,就是搞现代化建设。能否实现四个现代化,决定着我们国家的命运、民族的命运。""社会主义现代化建设是我们当前最大的政治,因为它代表着人民的最大的利益、最根本的利益。"④"所谓政治,就是四个现代化。"⑤因此,是否有利于实现四个现代化便成为一项根本的工作标准。邓小平指出:"对实现四个现代化是有利还是有害,应当成为衡量一切工作的最根本的是非标准。"⑥1980年2月,邓小平在中共十一届五中全会上强调:"我们党在现阶段的政治路线,概括地说,就是一心一意地搞四个现代化。"⑦这些表明,中国共产党把实现国家富强的目标具体化为进

---

① 中共中央文献研究室.邓小平思想年谱:1975—1979[M].北京:中央文献出版社,1998:184.
② 邓小平.邓小平文选:第三卷[M].北京:人民出版社,1993:354.
③ 邓小平.邓小平文选:第三卷[M].北京:人民出版社,1993:370.
④ 邓小平.邓小平文选:第二卷[M].北京:人民出版社,1994:162-163.
⑤ 邓小平.邓小平文选:第二卷[M].北京:人民出版社,1994:194.
⑥ 邓小平.邓小平文选:第二卷[M].北京:人民出版社,1994:209.
⑦ 邓小平.邓小平文选:第二卷[M].北京:人民出版社,1994:276.

行四个现代化建设。

随着改革开放的推进,现代化的目标内涵不断发展完善。1979年3月,在党的理论工作务虚会上,邓小平提出要走出一条中国式的现代化道路。中国式的现代化的最低目标,就是到20世纪末达到小康水平。1980年12月25日,在中央工作会议上邓小平正式提出"小康社会"的思想,"只要全国上下团结一致地、有序地、有步骤地前进,我们就能够更有信心经过二十年的时间,使我国现代化经济建设的发展达到小康水平,然后继续前进,逐步达到更高程度的现代化"①。1984年6月30日,邓小平会见前来参加第二次中日民间人士会议的日本委员会代表团时提出:"所谓小康,从国民生产总值来说,就是年人均达到八百美元。"②"这个小康社会,叫作中国式的现代化。"③

3.规划了实现富强的路径选择

对于中国式的现代化的实现路径,首先,形成了"三步走"发展战略。1987年4月30日,邓小平在与西班牙副首相格拉会谈时提出了完整的"三步走"发展战略:第一,到1990年,实现国民生产总值比1980年翻一番,解决温饱问题;第二,到20世纪末,使民生产总值再增长一倍,人民生活达到小康水平;第三,到21世纪中叶,人均国民生产总值达到中等发达国家水平。中共十三大对此进行了确认,"三步走"的发展战略成为引领现代化建设的指导思想。其次,把解放生产力和发展生产力作为实现民富国强的根本条件。邓小平认为,富强只能建立在生产力高度发达的基础上。"离开了生产力的发展,国家的富强,人民生活的改善,革命就是空的。"④我们国家的主要矛盾就是"生产力发展水平很低,远远不能满足人民和国家的需要"⑤。所以,发展生产力就成为主要任务。邓小平还从社会主义的本质角度论述发展生产力和共同富裕的关系。邓小平在南方谈话中提出"社会主义的本质,是解放生产力,发展生产力,消灭剥削,消除两极分化,最终达到共同富裕"⑥。发展生产力的结果是要实现共同富裕。解放生产力和发展生产力为社会主义的发展和巩固创造物质基础和准备条件。

---

① 邓小平.邓小平文选:第二卷[M].北京:人民出版社,1994:356.
② 邓小平.邓小平文选:第三卷[M].北京:人民出版社,1993:64.
③ 邓小平.邓小平文选:第三卷[M].北京:人民出版社,1993:54.
④ 邓小平.邓小平文选:第二卷[M].北京:人民出版社,1994:231.
⑤ 邓小平.邓小平文选:第二卷[M].北京:人民出版社,1994:168.
⑥ 邓小平.邓小平文选:第三卷[M].北京:人民出版社,1993:373.

共同富裕的实现是发展生产力的目的和方向。

(二)民主和法制

中国特色社会主义开创时期,中国共产党摒弃"文化大革命"时期的"左"倾错误,把民主和法制结合起来,对民主问题进行了开创性探索,"初步架构出新时期中国特色社会主义民主政治理论的框架"[①],并取得了丰富的实践成果。1977—1993年的《人民日报》元旦社论对此进行了大量表述。1980年《人民日报》元旦社论指出,"发扬民主和健全法制是一致的","民主必须法制化"。1981年《人民日报》元旦社论提出,"党和国家的领导制度的民主化改革"。1987年《人民日报》元旦社论指出中国人民所需要的民主,只能是社会主义民主或称人民民主,而不是资产阶级的个人主义的民主。1990年《人民日报》元旦社论明确表达了民主是建设现代化中国的重要目标之一。这一时期中国共产党在民主问题上的探索主要包括以下内容。

1.明确民主是社会主义的目标

1979年,邓小平在《坚持四项基本原则》的讲话中指出:"没有民主就没有社会主义,就没有社会主义的现代化。"[②]在民主的实践方面,过去做得不够,并且犯过错误。因此要坚决纠正过去的错误,并且要努力扩大党内民主和人民民主。1980年12月,邓小平在《贯彻调整方针,保证安定团结》的讲话中再一次指出:"我们各种政治制度和经济制度的改革,要坚定地、有步骤地继续进行。这些改革的总方向,都是为了发扬和保证党内民主,发扬和保证人民民主。"[③]这说明,中国共产党将民主作为社会主义的一项本质要求,民主政治建设的主题是服务于社会主义现代化建设。民主不再是手段,而是目的,并且关系到社会主义事业的兴衰成败。

2.社会主义民主与法制不可分离

加强社会主义法制建设,使民主制度化、法律化,这是这一时期中国共产党民主思想中的一个重要观点。基于"文化大革命"的教训,1980年邓小平强调,"为了保障人民民主,须加强法制。必须使民主制度化、法律化,使这种制度和

---

① 陈蔚.六十年来中共对中国特色社会主义民主政治的理论探索[J].当代世界与社会主义,2009(5).
② 邓小平.邓小平文选:第二卷[M].北京:人民出版社,1994:168.
③ 邓小平.邓小平文选:第二卷[M].北京:人民出版社,1994:372.

法律不因领导人的改变而改变,不因领导人的看法和注意力的改变而改变"①。社会主义民主和社会主义法制是不可分的。"不要社会主义法制的民主,不要党的领导的民主,不要纪律和秩序的民主,决不是社会主义民主。"②只有经过社会主义法制建设,真正实现"有法可依,有法必依,执法必严,违法必究",才能使政治生活逐步走向稳定健康发展的轨道,既有效地实现和保障劳动人民的主人翁地位和民主权利,又能够形成毛泽东提出的生动活泼的政治局面。这些思想为中国社会主义民主政治建设指明了方向。

3.发扬民主要推进制度改革

建设社会主义民主,就要推进制度改革。1980年,邓小平在回答意大利记者奥琳埃娜·法拉奇关于如何避免或防止诸如"文化大革命"这样的悲剧发生时指出,需要从制度方面解决问题,过去的一些制度,实际上受了封建主义的影响,包括个人迷信、家长制或家长作风。"我们现在正在研究避免重复这种现象,准备从改革制度着手。"③推进制度改革,就是恢复发展国家基本政治制度,改革、完善党和国家领导制度与干部人事制度,还要推进党政分开,改革行政管理体制。

4.不能照搬西方民主

由于中国正处于并将长期处于社会主义初级阶段,经济文化落后,公民的文化素质和民主参与意识普遍较低。正处在改革开放期的中国,各种矛盾比较突出,保障人民民主权利的各项法律法规还有待进一步完善。针对一些青年人不了解资产阶级民主的实质,盲目崇拜资本主义制度的现象,邓小平认为,中国只能实行社会主义民主、人民民主,不搞资产阶级的民主。他认为,资产阶级的民主,实际上是垄断资本主义的民主,无非是多党竞选、三权鼎立、两院制。中国实行的是人民代表大会制度,是共产党领导下的人民民主制度,不能搞西方那一套,中国要搞社会主义民主,搞资本主义没有出路。社会主义民主化和现代化一样,要一步一步地前进。

---

① 邓小平.邓小平文选:第二卷[M].北京:人民出版社,1994:146.
② 邓小平.邓小平文选:第二卷[M].北京:人民出版社,1994:359.
③ 邓小平.邓小平文选:第二卷[M].北京:人民出版社,1994:168.

(三)解放思想、解放生产力

在社会主义过渡和建设时期,中国人民实现了民族独立、政治解放,消除了以往中国社会的不平等现象,极大地解放了社会生产力。但是,在后来的历史发展中,出现了"一切从本本出发,思想僵化"和"平等相对有余而自由明显缺失"①的倾向,对中国社会造成了巨大的负面影响。中国特色社会主义开创时期,中国共产党以"解放思想""解放生产力"为标志,为社会主义政治价值观注入了新内容。正是因为解放思想、解放生产力,改革开放有了思想条件和价值导向,社会经济因此取得巨大进步。"改革开放在当代中国开启了一场新的解放(自由)运动。20世纪80年代的改革开放,以解放思想为起点,以体制改革为支撑,以激发人的主体性为动力,不断拓展社会主义自由的实践空间。"②实践标准讨论打破"两个凡是",极大地解放了人们的思想。以责、权、利统一为导向的生产经营承包责任制和以有计划商品经济为方向的经济体制改革,以及政治、文化和社会管理体制的改革,确立和扩大了社会成员的自主权,激发了人们的积极性、主动性和创造性。"中国的现代化快速提高了国内几亿人民的生活水平,扩大了社会流动性和公民的自由权利范围,这些意味着旅行、就业、教育文化、职业、居住、信息等各方面更大的自由。"③1979年《人民日报》元旦社论,号召要打掉精神枷锁,真正解放思想。……各级党委和每个支部,都来鼓励、支持党员和群众敢想、敢说、敢干、敢于创新,做解放思想的促进派。1985年和1988年的《人民日报》元旦社论,则表达了解放生产力的要求。

1. 解放思想

粉碎"四人帮"后,受"左"的政治路线和"两个凡是"思想路线的制约,干部特别是领导干部中间,解放思想的问题并没有完全解决。不少同志的思想还很不解放,脑筋还没有开动起来,还处在僵化或半僵化的状态。④邓小平认为:"一个党、一个国家、一个民族,如果一切从本本出发,思想僵化,迷信盛行,那它就不能前进了,它的生机就停止了,就要亡党亡国。"⑤以邓小平为核心的第二代中

---

① 吴忠民.改革开放以来三十年自由和平等的演进及问题[J].清华大学学报(哲学社会科学版),2011(2).
② 寇东亮.改革开放40年中国特色社会主义自由观的演进逻辑[J].中国特色社会主义,2019(2).
③ 美国战略与国际研究中心.账簿中国:美国智库透视中国崛起[M].北京:中国发展出版社,2008:72.
④ 邓小平.邓小平文选:第二卷[M].北京:人民出版社,1994:141.
⑤ 邓小平.邓小平文选:第二卷[M].北京:人民出版社,1994:143.

央领导集体冲破"两个凡是"的禁锢,发动了以真理标准问题大讨论为先导的思想解放运动,促进了拨乱反正,解决了党的思想路线问题,实现了全党工作中心的历史性转移。邓小平认为,"不解决思想路线问题,不解放思想,正确的政治路线就制定不出来,制定了也贯彻不下去"①;"只有思想解放了,我们才能正确地以马列主义、毛泽东思想为指导,解决过去遗留的问题,解决新出现的一系列问题"②。思想解放的重要成果,不仅体现在国家方针大政的调整层面,还体现在民众思想观念层面上"泛政治化"现象的消除、独立意识和宽容意识的增强、思想自由空间的拓宽等方面。

2. 解放生产力

邓小平认为,全球性的战略问题,一个是和平问题,一个是经济问题或者说发展问题。面对中国是世界上最大的发展中国家这一国情,邓小平指出,贫穷不是社会主义,如果不发展经济,不改善人民生活,只能是死路一条。因此,中国的首要任务是发展,就是要解放生产力、发展生产力。中国当前和今后相当长的一个时期的主要任务就是进行社会主义现代化建设,这是压倒一切的政治问题,以经济建设为中心,这是全国都要服从服务的中心任务和国家大局。邓小平指出:"过去,只讲在社会主义条件下发展生产力,没有讲还要通过改革解放生产力,不完全。应该把解放生产力和发展生产力两个讲全了。""革命是解放生产力,改革也是解放生产力。"③在这一时期,中国共产党人从什么是社会主义的本质高度,认识到发展生产力,"社会主义初级阶段的最根本任务就是发展生产力,社会主义的优越性归根到底要体现在它的生产力比资本主义发展得更快一些、更高一些"④。按照解放生产力的要求,中国共产党抓住经济体制改革这个中心环节,对曾经起过积极作用后来越来越变得缺乏生机和活力的计划经济体制进行根本改革,取得了巨大成功。中国的经济体制改革首先从农村开始,后来改革由农村到城市。"十几年间,改革给我国带来了生产力迅速发展的巨大经济效益,国民生产总值平均每年以百分之八的速度增长,大大超过了世界上许多发达国家的发展速度。"⑤

---

① 邓小平.邓小平文选:第二卷[M].北京:人民出版社,1994:191.
② 邓小平.邓小平文选:第二卷[M].北京:人民出版社,1994:141.
③ 邓小平.邓小平文选:第三卷[M].北京:人民出版社,1993:370.
④ 邓小平.邓小平文选:第三卷[M].北京:人民出版社,1993:63.
⑤ 汪裕尧.论邓小平在解放和发展生产力问题上的新贡献[J].党的文献,1995(3).

3.中国特色社会主义自由

自由是政治哲学研究中的核心概念,是人类政治文明的结晶。社会主义核心价值观的自由是马克思主义的自由,它根本区别于资本主义核心价值观即自由主义的自由。资本主义社会根本无法实现真正的自由、民主,"在自由竞争中自由的并不是个人,而是资本。"①马克思和恩格斯在《共产党宣言》中指出"代替那存在着的阶级和阶级对立的资产阶级旧社会的,将是这样一个联合体,在那里,每个人的自由发展是一切人自由发展的条件"②,提出要建立促进人之自由而全面发展的理想社会——共产主义社会。人的全面解放不会自然而然地实现,它以充分发展的社会生产力、生产资料的公有制、民主法治的政治制度以及发达的教育事业为必要条件。这些条件只有社会主义才能提供。③"生产者只有在占有生产资料之后才能获得自由。"④恩格斯1887年6月在《对英国北方社会主义联盟纲领的修正》中指出:"我们的目的是要建立社会主义制度,这种制度将给所有的人提供健康而有益的工作,给所有的人提供充裕的物质生活和闲暇时间,给所有的人提供真正的充分的自由。"⑤在社会主义社会,由于生产力的极大发展和生产资料公有制的建立,人民将享受到比资本主义社会更真实、更全面、更广泛的自由。中国共产党正是遵循马克思、恩格斯对自由的价值追求,在争取自由的道路上不断前进,并取得了实实在在的进展。"我们的国家所以能够关心到每一个公民的自由和权利,当然是由我国的国家制度和社会制度来决定的。任何资本主义国家的人民群众,都没有也不可能有我国人民这样广泛的自由。"⑥在毛泽东时代,中国人民要实现的自由主要是民族独立、国家自主和人民解放,中国共产党领导全国各族人民,经过长期革命斗争,取得了新民主主

---

① 中共中央马克思恩格斯列宁斯大林著作编译局.马克思恩格斯文集:第八卷[M].北京:人民出版社,2009:179.
② 中共中央马克思恩格斯列宁斯大林著作编译局.马克思恩格斯文集:第二卷[M].北京:人民出版社,2009:53.
③ 虞崇胜,何士青.人类政治文明的伟大创新——从资本主义政治文明到社会主义政治文明[J].毛泽东邓小平理论研究,2006(04).
④ 中共中央马克思恩格斯列宁斯大林著作编译局.马克思恩格斯文集:第三卷[M].北京:人民出版社,2009:568.
⑤ 中共中央马克思恩格斯列宁斯大林著作编译局.马克思恩格斯全集:第二十一卷[M].北京:人民出版社 1965:570.
⑥ 中共中央党史和文献研究院.建国以来毛泽东文稿:第九卷[M].北京:中央文献出版社,2023:219-220.

义革命的胜利,建立了新中国,完成了社会主义改造,确立了社会主义制度,发展了社会主义的经济、政治和文化,为实现中国特色社会主义自由奠定了基础。改革开放以来,中国特色社会主义自由在与西方自由主义思潮的比较斗争中不断发展,社会主义自由内涵不断丰富。"邓小平提出解放思想、落实生产经营自主权、谋求共同富裕、贫穷不是社会主义、没有民主就没有社会主义、反对资产阶级自由化、实行社会主义市场经济等一系列新理念,为中国特色社会主义自由观创制了新的话语体系。"①与此同时,"中国民众取得了初步的却是大面积的自由:思想的自由,创造财富的自由,民众生活的自由"②。在推动解放生产力方面,一个突出特征就是鼓励一部分人先富起来,同时消除了以往实际上的"财富原罪"以及私有财产是万恶之源的有害观念。"中国民众获得了空前的创造财富的自由。"③社会成员原有的种种身份束缚被消除。非公有制经济得到了国家的支持并迅速发展。同时,国家恢复和发展了中华人民共和国成立初期的人权保障体制。各种法律法规的制定,向着进一步保护人权的方向发展。"到20世纪90年代,有政治权利立法20余件,人身权利立法60余件,宗教信仰自由立法30余件,文化教育权利立法70余件,保护妇儿老人权利立法120余件,经济和财产保护权利立法400余件,犯罪嫌疑人和罪犯权利立法100余件。"④同时,随着经济的发展,民众的生活自由具有了一定的物质基础。从20世纪80年代起,中国民众开始空前重视日常生活、重视生活方式问题,民众的生活水准得到大幅度提升。此前消费物品匮乏的状况得到改变,民众生活方式呈现出多样化、丰富化的态势。

(四)实现共同富裕

中国特色社会主义开创时期,中国共产党对社会主义公正问题的认识和实践有了进一步深化和发展,集中体现在大力发展生产力的基础上,追求最终实现共同富裕。

---

① 寇东亮.中国特色社会主义自由观的意识形态话语权及其建构[J].科学社会主义,2018(3):43-49.
② 吴忠民.改革开放以来三十年自由和平等的演进及问题[J].清华大学学报(哲学社会科学版),2011,26(2).
③ 吴忠民.改革开放以来三十年自由和平等的演进及问题[J].清华大学学报(哲学社会科学版),2011(2).
④ 朱志奇,周全华.改革开放30年公民自由权利的发展[J].科学·经济·社会,2011(1).

1. 把实现共同富裕确定为社会主义的最终目标之一

邓小平从社会主义本质的高度,提出把实现共同富裕确立为社会主义的最终目标之一。他指出:"社会主义的本质,是解放生产力,发展生产力,消灭剥削,消除两极分化,最终达到共同富裕。"①在坚持走社会主义道路的过程中,发展生产力和共同富裕二者缺一不可。贫穷不是社会主义,两极分化也不是社会主义。邓小平强调,"社会主义的目的就是要全国人民共同富裕,不是两极分化。如果我们的政策导致两极分化,我们就失败了;如果产生了什么新的资产阶级,那我们就真是走了邪路了"②。这条邪路就是走资本主义道路。"如果走资本主义道路,可能在某些局部地区少数人更快地富起来,形成一个新的资产阶级,产生一批百万富翁,但顶多也不会达到人口的百分之一,而大量的人仍然摆脱不了贫穷,甚至温饱问题都不可能解决"③,因此,"社会主义最大的优越性就是共同富裕,这是体现社会主义本质的一个东西"④。

2. 坚持按劳分配,反对平均主义

中国正处于社会主义初级阶段,社会生产力相对落后,需要把发展生产力、提高生产效率放在优先位置。邓小平指出:"走社会主义道路,就是要逐步实现共同富裕。共同富裕的构想是这样提出的:一部分地区有条件先发展起来,一部分地区发展慢点,先发展起来的地区带动后发展的地区,最终达到共同富裕。如果富的愈来愈富,穷的愈来愈穷,两极分化就会产生,而社会主义制度就应该而且能够避免两极分化。解决的办法之一,就是先富起来的地区多交点利税,支持贫困地区的发展。当然,太早这样办也不行,现在不能削弱发达地区的活力,也不能鼓励吃'大锅饭'。"⑤

随着改革开放的深入,在追求共同富裕的过程中,中国共产党不断完善收入分配制度、分配结构和分配方式,对于公平与效率的关系也不断调整。1987年中共十三大报告指出:"我们的分配政策,既要有利于善于经营的企业和诚实劳动的个人先富起来,合理拉开收入差距,又要防止贫富悬殊,坚持共同富裕的

---

① 邓小平.邓小平文选:第三卷[M].北京:人民出版社,1993:373.
② 邓小平.邓小平文选:第三卷[M].北京:人民出版社,1993:110-111.
③ 邓小平.邓小平文选:第三卷[M].北京:人民出版社,1993:208.
④ 邓小平.邓小平文选:第三卷[M].北京:人民出版社,1993:364.
⑤ 邓小平.邓小平文选:第三卷[M].北京:人民出版社,1993:373-374.

方向,在促进效率提高的前提下体现社会公平。"①"在促进效率提高的前提下体现社会公平"的表述,突出了效率优先于公平的关系。1992年中共十四大报告指出,在公平与效率关系问题上强调"兼顾效率与公平","既鼓励先进,促进效率,合理拉开收入差距,又防止两极分化,逐步实现共同富裕"②。

二、邓小平理论

中国特色社会主义开创时期,中国共产党在政治思想方面重要成果就是提出并形成了中国特色社会理论的最初成果——邓小平理论(中共十五大以前称为"邓小平同志建设有中国特色社会主义理论")。中共十五大报告指出,马克思列宁主义同中国实际相结合有两次历史性飞跃,产生了两大理论成果,其中"第二次飞跃的理论成果是建设有中国特色社会主义理论,它的主要创立者是邓小平,我们党把它称为邓小平理论"③。中共十七大报告指出:"中国特色社会主义理论体系,就是包括邓小平理论、'三个代表'重要思想以及科学发展观等重大战略思想在内的科学理论体系。"④邓小平理论形成的重要前提之一,是正确的思想路线的恢复和确立。1980—1992年《人民日报》元旦社论反映了邓小平理论的形成过程。

解放思想 实事求是

1980年元旦社论:要坚持解放思想,实事求是。

1984年元旦社论:为什么会发生这样大的变化?主要就是因为农村的广大干部和群众坚持三中全会的路线,解放思想,实事求是,进行了多方面的探索和创新,特别是创造并逐步推行了联产承包制,找到了建设具有中国特色的社会主义现代化农业的根本途径。

---

① 中共中央文献研究室.十三大以来重要文献选编[M].北京:人民出版社,1991:32.
② 本书编写组.十一届三中全会以来历次党代会、中央全会报告公报决议决定:下[M].北京:中国方正出版社,2008:445.
③ 江泽民.高举邓小平理论伟大旗帜,把建设有中国特色社会主义事业全面推向二十一世纪:在中国共产党第十五次全国代表大会上的报告(1997年9月12日)[N].人民日报,1997-09-22(1).
④ 胡锦涛.高举中国特色社会主义伟大旗帜 为夺取全面建设小康社会新胜利而奋斗:在中国共产党第十七次全国代表大会上的报告(2007年10月15日)[N].人民日报,2007-10-25(1).

毛泽东思想

1980年元旦社论:现在我们的党正领导着全国人民为在本世纪末实现四个现代化这个宏伟的目标而奋斗,我们一定要加强党的建设,进一步用马列主义、毛泽东思想武装我们的党,使我们的党能领导全国人民顺利前进。

1981年元旦社论:我们要切实有效地教育全党和全体人民认识坚持社会主义道路,坚持人民民主专政即无产阶级专政,坚持党的领导,坚持马列主义、毛泽东思想的极端重要性。

建设有中国特色的社会主义

1986年元旦社论:我们坚持四项基本原则,一心一意搞四化,集中力量发展生产力,开始找到一条具有中国特色的社会主义的路子。

1990年元旦社论:坚持"一个中心、两个基本点",建设有中国特色的社会主义,是把我国建设成为富强、民主、文明的社会主义现代化国家的唯一正确的道路。

"左"的和右的干扰

1980年社论:在处理这些困难和矛盾时,一定要有利于安定团结。这就必须首先坚持四项基本原则,防止和克服一切背离四项基本原则的"左"的和右的干扰。

(一)实事求是思想路线的恢复

"文化大革命"结束后,推动改革开放和现代化建设的先导,首先是恢复马克思主义实事求是的思想路线。只有这样,才能制定正确的政治路线。邓小平指出:"思想路线问题,是个政治问题,是个关系到党和国家的前途和命运的问题。"[1]

---

[1] 邓小平.邓小平文选:第二卷[M].北京:人民出版社,1994:143.

1. 重新确立党的思想路线

1976年粉碎"四人帮"后,华国锋提出:"凡是毛主席作出的决策,我们都坚决拥护;凡是毛主席的指示,我们都始终不渝地遵循。"①1978年5月10日,《理论动态》第60期刊登了南京大学胡福明起草和多位理论工作者反复修改而成的《实践是检验真理的唯一标准》一文。5月11日,《光明日报》以特约评论员的名义公开发表,新华社全文转发。随后,《人民日报》及全国绝大多数省、市、自治区报纸也都陆续转载。文章引起社会强烈反响。在真理标准问题大讨论的过程中,支持《光明日报》文章的力量逐渐占了上风。真理标准问题的大讨论,批评了"两个凡是",为实现社会主义政治建设的全面拨乱反正,创造了思想基础。

1978年9月,邓小平指出:"毛泽东思想的基本点就是实事求是,就是把马列主义的普遍原理同中国革命的具体实践相结合。……毛泽东思想的精髓就是这四个字。"②1978年12月,中共十一届三中全会彻底否定了"两个凡是"的方针,重新确立了马克思主义的思想路线。邓小平说:"就全国范围来说,就大的方面来说,通过检验真理的唯一标准和'两个凡是'的争论,已经比较明确地解决了我们的思想路线问题,重新恢复和发展了毛泽东同志倡导的实事求是、理论联系实际、一切从实际出发的思想路线。"③中共十二大通过的党章规定,党的思想路线是:"一切从实际出发,理论联系实际,实事求是,在实践中检验真理和发展真理。"④

2. 科学评价毛泽东和毛泽东思想

粉碎"四人帮"后,中共中央坚持以实事求是的态度评价毛泽东和毛泽东思想。邓小平指出:"确立毛泽东同志的历史地位,坚持和发展毛泽东思想。这是最核心的一条。不仅是今天,而且今后,我们都要高举毛泽东思想的旗帜。"⑤根据这一实事求是的态度和指导思想,中国共产党对毛泽东思想进行了科学界定,对毛泽东做出了实事求是的评价。

---

① 学好文件抓住纲[N].人民日报,1977-02-07(1).
② 邓小平.邓小平文选:第二卷[M].北京:人民出版社,1994:126.
③ 邓小平.邓小平文选:第二卷[M].北京:人民出版社,1994:190.
④ 《中国共产党历次党章汇编》编委会.中国共产党历次党章汇编:1921—2012[M].北京:中国方正出版社,2012:297.
⑤ 邓小平.邓小平文选:第二卷[M].北京:人民出版社,1994:291.

没有思想的解放就没有实事求是,解放思想的目的在于实事求是。把解放思想与实事求是相结合,党的正确思想路线得以恢复,正是在这样一个基础上,中国共产党才确立了社会主义初级阶段基本路线,开创了建设中国特色社会主义理论和道路。

(二)形成邓小平理论

中国特色社会主义开创时期,在政治思想上形成了中国特色社会主义理论体系的第一个形态——邓小平理论。1987年,中共十三大对"建设有中国特色的社会主义道路"理论的轮廓进行了概括;1992年,中共十四大对"建设有中国特色社会主义理论"主要内容进行了全面阐述;1997年,中共十五大正式提出邓小平理论。邓小平理论的主要内容包括:

1.坚持走切合中国实际的有中国特色的社会主义道路

中国的现代化建设,必须从中国的实际出发。邓小平在中共十二大开幕词中指出:"把马克思主义的普遍真理同我国的具体实际结合起来,走自己的道路,建设有中国特色的社会主义,这就是我们总结长期历史经验得出的基本结论。"[1]中共十四大再次强调,在社会主义的发展道路问题上,强调走自己的路,不把书本当教条,不照搬外国模式,以马克思主义为指导,以实践作为检验真理的唯一标准,解放思想,实事求是,尊重群众的首创精神,建设有中国特色的社会主义。

2.提出社会主义初级阶段理论

1981年6月,《中共中央关于建国以来党的若干历史问题的决议》做出了"社会主义制度还是处于初级阶段"的判断。中共十三大召开前夕,邓小平指出:"我们党的十三大阐述中国社会主义是处在一个什么阶段,就是处在初级阶段,是初级阶段的社会主义。社会主义本身是共产主义的初级阶段,而我们中国又处在社会主义的初级阶段,就是不发达的阶段。"[2]中共十三大报告指出:"我国正处在社会主义的初级阶段。这个论断,包括两层含义。第一,我国社会已经是社会主义社会。我们必须坚持而不能离开社会主义。第二,我国的社会

---

[1] 邓小平.邓小平文选:第三卷[M].北京:人民出版社,1993:3.
[2] 邓小平.邓小平文选:第三卷[M].北京:人民出版社,1993:252.

主义社会还处在初级阶段。我们必须从这个实际出发,而不能超越这个阶段。"①

3."一个中心,两个基本点"的战略布局

基于对社会主义发展阶段的判断,中共中央提出"一个中心,两个基本点"的战略布局和基本路线,即"领导和团结全国各族人民,以经济建设为中心,坚持四项基本原则,坚持改革开放,自力更生,艰苦创业,为把我国建设成为富强、民主、文明的社会主义现代化国家而奋斗"②。这一路线明确了社会主义的发展动力,强调改革也是一场革命,改革开放是强国之路。坚持四项基本原则是立国之本,是政治保证。

4. 在社会主义建设的战略问题上,提出实现现代化的三步走战略

在社会主义的领导力量和依靠力量问题上,邓小平理论中强调作为工人阶级先锋队的共产党是社会主义事业的领导核心,党必须适应改革开放和现代化建设的需要,不断改善和加强对各方面工作的领导,改善和加强自身建设;在祖国统一问题上,邓小平理论中提出"一个国家、两种制度"的创造性构想,等等。

(三)排除"左"和右的干扰

在中国特色社会主义理论形成过程中,围绕贯彻党的基本路线,"左"和右的思想争论一直没有停止。20世纪80年代末90年代初,东欧剧变、国际社会主义运动经历了重大挫折,西方发达国家把和平演变的主要目标转向中国。马克思主义过时论、社会主义失败论、历史终结论、文明冲突论等社会思潮甚嚣尘上。国内"文革"思维、封建专制文化传统、小生产者的习惯势力和小农意识仍然存在。"一切向钱看"、精神产品商品化倾向呈蔓延之势,加之少数资产阶级自由化分子盲目崇拜并极力鼓吹西方的"民主""自由""人权"观念,妄图把改革开放引向全盘西化的资本主义道路。关于改革姓"资"姓"社"、姓"公"姓"私"的争论不断。是坚持以经济建设为中心,继续加快改革开放步伐,还是重提以阶级斗争为纲,回到传统社会主义老路,关系到改革开放和中国特色社会主义的成

---

① 本书编写组.十一届三中全会以来历次党代会、中央全会报告公报决议决定:下[M].北京:中国方正出版社,2008:286.
② 本书编写组.十一届三中全会以来历次党代会、中央全会报告公报决议决定:下[M].北京:中国方正出版社,2008:289.

败。1986年9月,邓小平在中共十二届六中全会讨论《关于社会主义精神文明建设指导方针的决议》(草案)时指出:"如果这个思潮不顶住,加上开放必然进来许多乌七八糟的东西,一结合起来,是一种不可忽视的、对我们社会主义四个现代化的冲击。"①1987年10月,中共十三大系统阐述了社会主义初级阶段理论,明确提出了"一个中心、两个基本点"的基本路线和社会主义现代化建设的战略部署,基本形成了中国特色社会主义理论框架。1992年,邓小平在视察南方的谈话中从根本上回答了长期以来困扰人们的一系列理论问题,明确揭示了社会主义本质,阐述了"三个有利于"标准。他指出:"中国要警惕右,但主要是防止'左'。"②中共十四大报告指出:"在把握'一个中心、两个基本点'的问题上,在党内特别是领导干部中要警惕右,但主要是防止'左'。右的表现主要是否定四项基本原则,搞资产阶级自由化,甚至制造政治动乱。'左'的表现主要是否定改革开放,认为和平演变的主要危险来自经济领域,甚至用'阶级斗争为纲'的思想影响和冲击经济建设这个中心。"③

三、中国特色社会主义开创时期的政治道德

这一时期,一方面中国共产党的优良道德传统得到继承和发展,另一方面与改革开放新时代相适应,形成了社会主义政治道德建设新成果。《人民日报》元旦社论对"四有"新人标准、党员干部的政治道德、公民政治道德建设等状况有具体表述。

有理想 有道德 有文化 有纪律

1990年元旦社论:要努力提高全民族的素质,培养有理想、有道德、有文化、有纪律的社会主义新人。人的思想觉悟提高了,人的综合素质提高了,就会变成实现四化、振兴中华的巨大物质力量。

全心全意为人民服务

1986年元旦社论:要提倡不说空话,多做实事,全心全意为人民服

---

① 邓小平.邓小平文选:第三卷[M].北京:人民出版社,1993:182.
② 邓小平.邓小平文选:第三卷[M].北京:人民出版社,1993:375.
③ 本书编写组.十一届三中全会以来历次党代会、中央全会报告公报决议决定:下[M].北京:中国方正出版社,2008:443.

务。……各级领导机关、各级领导干部要起表率作用,一切正直的共产党员要为实现党风和社会风气的根本好转,搞好物质文明建设和精神文明建设作出最大的努力。

克服官僚主义

1979年元旦社论:要克服官僚主义,打掉衙门作风。我们的干部是人民的勤务员,是为人民服务的,但有些人却沾染了不少官气。他们搞经济工作不按经济规律办事,而凭"长官意志"、行政手段发号施令。他们喜欢摆架子,讲排场,把自己领导的单位变成机构臃肿、层次重叠的官僚衙门。有些唾手可办的事情,得这个批示,那个圈阅,几个月定不下来。下级有事写报告请示,不答复;打电话找,秘书挡驾。他们不是为了革命,而是为了当官,以为掌管的摊子越大,指挥的人越多,官越大,政治、生活待遇也越高。同样的机器设备,在外国有工人和管理人员一千人就够了,我们这里常常超过人家三四倍,产量反而不如人家。为什么?一个重要原因,就是一些领导干部官气太重,管理混乱。

艰苦奋斗

1981年元旦社论:从延安到新中国,我们靠正确的政治方向,也靠这些崇高的革命精神吸引了全国人民和全国青年。我们一定要宣传、恢复和发扬延安精神、解放初期的创业精神。每个共产党员不仅自己必须首先保持和发扬这种精神,而且要把这种精神推广到全体人民和全体青少年中去。全国各族人民在党中央正确路线的领导下,振奋起勤俭建国艰苦奋斗的革命精神,是一种不可估量的伟大力量。

社会主义精神文明

1981年元旦社论:我们所要建设的社会主义国家,不但要有高度的物质文明,而且要有高度的精神文明。所谓精神文明,不但是指科学文化,而且是指共产主义的理想、信念、道德、纪律、革命的立场和原则、人与人的同志式关系,等等。没有这种精神文明,没有共产主义理想,没有共产主义道德,怎么能建设社会主义?毛泽东同志说过,人是要有一点精神的。我们一定要发扬在长期革命斗争中坚持的革命和拼命精神,严守纪律和自我牺牲精神,个人服从组织、局部服从整体,大公无私、全心全意为人民的精神,毫不利己、专门利人,一不怕苦、二不怕死,压倒一切敌人、压倒一切困难的精神。

思想政治工作

1992年元旦社论:越是改革开放,越要坚持四项基本原则,越要加强思想政治工作,越要把爱国主义、集体主义和社会主义的思想教育抓紧抓好。

(一)培养"四有"新人

有理想、有道德、有文化、有纪律,是改革开放时期提出的道德建设的重要目标。邓小平指出:"我们提出要教育人民成为'四有'人民,教育干部成为'四有'干部。'四有'就是有理想、有道德、有文化、有纪律。"[①]有理想,是"四有"道德建设目标的首要内容。邓小平指出,有理想、有道德、有文化、有纪律,"这四条里面,理想和纪律特别重要。我们一定要经常教育我们的人民,尤其是我们的青年,要有理想"[②]。有道德,就是在全党、全国范围内大力倡导社会主义道德风尚。有文化,就是为了推进社会主义现代化建设努力提高人们的科学文化水平,鼓励人们要有良好的文化修养,努力学习文化知识。有纪律,就是要求人们自觉遵守规章制度。邓小平指出,"我们这么大一个国家,怎样才能团结起来、组织起来呢?一靠理想,二靠纪律。组织起来就有力量。没有理想,没有纪律,就会像旧中国那样一盘散沙"[③];有理想,有纪律,这两件事"一定要让我们的人民,包括我们的孩子们知道"[④]。"四有"是一个有机整体,是新时期道德建设的新目标。

---

① 邓小平.邓小平文选:第三卷[M].北京:人民出版社,1993:205.
② 邓小平.邓小平文选:第三卷[M].北京:人民出版社,1993:110.
③ 邓小平.邓小平文选:第三卷[M].北京:人民出版社,1993:111.
④ 邓小平.邓小平文选:第三卷[M].北京:人民出版社,1993:112.

(二)党员干部要做表率

这一时期,中共中央高度重视党员干部的政治道德建设,强调"党是整个社会的表率,党的各级领导同志又是全党的表率"①。广大党员干部要以身作则,在现代化建设中发挥表率作用。

1.倡导共产主义道德

在改革开放的新形势下,面对拜金主义、享乐主义和极端个人主义思潮的冲击,干部队伍面临着严峻考验。邓小平指出:"党和政府愈是实行各项经济改革和对外开放的政策,党员尤其是党的高级负责干部,就愈要高度重视、愈要身体力行共产主义思想和共产主义道德。"②领导就是服务。各级干部自觉地与官僚主义做斗争,要做人民的勤务员,为人民鞠躬尽瘁。领导干部是人民的勤务员,要以普通劳动者的面貌出现,要平等待人,要全心全意为人民服务,避免沾染官气。邓小平强调,"要教育全党同志发扬大公无私、服从大局、艰苦奋斗、廉洁奉公的精神,坚持共产主义思想和共产主义道德"③。共产党员要发扬共产主义道德,要将共产主义道德向人民推广。同时,他还强调,"我们还要大声疾呼和以身作则地把这些精神推广到全体人民、全体青少年中间去,使之成为中华人民共和国的精神文明的主要支柱"④。

2.解放思想,实事求是

解放思想,实事求是,真抓实干,解决问题,成为这一时期党员干部的重要道德规范。"文化大革命"结束后,破除僵化思想,敢于解放思想,实事求是,成为党和国家迫在眉睫的一项重大任务。这需要倡导解放思想,实事求是,反对一些党员干部存在的因循守旧、安于现状、不求发展、不求进步的保守落后心理和四平八稳、墨守成规、精神萎靡、思想僵化的精神状态。邓小平指出:"干革命,搞建设,都要有一批勇于思考、勇于探索、勇于创新的闯将。没有这样一大批闯将,我们就无法摆脱贫穷落后的状况,就无法赶上更谈不到超过国际先进

---

① 邓小平.邓小平文选:第二卷[M].北京:人民出版社,1994:177.
② 邓小平.邓小平文选:第二卷[M].北京:人民出版社,1994:367.
③ 邓小平.邓小平文选:第二卷[M].北京:人民出版社,1994:367.
④ 邓小平.邓小平文选:第二卷[M].北京:人民出版社,1994:368.

水平。"①"不讲实际效果、实际效率、实际速度、实际质量、实际成本的形式主义必须制止。说空话、说大话、说假话的恶习必须杜绝。"②《关于党内政治生活的若干准则》规定:"要讲真话,言行一致。忠于党和人民的事业,说老实话,做老实事,当老实人,光明磊落,表里如一,是共产党人应有的品质。"③解放思想、实事求是,为党员干部道德规范增添了新的时代内容。

3. 克服官僚主义,树立民主作风

领导干部要克服官僚主义,发扬民主作风,调动基层和群众的积极性。各级领导干部如果不克服官僚主义,"不彻底消灭这种家长制作风,就根本谈不上什么党内民主,什么社会主义民主"④。邓小平还提出了发扬民主作风的具体要求,一是要善于集中群众中的正确意见,让大家敞开思想,畅所欲言,敢于讲心里话,讲实在话;二是对不正确的意见要给予适当的解释,对思想问题,无论如何不能采取打击、压制的手段。

4. 坚持艰苦奋斗,艰苦创业

针对改革开放可能带来的道德作风上的冲击和风险,中国共产党强调必须保持艰苦奋斗的道德要求。邓小平警告:"我们自从实行对外开放和对内搞活经济两个方面的政策以来,不过一两年时间,就有相当多的干部被腐蚀了……这股风来得很猛。如果我们党不严重注意,不坚决刹住这股风,那么,我们的党和国家确实要发生会不会'改变面貌'的问题。这不是危言耸听。"⑤中共十二大党章对全体党员提出了比过去历次党章更严格的标准,主要体现在党员的八条义务中。

(三)公民政治道德建设

1. 提出"社会主义精神文明"的命题

1979年9月,叶剑英在《庆祝中华人民共和国成立三十周年大会上的讲话》

---

① 邓小平.邓小平文选:第二卷[M].北京:人民出版社,1994:142.
② 邓小平.邓小平文选:第二卷[M].北京:人民出版社,1994:100.
③ 本书编写组.十一届三中全会以来历次党代会、中央全会报告公报决议决定:下[M].北京:中国方正出版社,2008:84.
④ 邓小平.邓小平文选:第二卷[M].北京:人民出版社,1994:402-403.
⑤ 邓小平.邓小平文选:第二卷[M].北京:人民出版社,1994:342.

一文中指出,在建设高度物质文明的同时,还要建设高度的社会主义精神文明。1980年12月,邓小平在中央工作会议上的讲话中提出:"我们要建设的社会主义国家,不但要有高度的物质文明,而且要有高度的精神文明。所谓精神文明,不但是指教育、科学、文化(这是完全必要的),而且是指共产主义的思想、理想、信念、道德、纪律,革命的立场和原则,人与人的同志式关系,等等,没有这种精神文明,没有共产主义思想,没有共产主义道德,怎么能建设社会主义。"①在精神文明的范畴内,公民道德建设被赋予了政治方面的含义。1982年9月,中共十二大报告以"努力建设高度的社会主义精神文明"为题,系统地、全面地论述了社会主义精神文明的含义和重要地位。1982年12月,全国人大五届五次会议通过的《中华人民共和国宪法》规定:"加强社会主义精神文明的建设。国家提倡爱祖国、爱人民、爱劳动、爱科学、爱社会主义的公德,在人民中进行爱国主义、集体主义和国际主义、共产主义的教育,进行辩证唯物主义和历史唯物主义的教育,反对资本主义的、封建主义的和其他的腐朽思想。"②1986年9月,中共十二届六中全会通过的《中共中央关于社会主义精神文明建设指导方针的决议》,从社会主义现代化建设的总体高度,确定了社会主义精神文明建设的战略地位,提出了"爱祖国、爱人民、爱劳动、爱科学、爱社会主义"的社会主义道德建设基本要求,对精神文明建设和道德建设的关系的认识提高到了一个新的层次。

2.公民政治道德实践探索

一是开展"五讲四美三热爱"活动。这是在20世纪80年代初兴起的一场社会性的精神文明建设活动。"五讲"是讲文明、讲礼貌、讲卫生、讲秩序、讲道德。"四美"是心灵美、语言美、行为美、环境美。1982年2月17日,中共中央办公厅转发的《关于深入开展"五讲四美"活动的报告》中规定,每年3月为"全民文明礼貌月"。1983年1月6日,《人民日报》发表评论员文章《把"五讲四美"同"三热爱"统一起来》,发出了"五讲四美"的号召。这项活动在全国范围内开展起来。

二是开展爱国主义教育。改革开放之初,在与外国人的接触中某些地方出

---

① 邓小平.邓小平文选:第二卷[M].北京:人民出版社,1994:367.
② 中华人民共和国宪法(1982年12月4日中华人民共和国第五届全国人民代表大会第五次会议通过)[N].人民日报,1982-12-05(1).

现了有些人向外宾索取财物,强要礼品,强拉硬卖的现象。有的人为了出国,利用工作之便接受外国人贿赂,甚至相互勾结,坑害国家。针对这种行为,1983年7月,中宣部提出《关于加强爱国主义宣传教育的意见》,指出要经常创新地进行和加强爱国主义的宣传教育,培养全体人民、特别是青年的爱国主义精神。1988年12月,中共中央发出《关于改革和加强中小学德育工作的通知》,强调了对中小学进行爱国主义教育的意义,要求"中小学德育工作的基本任务是把全体学生培养成为爱国的具有社会公德、文明行为习惯的遵纪守法的好公民"①。中小学德育强调以爱祖国、爱人民、爱劳动、爱科学、爱社会主义为基本内容,通过道德教育,使他们具有诚实正直、谦虚宽厚、勇敢坚毅、惜时守信、开拓进取等良好品质。

四、中国特色社会主义开创时期的政治心态

中国特色社会主义开创时期,改革开放前的唯政治化思维方式及相应的政治心态开始转变,"人们的政治认知由封闭型转向开放型,政治情感由情绪化转向理性化,政治意识由行政主导转向法律主导,政治信仰由单一维度转向多样维度,政治价值取向由整体性转向个体性,政治评价由理想主义转向现实主义"②。这一时期,政治心态的主流是积极向上的,同时,也存在矛盾焦躁的复杂心态。

心情舒畅、生动活泼

1978年元旦社论:"四人帮"横行霸道造成的那种万马齐喑的沉闷局面结束了,全党、全军、全国人民的精神面貌焕然一新。党的实事求是、群众路线的优良传统和作风,正在恢复和发扬。无产阶级的民主集中制正在健全。人民心情舒畅,思想活跃。毛主席期望的那种"又有集中又有民主,又有纪律又有自由,又有统一意志又有个人心情舒畅、生动活泼,那样一种政治局面"开始出现。

---

① 中共中央关于改革和加强中小学德育工作的通知[EB/OL].(1989-01-17)[2019-06-17].http://data.people.com.cn/sc/detail? articleId=0511b05959a14cccb6f09c5f356d5bb5.
② 曹丽.改革三十年国民政治心态的嬗变[J].理论参考,2008(12).

充满希望

1980年元旦社论：一九八〇年来到了，二十世纪的八十年代开始了。回顾过去，展望未来，我们欢欣鼓舞，满怀着向四化目标前进的坚强信念和决心跨入八十年代。

八十年代是光明的，充满希望的，也是严峻的，充满考验的。这是我们向四个现代化乘风破浪前进的年代，大有作为的年代。我们既要充分看到我们已取得的胜利，也要足够估计到我们面临的重重困难和问题。在我们祖国这条巨轮的伟大航程中，水面会遇到风浪，水下会出现暗礁，而我们的船身和机器也还有许多创伤需要修补。我们必须兢兢业业，扎扎实实，把我们的工作比以往做得更好。

1982年元旦社论：一年更比一年好，定教今年胜去年。我们的日子一年比一年好，去年就比前年好：全党的工作取得了新的进展；各个地区，各个民族，各行各业，各条战线，都作出了新的贡献；国民经济继续好转，政治局面更加安定。在祖国辽阔的土地上，从中原到边疆，从工厂到农村，到处是生机勃勃的景象。唐朝诗人杜甫写过两句诗："天时人事日相催，冬至阳生春又来。"我们今天确实处在一个由乱到治、由穷到富的大变化、大发展的历史潮流中。我们完全有信心、有把握，在新的一年里，在建设社会主义物质文明和精神文明的斗争中，取得比去年更大的进展。

天下兴亡　匹夫有责

1981年元旦社论：天下兴亡，匹夫有责。调整经济，实现四化，这是历史交付给我们的重任。这副担子，不是哪几个领导人能够担得起来的，也不是哪一级组织能够担得起来的，需要全党、全军、全国各族人民共同来承担。我们都是国家的主人翁，都要肩负起自己的责任，在党和政府的领导下，同心同德，团结一致向前看。

时间是紧迫的

1979年元旦社论：在本世纪内实现四个现代化，我们说了就要做到。时间是紧迫的,一年、一月、一天、一小时都不能耽误。

艰苦奋斗

1981年元旦社论:我们一定要宣传、恢复和发扬延安精神、解放初期的创业精神。每个共产党员不仅自己必须首先保持和发扬这种精神,而且要把这种精神推广到全体人民和全体青少年中去。全国各族人民在党中央正确路线的领导下,振奋起勤俭建国艰苦奋斗的革命精神,是一种不可估量的伟大力量。

拼搏精神

1983年元旦社论:各条战线的同志都要树立雄心壮志,提高主人翁的责任感。要向蒋筑英、罗健夫、赵春娥、张华等先进人物学习,向中国女排这样的先进集体学习。要有一种拼搏精神,有一种无高不可攀的气概。

愚公精神

1986年元旦社论:我们说的愚公精神,就是坚韧不拔、埋头苦干、锲而不舍、知难而进,不达目的决不停止。发扬愚公精神,要提倡不说空话,多做实事,全心全意为人民服务。

奋斗图强

1986年元旦社论:现在,在我们的干部队伍中,有些人官僚主义严重,嘴上说得好听,遇事互相推诿,把本来可以办好的事情搞坏;少数人甚至搞不正之风,引起广大群众的不满;也有一些人,夸大某些消极现象,散布悲观情绪。要把社会主义现代化事业推向前进,就要兢兢业业,奋发图强,就要树正气、刹歪风。

1989年元旦社论:对于在改革的第十年遇到的严重困难和问题,上上下下、党内党外绝大多数人缺乏足够的思想准备,一时间议论纷纷,这是很自然的。不管人们有什么样的歧见,有什么样的牢骚,有一点则是共识:要实现四化、振兴中华,唯有改革一途。倒退回去,重新回到封闭僵化的旧躯壳中,只能使中华民族重归贫弱,难以振兴。解决改革中遇到的难题,答案决不是知难而退、半途而废,而是认真总结经验,采取有力的配套措施,继续深化改革。

历史不会割断。1989年是1988年的继续,正面的、反面的,积极的、消极的,欢快的、沉重的东西,都不可避免地会继续。

(一)自由舒畅、生动活泼的心态

思想的解放,民主的发扬,国家政治生活主题的转换,经济政策的改革调整,创造了宽松的社会环境。从平反冤假错案到恢复高考,从解放思想到经济改革,从中央到地方,从城市到农村,整个社会发生了巨大变化。长期以来中国社会高度紧张的政治关系正在逐渐化解,社会和解的氛围正在开始形成。民众的政治心态由原来的紧张状态,转换为一种自由舒畅、生动活泼的状态。1978年的《人民日报》元旦社论称,全国人民的精神面貌焕然一新,"人民心情舒畅,思想活跃。毛主席期望的那种'又有集中又有民主,又有纪律又有自由,又有统一意志又有个人心情舒畅、生动活泼,那样一种政治局面'开始出现"[①]。这种心态真实反映了当时思想解放、宽松自由的社会环境,也预示着巨大的社会活力正在被真正激发出来。

(二)满怀理想、敢于担当的心态

改革开放初期,人们的积极性和创造性得到充分激发,对未来充满理想,对国家敢于担当,对工作生活充满乐观自信,这成为普遍的心态。人民对党和国家的方针政策的信任感和认同感增强,心向改革、企盼改革、欢迎改革、加快改革。1980年《人民日报》元旦社论感叹,"八十年代是光明的,充满希望的,也是严峻的,充满考验的。这是我们向四个现代化乘风破浪前进的年代,大有作为的年代"。对于现代化建设事业和发展中面临的问题和挑战,人民表现出强烈的主人翁责任感。1980年《人民日报》元旦社论谈道,"我们既要充分看到我们已取得的胜利,也要足够估计到我们面临的重重困难和问题。在我们祖国这条巨轮的伟大航程中,水面会遇到风浪,水下会出现暗礁,而我们的船身和机器也

---

① 光明的中国[N].人民日报,1978-01-01(1).

还有许多创伤需要修补。我们必须兢兢业业,扎扎实实,把我们的工作比以往做得更好"①。1981年《人民日报》元旦社论提出,"天下兴亡,匹夫有责",号召发扬主人翁精神,同心同德,团结一致向前看。社会各阶层在改革开放中普遍获得了实惠,看到了希望,表现出对党和国家制定的方针政策的拥护和响应。

(三)时不我待、奋发进取的心态

建设四个现代化的奋斗目标和经济政治改革的推动,使中国人的拼搏干劲被有力地调动起来。1979年《人民日报》元旦社论号召人们为了早日实现四个现代化,要增强时间观念,"时间是无情的。赢得了时间,就赢得了胜利;丧失了时间,必将受到历史的惩罚。由于我们国家经历了漫长的封建社会,那种生产方式和生活习惯造成人们淡薄的时间观念。这是我们的一个很大的弱点,一定要认真克服。在20世纪内实现四个现代化,我们说了就要做到。时间是紧迫的,一年、一月、一天、一小时都不能耽误"②。改革开放中,各行各业产生了许多顽强拼搏,埋头苦干的先进典型。1983年《人民日报》元旦社论号召"要向蒋筑英、罗健夫、赵春娥、张华等先进人物学习,向中国女排这样的先进集体学习。要有一种拼搏精神,有一种无高不可攀的气概"。

(四)克服矛盾躁动的心态

随着改革在各个领域全面展开,人们的社会心态呈现出矛盾复杂的发展态势。一方面,政治心态的主流不断向积极的方向发展。中共十四大报告指出:"改革开放和现代化建设,有力地推动着我国人民解放思想、开阔眼界、面向世界、走向未来,焕发出自强不息、奋力拼搏的精神。"③另一方面,随着改革的持续推进,也出现了一些矛盾躁动的负面心态。比如,"社会公众对改革的艰巨性认识不足,对改革的走向把握不定,存在着疑虑和困惑心态";"对改革过程中出现的一系列社会矛盾和社会问题心理准备不足,实际承受能力较弱,难以接受物价上涨、分配不公、腐败现象的刺激,心理振荡、怨声载道、大惊小怪,同时对改革的前景产生了不同程度的困惑和怀疑,怀旧心态强烈,对社会主义的理想信

---

① 迎接大有作为的年代[N].人民日报,1980-01-01(1).
② 把主要精力集中到生产建设上来[N].人民日报,1979-01-01(1).
③ 本书编写组.十一届三中全会以来历次党代会、中央全会报告公报决议决定:下[M].北京:中国方正出版社,2008:452.

念有所动摇,崇洋媚外心态有所加重";"人们对改革的热情有所降温,转而追求更多的实惠,以实际的态度对待改革,形成了"对'总体改革认同'和对'具体改革'意见分歧的矛盾心态"①。这一时期,正是在正面的、反面的、积极的、消极的、欢快的、沉重的等多重心态相互交织过程中,中国人民表现出改革开放时期所特有的心理状态。

第二节 中国特色社会主义开创时期的政治制度文明

中国特色社会主义开创时期,中国共产党首先是对因"文化大革命"破坏的社会主义政治制度进行了恢复,在此基础上对改革开放背景下如何健全完善社会主义政治制度进行了积极探索。

一、坚持完善根本和基本政治制度

中国特色社会主义开创时期,针对"文化大革命"期间政治制度的破坏性影响,中国共产党把制度建设置于空前高度,加以重视和推进。邓小平指出,"领导制度、组织制度问题更带有根本性、全局性、稳定性和长期性。这种制度问题,关系到党和国家是否改变颜色,必须引起全党的高度重视"②。这一时期,在政治制度建设上,党和国家旗帜鲜明地坚持四项基本原则,对中华人民共和国成立以来所建立的社会主义根本政治制度和基本政治制度进行恢复和完善,为改革开放和现代化建设提供了根本保证。

坚持四项基本原则

1980年元旦社论:在调整国民经济和实现四化的过程中,还会遇到许多新的矛盾和问题。在处理这些困难和矛盾时,一定要有利于安定团结。这就必须首先坚持四项基本原则,防止和克服一切背离四项基本原则的"左"的和右的干扰。

1987年元旦社论:坚持四项基本原则是搞好改革、开放的根本保证。

---

① 胡红生.社会心态论[D].武汉:武汉大学,2004:120-121.
② 邓小平.邓小平文选:第二卷[M].北京:人民出版社,1993:333.

在十年动乱之后,取得这样一个大好局面是不容易的。这是因为我们党在新时期制定的一系列路线、方针、政策正确,改革、开放符合全国人民的利益和愿望,符合社会主义建设客观规律的要求,其中最根本的一条是,全党和全国各族人民团结一致,坚持党的领导,坚持马列主义、毛泽东思想,坚持人民民主专政,坚持社会主义道路。四项基本原则是我们立国的根本,是中国革命历史发展的必然结论。中国没有共产党的领导,不搞社会主义,是没有前途的。

1990年元旦社论:在八十年代,我们以经济建设为中心,坚持四项基本原则,坚持改革开放,社会主义现代化建设取得了举世瞩目的成就。

在八十年代,我们坚持四项基本原则,党的领导更加坚强,社会主义制度更加巩固。

要实现九十年代的奋斗目标,最重要的是保持国家的稳定,社会的稳定。中国人这么多,底子这么薄,没有安定团结的政治局面,没有一个稳定的环境,什么事情都干不成。稳定压倒一切。这就必须坚持不懈地进行坚持四项基本原则的教育,坚持不懈地进行反对资产阶级自由化和反对"和平演变"的斗争。

坚持人民民主专政

1981年元旦社论:我们要切实有效地教育全党和全体人民认识坚持社会主义道路,坚持人民民主专政即无产阶级专政,坚持党的领导,坚持马列主义、毛泽东思想的极端重要性。

反对资产阶级自由化

1987年元旦社论:坚持四项基本原则,就要旗帜鲜明地反对资产阶级自由化。

1991年元旦社论:为了保证我国的现代化建设事业沿着社会主义的轨道前进,就必须坚持四项基本原则,反对资产阶级自由化,粉碎国际敌对势力"和平演变"的阴谋,激发全国人民的爱国热情,提高社会主义觉悟。

人民代表大会

1978年元旦社论：一九七八年，我国将先后召开第五届全国人民代表大会、第五届政治协商会议和全国科学大会，这些都是我国人民政治生活和文化生活中的大事。

多党合作和政治协商制度

1991年元旦社论：我们继续广泛深入地进行社会主义教育，批判资产阶级自由化；同时，大力加强党的建设，密切党和政府同人民群众的联系，进一步巩固发展中国共产党领导的多党合作和政治协商制度，发展了安定团结的政治局面。

(一)四项基本原则

1.立国之本的提出

全党工作重心转向现代化建设的同时，邓小平提出要坚持四项基本原则，即第一必须坚持社会主义道路，第二必须坚持无产阶级专政，第三必须坚持共产党的领导，第四必须坚持马列主义毛泽东思想。"如果动摇了这四项基本原则中的任何一项，那就动摇了整个社会主义事业，整个现代化建设事业。"[①]改革开放、解放和发展生产力的目的，是完善和发展社会主义，而不是损害和背离社会主义；是改善和加强党的领导，而不是削弱和否定党的领导；是巩固人民民主专政的国家政权，而不是动摇这个政权。坚持四项基本原则，就是坚持改革开放和现代化建设的社会主义性质和方向。四项基本原则提出后，先后被载入党章和宪法，成为全党全国人民必须遵循的基本准则。1992年，中共十四大报告指出："这四项基本原则是立国之本，是改革开放和现代化建设健康发展的保证，又从改革开放和现代化建设获得新的时代内容。"[②]四项基本原则集中体现了中国共产党对社会主义革命和建设历史经验的清醒认识，确立了保持党和国

---

① 邓小平.邓小平文选：第二卷[M].北京：人民出版社，1994：173.
② 江泽民.加快改革开放和现代化建设步伐 夺取有中国特色社会主义事业的更大胜利：在中国共产党第十四次全国代表大会上的报告(1992年10月12日)[N].人民日报，1992-10-21(1).

家团结、稳定、发展、进步的重要政治基础。

2.坚持社会主义道路

建设什么样的现代化,改革向什么方向前进,是一个重要的政治问题。20世纪80年代前后,社会上出现了一股从"右"的方面否定和怀疑中共十一届三中全会以来的路线方针政策的思潮,有些人散布所谓社会主义不如资本主义的言论,否定无产阶级专政,否定中国共产党的领导,主张走资本主义道路。① 邓小平指出:"在改革中坚持社会主义方向,这是一个很重要的问题。我们要实现工业、农业、国防和科技现代化,但在四个现代化前面有'社会主义'四个字,叫'社会主义四个现代化'。我们现在讲的对内搞活、对外开放是在坚持社会主义原则下开展的。社会主义有两个非常重要的方面,一是以公有制为主体,二是不搞两极分化。"②邓小平认为:"生产力发展了,人民积极性调动起来了,社会主义国家的力量就增强了,社会主义制度就巩固了。"③因此,解放生产力,发展生产力,以经济建设为中心,实行改革开放,是为了在中国实现社会主义现代化,增强社会主义的实力,使之在与西方国家的竞争中立于不败之地。只有坚持社会主义方向,改革发展和现代化建设才走在了正确的道路上。

3.坚持人民民主专政

四项基本原则中,坚持人民民主专政,就要坚持人民当家作主的国家政权性质,坚持人民代表大会的国家政体,坚持民主集中制的国家组织原则。邓小平曾把人民民主专政也称为无产阶级专政,二者的实质是一致的。1980年12月25日,邓小平表示:"毛泽东同志说过,对人民内部的民主方面和对反动派的专政方面的互相结合,就是人民民主专政。这实质上也就是无产阶级专政,但是人民民主专政的提法更适合于我们的国情。"④

中国特色社会主义开创时期,阶级斗争状况需要坚持人民民主专政。在改革开放过程中,曾有人主张削弱或放弃人民民主专政,多次出现资产阶级自由化思潮,引起了人们认识上的混乱,在实践中也出现了不少问题,甚至曾造成了

---

① 齐鹏飞,温乐群.20世纪的中国:走向现代化的历程(政治卷 1949—2000)[M].北京:人民出版社,2010:383.
② 邓小平.邓小平文选:第三卷[M].北京:人民出版社,1993:138.
③ 邓小平.邓小平文选:第三卷[M].北京:人民出版社,1993:178.
④ 邓小平.邓小平文选:第二卷[M].北京:人民出版社,1994:372.

严重的后果。这些说明阶级斗争在一定范围内还将长期存在,国际敌对势力的渗透、分化、颠覆图谋仍然存在。社会主义制度需要人民民主专政的保障。邓小平认为人民民主专政必须坚持,不能动摇。他说:"运用人民民主专政的力量,巩固人民的政权,是正义的事情,没有什么输理的地方。"①马克思主义理论"最实质的一条就是无产阶级专政","依靠无产阶级专政保卫社会主义制度,这是马克思主义的一个基本观点"②。

对人民实行民主和对敌人实行专政是辩证统一的。巩固和加强人民民主专政,必须处理好民主与专政的关系。改革开放时期,中国共产党摒弃了"以阶级斗争为纲"的方针。"无产阶级专政对于人民来说就是社会主义民主,是工人、农民、知识分子和其他劳动者所共同享受的民主,是历史上最广泛的民主。"③人民内部矛盾在经济发展和社会转型期大量存在,我们主要采取民主的程序和民主的手段来调节。"但是发展社会主义民主,决不是可以不要对敌视社会主义的势力实行无产阶级专政。"④没有无产阶级专政,就不可能保卫从而也不可能建设社会主义。"马克思主义理论和实际生活反复教育我们,只有绝大多数人民享有高度的民主,才能对极少数敌人实行有效的专政;只有对敌人实行专政,才能够充分保障绝大多数人民的民主权利。"⑤

4.坚持中国共产党的领导

1979年3月,在《坚持四项基本原则》的讲话中,邓小平指出:"离开了中国共产党的领导,谁来组织社会主义的经济、政治、军事和文化?谁来组织中国的四个现代化?在今天的中国,决不应该离开党的领导而歌颂群众的自发性。"⑥1993年9月16日,邓小平在同邓垦的谈话中说道:"我们在改革开放初期就提出'四个坚持'。没有这'四个坚持',特别是党的领导,什么事情也搞不好,会出问题。出问题就不是小问题。社会主义市场经济优越性在哪里?就在四个坚持。四个坚持集中表现在党的领导。"⑦在坚持党的领导的基础上,还要改善党

---

① 邓小平.邓小平文选:第三卷[M].北京:人民出版社,1993:379.
② 邓小平.邓小平文选:第三卷[M].北京:人民出版社,1993:379.
③ 邓小平.邓小平文选:第二卷[M].北京:人民出版社,1994:168.
④ 邓小平.邓小平文选:第二卷[M].北京:人民出版社,1994:168.
⑤ 邓小平.邓小平文选:第三卷[M].北京:人民出版社,1993:379.
⑥ 邓小平.邓小平文选:第二卷[M].北京:人民出版社,1994:170.
⑦ 中共中央文献研究室.邓小平年谱(1975—1997):下[M].北京:中央文献出版社,2004:1363-1364.

的领导。在思想路线上,党的实事求是的思想路线被恢复,实现了全党解放思想,实事求是,团结一致向前看。在干部队伍建设上,按照"革命化、年轻化、知识化、专业化"的标准,中国共产党选拔德才兼备的人进入领导班子,建设干部队伍。还要加强思想政治工作。邓小平指出:"在工作重心转到经济建设以后,全党要研究如何适应新的条件,加强党的思想工作,防止埋头经济工作、忽视思想工作的倾向。"①最后中国共产党通过领导体制改革,加强党的领导。

5.坚持马列主义、毛泽东思想

在意识形态上,第二代中央领导集体针对改革开放中产生的错误倾向,提出要坚持马列主义、毛泽东思想。邓小平指出:"我们坚持的和要当作行动指南的是马列主义、毛泽东思想的基本原理,或者说是由这些基本原理构成的科学体系。"②由于毛泽东同志的事业和思想,都不只是他个人的事业和思想,同时是他的战友、是党、是人民的事业和思想,是半个多世纪中国人民革命斗争经验的结晶,因此,邓小平强调,"毛泽东思想过去是中国革命的旗帜,今后将永远是中国社会主义事业和反霸权主义事业的旗帜,我们将永远高举毛泽东思想的旗帜前进"③。

6.反对资产阶级自由化

坚持四项基本原则,是在反对资产阶级自由化,抵制精神污染的斗争中进行的。1979—1981年,一些人宣扬资产阶级自由化思潮,攻击"四项基本原则",公开发表反党反社会主义言论。1980年12月25日,邓小平在《贯彻调整方针,保证安定团结》的讲话中指出,"要批判和反对崇拜资本主义、主张资产阶级自由化的倾向"④。针对党内和社会上出现的资产阶级自由化思潮和思想战线存在软弱涣散的问题,邓小平认为:"所谓资产阶级自由化,就是要中国全盘西化,走资本主义道路。"⑤1983年10月12日,邓小平在中共十二届二中全会上作了题为《党在组织战线和思想战线上的迫切任务》的讲话,重点讲了"思想战线不能搞精神污染"的问题。他指出:"精神污染的实质是散布形形色色的资产阶

---

① 邓小平.邓小平文选:第三卷[M].北京:人民出版社,1993:48.
② 邓小平.邓小平文选:第二卷[M].北京:人民出版社,1994:171.
③ 邓小平.邓小平文选:第二卷[M].北京:人民出版社,1994:172.
④ 邓小平.邓小平文选:第二卷[M].北京:人民出版社,1994:368-369.
⑤ 邓小平.邓小平文选:第三卷[M].北京:人民出版社,1993:207.

和其他剥削阶级腐朽没落的思想,散布对于社会主义、共产主义事业和对于共产党领导的不信任情绪。"①如果任由其自由泛滥,将关系到党和国家的命运和前途。对于搞精神污染的人,必须批评和采取必要的制止措施。同时要大力加强党对思想战线的领导,克服领导上的软弱涣散状态。

(二)恢复和完善人民代表大会制度

1.坚持人民代表大会制度

邓小平一再强调必须坚持人民代表大会制度,这个制度有着很大的优越性,"我们实行的就是全国人民代表大会一院制,这最符合中国实际。如果政策正确,方向正确,这种体制益处很大,有助于国家的兴旺发达,避免很多牵扯"②。邓小平认为,社会主义国家有个最大的优越性,就是干一件事情,一下决心,一做出决议,就立即执行。"就这个范围来说,我们的效率是高的,我讲的是总的效率。这方面是我们的优势,我们要保持这个优势,保证社会主义的优越性。"

2.人大工作的恢复

为落实十一届三中全会提出的关于健全社会主义法制的任务,1979年召开的第五届全国人民代表大会第二次会议通过了《关于修正〈中华人民共和国宪法〉若干规定的决议》,制定了《中华人民共和国地方各级人民代表大会和地方各级人民政府组织法》《中华人民共和国人民代表大会和地方各级人民代表大会选举法》等七部法律。七部法律的通过和贯彻,迈出了加强和健全社会主义法制新的步伐。第五届全国人民代表大会第二次会议听取和审议了"一府两院"的工作报告,审查和批准经济社会发展计划、财政预算,选举任免国家机关领导人。"这标志着人大行使监督和人事任免职权的回归和人大代表工作的恢复。"③

3.人民代表大会制度的完善

(1)新制定的《中华人民共和国全国人民代表大会和地方各级人民代表大会选举法》和《中华人民共和国地方各级人民代表大会和地方各级人民政府组

---

① 邓小平.邓小平文选:第三卷[M].北京:人民出版社,1993:40.
② 邓小平.邓小平文选:第三卷[M].北京:人民出版社,1993:220.
③ 王维国,谢蒲定.改革开放以来我国人民代表大会制度的发展历程与基本经验[J].政治学研究,2008(6).

织法》对选举制度作了重要的改革,确立了新时期选举制度的基本框架,奠定了选举工作的基础。(2)在地方县级以上设立人大常委会,赋予省级人大和较大城市的人大立法权。(3)1982年12月4日,第五届全国人民代表大会第五次会议通过了《中华人民共和国宪法》,扩大了全国人大常委会的职权,强化了人大的监督权,加强了人大常委会的地位。(4)全国人大组织体系逐步形成,充实和健全常委会工作机构。1983年,第六届全国人民代表大会设立了6个专门委员会,即民族委员会、法律委员会、财政经济委员会、教育科学文化卫生委员会、外事委员会和华侨委员会。(5)地方人大组织体系日益健全。在省、自治区、直辖市和自治州、设区的市的人大,建立了法制(政法)委员会、财经委员会、教育科学文化卫生委员会等专门委员会。(6)会议制度不断完善。全国人大和地方人大及其常委会陆续制定和完善了各自的会议制度,各级人大工作逐步走上了制度化、程序化的轨道。(7)1992年4月,第七届全国人民代表大会第五次会议通过了《中华人民共和国全国人民代表大会和地方各级人民代表大会代表法》,标志着我国人民代表大会制度的不断完善。

(三)坚持中国共产党领导的多党合作和政治协商制度

1.完善工作方针

邓小平指出:"在中国共产党的领导下,实行多党合作,这是我国具体历史条件和现实条件所决定的,也是我国政治制度中的一个特点和优点。"①在第一代中央领导集体确定的"长期共存,互相监督"方针的基础上,1982年的中共十二大把"长期共存、互相监督、肝胆相照、荣辱与共"作为中国共产党新时期同各民主党派合作的基本方针。

2.对共产党领导的多党合作制进行了重新定位

1987年10月召开的中共十三大强调:"人民代表大会制度,共产党领导下的多党合作和政治协商制度,按民主集中制的原则办事,是我们的特点和优势,决不能丢掉这些特点和优势。"②共产党领导的多党合作制度被放到与人民代表大会制度同等重要的位置,明确了这一制度在国家基本政治制度中的地位。

---

① 邓小平.邓小平文选:第二卷[M].北京:人民出版社,1994:205.
② 中共中央文献研究室.十三大以来重要文献选编:上[M].北京:人民出版社,1989:45.

3. 多党合作工作取得新发展

民主党派的组织建设实现了较大突破。"到1987年10月,八大民主党派的成员总数达到23.9万人,是1979年的4倍。"①同时,"民主党派成员在中央及地方各级人大、政协、政府等机构中担任领导职务的人数逐步增加"②。民主党派积极参政议政,政治协商作用进一步发挥。

4. 多党合作和政治协商走向制度化、规范化

1989年12月30日,中共中央制定颁布了《关于坚持和完善中国共产党领导的多党合作和政治协商制度的意见》(以下简称《意见》),提出了一系列新思想、新观点、新举措,"进一步明确了共产党同民主党派的关系,精辟概括了我国多党合作制度的显著特征和独特优势,明确了民主党派参政党的地位、参政的基本点和发挥民主监督作用的总原则、多党合作和政治协商的政治准则和具体形式、民主党派成员在国家机关和人民政协担任领导职务的政策,规范了人民政协政治协商、民主监督、参政议政职能"③。《意见》推动多党合作和政治协商向制度化发展。

(四)坚持和完善民族区域自治制度

1. 民族区域自治制度的恢复

随着中共十一届三中全会的召开,中国全面恢复了民族工作机构,重申了过去行之有效的各项民族政策。邓小平认为:"解决民族问题,中国采取的不是民族共和国联邦的制度,而是民族区域自治制度。我们认为这个制度比较好,适合中国的情况。"④从1980年3月到1984年3月,有关部门先后多次召开专题座谈会,强调要继续坚持和完善民族区域自治政策。1980年,邓小平在《党和国家领导制度的改革》中重申,"要使各少数民族聚居的地方真正实行民族区域自治"⑤,尊重民族自治机关的自治权利,加强民族区域自治政权建设。1981年,《关于建国以来党的若干历史问题的决议》指出:"必须坚持实行民族区域自

---

① 罗广斌.民主党派大事年表:1949—1998[M].北京:华文出版社,1998:203.
② 李建中.改革开放以来中国共产党多党合作的理论创新与实践发展[J].上海市社会主义学院学报,2011(6).
③ 周铁农.改革开放30年与多党合作的发展[J].团结,2008(5).
④ 邓小平.邓小平文选:第三卷[M].北京:人民出版社,1994:257.
⑤ 邓小平.邓小平文选:第二卷[M].北京:人民出版社,1994:339.

治,加强民族区域自治的法制建设,保障各少数民族地区根据本地实际情况贯彻执行党和国家政策的自主权。要切实帮助少数民族地区发展经济文化,努力培养和提拔少数民族干部。"①形成了新时期"关于民族区域自治工作的总方针"②。

2.建立民族区域工作法制保障

1982年通过的《中华人民共和国宪法》和1984年通过的《中华人民共和国民族区域自治法》促使民族区域自治工作进一步走向法制化。1982年通过的《中华人民共和国宪法》中关于民族区域自治的条款,做出了扩大民族自治权利的新规定。1984年5月31日,《中华人民共和国民族区域自治法》经第六届全国人民代表大会第二次会议表决通过。这是世界上第一部也是唯一的一部民族区域自治法。《中华人民共和国民族区域自治法》以基本法的形式把民族区域自治政策固定下来。"从《中华人民共和国民族区域自治法》颁布到1990年,我国又新建了51个民族自治地方,我国适于建立自治地方的少数民族聚居区基本上都建立了民族自治地方。"③

二、政治体制改革

政治体制改革

1987年元旦社论:我们要使经济持续、稳定地发展,要在精神文明建设方面办实事,要把经济体制改革继续推向前进,还要为进行政治体制改革做调查、做准备。

1988年元旦社论:所谓"更广的领域",就是说政治体制改革也将稳步展开,以今年3月将召开的七届人大一次会议为标志,政治体制改革将开始逐步实施;上层建筑的其他领域,如新闻、文艺等也都将进行改革。我们党的建设也将在科学分析的基础上把从严治党提到一个新高度,走上靠改革和制度建设来端正党风的新轨道。

1989年元旦社论:在这一年,我们继续坚定不移地贯彻执行改革

---

① 罗广武.新中国民族工作大事概览:1949—1999[M].北京:华文出版社,2001:538.
② 李养第,韩英.改革开放以来我国民族区域自治制度的发展和实践[J].当代中国史研究,2002(4).
③ 李养第,韩英.改革开放以来我国民族区域自治制度的发展和实践[J].当代中国史研究,2002(4).

开放的总方针和总政策,在经济体制改革、政治体制改革和对外开放中进行了新的探索,积累了新的经验。

虽然中国的基本政治制度是好的,但在具体的领导制度、组织形式和工作方式上,存在着一些缺陷。建设社会主义民主政治,推动经济建设,就必须进行政治体制改革。第二代中央领导集体时期,中国共产党提出了政治体制改革的任务、目标、内容,并进行了积极的实践探索,取得了突出成果。《人民日报》元旦社论对此进行了记录和反映,1987年《人民日报》元旦社论指出,要为进行政治体制改革做调查、做准备。1988年《人民日报》元旦社论结合即将召开的第七届全国人民代表大会第一次会议强调,更广领域的改革就是政治体制改革也将稳步展开,以第七届全国人民代表大会第一次会议为标志,政治体制改革开始逐步实施。这一时期的政治体制改革成果主要有以下几个。

(一)政治体制改革的提出

"文化大革命"结束后,人们在总结经验教训的过程中认识到,在发展经济、进行经济体制改革的同时,还必须进行政治体制改革。1978年12月13日,邓小平在中共中央工作会议闭幕会上的讲话中说道:"正确地改革同生产力迅速发展不相适应的生产关系和上层建筑。"他强调:"必须使民主制度化、法律化,使这种制度和法律不因领导人的看法和注意力的改变而改变。"他认为:"如果现在再不实行改革,我们的现代化事业和社会主义事业就会被葬送。"①后来他又明确说道:"我们提出改革时,就包括政治体制改革。"②1978年12月22日,中共十一届三中全会公报指出:"实现四个现代化,要求大幅度地提高生产力,也就必然要求多面地改变同生产力发展不相适应的生产关系和上层建筑,改变一切不适应的管理方式、活动方式和思想方式,因而是一场广泛、深刻的革命。"③1979年9月29日,叶剑英代表中共中央、全国人大常委会和国务院在庆祝中华人民共和国成立30周年大会上的讲话中再一次指出:"我们要在改革和完善社会主义经济制度的同时,改革和完善社会主义政治制度,发展高度的社会主义

---

① 邓小平.邓小平文选:第二卷[M].北京:人民出版社,1994:150.
② 邓小平.邓小平文选:第三卷[M].北京:人民出版社,1993:176.
③ 本书编写组.十一届三中全会以来历次党代会、中央全会报告公报决议决定:上[M].北京:中国方正出版社,2008:14.

民主和完备的社会主义法制。"①1980年8月18日,邓小平在中共中央政治局扩大会议上,发表了《党和国家领导制度的改革》讲话,系统总结了党和国家领导体制和领导制度方面的经验和教训,尖锐地指出这方面的主要弊端就是官僚主义现象、权力过分集中的现象、家长制现象、干部领导职务终身制现象和形形色色的特权现象,明确提出了政治体制改革的目标、任务和要求。"《党和国家领导制度的改革》的讲话,是新时期中国政治体制改革的动员令。"②

(二)政治体制改革的目标

政治体制改革的目的,就是要充分发挥社会主义制度的优越性,加速现代化事业的发展。政治体制改革的必要性在于当时中国政治体制中存在着明显的弊端。邓小平分析指出:"从党和国家的领导制度、干部制度方面来说,主要的弊端就是官僚主义现象,权力过分集中的现象,家长制现象,干部领导职务终身制现象和形形色色的特权现象。"③政治体制方面的弊端严重妨碍社会主义优越性的发挥。1986年,《在听取经济情况汇报时的谈话》中,邓小平谈到政治体制改革问题,认为,"现在看,不搞政治体制改革不能适应形势。改革,应该包括政治体制的改革,而且应该把它作为改革向前推进的一个标志"。不然的话,"机构庞大,人浮于事,官僚主义,拖拖拉拉,互相扯皮,你这边往下放权,他那边往上收权,必然会阻碍经济体制改革,拖经济发展的后腿"④。

关于政治体制改革的目标问题,邓小平指出:"我们政治体制改革的总的目标有三条:第一,巩固社会主义制度;第二,发展社会主义社会的生产力;第三,发扬社会主义民主,调动广大人民的积极性。"⑤具体目标则是要增强党与行政机构以及整个国家领导机关的活力;克服官僚主义,提高工作效率;调动人民群众和各行各业以及基层的积极性,从而在政治上创造比资本主义国家的民主更高、更切实的民主。

1986年,中共十三大提出政治体制改革的蓝图,明确了政治体制改革的目标:"进行政治体制改革,就是要兴利除弊,建设有中国特色的社会主义民主政

---

① 叶剑英.在庆祝中华人民共和国成立三十周年大会上的讲话[N].人民日报,1979-09-30(1).
② 当代中国研究所.中华人民共和国史稿:第四卷[M].北京:人民出版社、当代中国出版社,2012:230.
③ 邓小平.邓小平文选:第二卷[M].北京:人民出版社,1994:327.
④ 邓小平.邓小平文选:第三卷[M].北京:人民出版社,1993:160.
⑤ 邓小平.邓小平文选:第三卷[M].北京:人民出版社,1993:258-259.

治。改革的长远目标,是建立高度民主、法制完备、富有效率、充满活力的社会主义政治体制。"①改革的近期目标,是建立有利于提高效率、增强活力和调动各方面积极性的领导体制。政治体制改革,既不能搞破坏国家法制和社会安定的"大民主",也不能照搬西方的"三权分立"和多党轮流执政。

(三)政治体制改革的内容

1.健全完善党的制度

面对改革开放前形成的权力过于集中、以党代政、党委权力过大等问题,加强党的领导,改革党的制度便成为一种必然。

一是改革党和国家的领导制度。中共十一届三中全会决定恢复中央纪律检查委员会。1980年2月召开的中共十一届五中全会,决定恢复设立中央书记处,作为中央政治局及其常务委员会领导下的经常性工作机构。中共中央形成了中央书记处、中央政治局、中央政治局常委三个层次的领导体制。1980年8月,邓小平在《党和国家领导制度的改革》讲话中,结合当时的国务院负责人人选的调整,指出改革党和国家领导制度的必要性问题。这项改革的主要原因有四条,其中第一条是解决"权力过分集中"的问题,第三条是解决"党政不分、以党代政"的问题。权力过分集中,"容易造成个人专断,破坏集体领导,也是在新的条件下产生官僚主义的一个重要原因"②。中央一部分主要领导同志不兼任政府职务,可以集中精力管党,管路线、方针、政策,这样有利于加强和改善党的领导,有利于各级政府建立强有力的工作系统,管好政府职权范围内的事。为了解决干部问题,在邓小平、陈云等领导的推动下,许多老干部退居二线。1982年,中共十二大选举产生了中央顾问委员会。

二是修改党章,制定《关于党内政治生活的若干准则》。为了恢复党的民主集中制和优良作风,中共中央抓紧健全党规党法。从1979年冬开始,经过几年的调研、起草、修改,于1982年中共十二大通过了新党章。新党章"清除了十一大党章中'左'的错误,继承和发展了七大党章和八大党章的优点,同时还作出

---

① 本书编写组.十一届三中全会以来历次党代会、中央全会报告公报决议决定:上[M].北京:中国方正出版社,2008:300.
② 邓小平.邓小平文选:第二卷[M].北京:人民出版社,1994:321.

了一系列新的规定"①,强调要健全党的民主集中制,使党内政治生活进一步正常化;改革领导机构和干部制度,实现干部队伍的革命化、年轻化、知识化、专业化。1978年,党的十一届三中全会上恢复了党的民主集中制传统,健全了党规党纪,恢复重建了中央纪律检查委员会。

1980年2月,中共十一届五中全会通过了《关于党内政治生活的若干准则》。《关于党内政治生活的若干准则》共包括十二条内容,形成党内政治生活的一整套制度。这是在拨乱反正时期,除了修改《中国共产党章程》外,党的制度建设另一个主要工作。《关于党内政治生活的若干准则》把党章有关规定、党的优良传统和作风、党内政治生活中的重要是非界限、处理党内关系的重要原则等加以具体化、规范化、系统化,对健全党内民主生活、维护党的集中统一、加强以民主集中制为中心的制度建设,发挥了重要作用。②

2.改革行政机构

1979年9月,第五届全国人大常委会第十一次会议,取消了各级革命委员会,恢复了各级人民政府的体制。"中央和各地党政部门逐步建立和健全政府独立工作体制。国务委员会、总理办公会和所辖的各部、委、局,开始独立开展工作。各省、市、自治区先后成立了人民政府,各省辖市、各县都成立了市、县人民政府。各级人民政府的主要领导人都由各级人民代表大会选举产生,组成政府领导班子,行使职权和发布政令。"③

1982年1月,中共中央政治局专门开会讨论精简机构问题。邓小平在会上发表了《精简机构是一场革命》的重要讲话。根据中共中央的部署,国务院于1982年3月提出了改革方案。第五届全国人大常委会第二十二次会议原则批准国务院机构改革的初步方案。国务院机构改革,主要改进了国务院本身的领导体制和领导方法,以加强集中统一领导,提高工作效率。经过1982年上半年的机构改革,"国务院所属部委、直属机构和办公机构由精简前的100个裁并到61个,工作人员总编制由4.9万人缩减为3.2万人,减少1/3左右。从1982年下半年起,国家着手进行省级机构改革,其领导成员的人数减少35%;从1983年开始进行地、市级机构改革,经过改革,地、市级(省直属部、委、厅、局)领导成

---

① 伍国友.中华人民共和国史:1977—1991[M].北京:人民出版社,2010:203.
② 本书编写组.改革开放简史[M].北京:人民出版社、中国社会科学出版社,2021:37-38.
③ 当代中国研究所.中华人民共和国史稿:第四卷[M].北京:人民出版社,2012:234.

员减少了36%"①。在农村,普遍建立了乡政府,减少了兼职,一般乡党委的领导成员都不再兼任政府的主要职务。

3.废除干部领导职务终身制

1980年2月,中共十一届五中全会明确提出了要废除干部领导职务终身制的问题。经过两年的研究和酝酿,1982年2月20日,中共中央发出《关于建立老干部退休制度的决定》(以下简称《决定》)。《决定》对老干部离、退休的年龄、条件、政治待遇以及生活待遇都作出了规定。同年4月10日,国务院发出《关于老干部离职休养制度的几项规定》,对中华人民共和国成立以前参加革命工作并已达到规定年龄的老干部实行离职休养制度。1982年12月15日,中央对省、市、自治区人大正副主任、常委任职的年龄界限也做了规定。根据1983年对38个部委的统计,"在新组成的领导班子中,新选拔的中青年干部占32%,平均年龄由64岁降到58岁。根据1984年统计,省级领导班子成员的平均年龄,由调整前的62.2岁降到55.5岁。地、市(包括省直属部、委、厅、局)领导成员平均年龄由原来的58岁降到50岁;具有大专文化程度的由原来的14%提高到44%"②。各级领导干部基本达到了"革命化、年轻化、知识化、专业化"的要求。

三、民主法制化

法 制

1980年元旦社论:发扬民主和健全法制也是一致的。民主必须法制化,必须加强法律的权威,而我们的法律是保护人民,保护人民的民主权利的。五届人大二次会议通过的刑法等法律,从今天起生效。我们每一个公民,不论干部和群众,都要遵纪守法,干部和共产党员更要做遵纪守法的模范。在法律面前人人平等,不允许任何人有超越法律以外的特权。要坚决反对无政府主义、极端个人主义,对于一小撮聚众闹事,破坏社会秩序,严重犯罪分子,一定要予以法律制裁。

1983年元旦社论:我们有了全面开创社会主义现代化建设新局面

---

① 当代中国研究所.中华人民共和国史稿:第四卷[M].北京:人民出版社,2012:235.
② 当代中国研究所.中华人民共和国史稿:第四卷[M].北京:人民出版社,2012:238.

的正确纲领,有了积极稳妥的新的五年计划,有了建党以来最好的党章,有了建国以来最好的宪法。这一年,我国政治局面进一步安定,国民经济继续稳步前进,社会主义民主和法制有新的发展,社会主义精神文明的建设取得显著的成就,人民群众的生活也有新的改善。

1984年元旦社论:要继续严厉打击破坏社会主义的严重经济犯罪活动和刑事犯罪活动,加强社会主义法制,巩固社会主义制度。

在中国特色社会主义开创时期,政治制度中的法制地位得以确立,成为政治制度文明中的一大亮点和特色。"文化大革命"刚结束时,法制建设的状况是,"现在的问题是法律很不完备,很多法律还没有制定出来"。因此,加强法制建设成为政治制度建设和政治文明发展中必须要解决的课题。中国特色社会主义开创时期的政治文明发展的过程,实际上也是社会主义民主与法制开始相互深入结合的过程。对于这一进程,《人民日报》元旦社论中的相关论述是比较多的。1980年元旦社论直接指出,发扬民主和健全法制是一致的。民主必须法制化。1983年元旦社论则谈到了这一时期民主法制化建设的两个重要成果,即中共十二大通过的新党章和新宪法。

(一)法制具有极端重要性

通过对"文化大革命"的反思,中国共产党深刻认识到法制建设的极端重要性。法制被赋予了前所未有的政治价值。在实现政治目标上,法制被认为是建设四个现代化的前提。党和国家的工作中心的转移,需要法制来保障。"中国要搞四个现代化建设,没有一个稳定的政治形势不行","没有安定的政治环境,没有稳定的社会秩序,什么事都干不成"。[①] 没有社会主义法制,就没有社会主义民主和民主基础上的集中,就不能切实地保障安定团结、生动活泼的政治局面,社会主义现代化建设的最大的政治目标就难以实现。为了防止"文化大革命"时期的无序和混乱,加强法制建设便成为一项强有力的政治管理政策。因此,"必须使民主制度化、法律化,使这种制度和法律不因领导人的改变而改变,不因领导人看法和注意力的改变而改变"[②]。就党内管理而言,中国共产党因此

---

① 邓小平.邓小平文选:第三卷[M].北京:人民出版社,1993:207-331.
② 邓小平.邓小平文选:第二卷[M].北京:人民出版社,1994:146.

确立了"党必须在宪法和法律的范围内活动"的原则,修改了党章,加强了对党员领导干部的管理。1982年通过的《中华人民共和国宪法》中规定:"一切国家机关和武装力量、各政党和各社会团体、各企业事业组织都必须遵守宪法和法律";"任何组织和个人都不得有超越宪法和法律的特权"。①

(二)法制建设的基本方针

在中共十一届三中全会前的中央工作会议上,邓小平明确指出,加强法制建设,就是要"做到有法可依,有法必依,执法必严,违法必究"②。这16个字后来成为我国社会主义法制建设的基本方针。有法可依,是社会主义法制建设的前提;有法必依,是社会主义法制建设的核心;执法必严,是加强社会主义法制建设的重要条件;违法必究,是社会主义法制建设的当然结果和重要保证。这个基本方针,把立法、执法、守法联结成为统一的整体,全面而系统地规范了法制建设的基本要求。

(三)法制的健全

中国特色社会主义开创时期,中国共产党积极推进法制工作。中共十一届三中全会公报指出:"从现在起,应当把立法工作摆到全国人民代表大会及其常务委员会的重要议程上来。检察机关和司法机关要保持应有的独立性;要忠实于法律制度,忠实于人民利益,忠实于事实真相;要保证人民在自己的法律面前人人平等,不允许任何人有超于法律之上的特权。"③

这一时期,先后对《中华人民共和国宪法》进行了两次修改。1978年3月,第五届全国人民代表大会第一次会议通过的《中华人民共和国宪法》,基本上恢复和坚持了1954年《中华人民共和国宪法》的原则和制度。1982年12月,第五届全国人大第五次会议通过了新的《中华人民共和国宪法》,第一次明确规定了宪法的法律地位和作用,并指出它是国家的根本大法,具有最高的法律效力。1982年通过的《中华人民共和国宪法》以坚持四项基本原则为指导思想,确认了

---

① 中华人民共和国宪法(1982年12月4日中华人民共和国第五届全国人民代表大会第五次会议通过)[N].人民日报,1982-12-05(1).
② 邓小平.邓小平文选:第二卷[M].北京:人民出版社,1994:146-147.
③ 本书编写组.十一届三中全会以来历次党代会、中央全会报告公报决议决定:上[M].北京:中国方正出版社,2008:17.

中国共产党带领全国人民进行新民主主义革命和社会主义改造所取得的主要政治成果;确立了宪法的尊严和至高的地位,强调宪法是国家的根本大法,具有最高的法律效力;突出人民民主原则,重视公民的权利,注重把公民的权利和义务有机结合起来;对国家机构和领导体制作了新规定;宪法为全党工作重心转移,推进社会主义现代化建设提供了法律依据。在新宪法的基础上,全国人大及其常委会通过了一系列法律法规。

在加强立法工作的同时,司法工作也取得了重大进展。首先,对"文化大革命"及其以前的冤假错案开展了大规模平反工作,纠正了约300万名干部的冤假错案;其次,建立健全了司法工作的组织机构和制度,重建了各级人民检察院和司法部,恢复了律师制度;最后,审理了大量刑事、民事、经济、行政案件。

四、"一国两制"

"一国两制"

1978年元旦社论:我们不能满足已有的成绩,一定要有一个高速度。这是社会主义历史阶段无产阶级战胜资产阶级、社会主义战胜资本主义的需要;是在新的基础上加强工农联盟,巩固无产阶级专政,不断提高人民生活水平的需要;是建设强大的国防,保卫社会主义祖国,准备解放我国神圣领土台湾省的需要;也是在本世纪末实现四个现代化的宏伟目标的需要。

1980年元旦社论:光荣的人民解放军和全国各族人民应该提高警惕,努力加强国防,严守边疆,保卫四化,促进祖国统一大业的实现,把我国建设得更加伟大坚强,为全人类的和平进步事业做出更多贡献。

1990年元旦社论:在80年代,我们为早日结束祖国的分离状态,完成统一大业,进行了不懈的努力,并已取得明显成效。根据"一个国家,两种制度"的构想,我国政府已经分别同英国、葡萄牙政府达成解决香港、澳门问题的协议。由于我们党和政府做了大量工作,并经过海峡两岸人民的推动,大陆和台湾的关系也发生了令人欣慰的变化。

1991年元旦社论:90年代,我国将按照"一国两制"的原则,实现香港、澳门回归祖国。这是中华民族坚强不屈、英勇奋斗的成果。我们希望台湾当局认清形势,积极发展海峡两岸的交往,早日实现祖国的和平统一。这是历史赋予中华儿女的神圣使命。

1992年元旦社论:统一祖国,振兴中华,是海内外中华儿女的共同要求。在新的一年里,我们将按照"一国两制"的原则,为5年后香港回归祖国、7年后澳门回归祖国,继续积极做好各方面的工作。同时,要努力发展海峡两岸经济、贸易、科技、文化的交流,促进祖国统一大业。希望台湾当局以民族大义为重,为和平统一祖国做出切实的贡献。极少数"台独"分子违背全民族公意的倒行逆施,是注定要失败的。

中国特色社会主义开创时期,中国共产党和中国政府在解决祖国统一问题上,实现了国家制度的一项重大创新,即提出了"一国两制"构想。"一国两制"构想的基本内容是:解决香港、澳门、台湾问题的核心是实现祖国统一。在统一的中华人民共和国的主权范围内,中国内地(大陆)实行社会主义制度,香港、澳门、台湾作为特别行政区保持原有的资本主义制度长期不变,实行高度自治。实现祖国统一政策上的变迁也体现在《人民日报》元旦社论中。1978年元旦社论号召,要"准备解放我国神圣领土台湾省"。1980年元旦社论的提法则调整为"努力加强国防,严守边疆,保卫四化,促进祖国统一大业的实现"。

(一)"一国两制"构想的提出

"一国两制"构想最早是为了解决台湾问题提出来的。1978年国庆节后,邓小平在同外宾的谈话中,多次阐述了和平解决台湾问题的设想。1978年12月,中共十一届三中全会提出:"随着中美关系正常化,我国神圣领土台湾回到祖国怀抱、实现统一大业的前景,已经进一步摆在我们的面前。"①中共十一届三中全会公报中,首次以"台湾回到祖国怀抱、实现统一大业"代替"解放台湾"的提法。1979年元旦,全国人大常委会发表《中华人民共和国全国人民代表大会常务委员会告台湾同胞书》,强调"台湾当局一贯坚持一个中国的立场,反对台湾独立。这就是我们共同的立场,合作的基础"②。同时,人民解放军从当天起停止对金

---

① 中共中央文献研究室.三中全会以来重要文献选编:上[M].北京:人民出版社,1982:3.
② 中华人民共和国全国人大常委会告台湾同胞书[N].人民日报,1979-01-01(1).

门等岛屿的炮击。同年1月,邓小平在访美期间,强调"我们不再用'解放台湾'这个提法了,只要台湾回归祖国,我们将尊重那里的现实和现行制度。我们一方面尊重台湾的现实,另一方面一定要使台湾回到祖国的怀抱"①。

1981年9月30日,全国人大常委会委员长叶剑英向新华社记者发表谈话,提出九条方针政策:"建议举行中国共产党和中国国民党两党对等谈判,实行第三次合作,共同完成祖国统一大业;建议双方共同为通邮、通商、通航、探亲、旅游以及开展学术、文化、体育交流提供方便,达成有关协议;国家实现统一后,台湾可作为特别行政区,享有高度的自治权,并可保留军队;中央政府不干预台湾地方事务;台湾现行社会、经济制度不变,生活方式不变,同外国的经济、文化关系不变;私人财产、房屋、土地、企业所有权、合法继承权和外国投资不受侵犯;台湾当局和各界代表人士,可担任全国性政治机构的领导职务,参与国家管理……"②1982年1月11日,邓小平会见美国华人协会主席李耀滋,在谈到祖国统一问题时指出:"九条方针是以叶副主席的名义提出来的,实际上就是一个国家两种制度。"③邓小平在这次谈话中,正式提出"一个国家两种制度"的概念。

随着中英两国政府关于香港问题谈判不断取得进展,邓小平把解决台湾问题的思路,扩展到了解决香港问题,"一国两制"构想得到深化。1983年6月21日,邓小平在会见外宾时指出:"在一个统一的国家内,有不同的社会制度,这是史无前例的。实际上,真正统一了,台湾一个制度,香港一个制度,大陆(内地)一个制度,大陆(内地)是社会主义制度。以社会主义制度为主体的国家包含不同的制度,马克思没有讲过这个问题,我们大胆地提了。如果不这样设想,绝对不可能统一。"④1984年6月22日,邓小平会见以香港工业总会主席唐翔千、总商会主席唐骥千、中华厂商联合会会长倪少杰为首的香港工商界访京团时指出,"我们的政策是实行'一个国家,两种制度',具体地说,就是要在中华人民共和国内,十亿人口的内地(大陆)实行社会主义制度,香港、台湾实行资本主义制度","中国的主体必须是社会主义,但允许国内某些区域实行资本主义制度,比

---

① 当代中国研究所.中华人民共和国史稿:第四卷[M].北京:人民出版社,2012:304.
② 叶剑英.叶剑英委员长进一步阐明台湾回归祖国实现和平统一的方针政策 建议举行两党对等谈判实行第三次合作[N].人民日报,1981-10-01(1).
③ 中共中央文献研究室.邓小平年谱(1975—1997):下[M].北京:中央文献出版社,2004:797.
④ 中共中央文献研究室.邓小平年谱(1975—1997):下[M].北京:中央文献出版社,2004:914.

如香港、台湾"。①

(二)"一国两制"构想的实践

1982年12月,第五届全国人大第五次会议通过的《中华人民共和国宪法》增加了一个新条文。新增加的第31条规定:"国家在必要时得设立特别行政区。在特别行政区内实行的制度按照具体情况由全国人民代表大会以法律规定。"②这一条文规定,正是因为考虑到台湾实现和平统一后,可作为特别行政区享有高度自治权这种特殊情况的需要而规定的,这使"一国两制"有了宪法的保证。

"一国两制"构想提出后,首先在解决香港问题的过程中得以实践。1982年年初,国务院港澳办公室等有关部门在大量调查研究的基础上,提出了解决香港地位问题的初步方案,报送中共中央。1984年4月22日,中共中央政治局举行扩大会议,审议并原则批准了关于解决香港问题的方案。后来,在这个方案的基础上经过反复修改,形成了中国政府解决香港问题的十二条基本方针政策,并写进了中英关于香港问题的《联合声明》(全称为《中华人民共和国和大不列颠及北爱尔兰联合王国政府关于香港问题的联合声明》,以下简称《联合声明》)。1984年5月,第六届全国人大第二次会议通过的政府工作报告,正式提出了中国政府解决香港问题的指导方针:"我国将在1997年恢复对香港行使主权,这是坚定不移的决策。为了继续保持香港的稳定和繁荣,我们在恢复行使主权后,对香港将采取一系列特殊政策,并在50年内不予改变。"

1982—1984年,中英两国就解决香港问题分两个阶段进行了谈判。第一阶段,从1982年9月英国首相撒切尔夫人访华至1983年6月,双方主要就原则和程序问题进行会谈。第二阶段,从1983年7月至1984年9月,两国政府代表团就具体问题进行了22轮会谈。1984年12月19日,中英两国政府在北京正式签署关于香港问题的《联合声明》。《联合声明》确认中国政府于1997年7月1日对香港恢复行使主权,英国于同日将香港交还中华人民共和国。香港问题的解决,证明了"一国两制"构想的正确性。

---

① 邓小平.邓小平文选:第三卷[M].北京:人民出版社,1993:58,59.
② 中华人民共和国宪法(1982年12月4日中华人民共和国第五届全国人民代表大会第五次会议通过)[N].人民日报,1982-12-05(1).

第三节　中国特色社会主义开创时期的政治行为文明

中国特色社会主义开创时期,中国共产党形成了社会主义初级阶段的基本路线,坚持以经济建设为中心,坚持四项基本原则,坚持改革开放,在政治行为文明方面最突出的内容是拨乱反正和改革开放。

一、拨乱反正

拨乱反正

1978年元旦社论:要继续放手发动群众,坚决打好揭批"四人帮"的第三个战役。这是一个进一步分清是非、拨乱反正、解放思想的大战役,也是夺取揭批"四人帮"斗争全胜的大战役。

1981年元旦社论:从1976年十月的胜利以来,特别是党的十一届三中全会以来,中国共产党领导全国各族人民拨乱反正,在端正思想路线、政治路线和组织路线,在加强社会主义民主和法制,以及在恢复和发展国民经济等方面,做了大量艰苦的工作,取得了很大成绩。

在中国特色社会主义开创时期,中国共产党一系列重大政治行为首先发端于拨乱反正。而拨乱反正本身也是由一系列相互关联的重要事件构成的政治行为过程,其核心是纠正"文化大革命"的错误,开辟社会主义建设新境界。

(一) 拨乱反正的目的

拨乱反正是一次全面的纠错行为。这成为改革开放、开创有中国特色社会主义系列政治行为的开端。所谓拨乱反正,邓小平在1980年10月发表《对起草〈关于建国以来党的若干历史问题的决议〉的意见》中指出:"我们现在讲拨乱反正,就是拨林彪、'四人帮'破坏之乱,批评毛泽东同志晚年的错误,回到毛泽东思想的正确轨道上来。"[①]此后,他又在1985年8月发表的《改革是中国发展生产力的必由之路》讲话中指出:"我们拨乱反正,就是要在坚持四项基本原则

---

① 邓小平.邓小平文选:第二卷[M].北京:人民出版社,1994:300.

的基础上发展生产力。"①可见,拨乱反正的主要目的,一是彻底纠正"文化大革命"期间的社会政治乱象;二是正确评价毛泽东的历史地位和毛泽东思想;三是在坚持四项基本原则的基础上集中力量发展社会生产力,推进社会主义现代化建设。实践证明,拨乱反正的完成,"为建设现代化的、高度文明和高度民主的社会主义国家,准备了初步的却是关键性的经济、政治和思想条件"②。史学界一般"把粉碎'四人帮'作为拨乱反正的起点,把十一届三中全会作为拨乱反正由局部转入全面、由徘徊前进到顺利进展的转折点,把十二大作为拨乱反正完成的标志"③。

(二)开展真理标准问题大讨论

拨乱反正首先受到了理论认识和思想上的阻力,特别是"两个凡是"思想的禁锢。这直接影响了真理标准问题的讨论与思想理论上的拨乱反正的开展。1977—1978年,关于真理标准问题的讨论由此渐入高潮。讨论恢复了人们对真理标准问题的正确认识,突破了"两个凡是"的思想禁锢,在成为拨乱反正的重要前提的同时,也成为最重要的拨乱反正,为中共十一届三中全会的召开,转变国家政治生活主题,实现党和国家的历史性转折创造了条件。

(三)召开中共十一届三中全会

1978年12月18—22日,中共十一届三中全会召开。此前,1978年11月10日召开了中共中央工作会议。在这次会上,邓小平作了《解放思想,实事求是,团结一致向前看》的讲话。他的讲话为中共十一届三中全会提供了指导思想。随后召开的中共十一届三中全会,在解放思想,实事求是,团结一致向前看思想的指导下,做出了一系列重大决策,抛弃了长期推行的"以阶级斗争为纲",把全党的工作中心转移到经济建设上来;重新确立了一切从实际出发的思想路线,即解放思想、实事求是。从而中国开始了全面深入的拨乱反正,正式开启了改革开放的大业。

---

① 邓小平.邓小平文选:第三卷[M].北京:人民出版社,1993:138.
② 孙大力.十一届三中全会前后拨乱反正研究综述[J].教学与研究,1995(2).
③ 孙大力.十一届三中全会前后拨乱反正研究综述[J].教学与研究,1995(2).

(四)通过《关于建国以来党的若干历史问题的决议》

中共十一届三中全会后,各个领域的拨乱反正全面展开。其中重要的一点就是要对中华人民共和国成立以来的历史,包括"文化大革命"的经验教训进行总结。1979年9月29日,叶剑英在庆祝中华人民共和国成立30周年大会上作了长篇讲话,对中华人民共和国成立30年的历史进行了全面回顾,对中华人民共和国成立以来的经验教训进行了总结。1979年11月,在邓小平的主持下,中共中央着手起草《关于建国以来党的若干历史问题的决议》(以下简称《决议》)。1981年6月,中共十一届六中全会通过了这个《决议》,《决议》对中华人民共和国成立以来党的重大历史问题做了科学的分析和总结,从根本上否定了"文化大革命"及其错误理论,对毛泽东及毛泽东思想进行了实事求是的评价,肯定了中共十一届三中全会确定的建设社会主义现代化强国的正确道路,进一步统一了全党和全国人民的思想,在拨乱反正中发挥了重大作用。

(五)召开中共十二大

1982年9月1—11日中共十二大召开。邓小平在开幕词中总结了党的历史经验,提出了"走自己的道路,建设有中国特色的社会主义"的重要思想。他指出,中共十一届三中全会以来,中国共产党"在经济、政治、文化等各方面的工作中恢复了正确的政策,并且研究新情况、新经验,制定了一系列新的正确政策"[1]。他还明确了20世纪80年代中国政治发展中的三大任务:一是加紧社会主义现代化建设;二是争取实现包括台湾在内的祖国统一;三是反对霸权主义、维护世界和平。在三大任务中,经济建设是核心。因为这是解决国际国内问题的基础。大会通过的《中国共产党章程》,适应改革开放和社会主义现代化建设的需要,对党的民主集中制和各项组织制度、党的纪律作了有针对性的规定。中共十二大标志着中国共产党"已经在指导思想上完成了拨乱反正的艰巨任务,并且在各条战线的实际工作中取得了拨乱反正的重大胜利,实现了历史性的伟大转变"[2]。

---

[1] 邓小平.邓小平文选:第三卷[M].北京:人民出版社,1993:2.
[2] 历史性的转变 历史性的会议[N].人民日报,1982-09-01(1).

二、改革开放

改　革

1983年元旦社论:邓小平同志在十二大的开幕词中谈到八十年代要抓紧的四件工作,第一件就是进行机构改革和经济体制改革,实现干部队伍的革命化、年轻化、知识化、专业化。现在上层建筑的许多方面同社会生产力发展的要求很不适应,不下决心改革不行。

1984年元旦社论:五年来,我国农业生产连续获得丰收,整个农村形势一扫令人担忧的旧面貌,出现了蒸蒸日上的新局面。为什么会发生这样大的变化?主要就是因为农村的广大干部和群众坚持三中全会的路线,解放思想,实事求是,进行了多方面的探索和创新,特别是创造并逐步推行了联产承包制,找到了建设具有中国特色的社会主义现代化农业的根本途径。

1985年元旦社论:两个多月前举行的党的十二届三中全会通过了关于经济体制改革的决定,开始了以城市改革为重点的经济体制改革。这个改革要在三五年内大见成效,今年是关键的一年。

1988年元旦社论:新的一年最突出的特点是改革将在更深的层次和更广的领域展开。……改革是一场深刻的革命。

1990年元旦社论:亿万人民从亲身经验中深深体会到:不走社会主义道路中国就没有前途,不搞改革开放中国就没有希望。

1992年元旦社论:在改革开放中稳步发展。

开　放

1987年元旦社论:我们搞开放,无论是引进外资,引进外国的先进技术、先进管理经验,都是为了发展社会生产力,壮大社会主义物质、技术基础,而不是离开社会主义道路。

1988年元旦社论:对外要更加开放,外贸体制改革要迈出一大步。

1990年元旦社论:在坚持独立自主、自力更生方针的前提下,我们大胆地对外开放,积极开展同国外的经济、技术和文化交流,从国外引进资金、技术和先进的管理经验,为我所用,加速了我国的现代化进程。

  1992年元旦社论:在这一年,我国坚持执行独立自主的和平外交政策,坚持以和平共处五项原则处理国与国的关系,积极发展同第三世界国家特别是同周边国家的友好关系。在维护地区和平与稳定、推动热点问题的政治解决方面发挥了独特的作用,逐步打破了西方对我国的经济制裁和政治制裁,扩大了对外开放。

  "改革"与"开放"首先是分别出现的。邓小平在1978年12月13日《解放思想,实事求是,团结一致向前看》的讲话中指出,要"正确地改革同生产力迅速发展不相适应的生产关系和上层建筑",强调"如果现在再不实行改革,我们的现代化事业和社会主义事业就会被葬送"。①"开放"作为党的一项对外政策,是邓小平提出来的。1978年10月10日,邓小平接见外宾时,谈到了我国"实行开放政策","这是我们党和国家领导人第一次明确地在讲话中把开放作为我国的一项政策"。②"改革开放"一词首次提出是在1984年,从1984—1987年中共十三大召开前,邓小平谈到改革和开放问题时,多数情况下都是把"改革"和"开放"两词连在一起,作为一个词即"改革开放"来使用。③《人民日报》元旦社论中"改革开放"一词最早出现在1988年。中共十六大指出改革开放是强国之路;中共十七大指出改革开放是决定当代中国命运的关键抉择。习近平强调:"改革开放是党和人民大踏步赶上时代的重要法宝,是坚持和发展中国特色社会主义的必由之路,是决定当代中国命运的关键一招,也是决定实现'两个一百年'奋斗目标、实现中华民族伟大复兴的关键一招。"④改革开放是"改变中国、影响世界的社会大变革"⑤,是中国共产党治国理政的重大关键决策。改革开放从中共十一届三中全会起步,中共十二大以后全面展开。"它经历了从农村改革到城市改革,从经济体制的改革到各方面体制的改革,从对内搞活到对外开放的

---

① 邓小平.邓小平文选:第二卷[M].北京:人民出版社,1994:141.
② 温卫东.邓小平与"改革开放"一词的提出[J].党的文献,2013(3).
③ 温卫东.邓小平与"改革开放"一词的提出[J].党的文献,2013(3).
④ 习近平.在庆祝改革开放40周年大会上的讲话[N].人民日报,2018-12-19(2).
⑤ 赵曜.改革开放是实现中华民族伟大复兴的必由之路[J].社会科学战线,2009(2).

波澜壮阔的历史进程。"①

(一)改革

中共十一届三中全会后,改革起步最早的是农村。农村改革的突破口又是从实行家庭联产承包责任制开始的。中共十一届三中全会上,通过了《中共中央关于加快农业发展若干问题的决定(草案)》和《农村人民公社工作条例(试行草案)》。这两个文件的一项重要政策措施,就是纠正平均主义,"可以在生产队统一核算和分配的前提下,包工到作业组,联系产量计算劳动报酬,实行超产奖励"②。之后,农村改革浪潮在各地兴起,安徽省和四川省最为突出。但是改革初期的问题在于,家庭联产承包责任制仅仅是作为集体经济内部管理制度上的改革而出现的,农户"户"与"户"之间分配上的平均主义问题,仍需要解决。1978年,以安徽省小岗村为代表,一些生产队搞起了包干到户,在全国得到推广。1980年4月9日,《人民日报》发表《联系产量责任制好处很多》的长篇署名文章,对支持农村改革,拥护包产到户、包干到户的人们,是一个很大的鼓舞和有力的支持。邓小平在1980年4月和5月先后发表谈话,明确表示对包产到户、包干到户的支持。1982年1月1日,中共中央批转了《全国农村工作会议纪要》,正式为包产(包干)到户正名,全国农村改革迅猛地发展起来。"到1983年,全国已有98%的生产队实行双包到户。"③同年10月,党中央、国务院发出《关于实行政社分开,建立乡政府的通知》,确立建立乡(镇)政府作为基层政权。废除人民公社制度,又不走土地私有化道路,而是实行家庭联产承包为主,统分结合、双层经营的体制。

与此同时,中国开始实行农副产品购销体制改革、农村供销社体制改革,实行多种经济形式、多种经营方式、多种流通渠道和减少流转环节的"三多一少"体制,把农村商品流通放开放活。从1979年起,国家陆续提高农产品价格,以后又逐步调整农产品购销政策。1985年,国家开始对粮食等主要农产品实行合同定购,把许多农产品放开经营,结束了延续30多年的统派购制度。这些改革

---

① 江泽民.加快改革开放和现代化建设步伐 夺取有中国特色社会主义事业的更大胜利:在中国共产党第十四次全国代表大会上的报告(1992年10月12日)[N].人民日报,1992-10-21(1).
② 当代中国研究所.中华人民共和国史稿:第四卷[M].北京:人民出版社,2012:125.
③ 周新辉,侯爱萍.十一届三中全会以来我国农村改革的历史进程及基本经验[J].山东农业大学学报(社会科学版),2008(3).

措施,使农业生产摆脱了长期停滞的困境,农村经济向着专业化、商品化、社会化迅速迈进,广大城乡人民得到显著实惠,带动了改革和建设事业的发展。随着农村改革全面、深入展开,乡镇企业异军突起。"到1990年,乡镇企业从业人数发展到9265万人,占农村劳动力的22%,农村工业产值已占全国工业产值的1/3。"[①]农产品供给长期短缺的被动局面初步改变,农村剩余劳动力从土地上转移出来,农村改革为农村致富和逐步实现现代化,为促进工业和整个经济发展,开辟了一条新路。

农村改革的同时,城市改革也开始展开。1982年9月,中共十二大提出了改革的基本原则:集中资金进行重点建设,正确处理中央与地方、企业的关系;坚持国有经济的主导地位和多种经济形式同时并存;正确贯彻计划经济为主,市场调节为辅的原则;坚持在自力更生的基础上扩大对外经济技术交流。这些改革原则,在同年12月第五届全国人大第五次会议通过的《中华人民共和国宪法》中得到确认:在所有制结构上,规定"社会主义经济制度的基础是生产资料的社会主义公有制,即全民所有制和劳动群众集体所有制","城乡劳动者个体经济,是社会主义公有制经济的补充";在调节体系上,规定"在社会主义公有制基础上,实行计划经济","国家通过经济计划的综合平衡和市场调节的辅助作用,保证国民经济按比例地协调发展"。上述规定,是对单一的计划经济、单一的计划调节和忽视价值规律、市场调节的理论和观念的突破。我国在企业管理体制改革方面,首先开始扩大企业自主权,全面推行经济责任制,实行由向国家上缴利润改为缴纳税金,改革企业领导制度等;在所有制改革方面,积极发展多种经济成分,实行以公有制为主体的多种经济成分并存的经济体制;在宏观经济体制改革方面,对财政体制和计划体制进行改革,改革银行和基建管理体制,推动企业改组和经济联合。

1984年10月20日,中共十二届三中全会通过了《中共中央关于经济体制改革的决定》(以下简称《决定》),这一《决定》被认为是推进经济体制改革的纲领性文献。根据《决定》的要求,增强企业活力是经济体制改革的中心环节,明确提出要建立自觉运用价值规律的计划体制,发展社会主义商品经济。改革计划体制,"要突破把计划经济同商品经济对立起来的传统观念,明确认识社会主

---

① 何毅亭.改革开放是如何起步和不断前进的?[J].学习与研究,1992(1).

义经济必须自觉依据和运用价值规律,是在公有制基础上的有计划的商品经济"①。该《决定》指出,要建立合理的价格体系,充分重视经济杠杆的作用;要实行政企分开,正确发挥政府机构管理经济的职能;要建立多种形式的经济责任制,认真贯彻按劳分配原则;要积极发展多种经济形式,进一步扩大对外的和国内的经济技术交流。此后,以增强企业活力为中心的城市改革逐步全面展开,计划、财政、税收、价格、金融、物资、商业、外贸、劳动工资等方面的改革也随之推进。

随着改革的深入,中共十四大进一步明确了改革的目标:"经济体制改革的目标,是在坚持公有制和按劳分配为主体、其他经济成分和分配方式为补充的基础上,建立和完善社会主义市场经济体制。政治体制改革的目标,是以完善人民代表大会制度、共产党领导的多党合作和政治协商制度为主要内容,发展社会主义民主政治。"②

(二)开放

中国进行现代化建设,面临着资金、技术、人才和管理等方面的制约,需要对外开放,获取利用现代化建设所需要的各种资源,加快现代化建设进程。对于对外开放的必要性问题,邓小平指出,"现在的世界是开放的世界"③,"任何一个民族、一个国家,都需要学习别的民族、别的国家的长处,学习人家先进的科学技术。我们不仅因为今天科学技术落后,需要努力向外国学习,即使我们的科学技术赶上了世界先进水平,也还要学习人家的长处"④。邓小平总结历史经验,认为"经验证明,关起门来搞建设是不能成功的,中国的发展离不开世界"⑤,"中国要谋求发展,摆脱贫穷和落后,就必须开放"⑥。

中国的对外开放经历了一个不断扩大和深化的过程。在提出和初步实施对外开放政策时期,对外开放主要采取了"改革外贸体制,发展对外贸易;引进

---

① 本书编写组.十一届三中全会以来历次党代会、中央全会报告公报决议决定:上[M].北京:中国方正出版社,2008:221.
② 江泽民.加快改革开放和现代化建设步伐 夺取有中国特色社会主义事业的更大胜利:在中国共产党第十四次全国代表大会上的报告(1992年10月12日)[N].人民日报,1992-10-21(1).
③ 邓小平.邓小平文选:第三卷[M].北京:人民出版社,1993:64.
④ 邓小平.邓小平文选:第二卷[M].北京:人民出版社,1994:91.
⑤ 邓小平.邓小平文选:第三卷[M].北京:人民出版社,1993:78.
⑥ 邓小平.邓小平文选:第三卷[M].北京:人民出版社,1993:266.

技术和适合中国的经营管理经验;利用外资;创办经济特区"等途径。1980年,中国首先建立了深圳、珠海、汕头、厦门4个经济特区。1982年9月,中共十二大指出:"实行对外开放,按照平等互利的原则,扩大对外经济技术交流,是我国坚定不移的战略方针。"①中共十二大以后,对外开放开始大踏步前进。1987年10月,中共十三大指出,要进一步扩大对外开放的广度和深度,不断发展对外经济技术交流与合作。1984年,国家在创建经济特区经验的基础上,在14个沿海城市建立了经济技术开发区;1988年4月,又建立了海南经济特区。1990年开始,国家先后在沿海港口和陆地口岸借鉴国外自由贸易区的经验,建立了13个保税区,主要发展转口贸易和过境贸易。1991年开始,为了推动高新技术产业的发展,相继建立了27个国家级的高新技术开发区。此外,随着对外开放的进展,国家还相继设立了台商投资开发区、上海浦东新区、边境经济合作区、农业开发区、旅游资源开发区等。

改革开放就其引起社会变革的广度和深度来说,是开始了一场新的革命。从1978—1992年,"十四年改革带来的最深刻的变化,就是摆脱了许多思想上和体制上的禁锢,调动起广大人民群众的积极性,拥有十一亿人口的中国正在创造着充满活力的社会主义"②。

本章小结

1976—1992年的《人民日报》共发表17篇元旦社论,记录了中国特色社会主义开创时期的政治文明,塑造了改革开放、现代化建设背景下中国政治文明得以新生与发展的脉络和新形象。

在政治意识文明方面,《人民日报》元旦社论突出倡导了以富民强国为奋斗目标的、民主与法制相统一的民主观,以解放思想、解放生产力为内容的自由观,以实现共同富裕为目标的公正观等政治价值观;宣传了建设有中国特色的社会主义理论;宣扬了"解放思想,实事求是""克服官僚主义,树立民主作风"等政治道德和"自由舒畅、生动活泼""满怀理想、敢于担当"等政治心态。

---

① 本书编写组.十一届三中全会以来历次党代会、中央全会报告公报决议决定:上[M].北京:中国方正出版社,2008:142.
② 江泽民.加快改革开放和现代化建设步伐 夺取有中国特色社会主义事业的更大胜利:在中国共产党第十四次全国代表大会上的报告(1992年10月12日)[N].人民日报,1992-10-21(1).

在政治制度文明方面,《人民日报》元旦社论反映了改革开放过程中中国共产党旗帜鲜明地坚持"四项基本原则"这一立国之本,对人民代表大会制度、中国共产党领导的多党合作和政治协商制度、民族区域自治制度恢复完善的历史过程。"政治体制改革""民主法制化""一国两制"等话语,反映了这一时期国家政治制度和政治体制的自我完善、创新发展的显著成果。

在政治行为文明方面,《人民日报》元旦社论通过"拨乱反正""改革开放"等话语,反映了中国特色社会主义开创时期最重要的政治行为。这一时期的《人民日报》元旦社论中,"革命"出现111次,"斗争"出现60次,"批判"出现15次,"建设"出现171次,"改革"出现155次,"发展"出现151次,"生产"出现77次。《人民日报》元旦社论呈现出革命话语逐渐减弱,建设话语逐渐增强,建设话语、改革话语逐渐替代革命话语的趋势,展现了政治文明主题由革命向建设的转变过程。

第四章
中国特色社会主义发展时期的政治文明
（1992—2012）

1992—2012年，中国共产党先后召开了中共十四大、中共十五大、中共十六大、中共十七大和中共十八大，中央领导集体先后经历了以江泽民为核心的第三代中央领导集体和以胡锦涛为总书记的党中央。这一时期，中国共产党领导中国人民成功把中国特色社会主义推向21世纪，在新的历史起点上坚持和发展了中国特色社会主义。

第一节　中国特色社会主义发展时期的政治意识文明

这一时期，《人民日报》元旦社论以全面建设小康社会、建设社会主义政治文明、以人为本、和谐社会、"三个代表"重要思想、科学发展观、以德治国、中国信心等话语，反映了中国特色社会主义发展时期的政治价值观的新发展，展示了这一时期的政治道德和政治心态。

一、中国特色社会主义发展时期社会主义政治价值观

在中国特色社会主义发展时期，社会主义政治价值观内容进一步完善，主要体现在将实现现代化的总目标具体化为全面建设小康社会的目标，将民主建设的目标提升到建设社会主义政治文明的高度，将社会主义法制建设上升为依法治国战略，以人为本、和谐社会等价值理念得以确立。

全面建设小康社会

1996年元旦社论:党的十四届五中全会通过的关于制定"九五"计划和2010年远景目标的建议,提出了跨世纪的宏伟蓝图。按照这一蓝图,未来五年,我们要实现人均国民生产总值比1980年翻两番,使人民生活达到小康水平。

2003年元旦社论:十六大的主题是,高举邓小平理论伟大旗帜,全面贯彻"三个代表"重要思想,继往开来,与时俱进,全面建设小康社会,加快推进社会主义现代化,为开创中国特色社会主义事业新局面而奋斗。

2006年元旦社论:"十一五"时期,我们将实施中央提出全面建设小康社会宏伟目标后的第一个五年规划,实施中央作出贯彻科学发展观和构建社会主义和谐社会重大部署后的第一个五年规划。这五年我们能否在推进经济社会发展步入科学发展轨道上取得显著成效,在很大程度上决定着我们能否承前启后地抓住本世纪头二十年的重要战略机遇期,决定着到2020年我们能否全面建成小康社会,以及到本世纪中叶能否基本实现现代化。

社会主义政治文明

2003年元旦社论:必须勇于探索,敢于攻坚,善于创新,不断发展社会主义市场经济体制,发展社会主义民主政治、发展社会主义先进文化,促进社会主义物质文明、政治文明和精神文明协调发展。

2005年元旦社论:在过去的一年里,全国各族人民坚持以邓小平理论和"三个代表"重要思想为指导,深入贯彻党的十六大和十六届三中全会、四中全会精神,树立和落实科学发展观,改革开放和经济建设取得新的重大进展,民主法制建设和宣传思想工作得到加强,社会主义物质文明、政治文明、精神文明建设和党的建设取得新的成绩。

我们一定要坚持推动社会主义物质文明、政治文明和精神文明协调发展,巩固和发展民主团结、生动活泼的政治局面,促进经济社会的全面进步和人的全面发展。

以人为本

2007年元旦社论:以人为本,全面协调可持续的科学发展观,不仅是我们党关于发展问题的理论创新,也正在成为亿万中国人民的思想共识,成为我们指导发展的世界观和方法论。

2011年元旦社论:在坚定不移推动发展过程中,不断深化对中国特色社会主义的规律性认识,更加注重以人为本,充分调动全社会的发展积极性,为全面建设小康社会,实现中华民族伟大复兴凝聚起强大力量。

社会主义和谐社会

2005年元旦社论:我们一定要坚持以人为本,努力构建社会主义和谐社会,正确处理改革发展稳定的关系,深入做好群众工作,切实维护社会稳定,实现好、维护好、发展好最广大人民群众的根本利益。

2006年元旦社论:着力解决人民群众最关心、最直接、最现实的利益问题,推动和谐社会建设。

(一)全面建设小康社会

这一时期,中国共产党对社会主义现代化建设目标的描述经历了从"富强"到"小康",从"总体小康"到"全面小康"再到"建成小康"的过程。小康社会的概念最初由邓小平提出。"我们提出的到20世纪末翻两番……这个目标不会落空。翻两番,国民生产总值人均达到八百美元,就是到20世纪末在中国建立一个小康社会。这个小康社会,叫作中国式的现代化。"① 1982年9月,中共十二大提出,从1981年到20世纪末的20年,中国经济建设总的奋斗目标是,在不断提高经济效益的前提下,力争使全国工农业总产值翻两番,城乡人民的收入将成倍增长,人民物质生活可以达到小康水平。"这是党的全国代表大会首次使用'小康'概念。"② 1987年,中共十三大对"三步走"战略进行了具体描述:"党

---

① 邓小平.邓小平文选:第三卷[M].北京:人民出版社,1993:53-54.
② 甘丽,陈旭.试析江泽民同志对邓小平小康社会理论的发展[J].毛泽东思想研究,2003(6).

的十一届三中全会以后,我国经济建设的战略部署大体分三步走。第一步,实现国民生产总值比1980年翻一番,解决人民的温饱问题。这个任务已经基本实现。第二步,到20世纪末,使国民生产总值再增长一倍,人民生活达到小康水平。第三步,到下个世纪中叶,人均国民生产总值达到中等发达国家水平,人民生活比较富裕,基本实现现代化。"①

1987年,中国实现了第一步翻一番的目标。1995年,中国提前五年实现了国民生产总值翻两番的目标。1997年,中国又提前实现了人均国民生产总值翻两番的目标。1997年,中共十五大提出:"展望21世纪,我们的目标是,第一个十年实现国民生产总值比2000年翻一番,使人民的小康生活更加宽裕,形成比较完善的社会主义市场经济体制;再经过十年的努力,到建党一百年时,国民经济更加发展,各项制度更加完善;到21世纪中叶建国一百年时,基本实现现代化,建成富强、民主、文明的社会主义国家。"②中共十五大报告将"三步走"发展战略的第三步划分为三个阶段,按照这个战略,中国将大致以2010年、2020年、2050年为节点分三个阶段,逐步达到现代化的目标。

全面建设小康社会目标的提出。到2000年,中国顺利地实现了老"三步走"战略中的第一、第二步战略目标,全国人民的生活总体上达到了小康水平。2000年10月,中共十五届五中全会公报指出:"我们已经胜利实现了现代化建设的前两步战略目标,经济和社会全面发展,人民生活总体上达到了小康水平。"③虽然总体上达到小康社会,但是现在达到的小康还是低水平的、不全面的、发展很不平衡的小康,中国将长期处于社会主义初级阶段,中国社会的主要矛盾仍然是人民日益增长的物质文化需要同落后的社会生产之间的矛盾。2000年10月,江泽民提出:"从21世纪开始,我国将进入全面建设小康社会,加快推进社会主义现代化的新的发展阶段。"④2002年11月,中共十六大报告提出:"中国共产党带领人民在21世纪前50年要实现的目标,就是全面建设小康

---

① 本书编写组.十一届三中全会以来历次党代会、中央全会报告公报决议决定:上[M].北京:中国方正出版社,2008:289-290.
② 本书编写组.十一届三中全会以来历次党代会、中央全会报告公报决议决定:上[M].北京:中国方正出版社,2008:597.
③ 鞠鹏,马占成.中共十五届五中全会在京举行 中央政治局主持会议 中央委员会总书记江泽民同志作重要讲话[N].人民日报,2000-10-12(1).
④ 中共中央文献研究室.十五大以来重要文献选编:中[M].北京:人民出版社,2000:1369.

社会进而实现现代化的目标。"[①]全面建设小康社会的目标,是中国特色社会主义经济、政治、文化全面发展的目标。根据这一目标,中国将在21世纪前二十年,集中力量,全面建设惠及十几亿人口的更高水平的小康社会,使经济更加发展、民主更加健全、科教更加进步、文化更加繁荣、社会更加和谐、人民生活更加殷实。如果说此前中国共产党对小康社会的认识,主要侧重于物质文明方面,侧重在解决生存需要,那么,全面建设小康社会,其最大的特色在于它是惠及十几亿人口的小康,其目标不仅有物质生活方面的要求,还包含了社会主义民主与法制、全民族的思想道德、科学文化素质和健康素质、可持续发展能力、生态环境等方面更为"全面"的内容,涵盖了诸多子系统和具体目标。2007年10月,中共十七大对全面建设小康社会提出了新要求,包括5个方面的内容:增强发展协调性,努力实现经济又好又快发展;扩大社会主义民主,更好保障人民权益和社会公平正义;加强文化建设,明显提高全民族文明素质;加快发展社会事业,全面改善人民生活;建设生态文明,基本形成节约能源资源和保护生态环境的产业结构、增长方式、消费模式。这一时期,人们对全面建成小康社会已经能够比较清晰地进行展望:"到2020年全面建成小康社会之时,我们这个历史悠久的文明古国和发展中社会主义大国,将成为工业化基本实现、综合国力显著增强、国内市场总体规模位居世界前列的国家,成为人民富裕程度普遍提高、生活质量明显改善、生态环境良好的国家,成为人民享有更加充分的民主权利、具有更高的文明素质和精神追求的国家,成为各方面制度更加完善、社会更加充满活力而又安定团结的国家,成为对外更加开放、更加具有亲和力、为人类文明做出更大贡献的国家。"[②]全面建设小康社会早已不再是一个单纯的经济建设目标,而是全国人民的思想共识和行动指引的政治目标。

(二)建设社会主义政治文明

中国特色社会主义发展时期,在原有民主政治建设目标的基础上,中国共产党提出了建设社会主义政治文明的新目标。2003年和2005年的《人民日报》元旦社论均有"促进社会主义物质文明、政治文明、精神文明协调发展"的表述。

社会主义政治文明概念的提出。2001年1月,江泽民在全国宣传部长会议

---

① 柳建辉.中华人民共和国史:2002—2009[M].北京:人民出版社,2010:18.
② 本刊评论员.努力实现全面建设小康社会新要求 认真学习贯彻党的十七大精神之四[J].求是,2008(1).

上指出:"法治属于政治建设、属于政治文明,德治属于思想建设、属于精神文明。"①在2002年5月31日中央党校省部级干部进修班毕业典礼上的讲话中,江泽民进一步指出,发展社会主义民主政治,建设社会主义政治文明,是社会主义现代化建设的重要目标。2002年7月16日,江泽民在考察中国社会科学院时又说:"建设有中国特色社会主义,应该是我国经济、政治、文化全面发展的进程,是我国社会主义物质文明、政治文明、精神文明全面建设的进程。"②

中共十六大报告明确提出:"发展社会主义民主政治,建设社会主义政治文明,是全面建设小康社会的重要目标。"③这是中国共产党党代会报告中第一次提出"社会主义政治文明"的概念。建设社会主义政治文明,最根本的就是要坚持党的领导、人民当家作主和依法治国的有机统一,其中"党的领导是人民当家作主和依法治国的根本保证,人民当家作主是社会主义民主政治的本质要求,依法治国是党领导人民治理国家的基本方略"④。

民主政治建设的本质是人民当家作主。江泽民认为:"我们的社会主义民主,是全国各族人民享有的最广大的民主,它的本质就是人民当家作主。"⑤1996年3月,江泽民在参加第八届全国人大第四次会议、全国政协八届四次会议的党员负责同志会议上发表讲话:"我们是共产党领导的社会主义国家。共产党执政的实质是人民当家作主。我们的社会主义民主制度,体现了最广泛的人民民主,最适合我国国情,因而是最好的民主制度。美国和其他西方国家一些人总想把他们的议会民主那一套东西推广到全世界,成为普遍的模式。这是一种空想。西方有什么上院、下院,我们的最高权力机构就是一个,就是全国人民代表大会。正如邓小平同志指出的:'我们实行的就是全国人民代表大会一院制,这最符合中国实际。如果政策正确,方向正确,这种体制益处很大,很有助于国家的兴旺发达,避免很多牵扯。'我们国家的一切权力属于人民。这是西方国家无法比拟的。我们完全可以理直气壮地说,我国的人民代表大会制度比西方国家的'三权鼎立'制度要民主得多、优越得多。当然,我们的社会主义民主也还

---

① 江泽民.江泽民文选:第三卷[M].北京:人民出版社,2006:200.
② 江泽民.江泽民文选:第三卷[M].北京:人民出版社,2006:490-491.
③ 江泽民.在中国共产党第十六次全国代表大会上的报告[N].人民日报,2002-11-18(1).
④ 江泽民.在中国共产党第十六次全国代表大会上的报告[N].人民日报,2002-11-18(1).
⑤ 江泽民.在纪念党的十一届三中全会召开二十周年大会上的讲话(1998年12月18日)[N].人民日报,1998-12-19(1).

要随着经济、文化和社会的进步在实践中不断地发展和完善。"①保证工人阶级和广大劳动群众行使管理国家、管理经济和社会事务的权利是社会主义民主的"根本要求"。中国不能照抄照搬美国的制度，不能成为西方发达国家的附庸。中国进行政治体制改革、加强民主法制建设，只能是不断完善社会主义民主，充分发挥社会主义民主的优越性。

依法治国是党领导人民治理国家的基本方略。依法治国是中国共产党在"民主制度化法律化"思想的基础上，顺应时代发展要求提出来的。1996年2月8日在中共中央举办的中央领导同志第三次法制讲座会上，江泽民指出："实行和坚持依法治国，就是使国家各项工作逐步走上法制化和规范化；就是广大人民群众在党的领导下，依照宪法和法律的规定，通过各种途径和形式参与管理国家、管理经济文化事业、管理社会事务；就是逐步实现社会主义民主的法制化、法律化。"②此后，1996年3月，第八届全国人大第四次会议通过的《国民经济和社会发展"九五"计划和2010年远景目标纲要》，规定了"依法治国，建设社会主义法制国家"的治国方针，并且提出了具体的任务和要求。中共十五大，江泽民在报告中又把依法治国确定为治理国家的基本方略，进一步将"法制国家"的提法改为"法治国家"，第一次把"依法治国"和"法治"载入党的纲领性文件，提出"建设有中国特色的社会主义政治，就是在中国共产党领导下，在人民当家作主的基础上，依法治国，发展社会主义民主政治"③。第九届全国人大第二次会议通过的《中华人民共和国宪法修正案》，依法治国作为基本治国方略得以正式确立。依法治国是指广大人民群众在党的领导下，依照宪法和法律规定，通过各种途径和形式管理国家事务，管理经济文化事业，管理社会事务，保证国家各项工作依法进行，逐步实现社会主义民主的制度化、规范化、程序化，使这种制度和法制不因领导人的改变而改变，不因领导人看法和注意力的改变而改变。中共十七大报告强调："全面落实依法治国基本方略，加快建设社会主义法治国家。依法治国是社会主义民主政治的基本要求。"④依法治国战略的提出，

---

① 江泽民.关于讲政治(一九九六年三月三日)[J].求是，1996(13).
② 张宿堂，何加正，刘卫兵.实行和坚持依法治国 保障国家的长治久安[N].人民日报，1996-02-09(1).
③ 江泽民.高举邓小平理论伟大旗帜，把建设有中国特色社会主义事业全面推向二十一世纪：在中国共产党第十五次全国代表大会上的报告(1997年9月12日)[N].人民日报，1997-09-22(1).
④ 本书编写组.十一届三中全会以来历次党代会、中央全会报告公报决议决定：下[M].北京：中国方正出版社，2008：922.

表明中国共产党执政方式和治国方略的变革,是社会主义政治文明进一步发展的标志。

(三)以人为本

以人为本,就是指以人为价值的核心和社会的本位,把人的生存和发展作为最高的价值目标。以人为本的政治价值观,进一步明确了政治发展和民主政治建设的根本出发点和落脚点。胡锦涛认为:"坚持以人为本,就是要以实现人的全面发展为目标,从人民群众的根本利益出发,谋发展、促发展,不断满足人民群众日益增长的物质文化需要,切实保障人民群众的经济、政治和文化权益,让发展的成果惠及全体人民。"①以人为本的政治价值观,体现了中国共产党全心全意为人民服务的根本宗旨和推动经济社会发展的根本目的,突出了"最广大人民群众"在中国政治发展和民主政治的主体地位,体现了对"以神为本""以物为本""以官为本""以资为本"的否定,丰富了责任、服务、法制等新的民主政治内涵,促成了政府对于自身职能的重新定位。在"以人为本"的政治价值观指导下,中国政治民主化水平得到进一步提高。

第一,转变执政理念。这一时期,中国共产党根据新世纪新阶段国际国内形势的发展变化,提出了一系列执政理念。其中,最核心、最根本的执政理念就是坚持"以人为本、执政为民"。中共十六届四中全会决定把"坚持立党为公、执政为民,始终保持党同人民群众的血肉联系"作为中国共产党执政的主要经验之一,予以重视和强调。2008年9月在全党深入学习实践科学发展观活动动员大会上的讲话中和2011年6月28日在主持中共中央政治局集体学习时的讲话中,胡锦涛都强调了坚持"立党为公、执政为民、以人为本"的理念。胡锦涛在第十七届中央纪委第六次全会上强调:"必须进一步把以人为本、执政为民贯彻落实到党和国家全部工作中。"②以人为本的政治价值观决定了执政为民的执政理念,执政为民的执政理念体现了以人为本的政治价值观。

第二,人民民主是社会主义的生命。中共十七大报告指出:"人民民主是社

---

① 胡锦涛.在中央人口资源环境工作座谈会上的讲话(2004年3月10日)[N].人民日报,2004-04-05(2).
② 胡锦涛.在十七届中央纪委六次全会上发表重要讲话强调 深入贯彻落实以人为本执政为民理念 扎实开展党风廉政建设和反腐败斗争[N].人民日报,2011-01-11(1).

会主义的生命。发展社会主义民主政治是我们党始终不渝的奋斗目标。"①这是中国共产党第一次提出把民主视为"生命",强调要坚定不移发展社会主义民主政治,扩大人民民主,保证人民当家作主;要健全民主制度,丰富民主形式,拓宽民主渠道,保障人民的知情权、参与权、表达权、监督权;要支持人民代表大会依法履行职能;支持人民政协围绕团结和民主两大主题履行职能;坚持各民族一律平等,保证民族自治地方依法行使自治权;推进决策科学化、民主化,制定与群众利益密切相关的法律法规和公共政策原则上都要公开听取意见;加强公民意识教育;支持工会、共青团、妇联等人民团体依照法律和各自章程开展工作,参与社会管理和公共服务,维护群众合法权益。这些论述体现了坚持以人为本,推进社会主义民主政治建设的方略。

第三,推动人权事业发展。中国特色社会主义发展时期,中国人权理论、人权保障制度、中国人权事业快速发展,人权状况持续改善。中共十六大报告指出:"健全民主制度,丰富民主形式,扩大公民有序的政治参与,保证人民依法实行民主选举、民主决策、民主管理和民主监督,享有广泛的权利和自由,尊重和保障人权。"②中共十七大报告在论述"全面落实依法治国基本方略,加快建设社会主义法治国家"问题时,提出必须"尊重和保障人权,依法保证全体社会成员平等参与、平等发展的权利"③。按照这些要求,中国政府采取有效措施,维护、保障人民群众的合法权益,包括建立起覆盖城乡居民的社会救助制度、改善人民医疗保障和健康权益、推进教育公平等。

(四)和谐社会

在中国特色社会主义发展时期,构建社会主义和谐社会成为一项政治文明建设的重要价值目标。中共十七大报告提出了"建设富强、民主、文明、和谐的社会主义现代化国家"的目标。构建社会主义和谐社会体现了中国共产党政治价值观的新发展。

---

① 本书编写组.十一届三中全会以来历次党代会、中央全会报告公报决议决定:下[M].北京:中国方正出版社,2008:920.
② 本书编写组.十一届三中全会以来历次党代会、中央全会报告公报决议决定:下[M].北京:中国方正出版社,2008:754.
③ 本书编写组.十一届三中全会以来历次党代会、中央全会报告公报决议决定:下[M].北京:中国方正出版社,2008:922.

1. 构建社会主义和谐社会的提出

构建社会主义和谐社会,是在如何实现全面建设小康社会的背景下提出来的。中共十六大提出全面建设小康社会的目标,而这一目标的实现没有和谐的社会环境是不行的。但是,社会上存在着不利于和谐的现象和问题。比如城乡居民收入差距呈现出不断加大的趋势,就业、社会保障、收入分配、教育、医疗、住房、安全生产、社会治安等方面的问题比较突出,群体利益关系和矛盾出现了严重不和谐现象。领导干部和社会成员存在着素质不高、诚信缺失、道德失范、作风不正、腐败蔓延等严重问题。2005年2月19日,胡锦涛在省部级主要领导干部关于"提高构建社会主义和谐社会能力"的专题研讨班上,全面阐述了社会主义和谐社会的基本要求,他指出:"我们所要建设的社会主义和谐社会,应该是民主法治、公平正义、诚信友爱、充满活力、安定有序、人与自然和谐相处的社会。"①中共十六届四中全会在《中共中央关于加强党的执政能力建设的决定》中,进一步提出了构建社会主义和谐社会的指导思想、目标任务和原则。构建社会主义和谐社会,就是要更加自觉地加强社会主义和谐社会建设,使社会主义物质文明、政治文明、精神文明建设与和谐社会建设全面发展。因此,中国特色社会主义事业的总体布局,更加明确地由社会主义经济建设、政治建设、文化建设三位一体发展为社会主义经济建设、政治建设、文化建设、社会建设四位一体。

2. 构建社会主义和谐社会是对过去政治价值的扬弃

一方面,构建社会主义和谐社会,体现了对中国传统政治价值观的扬弃。中国传统的和谐思想是人民团结、社会稳定的政治纽带,同时传统的和谐思想也存在负面因素。社会主义和谐社会的政治价值观,抛弃"礼"治人治,以法治精神为基本理念建设和谐社会,不仅在原则上承认人民群众在国家政权中的主体地位和主人地位,而且采取具体制度、规范来保障人民群众的民主权利。另一方面,构建社会主义和谐社会是对"斗争哲学"的扬弃。"'斗争哲学'作为一种基本的价值取向,在很长一段时期内曾是中国共产党人用以指导革命的思想基础。"②中共十六大报告指出:"我们党历经革命、建设和改革,已经从领导人民

---

① 胡锦涛.在省部级主要领导干部提高构建社会主义和谐社会能力专题研讨班上的讲话[N].人民日报,2005-06-27(1).
② 尹书博,叶春涛.从"斗争哲学"到构建"和谐社会":中共执政理念的新飞跃[J].党史文苑,2007(6).

为夺取全国政权而奋斗的党,成为领导人民掌握全国政权并长期执政的党。"①构建社会主义和谐社会表明了中国共产党从革命党转变为执政党过程中的执政理念和政治价值观。

3.构建和谐社会体现了对实现社会公正的新追求

构建和谐社会进一步体现了追求和谐、秩序、公平、正义的社会主义政治价值。胡锦涛指出:"维护和实现社会公平和正义,涉及最广大人民的根本利益,是我们党坚持立党为公、执政为民的必然要求,也是我国社会主义制度的本质要求。只有切实维护和实现社会公平和正义,人们的心情才能舒畅,各方面的社会关系才能协调,人们的积极性、主动性、创造性才能充分发挥出来。"②把社会公平正义归纳为社会主义制度的本质要求是一个创举。在胡锦涛提出社会公平正义是社会主义本质要求的基础上,温家宝在《关于社会主义初级阶段的历史任务和我国对外政策的几个问题》一文中又进一步强调:"在社会主义初级阶段巩固和发展社会主义,必须认识和把握好两大任务:一是解放和发展生产力,极大地增加全社会的物质财富;二是逐步实现社会公平与正义,极大地激发全社会的创造活力和促进社会和谐。"③

4.社会主义和谐社会中效率与公平的关系

社会主义过渡和建设时期实行的是重公平忽效率的发展模式。中共第二代中央领导集体在共同富裕的目标下允许一部分地区、一部分人先富起来,先富带动后富,打破了"重公平忽效率"的发展模式。第三代中央领导集体明确提出了"效率优先,兼顾公平"的思想。"效率优先,兼顾公平"分配政策固然促进了中国经济的迅速发展,但也出现了贫富差距不断扩大和两极分化的趋势。中共十六大以来,中国共产党提出了在经济发展的基础上更加注重社会公平的论断。2004年9月召开的中共十六届四中全会已经放弃了"效率优先,兼顾公平"的提法。中共十七大报告则变为"初次分配和再分配都要处理好效率和公平的

---

① 本书编写组.十一届三中全会以来历次党代会、中央全会报告公报决议决定:下[M].北京:中国方正出版社,2008:744.
② 胡锦涛.在省部级主要领导干部提高构建社会主义和谐社会能力专题研讨班上的讲话[N].人民日报,2005-06-27(1).
③ 温家宝.关于社会主义初级阶段的历史任务和我国对外政策的几个问题[N].人民日报,2007-02-27(2).

关系,再分配更加注重公平"①。

二、"三个代表"重要思想和科学发展观

"三个代表"重要思想

1998年元旦社论:在这一年,以江泽民同志为核心的党中央,继承邓小平同志的遗志,高举邓小平理论的伟大旗帜,领导全党和全国各族人民坚定不移地沿着建设有中国特色社会主义道路阔步前进,写下了改革开放和社会主义现代化建设的辉煌篇章。

2002年元旦社论:我国"十五"计划开局良好,经济和社会发展保持旺盛活力。隆重庆祝建党80周年,兴起了学习"七一"重要讲话、贯彻"三个代表"重要思想的热潮。

科学发展观

2007年元旦社论:以人为本,全面协调可持续的科学发展观,不仅是我们党关于发展问题的理论创新,也正在成为亿万中国人民的思想共识,成为我们指导发展的世界观和方法论。

2008年元旦社论:科学发展观是我国经济社会发展的重要指导方针,是发展中国特色社会主义必须坚持和贯彻的重大战略思想。

(一)"三个代表"重要思想

中国共产党第三代中央领导集体,在坚持邓小平理论的基础上,在经济体制改革、政治体制改革、依法治国、建设社会主义法治国家、建设什么样的党和怎样建设党等方面进行了理论探索和创新,形成了"三个代表"重要思想。

20世纪80年代末90年代初,邓小平在深刻反思国际国内形势和中国社会主义建设经验教训的基础上,深刻认识到加强党的建设的重要性。1989年,邓

---

① 本书编写组.十一届三中全会以来历次党代会、中央全会报告公报决议决定:下[M].北京:中国方正出版社,2008:926.

小平指出:"常委会的同志要聚精会神地抓党的建设,这个党该抓了,不抓不行了。"①在1992年南方谈话中,邓小平强调:"中国要出问题,还是出在共产党内部。对这个问题要清醒。"②这被看作邓小平对第三代中央领导集体的重要政治交代。江泽民在改革和建设的实践中,针对在改革开放和现代化建设条件下,建设一个什么样的执政党、怎样建设执政党的问题进行了理论探索,形成了"三个代表"重要思想。为了加强党的思想建设,1998年11月,中共中央决定在县级以上党政领导班子、领导干部中深入开展以"讲学习、讲政治、讲正气"为主要内容的党性党风教育活动。"从1998年到2000年年底,全党共有70万领导干部参加了'三讲'教育。"③在"三讲"教育过程中,江泽民围绕"建设一个什么样的执政党和怎样建设执政党"这一问题,提出了"三个代表"重要思想。2000年2月,江泽民在广东视察工作时第一次提出"三个代表"重要思想,他指出:"只要我们党始终代表中国先进社会生产力的发展要求,代表中国先进文化的前进方向,代表中国最广大人民的根本利益,我们党就能永远立于不败之地,永远得到全国各族人民的衷心拥护并带领人民不断前进。"④随后,他又进一步指出:"始终代表中国先进生产力的发展要求、中国先进文化的前进方向、中国最广大人民的根本利益,是我们党的立党之本、执政之基、力量之源。"⑤2001年7月1日,在庆祝建党80周年大会上,江泽民全面阐述了"三个代表"思想的基本内涵。2002年5月31日,江泽民来到中央党校,发表重要讲话,强调要高举邓小平理论伟大旗帜,全面贯彻"三个代表"重要思想,与时俱进,努力开创建设有中国特色社会主义事业新局面。中共十六大报告中指出:"'三个代表'重要思想是对马克思列宁主义、毛泽东思想和邓小平理论的继承和发展。"⑥"三个代表"重要思想深化了对执政党先进性的认识,成为第三代中央领导集体时期社会主义政治理论的重要内容。

---

① 邓小平.邓小平文选:第三卷[M].北京:人民出版社,1993:314.
② 邓小平.邓小平文选:第三卷[M].北京:人民出版社,1993:380.
③ 中共中央党史研究室.中国共产党简史[M].北京:中共党史出版社,2009:151.
④ 兰红光.紧密结合新的历史条件加强党的建设 始终带领全国人民促进生产力的发展[N].人民日报,2000-02-26(1).
⑤ 深入基层总结实践积极探索开拓前进 按照"三个代表"要求加强党的建设[N].人民日报,2000-05-16(1).
⑥ 本书编写组.十一届三中全会以来历次党代会、中央全会报告公报决议决定:下[M].北京:中国方正出版社,2008:744.

(二)科学发展观

中共十六大以来,中国共产党在政治思想方面提出了科学发展观。中共十八大把科学发展观确立为党必须长期坚持的指导思想。从政治文明角度来看,"科学发展观不仅是中国共产党执政理念的创新,也是指导中国社会发展的政治理论的创新"①,是社会主义政治思想的最新成果。

科学发展观是在2003年提出的。2003年8月底9月初,胡锦涛在江西调研时提出,要牢固树立协调发展、全面发展、可持续发展的科学发展观。在2003年10月召开的中共十六届三中全会上,科学发展观的基本内涵——"坚持以人为本,树立全面、协调、可持续的发展观,促进经济社会和人的全面发展"被写入党的文件。2007年10月,中共十七大对科学发展观的科学内涵、精神实质、根本要求进行了全面系统深入的阐述,强调指出:"科学发展观,第一要义是发展,核心是以人为本,基本要求是全面协调可持续,根本方法是统筹兼顾。"

科学发展观是针对中国经过持续30多年的快速发展和变革之后的阶段性特征提出来的。21世纪前20年,中国处于发展的"重要战略机遇期",在社会发展取得巨大成就的同时,也积累了诸多矛盾、问题和挑战。中国仍处于并将长期处于社会主义初级阶段的基本国情没有变,人民日益增长的物质文化需要同落后的社会生产之间的矛盾这一社会主要矛盾没有变,中国是世界最大发展中国家的国际地位没有变。因此,中共中央强调要立足于"三个没有变"的实际,按照科学发展观的要求,紧紧抓住经济建设这个中心,坚持改革不停步,开放不止步,加快改革和调整不利于社会生产力发展的生产关系和上层建筑,为全面实现小康社会奠定基础。

科学发展观不仅要解决经济的可持续发展问题,同时也要解决政治的可持续发展问题。科学发展观是一种政治发展观和政治文明观,是领导和推动政治文明建设的重要指导思想。科学发展观进一步揭示了中国现代化发展的第一要义、核心立场、价值目标、基本要求、科学方法,进一步回答了实现什么样发展、怎样发展这一直接关系当代中国前途与命运的重大问题。作为政治价值观,科学发展观将对中国政治体系各个层面、政治过程各个环节产生全面而深入的积极影响,为推动中国特色社会主义发展确定了新的政治目标、政治思路

---

① 黄宗良,黄南平.党的执政能力与政治文明[M].上海:上海人民出版社,2008:229.

和政治举措。在政党层面,科学发展观要求切实提高执政党建设科学化水平;在制度层面,科学发展观必然要求重视制度、法律建设,并将其进一步推向深入,"必须全面推进社会各领域——诸如政治、经济、社会、文化——制度的均衡化"①;在治理层面,科学发展观要求大幅提升政府治理水平;在权力层面,科学发展观要求重视维护政治权力的公共性;在安全层面,科学发展观要求确立新的安全观。

三、中国特色社会主义发展时期的政治道德

中国特色社会主义发展时期,中国共产党首次提出"以德治国",通过集中开展党内教育实践活动,加强对党员干部的政治道德教育,倡导社会主义荣辱观,推进公民道德建设。

以德治国

2002年元旦社论:要深入推进群众性精神文明创建活动,贯彻落实《公民道德建设实施纲要》。要大力加强社会主义法制建设,把依法治国和以德治国结合起来。

"三讲"

2000年元旦社论:为了切实加强党的建设,我们在县级以上领导班子和领导干部中开展了"三讲"教育,进一步增强了党组织的凝聚力,提高了各级领导干部坚持党的基本理论基本路线基本纲领的自觉性。

保持共产党员先进性教育

2005年元旦社论:认真贯彻落实党的十六届四中全会精神,切实加强党的执政能力建设,全面开展以实践"三个代表"重要思想为主要内容的保持共产党员先进性教育活动。

---

① 刘杰.中国政治发展进程 2009 年[M].北京:时事出版社,2010:10.

学习实践科学发展观

2010年元旦社论：我们对加强和改进新形势下党的建设作出全面部署，继续开展深入学习实践科学发展观活动，不断夯实科学发展的根基，推动经济社会又好又快发展。

（一）以德治国

这一时期，中国共产党首次提出"以德治国"战略。在2000年6月召开的中央思想政治工作会议上，江泽民使用了"德治"概念。他指出："法治以其权威性和强制手段规范社会成员的行为。德治以其说服力和劝导力提高社会成员的思想认识和道德觉悟。道德规范与法律规范应该相互结合，统一发挥作用。"①2001年1月，江泽民在全国宣传部长会议上的讲话中指出："我们在建设有中国特色社会主义，发展社会主义市场经济的过程中，要坚持不懈地加强社会主义法制建设，依法治国，同时也要坚持不懈地加强社会主义道德建设，以德治国。"②中共十六大报告指出："坚持物质文明和精神文明两手抓，实行依法治国和以德治国相结合。"③

以德治国必然要求以德治政，也就是"以德治国"中的"德"必然涵盖政治道德的要求。江泽民在中央纪委第四次全体会议上的讲话中指出："党的性质、党在国家和社会生活中所处的地位、党肩负的历史使命，要求我们治国必先治党，治党务必从严。治党始终坚强有力，治国必会正确有效。"④这一时期，党员干部道德规范内容进一步深化。1994年9月，中共十四届四中全会通过了《中共中央关于加强党的建设几个重大问题的决定》，提出了高级干部要努力成为会治党治国的马克思主义政治家的五项要求。1996年6月，江泽民在纪念建党75周年座谈会上发表了题为《努力建设高素质的干部队伍》的讲话，进一步提出了

---

① 江泽民.在中央思想政治工作会议上的讲话 [EB/OL].(2000-06-28)[2018-07-18].http://data.people.com.cn/sc/detail? articleId=172f3feca9d34685b40c8d1fadf32560.
② 全国宣传部长会议召开[N].人民日报,2001-01-11(1).
③ 本书编写组.十一届三中全会以来历次党代会、中央全会报告公报决议决定：下[M].北京：中国方正出版社,2008:743.
④ 江泽民在中央纪委第四次全体会议上发表重要讲话强调 治国必先治党 治党务必从严[N].人民日报,2000-01-15(1).

党的领导干部政治业务素质的五条标准。2001年9月,中共十五届六中全会通过了《中共中央关于加强和改进党风建设的决定》,提出了加强党风建设"八个坚持"和"八个反对"的要求。中共十七大报告要求加强党员干部理想信念教育和思想道德建设,"使广大党员、干部成为实践社会主义核心价值体系的模范,做共产主义远大理想和中国特色社会主义共同理想的坚定信仰者、科学发展观的忠实执行者、社会主义荣辱观的自觉实践者、社会和谐的积极促进者"①。中共十八大报告强调党员干部要"模范践行社会主义荣辱观,讲党性、重品行、作表率,做社会主义道德的示范者、诚信风尚的引领者、公平正义的维护者,以实际行动彰显共产党人的人格力量"②。以德治国方略的提出,表明了道德建设在社会主义政治文明发展中的重要地位。

(二)开展党员干部教育实践活动

这一时期,在如何加强党员干部道德的问题上,中国共产党先后开展了"三讲"、保持共产党员先进性、学习实践科学发展观、创先争优等活动。1995年11月,江泽民在北京视察工作时提出,在对干部进行教育时,要强调讲学习、讲政治、讲正气。1998年11月,中共中央下发通知,安排开展"三讲"教育活动。中共中央为"三讲"教育活动列出必读书目,领导干部结合自身工作中存在的问题,有针对性地学习。党员领导干部要充分发扬党内民主,通过座谈、民主测评、书面征求意见等多种方式,广泛听取党内党外意见,并开展批评与自我批评,分批次、分阶段、有计划、有步骤地进行,而不是采取暴风骤雨般的政治运动。

针对在党员队伍中存在的"理想信念动摇,党员意识和执政意识淡薄"等问题,中共中央决定从2005年1月开始,用一年半左右的时间,在全党开展以实践"三个代表"重要思想为主要内容的保持共产党员先进性教育活动。通过该活动,广大党员受到了一次深刻的马克思主义教育,党员干部的先锋模范作用进一步发挥;基层党组织的创造力、凝聚力、战斗力进一步提高;党组织和党员服务群众的行动更加自觉,党员干部的作风进一步改进。

---

① 本书编写组.十一届三中全会以来历次党代会、中央全会报告公报决议决定:下[M].北京:中国方正出版社,2008:931-932.
② 胡锦涛.坚定不移沿着中国特色社会主义道路前进 为全面建成小康社会而奋斗:在中国共产党第十八次全国代表大会上的报告(2012年11月8日)[N].人民日报,2012-11-18(1).

2008年9月,中共中央用一年半的时间在全党开展深入实践科学发展观活动,以提高党的执政能力,保持和发展党的先进性。按照科学发展观的要求,广大党员干部结合具体实践工作,积极探索与创新,提高了思想道德素质。

2010年5月,中共中央办公厅转发了《中央组织部、中央宣传部关于在党的基层组织和党员中深入开展创先争优活动的意见》。该活动是巩固和拓展全党深入学习实践科学发展观活动成果的重要举措,以便进一步激发各级党组织和广大党员的生机活力,提高党的执政能力,保持和发展党员先进性。

(三)公民政治道德建设的深化

在中国特色社会主义发展时期,公民政治道德建设进一步深化,其主要标志是《公民道德建设实施纲要》的出台和社会主义荣辱观的提出。

在社会主义市场经济体制建设过程中,虽然公民道德建设主流是好的,但是公民道德建设方面仍然存在着不少问题。针对这些问题,1994年8月,中共中央印发了《爱国主义教育实施纲要》,对爱国主义教育的基本原则、主要内容、实施重点等做出了具体规定。1996年,中共十四届六中全会通过了《中共中央关于加强社会主义精神文明建设若干问题的决议》,提出了以为人民服务为核心,以集体主义为原则,以爱祖国、爱人民、爱劳动、爱科学、爱社会主义为基本要求的精神文明建设任务。2001年9月20日,中共中央印发了《公民道德建设实施纲要》,第一次正式提出了"公民道德"和"公民道德建设"的概念,表明公民道德建设进一步系统化。公民道德建设体系强调以马克思列宁主义、毛泽东思想、邓小平理论为指导,在全民族牢固树立建设有中国特色社会主义的共同理想和正确的世界观、人生观、价值观,促进人的全面发展,培养一代又一代有理想、有道德、有文化、有纪律的社会主义公民。公民道德建设内容主要包括,一是社会主义道德建设要坚持以为人民服务为核心,以集体主义为原则,以爱祖国、爱人民、爱劳动、爱科学、爱社会主义为基本要求,以社会公德、职业道德、家庭美德为着力点。二是为人民服务作为公民道德建设的核心,是社会主义道德区别和优越于其他社会形态道德的显著标志,它不仅是对共产党员和领导干部的要求,也是对广大群众的要求。每个公民不论社会分工如何、能力大小,都能够在本职岗位,通过不同形式做到为人民服务。三是集体主义作为公民道德建设的原则,是社会主义经济、政治和文化建设的必然要求。四是爱祖国、爱人民、爱劳动、爱科学、爱社会主义作为公民道德建设的基本要求,是每个公民都应当承担的法律义务和道德责任。

2006年3月4日,胡锦涛在全国政协十届四次会议民盟、民进界委员联组讨论时提出,要引导广大干部群众特别是青少年树立以"八荣八耻"为主要内容的社会主义荣辱观。坚持"以热爱祖国为荣、以危害祖国为耻,以服务人民为荣、以背离人民为耻,以崇尚科学为荣、以愚昧无知为耻,以辛勤劳动为荣、以好逸恶劳为耻,以团结互助为荣、以损人利己为耻,以诚实守信为荣、以见利忘义为耻,以遵纪守法为荣、以违法乱纪为耻,以艰苦奋斗为荣、以骄奢淫逸为耻"[①]。"八荣八耻"所代表的社会主义荣辱观,反映了社会主义道德的基本要求,继承了中华人民共和国成立以来社会主义公民道德成果,体现了中国特色社会主义的时代精神,明确了中国社会新的基本价值取向和行为准则,也成为公民政治道德的基本要求。

四、中国特色社会主义发展时期的政治心态

在中国特色社会主义发展时期,中国社会的转型进一步深化。一方面,经济高速发展,取得举世瞩目的成就,主流政治心态呈现为更加自信、开拓进取的特征;另一方面,社会分化日益加剧,社会阶层进一步分化,政治心态呈现出复杂化和多元化的趋势。

中国信心

1992年元旦社论:90年代必定是有中国特色的社会主义更加大放光彩的年代,我们对祖国光辉灿烂的未来充满信心!

1996年元旦社论:满怀信心夺取新胜利。

2000年元旦社论:值此重要的历史时刻,我们为千百年来人类文明的巨大进步深受鼓舞,为我们的党和人民在过去的岁月中所创造的辉煌业绩骄傲自豪,为有中国特色的社会主义事业焕发生机和活力而充满信心和力量。

2008年元旦社论:2008年,是我们全面贯彻落实党的十七大作出的战略部署的第一年,是实施承上启下的一年。我们将迎来改革开放

---

① 中共中央文献研究室.十六大以来重要文献选编:下[M].北京:中央文献出版社,2008:317.

30周年,迎来北京奥运会。这是13亿中华儿女热切期盼的年份,是世界向中国投来更多目光的年份,是必定镌刻在人民共和国历史上的年份。2008年,必将在实现中华民族伟大复兴的史册上写下浓墨重彩的篇章。伟大的年代,激发着奋进的力量;科学的发展,展示着广阔的前景。

2010年元旦社论:"中国人民有信心、有能力建设好自己的国家,也有信心、有能力为世界作出自己应有的贡献。"新年的阳光洒满中华民族走向伟大复兴的征程,艰巨繁重的改革发展稳定任务等待着我们去完成。艰辛成就伟业,奋斗铸就光荣。

2012年元旦社论:从2011迈向2012,我们有"中国信心"的实力。从2011迈向2012,我们有"中国信心"的底气。

开拓前进

1996年元旦社论:面对种种困难,我们既不能掉以轻心,也不能畏缩不前,要发扬大无畏的英雄气概,总揽全局,群策群力,采取切实有效的措施和办法,朝着既定的目标开拓前进。

勇往直前

1999年元旦社论:这一年,我们抵御了亚洲金融危机对于我们国家的影响;战胜了特大洪涝灾害对我们的侵袭,在改造社会、改造自然的大舞台上,演出了有声有色威武雄壮的活剧。种种困难和挑战,没有压垮中国人民,反而激发起亿万人民勇往直前的壮志豪情。

攻坚克难

2010年元旦社论:综观国内国际形势,置身经济社会发展的重要战略机遇期和社会矛盾凸显期,国际金融危机带来的全球性影响仍未消退,只有迎难而上奋发有为,在改革发展的关键时期攻坚克难,在把握世情国情的深刻变化中抢抓机遇,应对挑战,驾驭全局,才能不断发展壮大自己。

(一)对社会主义政治文明的自信心态

2011年,中国经济总量增加到47万亿元,经济总量已经跃居世界第二。2010年以来,出现了城乡收入差距缩小的迹象。城镇人口超过50%,社会结构实现了历史性跨越。在政治方面,社会主义政治文明进一步发展。中共十八大指出:"只要我们胸怀理想、坚定信念,不动摇、不懈怠、不折腾,顽强奋斗、艰苦奋斗、不懈奋斗,就一定能在中国共产党成立一百年时全面建成小康社会,就一定能在中华人民共和国成立一百年时建成富强民主文明和谐的社会主义现代化国家。全党要坚定这样的道路自信、理论自信、制度自信!"[①]从1992年《人民日报》元旦社论提出"我们对祖国光辉灿烂的未来充满信心",到2010年《人民日报》元旦社论提出"中国人民有信心、有能力建设好自己的国家,也有信心、有能力为世界作出自己应有的贡献",都表明主流政治心态更加自信的特点。

这种自信的政治心态体现在不同社会群众之中。中央党校"中国社会形势分析与预测课题组"持续对在中央党校学习的部分地(厅)级领导干部进行问卷调查。根据调查,2002年、2003年、2004年、2005年和2007年,中国领导干部对中国社会形势的总体评价分别是"72.2%、84.5%、69.1%、79.0%、87.6%"[②]。这说明,领导干部对中国社会形势的看法呈现一种波折的上升态势。从社会居民层面来看,根据零点研究咨询集团的居民生活满意度调查,"从1997年起每年都有调查,调查结果显示居民生活满意度从90年代表现为下降趋势,然后变化平缓,之后又缓慢波动上升"[③]。根据中共北京市委教育工委2010年、2011年、2012年首都大学生思想政治状况滚动调查,大学生群体对国家未来发展充满信心,表示对中国特色社会主义事业进一步发展,综合国力增强,国际地位提高,经济平稳较快发展充满信心的学生占比都在90%以上。[④]从企业职工群体看,各级党组织和工会注重在职工中开展理论学习活动,引导职工认识国情,关心国家的发展前途,促进全社会形成共同理想。根据中华全国总工会所做的

---

① 胡锦涛.坚定不移沿着中国特色社会主义道路前进 为全面建成小康社会而奋斗:在中国共产党第十八次全国代表大会上的报告(2012年11月8日)[N].人民日报,2012-11-18(1).
② 谢志强,潘嘉.领导干部对2007年中国社会形势的基本判断[J].中国党政干部论坛,2007(12).
③ 王俊秀,杨宜音.中国社会心态研究报告:2012—2013[M].北京:社会科学文献出版社,2013:3.
④ 王达品,寇红江,于海.2012年首都大学生思想政治状况滚动调查报告[J].北京教育(德育),2012(4):6-9.

2007年企业职工思想现状和思想政治工作调查,企业职工队伍总体上具有正确的理想信念、积极的政治态度,"有66.2%的职工对实现'十一五'规划'很有信心';有86.5%的职工对国有企业改革重组表示'积极赞成'或'基本赞成'"。① 从农民群体看,这一时期多数农民拥护党的基本路线,一份2000年的调查显示,调查对象中"86.4%的认为走有特色的社会主义道路是'符合中国国情的,并坚信中国共产党有能力领导我国现代化的建设事业"②。这些表明,中国主流政治心态是自信的、积极的。

(二)开拓前进、攻坚克难的政治心态

在中国特色社会主义发展时期,中国建立了社会主义市场经济体制、人民生活总体上实现了由温饱到小康的历史性跨越,同时也面临着国际、国内多重挑战和困难。面对这些挑战和困难,中国人民表现出了开拓进取、攻坚克难的政治心态。20世纪90年代初,世界社会主义出现严重曲折,中国社会主义事业的发展面临空前巨大的困难和压力。1998年,中国南方发生特大洪水;1999年,以美国为首的北约轰炸中国驻南斯拉夫联盟大使馆;2003年春,中国多个省市陆续发生非典疫情;2007年夏,美国发生了次贷危机,并在2008年逐步引起全球金融风暴;2008年5月12日,四川汶川发生8级地震;2008年和2009年,中国西藏、新疆地区发生严重打砸抢烧暴力犯罪事件。

进入21世纪,中国面临的严峻风险还在于,中国开始进入社会矛盾凸显期和改革的攻坚期。这一时期的特征被形容为"巨量的事情被挤压在一个相对有限的时空当中;巨大社会能量的激活与规则相对缺失现象的并存;社会不公现象比较明显;社会风险的增大"③。社会矛盾数量多、层次深、领域广、风险大、持续时间长、解决难度大。这一时期"社会主义市场经济新体制还没有完全建立健全与计划经济旧体制的影响还没有彻底消除的矛盾;加快发展与资源短缺、生态破坏、人口众多和科技自主创新能力弱的矛盾;坚持效率优先与分配不公、贫富差距拉大、城乡区域发展不平衡的矛盾"④等各种矛盾集中呈现。挑战性

---

① 中华全国总工会宣教部课题组.当前企业职工思想现状和思想政治工作调查[J].政工研究动态,2007(3):38-40.
② 王景花.当代农民思想政治意识状况的调查分析[J].桂海论丛,2000(4):48-50.
③ 吴忠民.中国现阶段社会矛盾凸显的原因分析[J].马克思主义与现实,2013(6).
④ 陈志强.社会"矛盾凸显期"解读[J].湖南社会科学,2007(6).

的问题和社会矛盾集中涌现和爆发,我们以什么样的政治心态加以面对变得非常重要。"改革已经到了攻坚阶段,但是如何改、朝哪个方向改甚至还要不要改正处于激烈的争论当中,极'左'夹杂民粹的声音、既得利益者挂羊头卖狗肉的声音往往比改革的声音还要强烈,中国的改革开放又走到了一个非常重要的历史关头,这就是我们今天的改革所面临的严峻形势。"①面对问题和挑战,恰恰需要党和国家以科学正确的政治心态去对待,人民群众的爱国热情、昂扬的斗志和迎难而上的精神被激发出来。1992—2012年,《人民日报》元旦社论话语表达的正是"开拓前进、攻坚克难、迎难而上、奋发有为"的政治心态。1997年《人民日报》元旦社论写道:"开拓前进,就是要增强改革意识和创新精神,知难而进,锐意进取,积极解决改革和建设中的难点和重点问题。我国经济体制改革正处于攻坚阶段,经济建设和社会发展任务相当艰巨。要解决改革和建设中的深层次矛盾,必须进一步振奋精神,开拓前进。"②2009年,《人民日报》元旦社论中提到,2008年,中国人民胜利抗击历史罕见的雨雪冰冻、汶川特大地震灾害,成功举办北京奥运会和残奥会,顺利完成神舟七号载人航天飞行任务,应对国际金融危机取得积极成效,国民经济继续保持平稳较快发展,改革开放迈出新的步伐,这既展现了改革开放30年我国积累的强大经济实力和综合国力,又"充分证明了中国特色社会主义道路的正确性,充分表明了社会主义制度能够集中力量办大事的优越性,充分体现了中华民族不畏艰险、自强不息的英雄气概"③。

第二节 中国特色社会主义发展时期的政治制度文明

在中国特色社会主义发展时期,中国政治制度进一步完善,政治体制改革逐渐深化。1992年年初,邓小平发表南方重要讲话,进一步坚定了改革开放的信心和方向。杨光斌认为,"邓小平的伟大遗产之一就是社会主义市场经济体制"④。1992年,邓小平发表南方谈话,"使得市场经济的观念变成一种制度,制度化的观念才能驱使制度本身滚滚向前"⑤。1992年10月,中共十四大围绕建

---

① 高尚全.改革已经到了攻坚阶段[J].人民论坛,2012(3).
② 把握大局 再接再厉 同心同德 开拓前进[N].人民日报,1997-01-01(1).
③ 描绘更新更美的图画[N].人民日报,2009-01-01(1).
④ 杨光斌.中国政治发展次序的战略选择:2000—2030[J].当代中国政治研究报告,2011.
⑤ 杨光斌.中国政治发展次序的战略选择:2000—2030[J].当代中国政治研究报告,2011.

立社会主义市场经济体制,提出了"积极推进政治体制改革,使社会主义民主和法制建设有一个较大的发展","下决心进行行政管理体制和机构改革,切实做到转变职能、理顺关系、精兵简政、提高效率"以及"加强和改进党的建设,努力提高党的执政水平和领导水平"等政治体制改革任务。1997年9月,中共十五大提出"进一步扩大社会主义民主,健全社会主义法制,依法治国,建设社会主义法治国家"①。2007年10月,中共十七大提出"人民民主是社会主义的生命"②的论断。这一时期政治制度建设的主要成果包括完善人民代表大会制度、完善中国共产党领导的多党合作和政治协商制度、推进政府机构改革、加强法治建设、健全基层民主制度等方面。

一、完善人民代表大会制度

人民代表大会

> 1993年元旦社论:1993年,我们将有计划有步骤地进行行政管理体制和机构改革,将要召开第八届全国人民代表大会第一次会议和第八届全国政治协商会议第一次会议,地方也将要召开新一届人民代表大会和政协会议,进一步推进政治体制改革和社会主义民主政治建设。

(一)坚持人民代表大会制度

在中国特色社会主义发展时期,中共中央坚持和完善人民代表大会制度,突出强调这一政治制度的优越性。1990年3月,江泽民指出,人民代表大会制度是我国的根本政治制度。它是党长期进行人民政权建设的经验总结,也是我们党对国家事务实施领导的一大特色和优势。它"体现了我们国家的性质,符合我国国情,既能保障全体人民统一行使国家权力,充分调动人民群众当家作主的积极性和主动性,又有利于国家政权机关分工合作、协调一致地组织社

---

① 江泽民.高举邓小平理论伟大旗帜,把建设有中国特色社会主义事业全面推向二十一世纪:在中国共产党第十五次全国代表大会上的报告(1997年9月12日)[N].人民日报,1997-09-22(1).
② 胡锦涛.高举中国特色社会主义伟大旗帜 为夺取全面建设小康社会新胜利而奋斗:在中国共产党第十七次全国代表大会上的报告(2007年10月15日)[N].人民日报,2007-10-25(1).

主义建设"①。1997年9月,中共十五大报告强调:"我国实行的人民民主的国体和人民代表大会制度的政体是人民奋斗的成果和历史的选择,必须坚持和完善这个根本政治制度,不照搬西方政治制度的模式。"②胡锦涛提出"必须坚持和完善人民代表大会制度。人民代表大会制度是中国人民当家作主的重要途径和最高实现形式,是中国社会主义政治文明的重要制度载体";"人民代表大会制度是中国社会主义民主政治最鲜明的特点"③。坚持和完善人民代表大会制度,是发展社会主义民主政治、建设社会主义政治文明的重要内容。进一步坚持和完善人民代表大会制度,一是必须充分发扬人民民主,保证人民当家作主;二是必须坚持依法治国的基本方略,不断推进建设社会主义法治国家的进程;三是必须加强党的执政能力建设,改善党对国家事务的领导,提高党的领导水平和执政水平。2004年9月,中共十六届四中全会通过了《中共中央关于加强党的执政能力建设的决定》,强调"坚持和完善人民代表大会制度,保证各级人民代表大会都由民主选举产生,对人民负责、受人民监督。支持人民通过人民代表大会行使国家权力,支持人民代表大会及其常委会依法履行职能,密切人大代表同人民群众的联系,使国家的立法、决策、执行、监督等工作更好地体现人民的意志,维护人民的利益"④。

(二)完善人民代表大会制度

在中国特色社会主义发展时期,人民代表大会制度不断完善,作用日益增强。2005年5月,中共中央转发了《关于进一步发挥全国人大作用,加强全国人大常委会制度建设的若干意见》,强调要重点做好两方面工作:一是进一步发挥全国人大代表的作用,支持、规范和保证其依法履行职责和行使职权;二是加强全国人大常委会的制度建设,使全国人大及其常委会更好地发挥最高国家权力机关、工作机关和代表机关的作用。2007年10月,中共十七大提出了进一步加强和完善人民代表大会制度的三项措施:一是支持人民代表大会依法履行职能,善于使党的主张通过法定程序成为国家意志;二是保障人大代表依法行使

---

① 江泽民.江泽民文选:第一卷[M].北京:人民出版社,2006:111-112.
② 江泽民.江泽民文选:第二卷[M].北京:人民出版社,2006:28.
③ 中共中央文献研究室.十六大以来重要文献选编(中)[M].北京:中央文献出版社,2006:224,230.
④ 本书编写组.十一届三中全会以来历次党代会、中央全会报告公报决议决定:下[M].北京:中国方正出版社,2008:849.

职权,密切人大代表同人民群众的联系,建议逐步实行城乡按相同人口比例选举人大代表;三是加强人大常委会制度建设,优化组成人员知识结构和年龄结构。

人大选举工作不断加强。1992年以后,历年全国人民代表大会受到全国人民越来越多的关注,议案的数量和质量都有不同程度提高。1992年4月3日,第七届全国人民代表大会第五次会议通过《中华人民共和国全国人民代表大会和地方各级人民代表大会代表法》,对代表在本级人民代表大会会议期间的工作等做出了具体的规定。"1998年开始,全国省(自治区、直辖市)、设区的市(自治州)、县(不设区的市、市辖区、自治县)、乡(民族乡、镇)都先后顺利地进行了人大代表的换届选举工作。"①《中华人民共和国全国人民代表大会和地方各级人民代表大会代表法》的产生,意味着人民代表大会制度不断走向成熟与完善。2010年10月,第十一届全国人大第十七次会议通过了修改《中华人民共和国全国人民代表大会和地方各级人民代表大会代表法》的决定,进一步明确了人大代表的权利和义务,进一步细化了人大代表的履职规范,进一步加强了对人大代表履职的保障,进一步强化了对人大代表的监督。

人大立法工作不断完善。1997年,中共十五大报告指出:"坚持和完善人民代表大会制度,保证人民代表大会及其常委会依法履行国家权力机关的职能,加强立法和监督工作,密切人民代表同人民的联系。要把改革和发展的重大决策同立法结合起来,逐步形成深入了解民情、充分反映民意、广泛集中民智的决策机制,推进决策科学化、民主化,提高决策水平和工作效率。"②2002年,中共十六大报告提出:"适应社会主义市场经济发展、社会全面进步和加入世贸组织的新形势,加强立法工作,提高立法质量,到2010年形成中国特色社会主义法律体系。"③

人大监督工作不断改进。1990年3月,江泽民在第七届全国人大第三次会议、全国政协七届三次会议党员负责同志会议上的讲话中,对人大监督的地位、功能、内容等问题进行了论述。人大监督是最高层次的监督。"在我们国家生

---

① 齐鹏飞,温乐群.20世纪的中国:走向现代化的历程(政治卷1949—2000)[M].北京:人民出版社,2010:505-506.
② 江泽民.高举邓小平理论伟大旗帜,把建设有中国特色社会主义事业全面推向二十一世纪:在中国共产党第十五次全代表大会上的报告(1997年9月12日)[N].人民日报,1997-09-22(1).
③ 江泽民.江泽民文选:第三卷[M].北京:人民出版社,2006:555.

活的各种监督中,人大作为国家权力机关的监督是最高层次的监督。"[①]人大及其常委会的权力直接来自人民,接受人大及其常委会的监督就是接受人民的监督。人大监督的最终目的是督促和支持"一府两院"依法行政、公正司法,维护人民当家做主的权利,维护人民的利益。关于人大监督的重要内容,江泽民强调,"人大及其常委会要理直气壮地把法律监督抓起来";"工作监督应该抓住重大问题,如人大通过的政府工作报告、计划和预算、决议以及决定的执行情况;治理整顿和深化改革中的重大事项"[②]。2006年8月27日,《中华人民共和国各级人民代表大会常务委员会监督法》,由第十届全国人大第二十三次会议通过。该法是规范各级人大常委会监督工作的一部重要法律,它对人大常委会行使监督权的内容、形式等做出了全面系统的规定。

二、完善中国共产党领导的多党合作和政治协商制度

中国共产党领导的多党合作和政治协商制度

> 1991年元旦社论:同时,大力加强党的建设,密切党和政府同人民群众的联系,进一步巩固发展中国共产党领导的多党合作和政治一协商制度,发展安定团结的政治局面。

(一)多党合作制度的规范化制度化

在中国特色社会主义发展时期,中共中央继续坚持完善中国共产党领导的多党合作和政治协商制度。1989年12月,《中共中央关于坚持和完善中国共产党领导的多党合作和政治协商制度的意见》通过,首次将共产党领导的多党合作和政治协商制度概括为社会主义政党制度,明确提出我国政党制度的总体格局,即"中国共产党是社会主义事业的领导核心,是执政党。各民主党派是各自所联系的一部分社会主义劳动者和一部分拥护社会主义的爱国者的政治联盟,是接受中国共产党领导的,同中共通力合作、共同致力于社会主义事业的亲密

---

① 江泽民.江泽民文选:第一卷[M].北京:人民出版社,2006:115.
② 江泽民.江泽民文选:第一卷[M].北京:人民出版社,2006:114-115.

友党,是参政党"①。1993年,全国人大把"中国共产党领导的多党合作和政治协商制度将长期存在和发展"写进了我国宪法,从根本法的高度确认了这一制度。中共十五大报告指出:"坚持'长期共存、互相监督、肝胆相照、荣辱与共'的方针,加强同民主党派合作共事,巩固我们党同党外人士的联盟。继续推进人民政治协商、民主监督、参政议政的规范化、制度化,使之成为党团结各界的重要渠道。巩固和发展广泛的爱国统一战线。"② 2005年3月,中共中央颁发了《关于进一步加强对中国共产党领导的多党合作和政治协商制度建设的意见》。2006年2月8日,中共中央下发《关于加强人民政协工作的意见》。2006年7月,中共中央又印发了《中共中央关于巩固和壮大新世纪新阶段统一战线的意见》。2012年2月,中共中央印发了《中共中央关于加强新形势下党外代表人士队伍建设的意见》,对进一步加强新形势下党外代表人士队伍建设做出全面部署。这些成果体现了中国共产党在坚持和完善多党合作制度方面形成的新理论、新政策、新举措,加强和完善了中国特色政党制度理论体系和政策体系,推动了这一制度在理论与实践上的新发展。

(二)政治协商、参政议政、民主监督职能的发挥

这一期间,中共中央先后制定颁发了《中共中央关于加强统一战线工作的通知》(1990年7月)、《中共中央关于加强统一战线工作的决定》(2000年12月)等重要文件。1994年,政协第八届全国委员会修改了政协章程,扩充了政协的职能。1995年1月,政协第八届全国委员会常务委员会第九次会议通过了《政协全国委员会关于政治协商、民主监督、参政议政的规定》,对政协履行的主要职能加以规范,完善了政治协商、参政议政、民主监督的内容、形式和程序等。2005年3月,中共中央在《关于进一步加强对中国共产党领导的多党合作和政治协商制度建设的意见》中,进一步明确了政治协商、参政议政、民主监督方面的内容和形式。

在政治协商方面,中共中央同各民主党派的政治协商,基本上做到了有计

---

① 中共中央关于坚持和完善中国共产党领导的多党合作和政治协商制度的意见(一九八九年十二月三十日)[N].人民日报,1990-02-08(1).
② 江泽民.高举邓小平理论伟大旗帜,把建设有中国特色社会主义事业全面推向二十一世纪:在中国共产党第十五次全国代表大会上的报告(1997年9月12日)[N].人民日报,1997-09-22(1).

划、有制度、经常化、规范化。据统计,"以江泽民同志为核心的党中央主要领导人主持或委托中央有关部门召开的民主协商会、谈心会、座谈会、情况通报会达150多次,江泽民同志亲自参加了40多次"①。自2002年11月中共十六大至2012年4月,"中共中央、国务院及委托有关部门召开的民主协商会、座谈会、情况通报会共189次,其中,由胡锦涛总书记主持召开46次"②。各民主党派总人数得到迅速发展,改革开放前各民主党派总人数7.8万人,截至2001年年底各民主党派总人数达"57万余人"③,截至2011年年底,各民主党派成员达"85万多人"④。

在参政议政方面,截至2010年年底,民主党派和无党派人士担任县处级以上领导职务的有3.1万人;担任最高人民法院、最高人民检察院和国务院部委办、直属局领导副职的19人,其中致公党中央主席万钢和无党派人士陈竺分别担任国务院科技部部长和卫生部部长;30个省(自治区、直辖市)由民主党派成员和无党派人士担任副省长(副主席、副市长);担任省级政府工作部门正副厅(局)长的有359人,其中正职35名。仅中共十七大以来,各民主党派围绕"三农"问题、社会保障制度、科技创新、加强和创新社会管理及文化大发展大繁荣等重大问题献计出力,"共提出意见建议266件,其中中央领导批示174件"⑤。

在民主监督方面,中共中央和各级党委坚持做到每年就党风廉政建设和反腐败工作向民主党派通报情况,听取意见;不断加大特约人员工作,全国除西藏外的30个省市区都开展了特约人员工作,县级以上聘请民主党派成员和无党派人士担任各级政府部门和司法机关特约监察员、检察员、审计员、教育督导员、党风监督员等各类"特约人员"。据统计,"近年来,各民主党派特约监察员还接待群众来访5万多人次,办理群众来信2万多件次,民主党派的民主监督作用日益得到重视"⑥。

---

① 王德蓉.略论江泽民对中国共产党领导的多党合作和政治协商制度的坚持和发展[M]//新中国60年研究文集.北京:中央文献出版社,2009:370.
② 佟一.中共十六大以来我国多党合作的理论、政策与实践[J].中共中央党校学报,2012(4).
③ 吴美华.当代中国的多党合作制度[M].北京:中共党史出版社,2005:245.
④ 佟一.中共十六大以来我国多党合作的理论、政策与实践[J].中共中央党校学报,2012(4).
⑤ 佟一.中共十六大以来我国多党合作的理论、政策与实践[J].中共中央党校学报,2012(4).
⑥ 潘跃.多党合作:民主实现方式的"中国创新"[EB/OL].(2012-10-12)[2019-10-12].http://cppcc.people.com.cn/n/2012/1012/c34948-19236074.html.

(三)协商民主的提出

2006年2月,中共中央发布《关于加强人民政协工作的意见》,指出:"人民通过选举、投票行使权利和人民内部各方面在重大决策之前进行充分协商,尽可能就共同性问题取得一致意见,是我国社会主义民主的两种重要形式。"①2007年11月,《中国的政党制度》白皮书中正式出现"协商民主",并指出:"选举民主与协商民主相结合,是中国社会主义民主的一大特点。"②中共十八大报告指出:"社会主义协商民主是我国人民民主的重要形式。"③推进协商民主,就是要完善协商民主制度和工作机制,推进协商民主广泛、多层、制度化发展。社会主义协商民主的提出,丰富了中国式民主的形式,使其由"四大民主"发展为"五大民主"。根据宪法和有关法律,中国公民有广泛的权利和自由参加到民主选举、民主决策、民主管理、民主监督各个环节当中,从而使权力的流程更加完整。

三、推进政府机构改革

政府机构改革

1993年元旦社论:这一年,中国改革开放进入了一个新阶段。国有企业经营机制正在转换;政府机构改革、职能转变正在成为全民共识;各类市场的培育和发展进程加快。原有高度集中的经济体制已经发生多方面的深刻变化。

在中国特色社会主义时期,按照"转变职能、理顺关系、精兵简政、提高效率"④等要求,深化行政管理体制和机构改革,其中先后实施了1993年、1998年、2003年、2008年四次政府机构改革。

---

① 中共中央关于加强人民政协工作的意见(摘要)(2006年2月8日)[N].人民日报,2006-03-02(1).
② 中国的政党制度(中华人民共和国国务院新闻办公室二〇〇七年十一月·北京)[N].人民日报,2007-11-16(15).
③ 胡锦涛.坚定不移沿着中国特色社会主义道路前进 为全面建成小康社会而奋斗:在中国共产党第十八次全国代表大会上的报告(2012年11月8日)[N].人民日报,2012-11-18(1).
④ 江泽民.加快改革开放和现代化建设步伐 夺取有中国特色社会主义事业的更大胜利:在中国共产党第十四次全国代表大会上的报告(1992年10月12日)[N].人民日报,1992-10-21(1).

(一)1993年政府机构改革

这次机构改革是在建立社会主义市场经济体制的背景下提出并实施的。这次政府机构改革的目的是适应建设社会主义市场经济体制的需要。1992年10月,中共十四大报告鉴于党政机构臃肿,层次重叠,许多单位人浮于事,效率低下,脱离群众,阻碍企业经营机制的转换,已经到了非改不可的地步的现实情况,提出了改革设想。1993年1月8日,国务院批转了国家体改委的《关于1993年经济体制改革要点》,其中,在政治体制改革方面,机构改革再次提上议事日程。1993年3月5—7日,中共十四届二中全会通过了《关于党政机构改革的方案》,认为这是政治体制改革和社会主义政治建设的重要内容,也是深化经济体制改革,加快社会主义现代化建设步伐的重要条件。1993年政府机构改革,除了组织结构的调整外,在两个领域也取得了突破性进展:一是围绕政府职能的重新定位,按照发展社会主义市场经济的要求,从1994年起对传统的计划、财税、金融、流通体制等,进行了改革,探索构建政府的宏观调控体系,有效地抑制了通货膨胀,实现了国民经济软着陆;二是从1993年起开始推行国家公务员制度。这些改革在体制创新的道路上迈出了具有决定意义的一步。"1993年,国务院组成人员减少20%,并且将国务院的直属机构由19个调整为13个,办事机构由9个调整为5个。"①

(二)1998年政府机构改革

这次机构改革被称为中华人民共和国成立以来规模最大的一次政府机构改革。1997年,中共十五大报告指出:"机构庞大,人员臃肿,政企不分,官僚主义严重,直接阻碍改革的深入和经济的发展,影响党和群众的关系。"②党中央认为,这个问题亟待解决,要按照社会主义市场经济要求,转变政府职能,实现政企分开,根据精简、统一、效能的原则进行机构改革,把综合经济部门改组为宏观调控部门,深化行政体制改革和人事制度改革。1998年3月,第九届全国人大第一次会议审议通过了《国务院机构改革方案》,随后,朱镕基主持召开国务

---

① 魏凌云.中国领导体制改革:1978—2008年五次政府机构改革[J].改革与开放,2010(8).
② 江泽民.高举邓小平理论伟大旗帜,把建设有中国特色社会主义事业全面推向二十一世纪:在中国共产党第十五次全国代表大会上的报告(1997年9月12日)[N].人民日报,1997-09-22(1).

院第一次全体会议,对国务院机构改革进行了部署,要求认真抓好定职能、定机构、定编制的"三定"工作。经过改革,机构得到大幅度精简,"国务院组成部门由40个减至29个,减幅为27%。国务院实际人员由31,000人减至15,000人,减幅为50%。工业经济专业管理部门裁并幅度大,撤销了机械部、煤炭部、化工部、电力部、电子部、轻工业总会、纺织总会、石油天然气总公司、石油化工总公司等主管工业经济的专业管理部门"①。随着国务院机构改革的推进,地方各级政府也进行了相应改革,"全国精简行政编制共计115万人"②。

(三)2003年政府机构改革

这次机构改革是在加入世界贸易组织的大背景之下进行的。2003年3月6日,国务院机构改革方案提请第十届全国人大第一次会议审议,启动了改革开放以来的第五次大规模机构改革。3月10日,第十届全国人大第一次会议第三次全体会议通过了关于国务院机构改革方案的决定。方案特别提出了"决策、执行、监督"三权相协调的要求。除国务院办公厅外,国务院29个组成部门经过改革调整为28个,不再保留国家经贸委和外经贸部,其职能并入新组建的商务部。2003年的政府机构改革是一个转折点。之后的政府机构改革,以科学发展观为价值导向,以建设服务型政府为目的,以全面促进经济建设、政治建设、文化建设、社会建设为目标,以全面履行政府的社会经济职能为基本途径。

(四)2008年政府机构改革

2008年,被称为第6次行政体制改革的"大部制"改革正式启动。"大部制"改革的核心是转变政府职能,围绕职能转变和理顺职责关系,进一步优化政府组织结构,规范机构设置,加大横向覆盖范围,将那些职能相近、业务范围趋同的事项集中整合在一个部门统一管理,最大限度地避免政府职能交叉、政出多门、多头管理的现象,完善行政运行机制。2008年2月召开的中共十七届二中全会通过了《关于深化行政管理体制改革的意见》和《国务院机构改革方案》,明确提出了行政管理体制改革的目标,即"到2020年建立起比较完善的中国特色

---

① 许超.新中国行政体制沿革[M].北京:世界知识出版社,2012:50-51.
② 齐鹏飞,温乐群.20世纪的中国:走向现代化的历程(政治卷1949—2000)[M].北京:人民出版社,2010:534.

社会主义行政管理体制"①。国务院首先进行了机构调整和各部的重新组建,包括合理配置宏观调控部门职能;加强能源管理机构;组建工业和信息化部;组建交通运输部;组建人力资源和社会保障部;组建环境保护部;组建住房和城乡建设部;国家食品药品监督管理局改由卫生部管理。经过重组,共调整变动15个机构,撤销4个正部级机构,组建5个新机构。"'大部制'改革迈出了建立中国特色的行政管理体制的重要一步,'大部制'改革背后更为深刻的内涵是转变政府职能、建设新型国家、支持经济的可持续发展。"②

四、中国特色社会主义法律体系的形成

法 制

1994年元旦社论:在加快改革和发展的过程中,必须牢记邓小平同志关于"稳定是压倒一切的"重要思想,始终坚持两手抓、两手都要硬的方针,继续加强社会主义民主法制建设和社会主义精神文明建设,不断巩固和发展安定团结的政治局面。

2002年元旦社论:要大力加强社会主义法制建设,把依法治国和以德治国结合起来。

与社会主义市场经济总体布局相适应,需要建立和形成市场经济条件下的法律体系。为此,1993年,全国人大常委会提出在今后五年内要制定150多部法律,其中有关市场经济建设的立法占三分之二。中共十四届三中全会提出,到20世纪末要初步建立适应社会主义市场经济的法律体系。1996年2月,江泽民在"关于依法治国,建设社会主义法制国家"的中央法制讲座结束时,第一次明确地对依法治国的问题做了全面深入阐述。1997年,中共十五大提出要"进一步扩大社会主义民主,健全社会主义法制,依法治国,建设社会主义法治国家",依法治国上升为党领导人民治理国家的基本方略,首次明确提出了"加强立法工作,提高立法质量,到2010年形成有中国特色社会主义法律体系"这

---

① 中共中央关于深化行政管理体制改革的意见[EB/OL].(2008-03-05)[2018-04-10]. http://www.china.com.cn/policy/txt/2008-03/05/content_11590995.htm.
② 刘杰.中国政治发展进程2009年[M].北京:时事出版社,2009:144.

一立法目标。中共十六大提出:"加强立法工作,提高立法质量,到 2010 年形成中国特色社会主义法律体系。"①中共十七大强调要"坚持科学立法、民主立法,完善中国特色社会主义法律体系"②的要求。这一时期,一批国家和社会领域的重要法律相继颁布实施,制定了《中华人民共和国立法法》,进一步完善了立法体制和机制。2011 年 1 月 24 日,吴邦国在形成中国特色社会主义法律体系座谈会上的讲话中指出:"到 2010 年年底,我国已制定现行有效法律 236 件、行政法规 690 多件、地方性法规 8600 多件,并全面完成了对现行法律和行政法规、地方性法规的集中清理工作。"③涵盖社会关系各个方面的法律部门已经齐全,各法律部门中基本的、主要的法律已经制定,相应的行政法规和地方性法规比较完备,法律体系内部总体做到了科学和谐统一。"一个立足中国国情和实际、适应改革开放和社会主义现代化建设需要、集中体现党和人民意志的,以宪法为统帅,以宪法相关法、民法商法等多个法律部门的法律为主干,由法律、行政法规、地方性法规等多个层次的法律规范构成的中国特色社会主义法律体系已经形成,国家经济建设、政治建设、文化建设、社会建设以及生态文明建设的各个方面实现有法可依。"④这被看作中国社会主义民主法制建设史上的重要里程碑。

五、完善基层民主制度

中共十五大报告提出,扩大基层民主,保证人民群众直接行使民主权利,依法管理自己的事情,创造自己的幸福生活,是社会主义民主最广泛的实践。中共十六大报告提出,扩大基层民主,是发展社会主义民主的基础性工作。中共十七大把"基层群众自治制度"首次纳入中国特色社会主义政治制度范畴。这样,中国政治制度既包括根本政治制度(人民代表大会制度)、基本政治制度(中国共产党领导的多党合作和政治协商制度、民族区域自治制度),还包括基层群众自治制度。民主政治制度内容得到了进一步拓展,民主的实现形式得到进一

---

① 江泽民.全面建设小康社会,开创中国特色社会主义事业新局面:在中国共产党第十六次全国代表大会上的报告(2002 年 11 月 8 日)[N].人民日报,2002-11-18(1).
② 胡锦涛.高举中国特色社会主义伟大旗帜 为夺取全面建设小康社会新胜利而奋斗:在中国共产党第十七次全国代表大会上的报告(2007 年 10 月 15 日)[N].人民日报,2007-10-25(1).
③ 吴邦国.形成中国特色社会主义法律体系的重大意义和基本经验[J].求是,2011(3).
④ 吴邦国.形成中国特色社会主义法律体系的重大意义和基本经验[J].求是,2011(3).

步丰富,既有选举民主、协商民主,又有自治民主。

完善基层民主制度的方向,一是要健全基层党组织领导的充满活力的基层群众自治机制,扩大基层群众自治范围,完善民主管理制度,把城乡社区建设成为管理有序、服务完善、文明祥和的社会生活共同体。二是要全心全意依靠工人阶级,完善以职工代表大会为基本形式的企事业单位民主管理制度,推进厂务公开,支持职工参与管理,维护职工合法权益。三是要深化乡镇机构改革,加强基层政权建设,完善政务公开、村务公开等制度,实现政府行政管理与基层群众自治有效衔接和良性互动。四是要发挥社会组织在扩大群众参与、反映群众诉求方面的积极作用,增强社会自治功能。这些论述,反映了社会主义政治制度建设和如何实现人民当家做主方面认识和实践上的新突破。

基层民主制度得到完善。1994 年,中共中央下发了《关于加强农村基层组织建设的通知》。1998 年,第九届全国人大第五次会议正式通过了《中华人民共和国村民委员会组织法》,为农村全面实行民主选举、民主决策、民主管理、民主监督提供了强有力的法律保证。1989 年,第七届全国人大第十一次会议通过了《中华人民共和国城市居民委员会组织法》,对居民委员会的性质、任务、组织结构等,做了详尽规定。1996 年 10 月,全国人大常委会通过《乡镇企业法》,规定乡镇企业依法实行民主管理。1999 年 9 月,中共十五届四中全会做出了《关于国有企业改革和发展若干重大问题的决定》,明确指出要坚持和完善以职工代表大会为基本形式的企业民主管理制度。

第三节　中国特色社会主义发展时期的政治行为文明

中国特色社会主义发展时期,正值跨越 21 世纪的时期,《人民日报》元旦社论记述了中国建立社会主义市场经济体制、确立社会主义初级阶段的基本纲领、祖国统一大业取得重大新进展、改善民生等方面的重大举措。

一、建立社会主义市场经济体制

社会主义市场经济

1993 年元旦社论:这一年,中国共产党举行了具有深远意义的第十四次全国代表大会。在这次大会上,确立了用邓小平同志建设有中国特色社会主义理论武装全党,表达了全党坚持党的基本路线100年不动摇的决心,提出了我国经济体制改革的目标是建立社会主义市场经济体制。

2011年元旦社论:通过实践,我们进一步提高了贯彻落实科学发展观能力,增强了驾驭经济社会发展大局和解决复杂问题能力,加深了对社会主义市场经济规律的认识,加深了对我国社会主义制度政治优势的认识,为我国下一个十年的发展奠定了坚实基础。

在中国特色社会主义发展时期,中国共产党把建立社会主义市场经济体制确立为经济体制改革的目标,这不仅是中国经济领域的重大突破,同时也是社会主义政治领域的一项重大突破。确定社会主义市场经济体制为中国经济体制改革的目标,实际上也是中国共产党和中国政府"为中国经济寻找的一种充满生机和活力的发展体制和机制,为中华民族迅速实现经济振兴寻找的符合经济发展规律的正确道路"①。这条道路的确立,明确了中国共产党对当时存在的计划经济与市场经济、姓资与姓社争论的最终立场,是中国共产党在现代化建设中的一项重大政治决策,具有深远的政治意义,对此后的社会主义政治文明发展产生了重大影响。1993年《人民日报》元旦社论在历年社论中第一次出现了我国经济体制改革的目标是建立社会主义市场经济体制,而1989年《人民日报》元旦社论中表述为在新的一年里要为建立社会主义商品经济的新秩序而不懈地努力,在1990年《人民日报》元旦社论中则提出,在20世纪80年代,我们推进了社会主义有计划商品经济的发展。

社会主义可不可以搞市场经济,一直是个难以突破的重大问题。从中共十一届三中全会开始到中共十四大,中国共产党人在社会主义应当实行什么样的经济体制问题上经历了不断探索与突破。中共十一届六中全会通过的《关于建国以来党的若干历史问题的决议》,确认"必须在公有制基础上实行计划经济,同时发挥市场调节的辅助作用"②。中共十二大确认要贯彻"计划经济为主,市

---

① 陈述.中华人民共和国史:1992—2002[M].北京:人民出版社,2010:23.
② 关于建国以来党的若干历史问题的决议(一九八一年六月二十七日中国共产党第十一届中央委员会第六次全体会议一致通过)[N].人民日报,1981-07-01(1).

场调节为辅"的原则,随后又把"国家在社会主义公有制基础上实行计划经济。国家通过经济计划的综合平衡和市场调节的辅助作用,保证国民经济按比例地协调发展"①写进1982年通过的《中华人民共和国宪法》。"计划经济为主,市场调节为辅"成为当时进行经济体制改革的指导原则。1984年10月,中共中央全会通过了《关于经济体制改革的决定》,确认中国社会主义经济是公有制基础上的有计划的商品经济。1992年,邓小平发表南方谈话,强调"计划多一点还是市场多一点,不是社会主义与资本主义的本质区别";"计划和市场都是经济手段"。②1992年10月,中共十四大报告指出:"实践的发展和认识的深化,要求我们明确提出,我国经济体制改革的目标是建立社会主义市场经济体制,以利于进一步解放和发展生产力。"③1993年,第八届全国人大第一次会议上,"社会主义市场经济体制"被写进《中华人民共和国宪法修正案》的第七条,以法律的形式确定下来。1993年11月召开的中共十四届三中全会通过《中共中央关于建立社会主义市场经济体制若干问题的决定》,把中共十四大、第八届全国人大第一次会议通过的《中华人民共和国宪法修正案》中规定的经济体制改革的目标和基本原则具体化,构成了社会主义市场经济体制的基本框架,制定了总体规划。1997年9月,江泽民在中共十五大报告中阐述了建设有中国特色的社会主义的经济纲领。

二、确立社会主义初级阶段的基本纲领

社会主义初级阶段的基本纲领

1998年元旦社论:党的十五大依据邓小平理论和党的基本路线提出的党在社会主义初级阶段经济、政治、文化的基本纲领,为"两手抓、两手都要硬"提供了新的理论根据,提出了更高要求,现在的关键是认真抓好落实。

2001年元旦社论:邓小平理论以及根据这一理论形成的"一个中

---

① 中华人民共和国宪法(一九八二年十二月四日中华人民共和国第五届全国人民代表大会第五次会议通过)[N].人民日报,1982-12-05(1).
② 邓小平.邓小平文选:第三卷[M].北京:人民出版社,1993:373.
③ 江泽民.加快改革开放和现代化建设步伐 夺取有中国特色社会主义事业的更大胜利:在中国共产党第十四次全国代表大会上的报告(1992年10月12日)[N].人民日报,1992-10-21(1).

心、两个基本点"的基本路线和党在社会主义初级阶段的政治、经济、文化建设的基本纲领,是马克思主义理论同中国现代化建设实践相结合的产物,是社会主义建设和发展规律的总结,是亿万人民长远利益的体现,是我们克服困难夺取胜利的根本保障。

1997年9月,中共十五大确立了中国社会主义初级阶段的基本纲领,这是在中共十三大确定社会主义初级阶段基本路线、中共十四大确立中国经济体制改革目标是建立社会主义市场经济后,中国共产党探索社会主义客观规律过程中取得的又一重要成果。根据社会主义初级阶段理论,社会主义是共产主义的初级阶段,而中国又处在社会主义初级阶段,就是不发达阶段。这个阶段"总的说来,人口多、底子薄,地区发展不平衡,生产力不发达的状况没有根本改变;社会主义制度还不完善,社会主义市场经济体制还不成熟,社会主义民主法制还不够健全,封建主义、资本主义腐朽思想和小生产习惯势力在社会上还有广泛影响"①。基于对社会主义初级阶段的认识,围绕建设富强民主文明的社会主义现代化国家的目标,需要进一步明确什么是社会主义初级阶段有中国特色社会主义的经济、政治和文化,怎样建设这样的经济、政治和文化。

社会主义初级阶段经济纲领是:建设有中国特色社会主义的经济,就是在社会主义条件下发展市场经济,不断解放和发展生产力。这就要坚持和完善社会主义公有制为主体、多种所有制经济共同发展的基本经济制度;坚持和完善社会主义市场经济体制,使市场在国家宏观调控下对资源配置起基础性作用;坚持和完善按劳分配为主体的多种分配方式,允许一部分地区一部分人先富起来,带动和帮助后富,逐步走向共同富裕;坚持和完善对外开放,积极参与国际经济合作和竞争。保证国民经济持续快速健康发展,人民共享经济繁荣成果。

社会主义初级阶段的政治纲领是:建设有中国特色社会主义的政治,就是在中国共产党领导下,在人民当家做主的基础上,依法治国,发展社会主义民主政治。这就要坚持和完善工人阶级领导的、以工农联盟为基础的人民民主专政;坚持和完善人民代表大会制度和共产党领导的多党合作、政治协商制度以及民族区域自治制度;发展民主,健全法制,建设社会主义法治国家。实现社

---

① 江泽民.高举邓小平理论伟大旗帜,把建设有中国特色社会主义事业全面推向二十一世纪:在中国共产党第十五次全国代表大会上的报告(1997年9月12日)[N].人民日报,1997-09-22(1).

安定,政府廉洁高效,全国各族人民团结和睦,生动活泼的政治局面。

社会主义初级阶段的文化纲领是:建设有中国特色社会主义的文化,就是以马克思主义为指导,以培育有理想、有道德、有文化、有纪律的公民为目标,发展面向现代化、面向世界、面向未来的,民族的科学的大众的社会主义文化。这就要坚持用邓小平理论武装全党,教育人民;努力提高全民族的思想道德素质和教育科学文化水平;坚持为人民服务、为社会主义服务的方向和百花齐放、百家争鸣的方针,重在建设,繁荣学术和文艺。建设立足中国现实、继承历史文化优秀传统、吸取外国文化有益成果的社会主义精神文明。

这个纲领是表明"党的基本路线中确定的建设富强、民主、文明的社会主义国家这一基本目标已经具体化,即在经济上建设人民共享繁荣成果的社会主义市场经济;政治上建设共产党领导的人民当家做主的社会主义法治国家;文化上建设现代化的民族的大众的科学的社会主义文化"[①]。

三、实施跨世纪发展战略

跨世纪

1996年元旦社论:党的十四届五中全会通过的关于制定"九五"计划和2010年远景目标的建议,提出了跨世纪的宏伟蓝图。按照这一蓝图,未来五年,我们要实现人均国民生产总值比1980年翻两番,使人民生活达到小康水平;我们要继续坚定不移地深化改革,初步建立起社会主义市场经济体制;我们要实现香港和澳门回归祖国,为祖国和平统一大业迈出历史性的步伐;我们要以经济和社会发展更壮丽、更辉煌的丰硕成果,向人民共和国50周年华诞献礼;我们将全面实现本世纪末的宏伟目标,让伟大祖国以更加矫健的雄姿,昂首阔步跨入二十一世纪!在中华民族的振兴史、发展史上,这是继往开来的五年,是至关重要的五年,也是可以大有作为的五年。

人才强国战略

2004年元旦社论:治国兴邦,人才为急;执政兴国,唯在得人。时

---

① 陈述.中华人民共和国史:1992—2002[M].北京:人民出版社,2010:242.

代呼唤人才,伟业孕育人才。让我们紧密地团结在以胡锦涛同志为总书记的党中央周围,在邓小平理论和"三个代表"重要思想指引下,统一思想,提高认识,开拓进取,扎实工作,认真贯彻落实《决定》精神,大力实施人才强国战略,努力造就数以亿计的高素质劳动者、数以千万计的专门人才和一大批拔尖创新人才,建设规模宏大、结构合理、素质较高的人才队伍,不断开创人才辈出、人尽其才的新局面。

在中国特色社会主义发展时期,中国正处于跨世纪的特殊历史时期,着眼于21世纪的发展,中国共产党先后提出了实现中国发展的几个重要发展战略。

(一)制定"九五"计划和2010年远景目标

1995年9月,中共十四届五中全会审议并通过了《中共中央关于制定国民经济和社会发展"九五"计划和2010年远景目标的建议》。之所以要制定"九五"计划和2010年远景目标,是因为"未来15年是我国改革开放和社会主义现代化建设事业承前启后、继往开来的重要时期。从时间上说,这15年是跨世纪的。我们必须认真研究,在世纪之交如何全面实现第二步战略目标,并开始向第三步战略目标前进"①。1996年3月17日,第八届全国人大第四次会议批准了《关于国民经济和社会发展"九五"计划和2010年远景目标纲要及关于〈纲要〉报告的决议》(以下简称《纲要》)。《纲要》在提出"九五"期间国民经济和社会发展的主要目标的同时,着眼于长远发展,进一步落实经济建设"三步走"的发展战略;还提出了2010年国民经济和社会发展的远景目标:"2010年,实现国民生产总值比2000年翻一番,使人民的小康生活更加宽裕,形成比较完善的社会主义市场经济体制。"②这个奋斗目标,展现了20世纪末、21世纪初中国现代化建设的前景,目标实现后,中国社会生产力、综合国力和人民生活水平都将再上一个大台阶,社会经济面貌将发生历史性的巨大变化,为21世纪中叶基本实现现代化,奠定坚实基础。为了实现在经济社会的快速、持续、健康的全面发展,《纲要》指出未来15年(1996—2010年)必须认真贯彻国民经济和社会发展

---

① 李鹏.关于制定国民经济和社会发展"九五"计划和2010年远景目标建议的说明(1995年9月25日)[N].人民日报,1995-10-06(1).
② 中共中央文献研究室.十四大以来重要文献选编:中[M].北京:人民出版社,1997:1840.

的九条重要方针。

(二)实施可持续发展战略和科教兴国战略

实施可持续发展战略和科教兴国战略是中国在20世纪90年代做出的重大抉择。中国政府在1979年把环境保护、1982年把计划生育作为一项基本国策的基础上,进一步把实施可持续发展作为一项国家战略。1989年12月,第七届全国人大第十一次会议通过了《中华人民共和国环境保护法》。1994年3月25日,国务院第十六次常务会议讨论通过了《中国21世纪议程:中国21世纪人口、环境与发展白皮书》,其是世界上第一个国家级的可持续发展议程,全面阐明了中国的可持续发展战略和对策。1995年以来,中国先后制定了《中国环境保护21世纪议程》和《中国海洋21世纪议程》等文件。2001年8月,中国开始编写《中华人民共和国可持续发展国家报告》,阐述中国进一步实施可持续发展战略的部署和政策措施,表明中国政府已经把可持续发展确定为国家战略,将其列为必须高度重视和下大力气解决的、全局性的重大问题之一。通过实施可持续发展战略,中国在人口、就业、消除贫困等方面取得显著成就,人口过快增长的势头得到有效控制,劳动就业规模继续扩大,农村贫困人口大幅度减少。环境保护取得进展,西部生态环境得到保护,实施了六大林业重点工程。

这一时期,中国继续对科学技术予以高度重视。中共十四大报告中指出:"我们必须把教育摆在优先发展的战略地位,努力提高全民族的思想道德和科学文化水平。这是实现我国现代化的根本大计。"[1]1993年,中共中央、国务院发布了《中国教育改革和发展纲要》,确定了20世纪末中国教育与发展的基本目标和任务。1995年5月26—30日,全国科学技术大会召开。这次大会,"标志着'科教兴国'这一国家战略的正式确立"[2]。到2011年,我国已经全面实现普及九年义务教育和扫除青壮年文盲的"两基"目标。我国高等教育大众化水平进一步提高,毛入学率提高到2011年的26.9%。进入21世纪,中共中央国务院做出了建设创新型国家的战略决策。2006年1月,胡锦涛在全国科学技术大会上提出了2020年中国进入创新型国家行列的奋斗目标。2007年,中共十

---

[1] 江泽民.加快改革开放和现代化建设步伐 夺取有中国特色社会主义事业的更大胜利:在中国共产党第十四次全国代表大会上的报告(1992年10月12日)[N].人民日报,1992-10-21(1).
[2] 陈述.中华人民共和国史:1992—2002[M].北京:人民出版社,2010:130.

七大报告提出:"提高自主创新能力,建设创新型国家。这是国家发展战略的核心,是提高综合国力的关键。"①2003年12月,全国人才工作会议召开,之后,中共中央、国务院作出《关于进一步加强人才工作的决定》,首次把人才强国战略上升到国家战略层面。2007年,人才强国战略作为发展中国特色社会主义的三大基本战略之一,被写进了中国共产党党章和党的十七大报告。

(三)走出去战略

20世纪90年代末,中国根据新形势提出了实施"走出去"战略。1998年2月26日,"在中共十五届二中全会上,江泽民第一次正式提出了'走出去'的对外开放思想。"②他说:"既要'引进来',又要'走出去',这是我们对外开放相互联系、相互促进的两个方面,缺一不可。"③进入2000年,中国政府明确把"走出去"概括为一项开放战略。2000年10月,中共十五届五中全会通过的《关于制定国民经济和社会发展第十个五年(2001—2005)计划的建议》强调:要积极"实施'走出去'战略,努力在利用国内外两种资源、两个市场方面有新的突破"④。2003年10月,中共十六届三中全会通过的《关于完善社会主义市场经济体制的若干重大问题的决定》指出:"继续实施'走出去'战略……'走出去'战略是建成完善的社会主义市场经济体制和更具活力、更加开放的经济体系的战略部署,是适应统筹国内发展和对外开放的要求的,有助于进一步解放和发展生产力,为经济发展和社会全面进步注入强大动力。"⑤

四、促进祖国统一

祖 国 统 一

1992年元旦社论:在新的一年里,我们将按照"一国两制"的原则,为5年后香港回归祖国、7年后澳门回归祖国,继续积极做好各方面的

---

① 胡锦涛.高举中国特色社会主义伟大旗帜 为夺取全面建设小康社会新胜利而奋斗:在中国共产党第十七次全国代表大会上的报告(2007年10月15日)[N].人民日报,2007-10-25(1).
② 陈述.中华人民共和国史:1992—2002[M].北京:人民出版社,2010:425.
③ 中共中央文献研究室.十五大以来重要文献选编:上[M].北京:人民出版社,2000:208.
④ 中共中央文献研究室.十五大以来重要文献选编:中[M].北京:人民出版社,2001:1390.
⑤ 本书编写组.十一届三中全会以来历次党代会、中央全会报告公报决议决定:下[M].北京:中国方正出版社,2008:828.

工作。同时,要努力发展海峡两岸经济、贸易、科技、文化的交流,促进祖国统一大业。希望台湾当局以民族大义为重,为和平统一祖国做出切实的贡献。极少数"台独"分子违背全民族公意的倒行逆施,是注定要失败的。

1997年元旦社论:在这一年里,我国将恢复对香港行使主权,我党将召开第十五次全国代表大会。恢复对香港行使主权,是贯彻"一国两制"方针的伟大成果,是百年来无数志士仁人梦寐以求的夙愿,它必将对推动祖国统一大业、振奋民族精神产生重大而深远的影响。

1999年元旦社论:在新的一年里,我们将迎来中华人民共和国建国50周年,迎来澳门回归、彻底结束殖民主义在中国的统治。这当然不是历史的巧合,而是历史的积累和转接。

在中国特色社会主义发展时期,祖国统一大业取得重大新进展,"一国两制"构想得以实现,中国对香港、澳门恢复行使主权。在台湾问题上,形成新的政策,并与"台独"分子进行坚决斗争。1997年《人民日报》元旦社论谈道:"恢复对香港行使主权,是贯彻'一国两制'方针的伟大成果。"1999年《人民日报》元旦社论则谈到了澳门回归。1992年、2000年《人民日报》元旦社论分别谈到了与"台独"势力斗争的问题。

1990年4月,第七届全国人大第三次会议通过了《中华人民共和国香港特别行政区基本法》。1993年3月20日,第八届全国人大第一次会议通过了《中华人民共和国澳门特别行政区基本法》。这两部法律是将"一国两制"方针具体化的伟大实践。1996年1月26日,香港特别行政区筹委会在北京成立。1996年3月,筹委会决定设立临时立法会,为确保香港特别行政区的正常运作制定必不可少的法律和进行必要的人事安排。1997年6月30日至7月1日凌晨,中英两国政府香港政权交接仪式在香港会议展览中心隆重举行,香港回归祖国。江泽民指出:"香港回归,标志着中国人民洗雪了香港被侵占的百年国耻,开创了香港和祖国内地共同发展的新纪元;标志着我们在完成祖国统一大业的道路上迈出了重要一步。"[①]香港回归祖国以来,中央政府切实贯彻"一国两制"、"港人治港"、高度自治的方针,严格按照《中华人民共和国香港特别行政区基本

---

① 朱幼棣.首都各界隆重庆祝香港回归祖国[N].人民日报,1997-07-02(1).

法》的规定实行,支持维护香港繁荣稳定。1997年,亚洲金融危机爆发后,在中央政府的支持下,香港特别行政区政府成功击退国际炒家,捍卫了香港国际金融中心的地位。根据《中华人民共和国香港特别行政区基本法》的规定,香港特别行政区立法会经选举产生。在香港,"'马照跑,舞照跳,股照炒','一国两制'正在成功地进行着实践,其国际金融、贸易、信息和旅游'中心'地位不但没有改变,而且有了加强"①。1999年12月20日零时,中葡两国政府澳门政权交接仪式隆重举行,澳门回归祖国。

1992年10月28—30日,中国海峡两岸关系协会与台湾的海峡交流基金会进行了工作性商谈。这次商谈,不但在具体业务问题上取得了相当大的进展,而且也在海峡两岸事务性商谈中表达一个中国原则的问题上取得了进展,形成了"九二共识",其核心是两岸都承认"一个中国的原则"。1993年8月31日,中国发表《台湾问题与中国的统一》白皮书,这是中国政府第一次用白皮书的形式全面系统地阐述台湾问题和对台政策。白皮书第一次系统地阐明了"和平统一、一国两制"方针的四个基本点,即一个中国;两制并存;高度自治;和平谈判。1995年1月30日,江泽民发表《为促进祖国统一大业的完成而继续奋斗》的重要讲话,这个讲话就现阶段发展两岸关系,推进祖国和平统一进程提出了八项主张。《为促进祖国统一大业的完成而继续奋斗》产生了强烈反响,受到普遍欢迎和重视,被认为是继《告台湾同胞书》、"叶九条"、"邓六条"之后又一份阐述中国共产党和中国政府对台湾政策的纲领性文件。

1999年7月,李登辉公然抛出"两国论",宣称台湾当局已将海峡两岸关系定位为"国家与国家的关系,至少是特殊的国家与国家的关系",以此来彻底否定一个中国原则。"两国论"直接挑衅了一个中国原则,动摇了两岸关系赖以稳定的基石。中国政府和中国人民在政治、军事、外交等方面进行了迅速、果断、坚决的斗争。中国政府向国际社会明确表明中国政府的态度。中国人民解放军进行了一系列导弹发射试验和三军军事演习,表明中国政府维护国家主权和领土完整的决心和能力。中国政府还采取了一系列外交活动,在舆论方面抵制和批判"两国论"。2005年,第十届全国人大第三次会议通过并颁布《反分裂国家法》。2007年9月,第62届联合国大会拒绝将"台湾申请加入联合国"提案列入联合国大会议程。同时,中国政府积极推动海峡两岸对话、沟通与经济文化

---

① 陈述.中华人民共和国史:1992—2002[M].北京:人民出版社,2010:366.

交流合作,两岸关系取得重大进展。

五、推进党的建设新的伟大工程

新的伟大工程

1995年元旦社论:党的十四届四中全会对社会主义市场经济条件下加强党的建设作了整体部署,这一新的伟大工程的实施,将为夺取改革开放和现代化建设的新胜利提供强有力的组织保证。

2003年元旦社论:必须毫不放松地加强和改善党的领导,全面推进党的建设新的伟大工程,以提高党的执政能力为重点,持之以恒地加强和改进党的思想、组织、作风和制度建设。

2005年元旦社论:认真贯彻落实党的十六届四中全会精神,切实加强党的执政能力建设,全面开展以实践"三个代表"重要思想为主要内容的保持共产党员先进性教育活动,努力提高驾驭社会主义市场经济的能力、发展社会主义民主政治的能力、建设社会主义先进文化的能力、构建社会主义和谐社会的能力、应对国际局势和处理国际事务的能力,我们就能够带领全国各族人民实现国家富强、民族振兴、社会和谐、人民幸福。

1939年,毛泽东在《〈共产党人〉发刊词》中指出,"建设一个全国范围的、广大群众性的、思想上政治上组织上完全巩固的布尔什维克化的中国共产党"[①]。他把这样的建党任务视为"伟大的工程"。党的第二代中央领导集体,把马克思列宁主义、毛泽东思想创造性地运用于当代中国,围绕在改革开放和现代化建设条件下建设一个什么样的党、怎样建设党的问题,"开创了党的建设新的伟大工程"[②]。面向21世纪,党的第三代中央领导集体,推进党的建设新的伟大工程,成功把中国特色社会主义推向21世纪。中共十六大、中共十七大、中共十八大都对推进党的建设新的伟大工程进行了论述。中共十六大提出加强党的

---

① 毛泽东.毛泽东选集:第二卷[M].北京:人民出版社,1991:602.
② 江泽民.高举邓小平理论伟大旗帜,把建设有中国特色社会主义事业全面推向二十一世纪:在中国共产党第十五次全国代表大会上的报告(1997年9月12日)[N].人民日报,1997-09-22(1).

执政能力建设,提高党的领导水平和执政水平。中共十七大提出以改革创新精神全面推进党的建设新的伟大工程,必须把党的执政能力建设和先进性建设作为主线,使党始终成为立党为公、执政为民,求真务实、改革创新,艰苦奋斗、清正廉洁,富有活力、团结和谐的马克思主义执政党。

以江泽民同志为核心的第三代中央领导集体把党的建设新的伟大工程成功推向 21 世纪。一是确立新时期党的建设总目标。中共十四届四中全会把加强党的建设新的伟大工程目标确定为:"要把我们党建设成为用建设有中国特色社会主义理论武装起来、全心全意为人民服务、思想上政治上组织上完全巩固、能够经受住各种风险、始终走在时代前列的马克思主义政党。"[①]二是要按照"三个代表"要求,扎扎实实加强党的建设,全面推进党的建设新的伟大工程。中共十六大提出全面推进党的建设新的伟大工程,加强和改进党的建设,"保证我们党始终是中国工人阶级的先锋队,同时是中国人民和中华民族的先锋队,始终是中国特色社会主义事业的领导核心,始终代表中国先进生产力的发展要求,代表中国先进文化的前进方向,代表中国最广大人民的根本利益"[②]。

以胡锦涛同志为总书记的党中央强调以改革创新精神全面推进党的建设新的伟大工程,一是提出加强党的建设新目标,即"必须把党的执政能力建设和先进性建设作为主线,坚持党要管党、从严治党,贯彻为民、务实、清廉的要求,以坚定理想信念为重点加强思想建设,以造就高素质党员、干部队伍为重点加强组织建设,以保持党同人民群众的血肉联系为重点加强作风建设,以健全民主集中制为重点加强制度建设,以完善惩治和预防腐败体系为重点加强反腐倡廉建设,使党始终成为立党为公、执政为民,求真务实、改革创新,艰苦奋斗、清正廉洁,富有活力、团结和谐的马克思主义执政党"[③]。二是将执政能力建设和先进性建设作为加强党的建设的主线。2004 年 9 月,中共十六届四中全会通过了《中共中央关于加强党的执政能力建设的决定》。"这在中国共产党执政史上,还是第一次通过这样的决定。"[④]加强党的执政能力建设就是要"通过全党共

---

① 中共中央关于加强党的建设几个重大问题的决定(1994 年 9 月 28 日中国共产党第十四届中央委员会第四次全体会议通过)[N].人民日报,1994-10-07(1).
② 江泽民.全面建设小康社会,开创中国特色社会主义事业新局面:在中国共产党第十六次全国代表大会上的报告(2002 年 11 月 8 日)[N].人民日报,2002-11-18(1).
③ 胡锦涛.高举中国特色社会主义伟大旗帜 为夺取全面建设小康社会新胜利而奋斗:在中国共产党第十七次全国代表大会上的报告(2007 年 10 月 15 日)[N].人民日报,2007-10-25(1).
④ 柳建辉.中华人民共和国史:2002—2009[M].北京:人民出版社,2010:83.

同努力,使党始终成为立党为公、执政为民的执政党,成为科学执政、民主执政、依法执政的执政党,成为求真务实、开拓创新、勤政高效、清正廉洁的执政党,归根到底成为始终做到'三个代表'、永远保持先进性、经得住各种风浪考验的马克思主义执政党,带领全国各族人民实现国家富强、民族振兴、社会和谐、人民幸福"①。2009年9月,中共十七届四中全会通过《中共中央关于加强和改进新形势下党的建设若干重大问题的决定》,对加强和改进党的建设进一步做出部署。这一时期,为加强党的建设,党中央先后开展了"三讲"(讲学习、讲政治、讲正气)教育、保持共产党员先进性、学习实践科学发展观、创先争优等党内教育活动。

六、保障和改善民生

民　生

2007年元旦社论:着力促进社会发展和解决民生问题,推动经济社会切实转入科学发展的轨道,全面推进经济建设、政治建设、文化建设、社会建设。

民生,"即人民的生活、生计,它构成社会生活的最基本内容,也是国家和社会组织活动的重要目的"②。民生问题涉及人民群众最关心,最直接、最现实的基本生存和发展问题,是社会主义建设要解决的最基本问题,体现着中国共产党全心全意为人民服务的根本宗旨。关注人民生活、改善人民生活始终是中国共产党执政的重点内容,这也体现在党的方针政策和历年《人民日报》元旦社论的话语之中。从中共八大确定"我们国内的主要矛盾,已经是人民对于建立先进的工业国的要求同落后的农业国的现实之间的矛盾,已经是人民对于经济文化迅速发展的需要同当前经济文化不能满足人民需要的状况之间的矛盾"③,到邓小平强调"社会主义现代化建设是我们当前最大的政治,因为它代表着人

---

① 中共中央关于加强党的执政能力建设的决定(2004年9月19日中国共产党第十六届中央委员会第四次全体会议通过)[N].人民日报,2004-09-27(1).
② 曹文宏.民生政治:民生问题的政治学诠释[J].社会主义研究,2007(6).
③ 中国共产党第八次全国代表大会关于政治报告的决议[EB/OL].(1956-09-27)[2018-03-14].http://fuwu.12371.cn/2012/09/24/ARTI1348471241458943.shtml.

民的最大的利益、最根本的利益"①,"不坚持社会主义,不改革开放,不发展经济,不改善人民生活,只能是死路一条"②,再到江泽民提出"提高人民生活水平,是改革开放和发展经济的根本目的"③,"我们党要始终代表中国最广大人民的根本利益,就是党的理论、路线、纲领、方针、政策和各项工作,必须坚持把人民的根本利益作为出发点和归宿,充分发挥人民群众的积极性主动性创造性,在社会不断发展进步的基础上,使人民群众不断获得切实的经济、政治、文化利益"④,这些无不说明关注人民生活问题在中国共产党执政行为中的重要地位。在中国特色社会主义发展时期,中国共产党进一步明确提出了"民生问题"的概念。2007年《人民日报》元旦社论中第一次出现"民生问题"的表述。

(一)切实推动和解决发展问题

这一时期,中国共产党坚持发展是硬道理,把发展作为执政兴国的第一要务,坚持以经济建设为中心,用发展和改革的办法解决前进中的问题,"大力发展社会生产力,不断为社会和谐创造雄厚的物质基础,同时,更加注重解决发展不平衡问题,更加注重发展社会事业,推动经济社会协调发展"⑤。从2002—2012年,中国国民经济连续10年保持了10%以上的年均实际增长速度,在世界经济剧烈动荡中创造了持续较快增长的中国奇迹。"国内生产总值2005年超过英国和法国,2008年超过德国,2010年超过日本,外汇储备稳居世界第一,综合国力连续迈上大台阶。"⑥

(二)完善社会管理

中共十六大到中共十八大期间,中国共产党和政府的社会管理理念和管理方式发生了显著转变。中共十六届六中全会提出,要"创新社会管理体制,整合社会管理资源,提高社会管理水平,健全党委领导、政府负责、社会协同、公众参

---

① 邓小平.邓小平文选:第二卷[M].北京:人民出版社,1994:163.
② 邓小平.邓小平文选:第三卷[M].北京:人民出版社,1993:170.
③ 江泽民.高举邓小平理论伟大旗帜,把建设有中国特色社会主义事业全面推向二十一世纪:在中国共产党第十五次全国代表大会上的报告(1997年9月12日)[N].人民日报,1997-09-22(1).
④ 江泽民.在庆祝中国共产党成立八十周年大会上的讲话[N].人民日报,2001-07-02(1).
⑤ 中共中央关于构建社会主义和谐社会若干重大问题的决定(2006年10月11日中国共产党第十六届中央委员会第六次全体会议通过)[N].人民日报,2006-10-19(1).
⑥ 秋石.辉煌的成就和历史性进步:党的十六大以来的十年[J].求是,2012(16).

与的社会管理格局"①。中国共产党和政府开始深刻地认识到社会管理要"实现从以政府为单一主体、以单位管理为主要载体、以行政办法为主要手段、以管控为主要目的的传统模式,向政府行政管理与社会自我调节、居民自治管理良性互动,社区管理与单位管理有机结合,多种手段综合运用,管理与服务融合,有序与活力统一的多元治理、共建共享的新模式转变"②。能否加强和创新社会管理,提高社会管理科学化水平,事关国家长治久安,事关人民根本利益,事关中国特色社会主义事业兴衰成败。中国的社会管理创新以保障民生为重点,涵盖了基本公共服务、社区建设、社会组织、社会管理创新等范围,国家在公共教育、社会保障、公众参与、非户籍居民平等参与等诸多方面都做出了探索性的改革,既注重发挥基层党组织和共产党员服务群众、凝聚人心的作用,也注重发挥城乡基层自治组织协调利益、化解矛盾、排忧解难的作用,还注重发挥社团、行业组织和社会中介组织提供服务、反映诉求、规范行为的作用,形成社会管理和社会服务的合力。

(三)民生建设的进步

2007年6月25日,胡锦涛在中央党校发表的讲话中指出,加强社会建设,要以解决人民最关心、最直接、最现实的利益问题为重点,使经济发展成果更多地体现在改善民生上。中共十七大报告专门阐述加快推进以改善民生为重点的社会建设,强调"必须在经济发展的基础上,更加注重社会建设,着力保障和改善民生,推进社会体制改革,扩大公共服务,完善社会管理,促进社会公平正义,努力使全体人民学有所教、劳有所得、病有所医、老有所养、住有所居,推动建设和谐社会"③。

这一时期,民生建设取得了长足进步。一是优先发展教育,建设人力资源强国。制定和实施《国家中长期教育改革和发展规划纲要》。10年来,中央财政累计投入经费约5000多亿元。从2006—2008年,我国历时3年,全面实现了城乡免费义务教育。二是努力扩大就业。统计显示,"2002年至2012年,全国

---

① 中共中央关于构建社会主义和谐社会若干重大问题的决定(2006年10月11日中国共产党第十六届中央委员会第六次全体会议通过)[N].人民日报,2006-10-19(1).
② 马凯.努力加强和创新社会管理[J].求是,2010(20).
③ 胡锦涛.高举中国特色社会主义伟大旗帜 为夺取全面建设小康社会新胜利而奋斗:在中国共产党第十七次全国代表大会上的报告(2007年10月15日)[N].人民日报,2007-10-25(1).

共实现城镇新增就业 1 亿多人,城镇登记失业率始终控制在 4.3% 以内"①。在此期间,中国还解决了国有企业 3000 多万下岗职工再就业问题。国家全面取消对农民工进城务工的各种限制,农民工外出务工收入大幅增加,生活得到极大改善。"2003 年至 2011 年,我国实现 4000 多万高校毕业生稳定就业。"②三是完善医疗保障制度。中国历时 10 年实现了全民基本医保。截至 2012 年,"全国参加基本医保的人数超过 13 亿,基本医保覆盖率超过 95%"③。2002 年 10 月,中共中央、国务院决定逐步建立新型农村合作医疗制度。到 2011 年年底,全国参加新型农村合作医疗的人口达到 8.32 亿,参合率达到 97%。以城镇职工基本医保、城镇居民基本医保及新型农村合作医疗为主体的全民基本医保制度体系初步形成。2010 年,"我国人口平均预期寿命达到 74.83 岁,比 2000 年的 71.40 岁提高 3.43 岁"④。四是关注三农问题。免除农业税、增加农业补贴等政策相继实施。粮食持续增产,农村居民收入持续增加。到 2011 年,全国城镇人口达到 6.91 亿,城镇化率首次突破 50% 关口,达到了 51.27%。此外,对收入分配、住房保障、环境保护等方面的问题,政府高度也持续关注,不断采取措施,解决民生问题。

本章小结

1992—2012 年的《人民日报》共发表 21 篇元旦社论,记录了中国特色社会主义发展时期政治文明的发展历程,展示了跨越 21 世纪前后,中国以全面建设小康社会、建设社会主义政治文明等为标志的政治文明形象。

在政治意识文明方面,《人民日报》元旦社论表述了"全面建设小康社会""社会主义政治文明""以人为本""和谐社会"等政治价值观,展示了以"三个代表"重要思想和科学发展观为主要内容的政治理论,反映了"以德治国"方略、开展党内教育实践活动、加强党员干部的政治道德教育、倡导社会主义荣辱观、推进公民道德建设等政治道德建设举措。同时,《人民日报》元旦社论通过"中国

---

① 编者按.数字十年看民生:党的十六大以来民生领域发展成就[N].人民代表报,2012-11-06(5).
② 编者按.数字十年看民生:党的十六大以来民生领域发展成就[N].人民代表报,2012-11-06(5).
③ 编者按.数字十年看民生:党的十六大以来民生领域发展成就[N].人民代表报,2012-11-06(5).
④ 编者按.数字十年看民生:党的十六大以来民生领域发展成就[N].人民代表报,2012-11-06(5).

信心"等话语,展现了充满自信、开拓前进、攻坚克难的政治心态。

在政治制度文明方面,这一时期,中国共产党进一步坚持和完善根本政治制度和基本政治制度,特别是推进了几次重要的政府机构改革,形成了中国特色社会主义法律体系,基层群众自治制度被纳入中国特色社会主义政治制度范畴。《人民日报》元旦社论不同程度地对这些制度成果进行了记述和反映。

在政治行为文明方面,《人民日报》元旦社论表述了建立社会主义市场经济体制、确立社会主义初级阶段基本纲领、实施跨世纪发展战略、促进祖国统一、推进党的建设新的伟大工程、保障和改善民生等方面的举措。这一时期的《人民日报》元旦社论,"革命"出现了13次,"斗争"出现了13次,"批判"出现了3次,"专政"出现了0次;"建设"出现了206次,"发展"出现了108次,"改革"出现了175次,"开放"出现了68次,"生产"出现了27次。《人民日报》元旦社论中的革命话语进一步淡化,建设、改革、发展成为主流话语。

第五章
中国特色社会主义新时代的政治文明
（2012—2019）

中共十八大以来,形成了以习近平同志为核心的党中央,中国特色社会主义发展进入了新时代,形成了习近平新时代中国特色社会主义思想,社会主义政治文明发展迈入新境界。2012—2019年的《人民日报》共发表元旦社论8篇,展示了政治文明发展的新进展、新成果。在政治意识文明方面,"中华民族伟大复兴的中国梦""全面建成小康社会""以人民为中心""人类命运共同体"等成为新时代中国特色社会主义政治价值观的新表达,习近平新时代中国特色社会主义思想成为党和国家必须长期坚持的指导思想,社会主义核心价值观、清正清廉、担当实干成为政治道德新导向,自信、担当、奋斗成为新时代政治心态的鲜明时代特征和主流方向。在政治制度文明方面,我国提出坚持和完善中国特色社会主义制度,推进国家治理体系和治理能力现代化。在政治行为文明方面,我国实施治国理政新思想新战略新实践,统筹推进"五位一体"总体布局,协调推进"四个全面"战略布局,确立了新形势下党和国家各项工作的战略目标和战略举措。

第一节 新时代中国特色社会主义政治意识文明

中共十八大以来,中国共产党在社会主义政治意识文明方面有了新发展,形成并提出了"中华民族伟大复兴的中国梦""全面建成小康社会""以人民为中心""人类命运共同体"等政治价值观和奋斗目标,确立了习近平新时代中国特色社会主义思想的指导地位,推动了中国特色社会主义政治道德建设实现新发展,中国人民呈现出更加自信、担当、奋斗的政治心态。

一、新时代中国特色社会主义政治价值观的新表达

中国梦

2013年元旦社论:一元复始,常常是梦想开始的时候。更好的教育、更稳定的工作、更满意的收入、更可靠的社会保障,这些平凡的梦想汇聚起来,便是个人的命运、社会的脉动、国家的方向。十八大将它们写入党的报告,绘成发展蓝图,定为国家目标,刚刚过去的2012,这个中国社会进程中具有标志意义的年份里,世界聆听了亲民务实的"中国好声音",13亿人拥抱属于自己的"中国梦"。

这是我们共同造就的梦想。自晚清以降,几代人泣血追求,无数人热血奋争,莫不为国家强盛、民族复兴、人民幸福。

2014年元旦社论:满怀对民族的责任,对人民的责任,对党的责任,新一届中央领导集体,将实现民族复兴的中国梦化为亿万人民的智慧和力量,激励着中华儿女迈向新的征程。

2018年元旦社论:力量向着复兴在聚集,精神为着复兴而振奋,泱泱大国、巍巍中华,曙光升腾、万物生长,神州大地呈现出生机勃勃的复兴气象。

今天的中国,比历史上任何时期都更接近、更有信心和能力实现中华民族伟大复兴的目标。

2019年元旦社论:让我们坚定对实现中华民族伟大复兴中国梦的信心,振奋昂扬向上的精神。

全面建成小康社会

2016年元旦社论:全面建成小康社会,是我们向人民、向历史作出的庄严承诺。实现这一承诺,不仅要以"取势"引领正确发展方向,还要以"取实"赢得良好开局。

2018年元旦社论:全面小康、现代化国家、民族复兴……新时代的中国,中国的新时代,从现实方位到未来擘画,让每个人都有一种"处身大历史"的感觉。

2019年元旦社论:我们仍需以供给侧结构性改革为主线不动摇,推动我国经济实现高质量发展,决胜全面建成小康社会第一个百年目标。

以人民为中心

2013年元旦社论:满怀对民族的责任,对人民的责任,对党的责任,新一届中央领导集体,将实现民族复兴的中国梦化为亿万人民的智慧和力量,激励着中华儿女迈向新的征程。

2014年元旦社论:我们将公平正义的理念贯穿于治国理政的方方面面,实现好维护好发展好人民群众的切身利益,为更多人创造着人生出彩的机会。

2017年元旦社论:面对大有可为的重要战略机遇期,我们必须坚定信心,坚持中国特色社会主义道路不动摇,坚持解放和发展社会生产力不动摇,坚持以人民为中心的发展思想不动摇,坚持实现共享发展不动摇。

2019年元旦社论:在为人民谋幸福、为民族谋复兴、为世界谋大同的道路上,我们仍需以梦为马、扬鞭奋蹄。

人类命运共同体

2015年元旦社论:放眼全球,怎样引领和平、发展、合作、共赢的时代潮流,为人类福祉作出更大贡献?

2016年元旦社论:中国特色大国外交全面推进。"9·3阅兵"气势恢宏,2022年冬奥会成功申办,亚投行改变国际金融格局,"一带一路"书写合作共赢篇章,中国人民在历史与未来的交响中昂首阔步,为深刻变革的世界增添正能量。

2019年元旦社论:我们仍需继续推动"一带一路"建设、构建人类命运共同体,为了建设一个更美好的世界不懈奋斗。

新的历史阶段,中国共产党在原来"强国""富强""全面建设小康社会"的基础上,提出了实现"中华民族伟大复兴中国梦"的奋斗目标,进一步明确并丰富了社会主义政治价值观的内容。

(一)中华民族伟大复兴的中国梦

2012年11月29日,习近平在国家博物馆参观"复兴之路"展览时,第一次阐释了"中国梦"。他指出:"大家都在讨论中国梦。我认为,实现中华民族伟大复兴,就是中华民族近代以来最伟大的梦想。"①实现中华民族伟大复兴是近代以来中华民族最伟大的梦想,是新时代中国共产党面向未来的政治宣示。中国梦的实质,"就是要实现国家富强、民族振兴、人民幸福"②。这一目标的具体内容可以理解为:"到中国共产党成立100年时全面建成小康社会的目标一定能实现,到新中国成立100年时建成富强民主文明和谐的社会主义现代化国家的目标一定能实现,中华民族伟大复兴的梦想一定能实现。"③习近平指出:"中国梦是国家的、民族的,也是每一个中国人的。"④ 2013年《人民日报》元旦社论,把中国梦具体化为"更好的教育、更稳定的工作、更满意的收入、更可靠的社会保障,这些平凡的梦想汇聚起来,便是个人的命运、社会的脉动、国家的方向"⑤。

中国梦包括"强盛中国梦""法治中国梦""文明中国梦""和谐中国梦""美丽中国梦""幸福中国梦"等多重内涵,体现着中国特色社会主义政治价值观在历史、现实和未来,国家、民族和个体等维度的统一。实现中华民族伟大复兴的中国梦,作为中国特色社会主义政治价值观的新表达,为新时代的中国社会主义政治文明发展提供了目标导向和精神动力。

(二)全面建成小康社会

中共十六大提出,21世纪前20年要全面建设小康社会的宏伟目标,中共十七大在中共十六大确立的全面建设小康社会奋斗目标的基础上提出了新要求。

---

① 习近平.习近平谈治国理政[M].北京:外文出版社,2014:36.
② 习近平.习近平谈治国理政[M].北京:外文出版社,2014:39.
③ 习近平.习近平谈治国理政[M].北京:外文出版社,2014:36.
④ 习近平.习近平谈治国理政[M].北京:外文出版社,2014:49.
⑤ 让我们一起成就梦想:元旦献词[N].人民日报,2013-01-01(1).

中共十八大将主题定为"为全面建成小康社会而奋斗",提出到2020年全面建成小康社会的宏伟目标,并进一步构建了小康社会"经济、政治、文化、社会、生态"五位一体的目标体系。中共十九大把"不忘初心,牢记使命,高举中国特色社会主义伟大旗帜,决胜全面建成小康社会,夺取新时代中国特色社会主义伟大胜利,为实现中华民族伟大复兴的中国梦不懈奋斗"作为大会主题,提出从现在到2020年,是全面建成小康社会决胜期。全面建成小康社会与中国梦在本质上是完全一致的,并具有内在的逻辑联系。习近平指出:"中国已经进入全面建成小康社会的决定性阶段。实现这个目标是实现中华民族伟大复兴中国梦的关键一步。"①全面建成小康社会的奋斗目标,清晰地表达了中国人民梦寐以求的共同夙愿,使之成为实现现代化建设第三步战略目标必经的承上启下的发展阶段,成为实现中华民族伟大复兴中国梦的重要里程碑。全面建成小康社会是内涵丰富的崭新目标,展示了中国特色社会主义事业全面发展的美好前景。要紧扣我国社会主要矛盾变化,统筹推进经济建设、政治建设、文化建设、社会建设、生态文明建设,坚定实施科教兴国战略、人才强国战略、创新驱动发展战略、乡村振兴战略、区域协调发展战略、可持续发展战略、军民融合发展战略,突出抓重点、补短板、强弱项,特别是要坚决打好防范化解重大风险、精准脱贫、污染防治的攻坚战,使全面建成小康社会得到人民认可、经得起历史检验。中共十八大以来,中国共产党关于全面建成小康社会的内涵不断地得到丰富和发展。习近平总书记指出:"全面建成小康社会,强调的不仅是'小康',而且更重要的也是更难做到的是'全面'。"②一些学者认为,全面建成小康社会的"全面",主要体现为"全面建成小康社会涵盖的领域是全面的""全面建成小康社会覆盖的人口是全面的""全面建成小康社会覆盖的区域是全面的"③等方面。党中央提出从2020—2035年,在全面建成小康社会的基础上,再奋斗十五年,基本实现社会主义现代化;从2035年到21世纪中叶,在基本实现现代化的基础上,再奋斗十五年,把我国建成富强民主文明和谐美丽的社会主义现代化强国。

---

① 习近平.弘扬丝路精神 深化中阿合作:在中阿合作论坛第六届部长级会议开幕式上的讲话[N].人民日报,2014-06-06(2).
② 习近平.在党的十八届五中全会第二次全体会议上的讲话(节选)[J].求是,2016(1).
③ 张占斌,杜庆昊.习近平全面建成小康社会重要论述的时代内涵[J].中国浦东干部学院学报,2019(5).

(三)以人民为中心

人民立场是中国共产党的根本政治立场,也是中国特色社会主义政治价值观的核心理念。中共十八大以来,党中央坚持"人民对美好生活的向往就是我们的奋斗目标"。2012年,在十八届中央政治局常委同中外记者见面会上,习近平指出,"人民对美好生活的向往,就是我们的奋斗目标"[1]。在中共十八届三中全会上,习近平提出"必须坚持以人为本,尊重人民主体地位,发挥群众首创精神,紧紧依靠人民推动改革"[2]。中共十八届五中全会审议通过的《中共中央关于制定国民经济和社会发展第十三个五年规划的建议》提出,"必须坚持以人民为中心的发展思想,把增进人民福祉、促进人的全面发展作为发展的出发点和落脚点,发展人民民主,维护社会公平正义,保障人民平等参与、平等发展权利,充分调动人民积极性、主动性、创造性"[3]。中共十八届六中全会指出:"我们党来自人民,失去人民拥护和支持,党就会失去根基。必须把坚持全心全意为人民服务的根本宗旨、保持党同人民群众的血肉联系作为加强和规范党内政治生活的根本要求。"[4]习近平在中共十九大报告中指出:"坚持以人民为中心。人民是历史的创造者,是决定党和国家前途命运的根本力量。必须坚持人民主体地位,坚持立党为公、执政为民,践行全心全意为人民服务的根本宗旨,把党的群众路线贯彻到治国理政全部活动之中,把人民对美好生活的向往作为奋斗目标,依靠人民创造历史伟业。"[5]中共十九届四中全会把"以人民为中心"的执政理念和政治价值观总结为我国国家制度和国家治理体系多方面显著优势之一,强调"坚持以人民为中心的发展思想,不断保障和改善民生、增进人民福祉,走共同富裕道路的显著优势"[6]。让人民大众摆脱自然界、人类社会和思想的奴役和压迫,成为自由全面发展的人,这是马克思主义的基本价值追求。全心全意

---

[1] 习近平.习近平谈治国理政[M].北京:外文出版社,2014:4.
[2] 习近平.习近平谈治国理政[M].北京:外文出版社,2014:97.
[3] 中共中央关于制定国民经济和社会发展第十三个五年规划的建议(2015年10月29日中国共产党第十八届中央委员会第五次全体会议通过)[N].人民日报,2015-11-04(1).
[4] 中国共产党第十八届中央委员会第六次全体会议公报[J].共产党员,2016(33).
[5] 习近平.决胜全面建成小康社会 夺取新时代中国特色社会主义伟大胜利:在中国共产党第十九次全国代表大会上的报告(2017年10月18日)[N].人民日报.2017-10-28(1).
[6] 中共中央关于坚持和完善中国特色社会主义制度 推进国家治理体系和治理能力现代化若干重大问题的决定(2019年10月31日中国共产党第十九届中央委员会第四次全体会议通过)[N].人民日报,2019-11-06(1).

为人民服务是中国共产党的根本宗旨。"坚持以人民为中心"的政治价值观,贯穿于中共十八大以来党中央治国理政的新理念、新思想、新战略之中,体现了中国特色社会主义政治文明新发展的理论逻辑、历史逻辑和现实逻辑。

(四)人类命运共同体

中共十八大以来,习近平总书记多次提出"人类命运共同体"问题。2015年9月,习近平在第七十届联合国大会一般性辩论时发表《携手构建合作共赢新伙伴,同心打造人类命运共同体》的讲话,明确提出了"构建以合作共赢为核心的新型国际关系,打造人类命运共同体"的战略目标,系统阐述了"建立平等相待、互商互谅的伙伴关系,营造公道正义、共建共享的安全格局,谋求开放创新、包容互惠的发展前景,促进和而不同、兼收并蓄的文明交流,构筑尊崇自然、绿色发展的生态体系"的总布局和总路径。2017年1月,习近平总书记在联合国日内瓦总部发表题为《共同构建人类命运共同体》的演讲,回首最近100多年的历史,针对"世界怎么了、我们怎么办?"这一世界课题,提出"中国方案是:构建人类命运共同体,实现共赢共享"[1],并提出"坚持对话协商,建设一个持久和平的世界""坚持共建共享,建设一个普遍安全的世界""坚持合作共赢,建设一个共同繁荣的世界""坚持交流互鉴,建设一个开放包容的世界""坚持绿色低碳,建设一个清洁美丽的世界"的倡议。中共十九大报告,再次强调"各国人民同心协力,构建人类命运共同体,建设持久和平、普遍安全、共同繁荣、开放包容、清洁美丽的世界"[2]。中共十九届四中全会提出"坚持和完善独立自主的和平外交政策,推动构建人类命运共同体。积极参与全球治理体系改革和建设。高举构建人类命运共同体旗帜,秉持共商共建共享的全球治理观,倡导多边主义和国际关系民主化,推动全球经济治理机制变革。推动在共同但有区别的责任、公平、各自能力等原则基础上开展应对气候变化国际合作。维护联合国在全球治理中的核心地位,支持上海合作组织、金砖国家、二十国集团等平台机制化建设,推动构建更加公正合理的国际治理体系"[3]。

---

[1] 习近平.习近平谈治国理政:第二卷[M].北京:外文出版社,2017:537.
[2] 本书编写组.党的十九大报告辅导读本[M].北京:人民出版社,2017:57.
[3] 中共中央关于坚持和完善中国特色社会主义制度推进国家治理体系和治理能力现代化若干重大问题的决定(2019年10月31日中国共产党第十九届中央委员会第四次全体会议通过)[N].人民日报,2019-11-06(1).

构建人类命运共同体思想是习近平总书记着眼于人类发展和世界前途提出的中国理念、中国方案,具有丰富而深刻的内涵。"和平、发展、公平、正义、民主、自由,是全人类的共同价值,也是联合国的崇高目标。"①就人类命运共同体而言,"和平、发展、公平、正义、民主、自由"这些全人类的共同价值,"也就是人类命运共同体的目标性价值"②。在反映人类社会目标性价值追求的基础上,人类命运共同体价值观还体现为工具性价值,比如"'政治民主、经济共赢、文化融通、社会和谐、人与自然可持续发展'等行为价值准则或实践价值原则"③。建设持久和平、普遍安全、共同繁荣、开放包容、清洁美丽的世界,是对以往自由、平等和民主等全球治理价值理念的超越。

二、习近平新时代中国特色社会主义思想

习近平新时代中国特色社会主义思想

2016年元旦社论:党的十八大以来,我们以改革抓住机遇、用创新应对挑战,将改革发展和复兴之路推进到一个新境界。以习近平同志为总书记的党中央形成了一系列治国理政新理念新思想新战略,为在新的历史条件下深化改革开放、加快推进社会主义现代化提供了科学理论指导和行动指南。

2018年元旦社论:回首2017年,党的十九大树立一座里程碑,习近平新时代中国特色社会主义思想凝聚起改变中国的力量,我们在新时代开启了新征程。

2019年元旦社论:面对新形势新挑战,我们仍需继续高扬马克思主义伟大旗帜,用习近平新时代中国特色社会主义思想武装头脑、指导实践、推动工作,以更宽广的视野、更长远的眼光来思考把握未来发展面临的一系列重大问题,让马克思、恩格斯设想的人类社会美好前景不断在中国大地上生动展现开来。

---

① 习近平.携手构建合作共赢新伙伴 同心打造人类命运共同体:在第七十届联合国大会一般性辩论时的讲话[N].人民日报,2015-09-29(2).
② 曾荻,郭开强.论人类命运共同体价值观的基本内涵[J].思想教育研究,2019(1).
③ 曾荻,郭开强.论人类命运共同体价值观的基本内涵[J].思想教育研究,2019(1).

2017年，中共十九大提出和概括了习近平新时代中国特色社会主义思想，将其确立为党必须长期坚持的指导思想并写进党章。2018年3月11日，第十三届全国人民代表大会第一次会议通过《中华人民共和国宪法修正案》，把习近平新时代中国特色社会主义思想载入宪法，把党的指导思想转化为国家指导思想，以国家根本法的形式确立习近平新时代中国特色社会主义思想在国家政治和社会生活中的指导地位。这反映了全党全国各族人民的共同意愿，体现了党的主张和人民意志的高度统一，进一步巩固了全党全国各族人民为实现中华民族伟大复兴中国梦而奋斗的共同思想基础。

"习近平新时代中国特色社会主义思想，是在中国特色社会主义进入新时代、科学社会主义迈向新阶段、当今世界经历新变局、我们党面临新考验的历史条件下形成和发展起来的。"[①]中国特色社会主义进入了新时代，标示着我国发展新的历史方位，党和国家事业发生历史性变革，世界范围内两种意识形态、两种社会制度的较量呈现新态势。当今世界正处于大发展大变革大调整的百年不遇的历史时期。我们的党执政面临的社会环境和现实条件发生了深刻变化。我国社会的主要矛盾已经转化为人民日益增长的美好生活需要和不平衡不充分的发展之间的矛盾。正是围绕回答这一重大理论和实践问题，形成了习近平新时代中国特色社会主义思想。

习近平新时代中国特色社会主义思想与马克思列宁主义、毛泽东思想、邓小平理论、"三个代表"重要思想、科学发展观是继承和发展的关系。中共十八大以来，以习近平同志为核心的党中央坚持以马克思列宁主义、毛泽东思想、邓小平理论、"三个代表"重要思想、科学发展观为指导，坚持解放思想、实事求是、与时俱进、求真务实，坚持辩证唯物主义和历史唯物主义，紧密结合新的时代条件和实践要求，以全新的视野深化对共产党执政规律、社会主义建设规律、人类社会发展规律的认识，进行艰辛理论探索，取得重大理论创新成果，创立了习近平新时代中国特色社会主义思想。习近平新时代中国特色社会主义思想在理论基础、基本立场、思想方法、根本任务、理论品格等方面，与马克思列宁主义、毛泽东思想、邓小平理论、"三个代表"重要思想、科学发展观是一脉相承的，同时又在这些理论、思想的基础上实现了创新和发展。

坚持和发展中国特色社会主义，是改革开放以来我们党全部理论和实践的

---

① 中共中央宣传部.习近平新时代中国特色社会主义思想三十讲[M].北京:学习出版社,2018:2.

鲜明主题,也是习近平新时代中国特色社会主义思想的核心要义。中国特色社会主义实践在发展,中国特色社会主义理论也必将随之丰富发展。中共十八大以前,中国特色社会主义理论体系形成了包括邓小平理论、"三个代表"重要思想、科学发展观在内的科学理论体系成果,是对马克思列宁主义、毛泽东思想的坚持和发展。中国特色社会主义道路,中国特色社会主义理论体系,中国特色社会主义制度,需要倍加珍惜、始终坚持、不断发展。中共十八大以后,面对中国特色社会主义发展中的新形势、新情况、新问题,需要新观点、新思路、新方法加以应对和解决。习近平指出:"坚持和发展中国特色社会主义是一篇大文章,邓小平同志为它确定了基本思路和基本原则,以江泽民同志为核心的党的第三代中央领导集体、以胡锦涛同志为总书记的党中央在这篇大文章上都写下了精彩的篇章。现在,我们这一代共产党人的任务,就是继续把这篇大文章写下去。"①

中共十八大以来,"国内外形势变化和我国各项事业发展提出了一个重大时代课题,这就是必须从理论和实践结合上系统回答新时代坚持和发展什么样的中国特色社会主义、怎样坚持和发展中国特色社会主义"②。这一重大时代课题,包含着一系列需要解答的重大问题,包括"新时代坚持和发展中国特色社会主义的总目标、总任务、总体布局、战略布局、发展方向、发展方式、发展动力、战略步骤、外部条件、政治保证等基本问题,中国特色社会主义要根据新的实践对经济、政治、法治、科技、文化、教育、民生、民族、宗教、社会、生态文明、国家安全、国防和军队、'一国两制'和祖国统一、统一战线、外交、党的建设等各方面"③做出指示。

正是围绕这些问题,中国共产党以全新的视野深化对共产党执政规律、社会主义建设规律、人类社会发展规律的认识,进行艰辛理论探索,取得重大理论创新成果,形成了习近平新时代中国特色社会主义思想。十九大报告中提出的"八个明确"的基本内容、"十四条坚持"的基本方略,构成了系统完整的科学理论体系。新时代中国特色社会主义思想的八个明确是:"明确坚持和发展中国特色社会主义,总任务是实现社会主义现代化和中华民族伟大复兴,在全面建

---

① 习近平.习近平谈治国理政[M].北京:外文出版社,2014:23.
② 本书编写组.党的十九大报告辅导读本[M].北京:人民出版社,2017:18.
③ 本书编写组.党的十九大报告辅导读本[M].北京:人民出版社,2017:18.

成小康社会的基础上分两步走,在21世纪中叶建成富强民主文明和谐美丽的社会主义现代化强国;明确新时代我国社会主要矛盾是人民日益增长的美好生活需要和不平衡不充分的发展之间的矛盾,必须坚持以人民为中心的发展思想,不断促进人的全面发展、全体人民共同富裕;明确中国特色社会主义事业总体布局是'五位一体'、战略布局是'四个全面',强调坚定道路自信、理论自信、制度自信、文化自信;明确全面深化改革总目标是完善和发展中国特色社会主义制度、推进国家治理体系和治理能力现代化;明确全面推进依法治国总目标是建设中国特色社会主义法治体系、建设社会主义法治国家;明确党在新时代的强军目标是建设一支听党指挥、能打胜仗、作风优良的人民军队,把人民军队建设成为世界一流军队;明确中国特色大国外交要推动构建新型国际关系,推动构建人类命运共同体;明确中国特色社会主义最本质的特征是中国共产党领导,中国特色社会主义制度的最大优势是中国共产党领导,党是最高政治领导力量,提出新时代党的建设总要求,突出政治建设在党的建设中的重要地位。"①贯彻落实新时代中国特色社会主义思想,需要在"八个明确"的基础上,实施好"十四条坚持"的基本方略,即"坚持党对一切工作的领导、坚持以人民为中心、坚持全面深化改革、坚持新发展理念、坚持人民当家做主、坚持全面依法治国、坚持社会主义核心价值体系、坚持在发展中保障和改善民生、坚持人与自然和谐共生、坚持总体国家安全观、坚持党对人民军队的绝对领导、坚持'一国两制'和推进祖国统一、坚持推动构建人类命运共同体、坚持全面从严治党"②。"八个明确""十四个坚持"是习近平新时代中国特色社会主义思想的核心内容。其中,"八个明确"是这一思想最核心的组成部分,"十四个坚持"的基本方略,"是实现'两个一百年'奋斗目标、实现中华民族伟大复兴中国梦的'路线图'和'方法论'"③。习近平新时代中国特色社会主义思想,是马克思主义中国化的最新成果,是中国特色社会主义理论体系的重要组成部分,被确定为"新时代中国共产党人的思想旗帜",以及"国家政治生活和社会生活的根本指针"④。

---

① 本书编写组.党的十九大报告辅导读本[M].北京:人民出版社,2017:19.
② 本书编写组.党的十九大报告辅导读本[M].北京:人民出版社,2017:20-25.
③ 中共中央宣传部.习近平新时代中国特色社会主义思想三十讲[M].学习出版社,2018:7.
④ 中共中央宣传部.习近平新时代中国特色社会主义思想三十讲[M].学习出版社,2018:12.

三、新时代中国特色社会主义政治道德新发展

清正、清廉、清明

2013年元旦社论:新一届中央领导集体以高度的历史责任感奋发进取、开启新局,在未来的道路上,干部清正、政府清廉、政治清明,才能让变化更大一点,让问题更少一点;个人努力、社会协力、国家给力,才能让进步更快一点,离梦想更近一点。

社会主义核心价值观

2015年元旦社论:从八项规定的"正人先正己",到群众路线的"正风进行时",党风政风带动社会风气的转变,社会主义核心价值观深入人心。

担责、实干

2015年社论:落实从严治党责任,党员干部遇事不推诿、担责不逃避,甘做铺垫工作、甘抓未成之事,不贪一时之功、不图一时之名,以责无旁贷的精神、"功成不必在我"的胸怀走在前列干在实处;广大群众追随党、拥护党、监督党、鞭策党,团结一心克时艰,不尚空谈讲实干,共同承担起振兴中华的历史责任,我们就没有战胜不了的困难。

家 风

2017年元旦社论:一年里,工匠精神、创新思维刷新着企业风尚,优良家风、优秀文化丰润着大众心灵。一年里,改革勇气引领社会的风向,廉洁正气书写人心的政治。这些精神层面的力量凝聚,汇集成复兴路上砥砺前行的强劲动能。

(一)新时代中国特色社会主义道德建设新方略

1. 坚持政治道德建设方向

2001年,党中央颁布《公民道德建设实施纲要》。中共十八大以来,党中央

高度重视公民道德建设,立根塑魂、正本清源,做出一系列重要部署,推动思想道德建设取得显著成效。在国际国内形势深刻变化、我国经济社会深刻变革的大背景下,道德领域依然存在不少问题。中国特色社会主义进入新时代,加强公民道德建设、提高全社会道德水平,是全面建成小康社会、全面建设社会主义现代化强国的战略任务。2019年10月,中共中央国务院印发《新时代公民道德建设实施纲要》,强调要始终保持公民道德建设的社会主义方向,即坚持马克思主义道德观、社会主义道德观,倡导共产主义道德,以为人民服务为核心,以集体主义为原则,以爱祖国、爱人民、爱劳动、爱科学、爱社会主义为基本要求。公民道德建设要紧紧围绕进行伟大斗争、建设伟大工程、推进伟大事业、实现伟大梦想,着眼构筑中国精神、中国价值、中国力量。习近平指出:"要深入开展学习宣传道德模范活动,弘扬真善美,传播正能量,激励人民群众崇德向善、见贤思齐,鼓励全社会积善成德、明德惟馨,为实现中华民族伟大复兴的中国梦凝聚起强大的精神力量和有力的道德支撑。"①党员干部道德建设的方向要符合公民道德建设方向,标准要高于公民道德建设标准。习近平总书记参加第十三届全国人大第一次会议重庆代表团审议时强调,领导干部要讲政德。政德是整个社会道德建设的风向标。立政德,就要明大德、守公德、严私德。党员干部道德建设必须坚持马克思主义道德观,坚持以人民为中心这一中国共产党人的政治伦理目标,围绕为中国人民谋幸福,为中华民族谋复兴这一初心和使命来进行。

2.构建全社会共同的理想信念

"人民有信仰,民族有希望,国家有力量。"②中共十八大以来,中共中央高度重视党员干部和全社会的理想信念教育,大力弘扬中国精神,凝聚中国力量,强调通过广泛开展理想信念教育,把广大人民团结凝聚在中国特色社会主义伟大旗帜之下。习近平提出:"一个国家,一个民族,要同心同德迈向前进,必须有共同的理想信念作支撑。我们要在全党全社会持续深入开展建设中国特色社会主义宣传教育,高扬主旋律,唱响正气歌,不断增强道路自信、理论自信、制度自信,让理想信念的明灯永远在全国各族人民心中闪亮。"③党员领导干部要做共

---

① 习近平.习近平谈治国理政[M].北京:外文出版社,2014:158.
② 习近平.习近平谈治国理政[M].北京:外文出版社,2014:323.
③ 习近平.习近平:锲而不舍抓好社会主义精神文明建设[EB/OL].(2015-02-28)[2018-08-09].http://legal.people.com.cn/n/2015/0228/c188502-26614027.html.

产主义远大理想和中国特色社会主义共同理想的坚定信仰者和忠实践行者,要坚守共产党人的精神家园。青年学生也要坚定理想信念,"中国梦是全国各族人民的共同理想,也是青年一代应该牢固树立的远大理想。中国特色社会主义是我们党带领人民历经千辛万苦找到的实现中国梦的正确道路,也是广大青年应该牢固确立的人生信念"①。工人阶级要树立理想信念。习近平强调,"我国工人阶级要牢固树立中国特色社会主义理想信念,坚定永远跟党走的信念,坚决拥护社会主义制度,坚决拥护改革开放,始终做坚持中国道路的柱石;要自觉践行社会主义核心价值观,发扬我国工人阶级的伟大品格,用先进思想、模范行动影响和带动全社会,不断为中国精神注入新能量,始终做弘扬中国精神的楷模"②。

3.以社会主义核心价值观为引领

"社会主义核心价值观是当代中国精神的集中体现,是凝聚中国力量的思想道德基础。"③中共十八大报告强调,"社会主义核心价值体系是兴国之魂,决定着中国特色社会主义发展方向"④。"对于一个民族、一个国家来说,最持久、最深层的力量是全社会共同认可的核心价值观,这关乎国家前途命运,关乎人民幸福安康。"⑤新时代社会主义道德建设的重要内容就是培育社会主义核心价值观。习近平认为:"核心价值观,其实就是一种德,既是个人的德,也是一种大德,就是国家的德、社会的德。国无德不兴,人无德不立。"⑥2013年12月,中共中央办公厅印发了《关于培育和践行社会主义核心价值观的意见》,强调要使社会主义核心价值观融入人们生产生活和精神世界,激励全体人民为夺取中国特色社会主义新胜利而不懈奋斗。2019年10月,中共中央、国务院印发了《新时代公民道德建设实施纲要》,指出:"坚持以社会主义核心价值观为引领,将国家、社会、个人层面的价值要求贯穿到道德建设各方面,以主流价值建构道德规范、强化道德认同、指引道德实践,引导人们明大德、守公德、严私德。"

---

① 习近平.习近平谈治国理政[M].北京:外文出版社,2014:50.
② 习近平.习近平谈治国理政[M].北京:外文出版社,2014:45.
③ 中共中央国务院印发《新时代公民道德建设实施纲要》[EB/OL].(2019-10-28)[2019-10-29].http://politics.people.com.cn/n1/2019/1028/c1001-31422612.html.
④ 胡锦涛.坚定不移沿着中国特色社会主义道路前进 为全面建成小康社会而奋斗:在中国共产党第十八次全国代表大会上的报告(2012年11月8日)[N].人民日报,2012-11-18(1).
⑤ 习近平.习近平谈治国理政[M].北京:外文出版社,2014:168.
⑥ 习近平.习近平谈治国理政[M].北京:外文出版社,2014:168.

4.教育引导和党纪国法相结合

一方面,党和国家重视道德教育引导,强调党员干部加强党性修养,自觉履行政德,自觉践行社会主义核心价值观。发挥学校作为公民道德建设的重要阵地的作用,强调育人为本,德育为先。加强高校思想政治工作,努力培养担当民族复兴大任的时代新人,培养德智体美劳全面发展的社会主义建设者和接班人。强调加强师德师风建设,广大教师要以德立身、以德立学、以德施教。突出加强学校思想政治理论课建设,用新时代中国特色社会主义思想铸魂育人,引导学生增强中国特色社会主义道路自信、理论自信、制度自信、文化自信,厚植爱国主义情怀。此外,通过倡导良好家教家风涵育道德品行,通过选树时代楷模、道德模范等先进典型、支持创作优秀文艺作品、建设各类教育基地文化设施等营造良好道德环境。另一方面,严肃党纪党规法律规章,强调道德建设的制度约束。加强党纪党规建设,增强党员干部的纪律意识和规矩意识。"我们党的党内规矩是党的各级组织和全体党员必须遵守的行为规范和规则。党的规矩总的包括什么呢?其一,党章是全党必须遵循的总章程,也是总规矩。其二,党的纪律是刚性约束,政治纪律更是全党在政治方向、政治立场、政治言论、政治行动方面必须遵守的刚性约束。其三,国家法律是党员、干部必须遵守的规矩,法律是党领导人民制定的,全党必须模范执行。其四,党在长期实践中形成的优良传统和工作惯例。"[①]党员领导干部要做学习党章、遵守党章的模范,同时,发挥法治对道德建设的保障和促进作用,把道德导向贯穿法治建设全过程,立法、执法、司法、守法各环节都要体现社会主义道德要求。

(二)党员干部道德

1.强化党员干部政德建设

中共十八大以来,以习近平同志为核心的党中央在继承中国共产党重视优良传统的基础上,汲取中华民族优秀传统文化的智慧,坚持依法治国与以德治国相结合,有效推动党员干部道德建设。首先,在坚持依法治国和以德治国相结合的基础上,强调法治和德治在国家治理中相互补充、相互促进、相得益彰,推进国家治理体系和治理能力现代化。习近平指出:"法律是准绳,任何时候都

---

① 习近平.习近平谈治国理政:第二卷[M].北京:外文出版社,2017:151.

必须遵循；道德是基石，任何时候都不可忽视。""法律是成文的道德，道德是内心的法律。"①法治和德治两手抓、两手都要硬，这是对治国理政规律的深刻把握，要强化道德对法治的支撑作用，要把道德要求贯彻到法治建设中，要运用法治手段解决道德领域突出问题。其次，突出"以人民为中心"是中国共产党人的政治伦理目标。②习近平总书记在十八届中央政治局常委同中外记者见面会讲话中明确提出"人民对美好生活的向往，就是我们的奋斗目标"③。中共十九大报告指出："坚持以人民为中心。必须坚持人民主体地位，坚持立党为公、执政为民，践行全心全意为人民服务的根本宗旨，把党的群众路线贯彻到治国理政全部活动之中，把人民对美好生活的向往作为奋斗目标，依靠人民创造历史伟业。"④加强思想道德建设，要"激励人们向上向善、孝老爱亲、忠于祖国、忠于人民"⑤。习近平总书记提出，"以人民为中心的道德治理思想不是空洞的口号，而是能够实现的价值目标"⑥。再次，突出强调党员干部在道德建设中的关键性作用。中国共产党是执政党，党员干部是各项事业和各领域的领导者、组织者，其道德状况直接影响着党执政的权威性。在新时代道德建设工程中，中国共产党把党员干部作为道德建设中的关键环节进行突出强调。对于共产党员，强调一个合格的党员要道德合格。习近平指出："全党同志特别是领导干部一定要讲修养、讲道德、讲廉耻，追求积极向上的生活情趣，养成共产党人的高风亮节，做到富贵不能淫、贫贱不能移、威武不能屈。"⑦对于领导干部，强调要发挥其在以德治国中的关键作用，领导干部"既应该做全面依法治国的重要组织者、推动者，也应该做道德建设的积极倡导者、示范者"⑧。领导干部要努力成为全社会的道德楷模。

2.明确党员干部道德标准

在党员方面，2016年2月，中共中央开展"两学一做"学习教育，提出全体党

---

① 习近平.习近平谈治国理政：第二卷[M].北京：外文出版社，2017：133.
② 李建华.从严治党：中国共产党人的政治伦理自觉[N].光明日报，2016-11-16(13).
③ 习近平.习近平谈治国理政：第一卷[M].北京：外文出版社，2014：4.
④ 本书编写组.党的十九大报告辅导读本[M].北京：人民出版社，2017：20-21.
⑤ 本书编写组.党的十九大报告辅导读本[M].北京：人民出版社，2017：42.
⑥ 向玉乔.习近平的道德治理思想[J].伦理学研究，2018(1).
⑦ 本书编写组.习近平论如何做合格的共产党员：十八大以来重要论述摘编[EB/OL].(2016-06-30)[2018-07-02].http://theory.people.com.cn/n/2014/0630/c40531-25215806.html.
⑧ 习近平.习近平谈治国理政：第二卷[M].北京：外文出版社，2017：135.

员要做合格党员,即做讲政治、有信念,讲规矩、有纪律,讲道德、有品行,讲奉献、有作为的合格党员,也就是做"四讲四有"的合格党员。2017年,中共中央在《关于推进"两学一做"学习教育常态化制度化的意见》中提出,广大党员要按照"四讲四有"标准,做到政治合格、执行纪律合格、品德合格、发挥作用合格。政治合格主要是坚定理想信念,正确把握政治方向,坚定站稳政治立场,坚决维护以习近平同志为核心的党中央,不断增强中国特色社会主义道路自信、理论自信、制度自信、文化自信。执行纪律合格主要是增强组织纪律性,执行党的决定,服从组织分配,严守党的纪律特别是政治纪律和政治规矩。品德合格主要是继承发扬党的优良传统和作风,大力弘扬忠诚老实、光明坦荡、公道正派、实事求是、艰苦奋斗、清正廉洁等共产党人价值观,带头践行社会主义核心价值观。发挥作用合格主要是牢记党的根本宗旨,爱岗敬业、履职尽责,服务群众、奉献社会,敢担当、敢负责、敢作为,在促进改革发展稳定中做表率、当先锋。

在干部方面,中共十八大以来,习近平多次论述领导干部的道德修养问题。他在2013年提出"好干部要做到信念坚定、为民服务、勤政务实、敢于担当、清正廉洁"①。2014年3月9日,习近平在第十二届全国人大第二次会议安徽代表团参加审议时,提出"各级领导干部都要树立和发扬好的作风,既严以修身、严以用权、严以律己,又谋事要实、创业要实、做人要实"②。2015年,他在会见全国优秀县委书记时,向县委书记提出了做政治的明白人、发展的开路人、群众的贴心人、班子的带头人的要求。这些关于好干部标准的论述,为干部的选拔和任用提供了指导,为领导干部政治道德建设提供了基本标准。信念坚定,就是必须坚定共产主义远大理想,真诚信仰马克思主义,矢志不渝为中国特色社会主义而奋斗,坚持党的基本理论、基本路线、基本纲领、基本经验、基本要求不动摇。为民服务,就是必须做人民公仆,忠诚于人民,以人民忧乐为忧乐,以人民甘苦为甘苦,全心全意为人民服务。勤政务实,就是必须勤勉敬业、求真务实、真抓实干、精益求精,努力创造经得起实践、人民、历史检验的实绩。敢于担当,就是必须坚持原则、认真负责,面对大是大非敢于亮剑,面对矛盾敢于迎难而上,面对危机敢于挺身而出,面对失误敢于承担责任,面对歪风邪气敢于坚决斗争。清正廉洁,就是必须敬畏权力、管好权力、慎用权力,守住自己的政治生命,

---

① 习近平.习近平谈治国理政[M].北京:外文出版社,2014:412.
② 习近平.习近平谈治国理政[M].北京:外文出版社,2014:381.

保持拒腐蚀、永不沾的政治本色。

3.深化党员干部教育

中共十八大以来,党中央先后部署开展了党的群众路线教育实践活动、"三严三实"专题教育、"两学一做"学习教育、"不忘初心、牢记使命"主题教育,推动党内教育从"关键少数"向全体党员拓展、从集中性教育向经常性教育延伸。2013年6月至2014年10月,党中央部署开展党的群众路线教育实践活动,以作风建设为切入点,把思想政治教育成效体现在为民务实清廉的具体行动上。活动总要求是"照镜子、正衣冠、洗洗澡、治治病",以县处级以上领导干部为重点,自上而下分两批在全党深入开展党的群众路线教育实践活动,让党员干部受到一次深刻的思想洗礼和严格的党性锻炼。2015年4月至2016年2月,党中央部署在县处级以上领导干部中开展"三严三实"专题教育。从2016年2月开始,党中央部署开展"两学一做"学习教育,严格党内组织生活,把全面从严治党要求落实到每个支部每名党员身上。2019年5月底到2019年年底,一场以县处级以上领导干部为重点的"不忘初心、牢记使命"主题教育活动,分两批在全党先后开展。"不忘初心、牢记使命"主题教育的总要求是"守初心、担使命,找差距、抓落实"。这次主题教育,各级党组织有力推动,广大党员、干部积极投入,人民群众热情支持,取得了预期成果。各级党组织和广大党员、干部深入学习实践新时代中国特色社会主义思想,提高了知信行合一能力;思想政治受到洗礼和锤炼,增强了守初心、担使命的思想自觉和行动自觉;干事创业、担当作为的精气神得到提振,推动了改革发展稳定各项工作;积极解决群众最急最忧最盼的问题,强化了宗旨意识和为民情怀;涵养了风清气正的政治生态;重点抓突出问题专项整治,消除了一些可能动摇党的根基、阻碍党的事业的因素。这次主题教育是"新时代深化党的自我革命、推动全面从严治党向纵深发展的生动实践,促进了全党思想上的统一、政治上的团结、行动上的一致,为我们党统揽'四个伟大'、实现'两个一百年'奋斗目标作了思想上政治上组织上作风上的有力动员"①。

(三)公民道德

中共十八大以来,党中央高度重视公民道德建设。中共十八大和中共十九

---

① 习近平.在"不忘初心、牢记使命"主题教育总结大会上的讲话[N].人民日报.2020-01-09(2).

大报告都对加强公民道德建设进行了部署。2019年10月,中共中央、国务院印发了《新时代公民道德建设实施纲要》(以下简称《纲要》)。《纲要》进一步明确了什么是新时代的公民道德、该如何建设新时代的公民道德等新时代公民道德建设的重大问题,对如何推动道德实践养成提出了具体要求。新时代公民道德建设的总体要求,就是要在全民族牢固树立中国特色社会主义共同理想,在全社会大力弘扬社会主义核心价值观,积极倡导富强民主文明和谐、自由平等公正法治、爱国敬业诚信友善,全面推进社会公德、职业道德、家庭美德、个人品德建设,持续强化教育引导、实践养成、制度保障,不断提升公民道德素质,促进人的全面发展,培养和造就担当民族复兴大任的时代新人。

社会主义核心价值观是公民道德建设之魂。中共十八大以来,党中央坚持把全面提高公民道德素质作为社会主义道德建设的基本任务,把社会主义核心价值体系作为兴国之魂,用社会主义核心价值体系引领社会思潮、凝聚社会共识。习近平强调:"要加强社会主义核心价值体系建设,积极培育和践行社会主义核心价值观,全面提高公民道德素质,培育知荣辱、讲正气、做奉献、促和谐的良好风尚。"[①]作为公民个人层面的价值准则,"爱国、敬业、诚信、友善"也是公民的基本道德规范。

党中央重视公民理想信念教育。深化中国特色社会主义和中国梦宣传教育,弘扬民族精神和时代精神,加强爱国主义、集体主义、社会主义教育,引导人们树立正确的历史观、民族观、国家观、文化观。用马克思主义、用习近平新时代中国特色社会主义思想武装全党、教育人民,打牢信仰信念的思想理论根基。在全社会广泛开展理想信念教育,深化社会主义和共产主义宣传教育,引导人们不断增强道路自信、理论自信、制度自信、文化自信,把共产主义远大理想与中国特色社会主义共同理想统一起来,把实现个人理想融入实现国家富强、民族振兴、人民幸福的伟大梦想之中。

深入实施公民道德建设工程,推进社会公德、职业道德、家庭美德、个人品德建设,激励人们向上向善、孝老爱亲,忠于祖国、忠于人民。党和国家加强和改进思想政治工作,深化群众性精神文明创建活动。发挥榜样示范作用,开展公民道德教育。"道德模范是社会道德建设的重要旗帜,要深入开展学习宣传道德模范活动,弘扬真善美,传播正能量,激励人民群众崇德向善、见贤思齐,鼓励

---

① 习近平.习近平谈治国理政[M].北京:外文出版社,2014:154.

全社会积善成德、明德惟馨,为实现中华民族伟大复兴的中国梦凝聚起强大的精神力量和有力的道德支撑。"[①]

党和国家坚持抓好重点群体的公民道德建设。首先是发挥党员干部在全社会道德风尚中的引领示范作用。推进全面从严治党,加强党员干部理想信念教育,加强党性修养和政德修养,严肃党内政治生活、党纪法规,强化党员干部正心修身、慎独慎微,严以律己、廉洁齐家,发挥他们在道德建设中的表率作用。其次是青少年道德教育。中共十八大以来,习近平总书记就青少年道德建设发表多次重要论述,强调要培养德智体美劳全面发展的社会主义建设者和接班人,"要在加强品德修养上下功夫,教育引导学生培育和践行社会主义核心价值观,踏踏实实修好品德,成为有大爱大德大情怀的人"[②]。2019年8月,中共中央办公厅、国务院办公厅印发了《关于深化新时代学校思想政治理论课改革创新的若干意见》,强调要引导学生立德成人、立志成才,树立正确的世界观、人生观、价值观,坚定对马克思主义的信仰,坚定对社会主义和共产主义的信念,增强中国特色社会主义道路自信、理论自信、制度自信、文化自信,厚植爱国主义情怀,把爱国情、强国志、报国行自觉融入坚持和发展中国特色社会主义事业、建设社会主义现代化强国、实现中华民族伟大复兴的奋斗之中。全社会都要关心帮助支持青少年成长发展,完善家庭、学校、政府、社会相结合的思想道德教育体系。

四、新时代中国特色社会主义政治心态

自　信

2013年元旦社论:站在2013年的起点,放眼下一个10年,金融危机依然波诡云谲,大国博弈不断走向纵深,处于快速上升期和深刻转型期的中国,有木秀于林的骄傲,也有风必摧之的烦恼;有长风破浪的自信,也有不进则退的忧患。我们深信,危机是改革的契机,挑战是成功的砺石,只要我们善于抓住机遇,勇于开拓进取,敢于迎难而上,被

[①] 习近平.习近平谈治国理政[M].北京:外文出版社,2014:158.
[②] 张烁,王晔.习近平在全国教育大会上强调坚持中国特色社会主义教育发展道路 培养德智体美劳全面发展的社会主义建设者和接班人[N].人民日报,2018-09-11(1).

动就会变成主动,后来完全可以居上。

2014年元旦社论:公元2014年的第一个清晨,眺望新年的第一缕曙光,迎接我们的,也许仍有困难和挑战,但对于实现民族复兴的中国梦想,我们从未像今天这样充满信心。"东方欲晓,莫道君行早。踏遍青山人未老,风景这边独好。"让我们携手奋斗,造就中国的未来、你我的明天。

2017年元旦社论:站在新的起点,我们有"轻舟已过万重山"的快慰,也有"无限风光在险峰"的激动。冲刺在全面建成小康社会的关键一程,不可避免要"爬雪山""过草地",什么时候都不要想象可以敲锣打鼓、欢天喜地进入现代化。面对诸多矛盾问题叠加、各种风险隐患交汇的挑战,惟不忘初心者进,惟从容自信者胜,惟改革创新者强。

2019年元旦社论:让我们坚定对实现中华民族伟大复兴中国梦的信心,振奋昂扬向上的精神。

担 当

2014年元旦社论:2014年,是全面深化改革第一年。万事开头难,知难就不难。没有一往无前的进取意识,没有乘势而上的机遇意识,没有敢于担当的责任意识,昨天的改革不会为今天奠基,今天的改革也难以为明天铺路。

2015年元旦社论:筑就长青基业,离不开担当精神。大时代呼唤大担当,有多大的担当才能干多大的事业。这个担当,是执政党的担当,是全体人民的担当。每个人都担当起应该担当的责任,一切就会因你而带来积极改变。

2018年元旦社论:40年来,我们在无路中走出了一条新路、好路,以敢闯敢试的勇气,以自我革新的智慧,以舍我其谁的担当,让一个全球最大的发展中国家成为世界第二大经济体。

奋 斗

2015年元旦社论:有梦想,有机会,有奋斗,一切美好的东西都能创造出来。

2018年元旦社论:时间是最伟大的书写者,总会忠实地记录下奋斗者的足迹。回首2017年,党的十九大树立一座里程碑,习近平新时代中国特色社会主义思想凝聚起改变中国的力量,我们在新时代开启了新征程。全面小康、现代化国家、民族复兴……新时代的中国,中国的新时代,从现实方位到未来擘画,让每个人都有一种"处身大历史"的感觉。

2019年元旦社论:"什么是路?就是从没路的地方践踏出来的,从只有荆棘的地方开辟出来的。"凭着"敢教日月换新天"的豪情,中国站起来了;靠着"杀出一条血路"的气概,中国富起来了;在"改革不停顿、开放不止步"的奋斗中,我们迎来从富起来到强起来的伟大飞跃。中国特色社会主义道路,正是我们一步一个脚印走出来的。

中共十九大提出,"加强社会心理服务体系建设,培育自尊自信、理性平和、积极向上的社会心态"①。中国特色社会主义新时代,中国人民呈现出更加自信、担当、奋斗的政治心态。中国共产党和中国人民对中国特色社会主义的自信由原来的"三个自信"发展为"四个自信",即道路自信、理论自信、制度自信、文化自信。为了实现"两个一百年"奋斗目标和中华民族伟大复兴的中国梦,中国共产党突出强调全党要强化担当意识。奋斗被赋予崭新的政治内涵,并作为一种价值观、政治观、人生观,使党员干部和人民群众把奋斗与新时代、新目标紧密联系起来。

(一)自信

中共十八大以来,中国共产党和中国人民对中国特色社会主义越来越自信。2012年11月8日,中共十八大报告提出全党要坚定"三个自信",即"道路自信、理论自信、制度自信"。2016年7月1日,习近平总书记在庆祝中国共产党成立95周年大会上进一步提出,中国共产党人要坚持"四个自信",即中国特色社会主义道路自信、理论自信、制度自信、文化自信。2017年10月18日,习近平总书记在中共十九大报告中系统论述了增强"四个自信"的问题,"中国特

---

① 习近平.决胜全面建成小康社会 夺取新时代中国特色社会主义伟大胜利:在中国共产党第十九次全国代表大会上的报告(2017年10月18日)[N].人民日报,2017-10-28(1).

色社会主义是改革开放以来党的全部理论和实践的主题,是党和人民历尽千辛万苦、付出巨大代价取得的根本成就。中国特色社会主义道路是实现社会主义现代化、创造人民美好生活的必由之路,中国特色社会主义理论体系是指导党和人民实现中华民族伟大复兴的正确理论,中国特色社会主义制度是当代中国发展进步的根本制度保障,中国特色社会主义文化是激励全党全国各族人民奋勇前进的强大精神力量。全党要更加自觉地增强道路自信、理论自信、制度自信、文化自信,既不走封闭僵化的老路,也不走改旗易帜的邪路,保持政治定力,坚持实干兴邦,始终坚持和发展中国特色社会主义"①。中国共产党的自信是社会主义政治文明优越性的必然反映,"是扎根于中华优秀传统文化并在中国共产党领导的革命和改革的伟大实践中逐渐形成和发展成熟的,因而有着鲜明的性质判断和文明属性"②。

相关调查显示,党政领导干部"不论是对社会总体状况的认知,还是对中央重大决策部署的认识,都表现出高度的认同,表达出对社会发展既有成果的认可和支持"③。就青年学生群体而言,"大部分大学生普遍具有坚定的政治立场、正确的政治观念和积极的政治态度"④。大学生高度认同以习近平同志为核心的党中央治国理政新理念新思想新战略,对于深入推进伟大事业、伟大工程、伟大斗争,实现中华民族伟大复兴满怀信心,积极肯定高等教育改革发展所取得的丰硕成果。"大学生政治参与意愿较强,入党积极性较高。51.4%的大学生支持在校大学生参与民主选举、游行示威和政治监督等政治活动,67.8%的大学生表示愿意参与上述政治活动。77.6%的大学生明确表示愿意加入中国共产党,且入党动机总体端正。"⑤从普通公民群体的状况来看,随着中国经济的不断增长、中国在世界主流国家中的地位不断提高,中国人对国家的未来也越来越充满信心。中共十八大之后的从严治党和铁腕反腐,以及一个个大小"老虎"的落马,普通民众对国家未来发展充满信心。中国人的民族认同以及因这种认同而生的民族文化的复兴也会日益昌盛。"在未来中华民族实现自己渴望已久的伟

---

① 本书编写组.党的十九大报告辅导读本[M].北京:人民出版社,2017:16-17.
② 张蕴,李莎.论"四个自信"的文明逻辑[J].重庆三峡学院学报,2018(4).
③ 焦丽萍.当前党政领导干部思想状况及应对[J].中国党政干部论坛,2017(10).
④ 沈壮海,肖洋.2016年度大学生思想政治状况调查分析[J].思想理论教育导刊,2017(1).
⑤ 沈壮海,肖洋.2016年度大学生思想政治状况调查分析[J].思想理论教育导刊,2017(1).

大复兴的中国梦过程中,中国人的价值观和社会心态也一定会更为自信而成熟。"①

(二)担当

中共十八大以来,面对国际形势复杂多变、国内改革发展稳定任务艰巨繁重的新形势,为了推进中国特色社会主义伟大事业,实现"两个一百年"奋斗目标和中华民族伟大复兴的中国梦,中国共产党突出强调全党要强化担当意识。中共十九大报告指出:"使命呼唤担当,使命引领未来。我们要不负人民重托、无愧历史选择,在新时代中国特色社会主义的伟大实践中,以党的坚强领导和顽强奋斗,激励全体中华儿女不断奋进,凝聚起同心共筑中国梦的磅礴力量!"②习近平总书记多次强调和论述担当精神。"全党同志特别是高级干部要加强党性锻炼,不断提高政治觉悟和政治能力,把对党忠诚、为党分忧、为党尽职、为民造福作为根本政治担当,永葆共产党人政治本色。"③"青年一代有理想、有本领、有担当,国家就有前途,民族就有希望。"④

新时代中国共产党人的担当精神,集中体现为为民族复兴、为国家富强、为人民谋幸福而自觉承担责任等内涵。首先是担当民族复兴的责任。习近平总书记指出:"全党同志的重托,全国各族人民的期望,是对我们做好工作的巨大鼓舞,也是我们肩上的重大责任。"⑤这个重大责任,就是对民族的责任,"就是要团结带领全党全国各族人民,接过历史的接力棒,继续为实现中华民族伟大复兴而努力奋斗,使中华民族更加坚强有力地自立于世界民族之林"⑥。其次是担当为人民谋幸福的责任。习近平总书记指出,"中国共产党坚持执政为民,人民对美好生活的向往就是我们的奋斗目标。我的执政理念,概括起来就是:为人民服务,担当起该担当的责任,要始终把人民放在心中最高的位置,牢记责任重

---

① 周晓虹."文化反哺"的代际沟通方式正成为中国社会代际沟通的桥梁:国人价值观和社会心态变化新趋势[N].北京日报,2017-05-08(14).
② 本书编写组.党的十九大报告辅导读本[M].北京:人民出版社,2017:17.
③ 本书编写组.党的十九大报告辅导读本[M].北京:人民出版社,2017:63.
④ 本书编写组.党的十九大报告辅导读本[M].北京:人民出版社,2017:69.
⑤ 谢环驰.习近平在十八届中共中央政治局常委同中外记者见面时强调 人民对美好生活的向往 就是我们的奋斗目标[N].人民日报,2012-11-16(4).
⑥ 谢环驰.习近平在十八届中共中央政治局常委同中外记者见面时强调 人民对美好生活的向往 就是我们的奋斗目标[N].人民日报,2012-11-16(4).

于泰山,时刻把人民群众的安危冷暖放在心上,兢兢业业,夙夜在公,始终与人民心心相印、与人民同甘共苦、与人民团结奋斗"①。最后是担当建党治党责任。全面从严治党是每个党组织和党员的责任。习近平总书记指出党员干部"都要增强角色意识和政治担当,在党言党、在党忧党、在党为党,把爱党、忧党、兴党、护党落实到工作生活各个环节,敢于同形形色色违反党内政治生活原则和制度的现象作斗争"②。

(三)奋斗

2018年新年前夕,国家主席习近平发表了2018年新年贺词。他指出:"广大人民群众坚持爱国奉献,无怨无悔,让我感到千千万万普通人最伟大,同时让我感到幸福都是奋斗出来的。"③中共十九大描绘了我国今后30多年发展的美好蓝图,要把这个蓝图变为现实,必须发扬奋斗精神,不驰于空想、不骛于虚声,一步一个脚印,踏踏实实干好工作。"幸福都是奋斗出来的"被评选为2018年年度十大流行语之一。④

奋斗精神是中华民族的宝贵品质,也是中国共产党的精神特质。从建立中国共产党、成立中华人民共和国,到实行改革开放、建设中国特色社会主义事业,奋斗精神一直是激励中国共产党和全国人民的精神动力。中共十八大以来,中国共产党从实现中华民族伟大复兴的战略高度和中国特色社会主义进入新时代的新的历史方位,对奋斗作出了深刻的理论阐述,赋予其崭新的政治内涵。奋斗既是一种价值观、政治观、人生观,又成为新时代党员干部和人民群众突出的政治心态。首先,奋斗是中国精神的重要内容。"中国人民是具有伟大奋斗精神的人民。"⑤中国人民自古就明白,要幸福就要奋斗。同时,中国人民的伟大奋斗精神,同中国人民的伟大创造精神、伟大团结精神、伟大梦想精神一样,是一代一代中华儿女创造和积淀出来的,需要一代一代传承下去。⑥ 其次,

---

① 习近平接受俄媒专访谈执政理念:为人民服务 担当起该担当的责任[EB/OL].(2014-02-09)[2018-05-11].http://sz.people.com.cn/n/2014/0209/c202846-20528753.html.
② 中共中央文献研究室.习近平总书记重要讲话文章选编[M].北京:中央文献出版社,2016:174-175.
③ 丁林.国家主席习近平发表二〇一八年新年贺词[N].人民日报,2018-01-01(1).
④ "汉语盘点2018"年度字词揭晓 "奋""改革开放四十年"见证中国 "退""贸易摩擦"解读世界[J].语言战略研究,2019(1).
⑤ 习近平.习近平谈治国理政:第三卷[M].北京:外文出版社,2020:140.
⑥ 习近平.在北京大学师生座谈会上的讲话[N].人民日报,2018-05-03(2).

奋斗是衡量党员干部和优秀青年的重要标准。新时代,衡量党员、干部是否具有共产主义远大理想的客观标准,"那就要看他能否坚持全心全意为人民服务的根本宗旨,能否吃苦在前、享受在后,能否勤奋工作、廉洁奉公,能否为理想而奋不顾身去拼搏、去奋斗、去献出自己的全部精力乃至生命"①。党中央要求党员干部要不忘初心、牢记使命,要干事创业敢担当,要保持只争朝夕、奋发有为的奋斗姿态。② 对于青年群体来讲,党中央号召新时代中国青年要勇于砥砺奋斗,强调"奋斗是青春最亮丽的底色"③。最后,人民群众以奋斗姿态投入新时代中国特色社会主义建设。有关调研发现,"面对全面深化改革的重大举措,党政领导干部的改革意识较浓、改革愿望强烈。这些积极的反应有助于进一步推进全面深化改革,同时对社会状况的良性判断也有助于党政领导干部在工作中保持向上的心态并发挥积极作用"④。有调查显示,"公众的奋斗状态健康,积极适中,但仍需不断提高自己的学习能力;其中,70后、80后是社会奋斗的中坚力量,90后根本不'佛系';学历水平越高的个体,其奋斗水平越高;新时代女性的奋斗状态要优于男性"⑤。大学生群体对"佛系"认可度并不高,⑥"绝大多数研究生坚信'幸福都是奋斗出来的'"⑦。在社会情绪总体基调正向为主的基础上,虽然也存在负向情绪,但总体看,中国公众心态"更多地表现出一种积极肯定的心态","人们对维护社会稳定和秩序形成普遍共识","加快发展的紧迫感、效率和竞争意识显著增强"。⑧

第二节　完善新时代中国特色社会主义制度

中国特色社会主义进入了新时代,中国共产党对中国特色社会主义制度的

---

① 李章军.毫不动摇坚持和发展中国特色社会主义 在实践中不断有所发现有所创造有所前进[N].人民日报,2013-01-06(1).
② 习近平.习近平谈治国理政:第三卷[M].北京:外文出版社,2020:525.
③ 习近平.在纪念五四运动100周年大会上的讲话[N].人民日报,2019-05-01(2).
④ 焦丽萍.当前党政领导干部思想状况及应对[J].中国党政干部论坛,2017(10).
⑤ 贾晓芬,于飞.当前公众奋斗观及其影响因素调查报告[J].国家治理,2018(38):29-45.
⑥ 林洪冰,郏海霞,温小平.大学生思想政治状况:基于海南55027份样本的调查分析[J].中国青年研究,2019(12):64-69.
⑦ 蒋连霞,施亚玲,向兴华,等.新时代加强和改进研究生思想政治教育工作的现实思考——基于对广东省研究生思想政治状况的调查[J].思想教育研究,2019(01):128-131.
⑧ 孙元明.社会心态环境:培育与趋势[J].重庆社会科学,2014(3).

认识也越来越深入,中国特色社会主义制度更加完善,国家治理体系和治理能力现代化水平明显提高。中共十八大强调,要把制度建设摆在突出位置,坚持走中国特色社会主义政治发展道路和推进政治体制改革。中共十八届三中全会提出,全面深化改革的总目标是完善和发展中国特色社会主义制度,推进国家治理体系和治理能力现代化。中共十九大提出,从2020年到2035年,"各方面制度更加完善,国家治理体系和治理能力现代化基本实现"①。到21世纪中叶,"实现国家治理体系和治理能力现代化"②。要健全人民当家做主制度体系,发展社会主义民主政治。中共十九届四中全会强调,坚持和完善中国特色社会主义制度、推进国家治理体系和治理能力现代化问题,是"实现'两个一百年'奋斗目标的重大任务",是"把新时代改革开放推向前进的根本要求",是"应对风险挑战、赢得主动的有力保证"。③

中国特色社会主义政治制度建设的新成果,是坚持和完善中国特色社会主义制度、推进国家治理体系和治理能力现代化。2013年,中共十八届三中全会以全面深化改革为主题,提出了"完善和发展中国特色社会主义制度、推进国家治理体系和治理能力现代化"的总目标。其意义在于,"它不仅首次提出了'推进国家治理体系和治理能力现代化'这个重大命题,而且首次把中国特色社会主义制度与国家治理挂起钩来"④。国家治理体系和治理能力是一个国家制度和制度执行能力的集中体现。所谓国家治理体系,"是在党的领导下管理国家的制度体系,包括经济、政治、文化、社会、生态文明和党的建设等各领域体制机制、法律法规安排,也就是一整套紧密相连、相互协调的国家制度"⑤。所谓国家治理能力,"是运用国家制度管理社会各方面事务的能力,包括改革发展稳定、内政外交国防、治党治国治军等各个方面"⑥。

《中共中央关于坚持和完善中国特色社会主义制度 推进国家治理体系和治

---

① 习近平.决胜全面建成小康社会 夺取新时代中国特色社会主义伟大胜利:在中国共产党第十九次全国代表大会上的报告(2017年10月18日)[N].人民日报,2017-10-28(1).
② 习近平.决胜全面建成小康社会 夺取新时代中国特色社会主义伟大胜利:在中国共产党第十九次全国代表大会上的报告(2017年10月18日)[N].人民日报,2017-10-28(1).
③ 习近平.关于《中共中央关于坚持和完善中国特色社会主义制度 推进国家治理体系和治理能力现代化若干重大问题的决定》的说明[N].人民日报,2019-11-06(4).
④ 齐卫平.推进国家治理现代化的中国特色社会主义制度自信[J].思想理论研究,2020(1).
⑤ 习近平.习近平谈治国理政[M].北京:外文出版社,2014:91.
⑥ 习近平.习近平谈治国理政[M].北京:外文出版社,2014:91.

理能力现代化若干重大问题的决定》,全面总结了我国国家制度和国家治理体系13个方面的显著优势,明确了要围绕坚持和完善中国特色社会主义制度、推进国家治理体系和治理能力现代化的总体目标,要切实做到13个"坚持和完善":坚持和完善党的领导制度体系,提高党科学执政、民主执政、依法执政水平;坚持和完善人民当家做主制度体系,发展社会主义民主政治;坚持和完善中国特色社会主义法治体系,提高党依法治国、依法执政能力;坚持和完善中国特色社会主义行政体制,构建职责明确、依法行政的政府治理体系;坚持和完善社会主义基本经济制度,推动经济高质量发展;坚持和完善繁荣发展社会主义先进文化的制度,巩固全体人民团结奋斗的共同思想基础;坚持和完善统筹城乡的民生保障制度,满足人民日益增长的美好生活需要;坚持和完善共建共治共享的社会治理制度,保持社会稳定、维护国家安全;坚持和完善生态文明制度体系,促进人与自然和谐共生;坚持和完善党对人民军队的绝对领导制度,确保人民军队忠实履行新时代使命任务;坚持和完善"一国两制"制度体系,推进祖国和平统一;坚持和完善独立自主的和平外交政策,推动构建人类命运共同体;坚持和完善党和国家监督体系,强化对权力运行的制约和监督。

党的领导

2020年元旦社论:实践充分证明,中国特色社会主义制度是当代中国发展进步的根本保证,党的领导是中国特色社会主义制度的最大优势。

完善中国特色社会主义制度

2014年元旦社论:完善中国特色社会主义制度,推进国家治理体系和治理能力现代化,在全新时代背景下我们正在展开一场伟大的革命。

国家治理现代化

2015年元旦社论:从十八届四中全会为建设法治中国做出顶层设计,到设立首个国家宪法日弘扬依宪治国的理念,全面推进依法治国与全面推进改革开放构成双轮驱动,催动着国家治理现代化的脚步。

党和国家机构改革

2019年元旦社论:我们锐意进取,全面推进党和国家机构改革、全面实施市场准入负面清单制度,改革开放春潮澎湃。

监督党

2015年元旦社论:广大群众追随党、拥护党、监督党、鞭策党,团结一心克时艰,不尚空谈讲实干,共同承担起振兴中华的历史责任,我们就没有战胜不了的困难。

一、党的领导制度体系

党的领导体制改革大致经历了20世纪80年代党政分开改革、90年代加强党的全面领导、21世纪初改革和完善党的领导方式和执政方式的历程。中共十七大以党章形式确立了制度建设在党的建设新的伟大工程中的根本性地位。中共十八大提出,全面加强党的思想建设、组织建设、作风建设、反腐倡廉建设、制度建设,更加体现了制度建设在"五大建设"中的地位和作用。2013年11月12日,中共十八届三中全会通过的《中共中央关于全面深化改革若干重大问题的决定》提出,"全面深化改革必须加强和改善党的领导,充分发挥党总揽全局、协调各方的领导核心作用,建设学习型、服务型、创新型的马克思主义执政党,提高党的领导水平和执政能力,确保改革取得成功"[1]。中共十九大提出,"坚持党对一切工作的领导","全面推进党的政治建设、思想建设、组织建设、作风建设、纪律建设,把制度建设贯穿其中"[2]。2019年10月31日,中共十九届四中全会通过《中共中央关于坚持和完善中国特色社会主义制度 推进国家治理体系和治理能力现代化若干重大问题的决定》,把"坚持和完善党的领导制度体系"放在13项"坚持和完善"的首要位置,确立了党的领导制度在中国特色社会主义制度体系中的统领地位。

---

[1] 中共中央关于全面深化改革若干重大问题的决定(2013年11月12日中国共产党第十八届中央委员会第三次全体会议通过)[N].人民日报,2013-11-16(1).
[2] 习近平.决胜全面建成小康社会 夺取新时代中国特色社会主义伟大胜利:在中国共产党第十九次全国代表大会上的报告(2017年10月18日)[N].人民日报,2017-10-28(1).

中共十八大以来,党中央对坚持和完善党的领导制度做了重要安排,从制度上保证党的领导全覆盖。中央政治局常委会定期听取全国人大常委会、国务院、全国政协、最高人民法院、最高人民检察院党组工作汇报和中央书记处工作报告。党中央建立健全党对重大工作的领导体制机制,强化党中央决策议事协调机构职能作用,制定或修订《关于新形势下党内政治生活的若干准则》等党内法规。就中央层次的党内法规而言,中共十八大至中共十九大前夕,"制定修订了近80部,约占现行中央党内法规总数的45%"[1]。这些制度性成果,推动党的全面领导在国家治理各方面各环节中得到充分体现。中共十九届四中全会进一步提出了坚持和完善党的领导制度体系的目标和要求,包括"建立不忘初心、牢记使命的制度""完善坚定维护党中央权威和集中统一领导的各项制度""健全党的全面领导制度""健全为人民执政、靠人民执政各项制度""健全提高党的执政能力和领导水平制度""完善全面从严治党制度",确保把党的全面领导具体落实到治国理政的方方面面,落实到各级各类组织的活动之中。

二、人民当家作主制度体系

(一)人民代表大会制度的理论创新与新实践

习近平在首都各界纪念现行宪法公布施行30周年大会、庆祝全国人民代表大会成立60周年大会、中国共产党成立95周年大会等多个重要场合发表重要讲话,做出重要指示。中共十八大和中共十八届三中、四中、五中、六中全会对加强和改进人大工作做出重大部署,提出明确要求。党中央出台一系列关于人大制度和人大工作的重要指导性文件。"这些重要讲话、重要论述和重大部署具有鲜明的时代特色和理论风格,拓展了人民代表大会制度和我国社会主义民主政治的科学内涵、基本特征和本质要求,提升了人民代表大会制度的核心理念和核心价值,发展了马克思主义国家和法的理论,成为党中央治国理政新理念新思想新战略的重要组成部分。"[2]人民代表大会制度具有鲜明的中国特色、巨大制度优势和内在自我完善能力,是符合中国国情和实际、体现社会主义国家性质、保证人民当家作主、保障实现中华民族伟大复兴的好制度。坚定中

---

[1] 杨云成,张希贤.十八大以来的党内法规制度建设:成绩、特点与启示[J].湖湘论坛,2018(1).
[2] 中共全国人大常委会机关党组.在新的历史起点上坚持和完善人民代表大会制度[J].求是,2017(17).

国特色社会主义制度自信,首先要坚定对中国特色社会主义政治制度的自信,坚持走中国特色社会主义政治发展道路,紧紧抓住人民代表大会这一主要民主渠道,充分发挥根本政治制度作用,通过人民代表大会制度牢牢把国家和民族的前途命运掌握在人民手中。

中共十八大以来,中国共产党全面加强和改善对人大工作和建设的领导。从2015年开始,习近平总书记连续五年主持召开中央政治局常委会会议,听取全国人大常委会党组工作汇报。这一做法已成为制度性安排,并载入中共十八届六中全会通过的《关于新形势下党内政治生活的若干准则》。党中央召开首都各界纪念现行宪法公布施行30周年大会、庆祝全国人民代表大会成立60周年大会等重要会议①,多次研究人大立法、监督等工作中的重大问题和重要事项,做出部署安排,提出明确要求,出台一系列有关人大工作和建设的重要指导性文件,加快推进社会主义民主政治制度化、规范化、程序化,推动人大制度和人大工作与时俱进。党中央开展国家监察体制改革试点工作,健全宪法实施和监督制度,设立国家宪法日,大力弘扬宪法精神;建立宪法宣誓制度,增强国家工作人员宪法观念;根据宪法精神和有关法律原则,做出特赦部分服刑罪犯、处理辽宁拉票贿选案等有关决定,维护宪法尊严、保证宪法实施。我国贯彻落实中共十八届四中全会重大部署,修改立法法,完善立法体制和授权立法。② 中共十九届四中全会将坚持和完善人民代表大会制度这一根本政治制度作为坚持和完善人民当家作主制度体系的重要部分,进一步明确了完善这一根本政治制度的任务要求和重要举措。

(二)政党制度机制创新

中共十八大以来,中共中央先后印发了《关于加强社会主义协商民主建设的实施意见》《中国共产党统一战线工作条例(试行)》《关于加强人民政协协商民主建设的实施意见》《关于加强政党协商的实施意见》《关于加强和改进人民政协民主监督工作的意见》《关于加强新时代人民政协党的建设工作的若干意见》等一系列文件,颁布了《中国人民政治协商会议章程修正案》。"这些文件分别从协商民主、统一战线、人民政协、政治教育、政协章程等方面指导中国政党

---

① 王晨.新时代坚持和完善人民代表大会制度的根本遵循[J].求是,2019(5).
② 中共全国人大常委会机关党组.在新的历史起点上坚持和完善人民代表大会制度[J].求是,2017(17).

制度的发展方向,构筑起中国政党制度机制创新的顶层设计框架。"①中国共产党领导的多党合作和政治协商制度不断完善,围绕中国政党制度的机制创新,在规章建设、政协章程、渠道保障等方面都取得了新进展和新突破,以机制创新带动了民主政治的发展。新时代中国政党制度将在"制度成长、制度自觉与制度自信"②等方面展开。

(三)民族区域自治制度

中共十八大以来,中国共产党结合民族问题的具体实际,加深对民族区域自治制度的认识,"坚持统一和自治相结合、民族因素与区域因素相结合"③,加强民族区域自治法治体系建设,坚持和完善民族区域自治制度。习近平指出,"要把宪法和民族区域自治法的相关规定落实好,要加强对规范和完善民族区域自治相关法规和制度的研究"④,提出人民群众对美好生活的向往就是我们奋斗的目标。这一治国理政的价值取向,体现在民族工作领域,也就是"明确民族区域自治制度的价值取向"⑤,就是要不断提高各族人民群众的生活水平。民族区域自治制度是少数民族各项权利的制度保障,因此,落实民族区域自治制度,其关键就是要"帮助自治地区发展经济、改善民生"。

三、中国特色社会主义法治体系

(一)全面依法治国

中共十八大以来,以习近平同志为核心的党中央实施全面依法治国战略,对加强社会主义民主法治建设提出了一系列新理念新思想新要求,"全面依法治国"成为习近平新时代中国特色社会主义思想的重要组成部分,是新时代坚持和发展中国特色社会主义的基本方略。中共十八大提出,"法治是治国理政

---

① 祁雪春,钟德涛.十八大以来中国政党制度的机制创新[J].中共天津市委党校学报,2019(4).
② 祁雪春,钟德涛.十八大以来中国政党制度的机制创新[J].中共天津市委党校学报,2019(4).
③ 兰红光.中央民族工作会议暨国务院第六次全国民族团结进步表彰大会在北京举行[N].人民日报,2014-09-30(1).
④ 国家民族事务委员会.中央民族工作会议精神学习辅导读本[M].北京:民族出版社,2015.
⑤ 杨力源.十八大以来习近平关于民族工作的基本思想及其重大意义[J].广西民族研究,2017(3).

的基本方式,要加快建设社会主义法治国家,全面推进依法治国"①。党中央在全面推进依法治国的基础上,把法治确立为治国理政的基本方式,强调"依法治国是党领导人民治理国家的基本方略,法治是治国理政的基本方式,要更加注重发挥法治在国家治理和社会管理中的重要作用,全面推进依法治国,加快建设社会主义法治国家"②。将全面依法治国作为"四个全面"战略布局不可或缺的重要组成部分,标志着中国共产党对法治在国家治理中的重要作用的认识达到一个新境界。中共十九大报告中,"坚持全面依法治国"被明确作为十四条新时代坚持和发展中国特色社会主义的基本方略之一,深刻阐述了法治在完善和发展中国特色社会主义制度、推进国家治理体系和治理能力现代化中重要的基础性、保障性作用。中共十九大对全面推进依法治国总目标进行了部署:第一个阶段(2020—2035年),基本实现社会主义现代化,到那时,法治国家、法治政府、法治社会基本建成,人民平等参与、平等发展的权利得到充分保障;第二个阶段(2035—2050年),把我国建成富强民主文明和谐美丽的社会主义现代化强国,到那时,"建成社会主义法治强国,法治文明全面提升,各方面制度更加完善,实现国家治理体系和治理能力现代化,共建共享共治的现代社会治理格局基本形成,社会充满活力又和谐有序,国家成为综合国力和国际影响力领先的国家,中华民族将以更加昂扬的姿态屹立于世界民族之林"③。

(二)从"法律体系"到"法治体系"

2011年3月,第十一届全国人大第四次会议第二次全体会议宣布,中国特色社会主义法律体系已经形成。由此,我国法治建设的总抓手开始由建设中国特色社会主义法律体系转向建设中国特色社会主义法治体系。中共十八届四中全会提出:"全面推进依法治国,总目标是建设中国特色社会主义法治体系,建设社会主义法治国家。"④中共十九大报告提出,"坚定不移走中国特色社会主义法治道路,完善以宪法为核心的中国特色社会主义法律体系,建设中国特色

---

① 胡锦涛.坚定不移沿着中国特色社会主义道路前进 为全面建成小康社会而奋斗:在中国共产党第十八次全国代表大会上的报告(2012年11月8日)[N].人民日报,2012-11-18(1).
② 习近平.习近平谈治国理政[M].北京:外文出版社,2014:138.
③ 王紫零.党的十九大法治思想的新突破与新蓝图:深化依法治国实践[J].社会科学动态,2018(5).
④ 中共中央关于全面推进依法治国若干重大问题的决定(2014年10月23日中国共产党第十八届中央委员会第四次全体会议通过)[N].人民日报,2014-10-29(1).

社会主义法治体系,建设社会主义法治国家,发展中国特色社会主义法治理论"①,明确"建设中国特色社会主义法治体系,建设社会主义法治国家"作为全面推进依法治国的总目标。中共十九届四中全会《决定》强调,必须坚定不移走中国特色社会主义法治道路,加快形成完备的法律规范体系、高效的法治实施体系、严密的法治监督体系、有力的法治保障体系,加快形成完善的党内法规体系,并从四个方面提出了一系列体制机制制度的保障举措,一是健全保证宪法全面实施的体制机制,二是完善立法体制机制,三是健全社会公平正义法治保障制度,四是加强对法律实施的监督。法律体系是法律的规范体系,而法治体系则是法律的运行体系,不仅包括法律规范体系,也包括党内法规制度体系,立法、司法、执法和法律监督环节,体现了全面推进依法治国的整体要求,突出了法律的实施和实效。"从'法律体系'到'法治体系'的飞跃,体现了中国共产党对法治建设规律认识的不断完善和深化。"②

四、中国特色社会主义行政体制

(一)行政体制改革持续深化

中共十八大之后,我国行政体制改革根据中央全面深化改革领导小组的要求和部署,"改革继续围绕政府职能转换、机构重构、机制再造、权力下放、事业单位分类改革等方面来展开"③。中共十八大报告进一步回应公共管理实践需求,对行政体制改革和政府职能转型进行了新的要求,更为清晰地提出要"构建起职能科学、结构优化、廉洁高效、人民满意的服务型政府"④党报的党性要求报纸"必须与整个党的方针、党的政策、党的动向密切联系,呼吸相通,"应该成为实现党的一切政策,一切号召的尖兵、倡导者""稳步推进大部门制度改革""优化行政层级和行政区域设置""严格控制机构编制""推进事业单位分类改革"。中共十八届三中全会通过的《中共中央关于全面深化

---

① 习近平.决胜全面建成小康社会 夺取新时代中国特色社会主义伟大胜利:在中国共产党第十九次全国代表大会上的报告(2017年10月18日)[N].人民日报,2017-10-28(1).
② 王紫零.党的十九大法治思想的新突破与新蓝图:深化依法治国实践[J].社会科学动态,2018(5).
③ 崔光胜.十八大前后我国行政体制改革深入探索的价值取向[J].理论月刊,2017(7).
④ 陈文权.深化行政体制改革 建设服务型政府:党的十八大报告拓展了公共管理新视野[J].重庆行政公共论坛,2012(6).

改革若干重大问题的决定》,深刻阐明了新时期深化行政体制改革的方向、准则、内容和路径,提出要加快转变政府职能,"切实转变政府职能,深化行政体制改革,创新行政管理方式,增强政府公信力和执行力,建设法治政府和服务型政府"①。中共十九大和中共十九届三中全会在深化机构改革、转变政府职能、推进依法行政、提升服务效能等方面做出一系列重大部署。2018年以来,深化党和国家体制改革进入"以推进国家治理现代化为主要特征和目标的政府机构改革阶段"②。改革完善国家行政体制,旨在健全国家制度体系,提升制度执行能力和国家治理效能,推进国家治理体系和治理能力现代化。中共十九届四中全会进一步提出,必须坚持一切行政机关为人民服务、对人民负责、受人民监督,创新行政方式,提高行政效能,建设人民满意的服务型政府,并部署了完善国家行政体制的重要目标任务。中共十九届四中全会强调要坚持和完善中国特色社会主义行政体制,构建职责明确、依法行政的政府治理体系,要"完善国家行政体制""优化政府职责体系""优化政府组织结构""健全充分发挥中央和地方两个积极性体制机制"。

(二)党和国家机构改革统筹推进

中共十九大报告指出,"深化机构和行政体制改革。统筹考虑各类机构设置,科学配置党政部门及内设机构权力、明确职责。统筹使用各类编制资源,形成科学合理的管理体制,完善国家机构组织法。转变政府职能,深化简政放权,创新监管方式,增强政府公信力和执行力,建设人民满意的服务型政府,赋予省级及以下政府更多自主权,在省市县对职能相近的党政机关探索合并设立或合署办公。深化事业单位改革,强化公益属性,推进政事分开、事企分开、管办分离"③。中共十九届三中全会审议通过了《中共中央关于深化党和国家机构改革的决定》和《深化党和国家机构改革方案》,确定深化党和国家机构改革的目标是"构建系统完备、科学规范、运行高效的党和国家机构职能体系,形成总揽全局、协调各方的党的领导体系,职责明确、依法行政的政府治理体系,中国特色、

---

① 中共中央关于全面深化改革若干重大问题的决定(2013年11月12日中国共产党第十八届中央委员会第三次全体会议通过)[N].人民日报,2013-11-16(1).
② 赖先进.新中国70年政府机构改革历程回顾与成效[N].学习时报,2019-11-11(7).
③ 习近平.决胜全面建成小康社会 夺取新时代中国特色社会主义伟大胜利:在中国共产党第十九次全国代表大会上的报告(2017年10月18日)[N].人民日报,2017-10-28(1).

世界一流的武装力量体系,联系广泛、服务群众的群团工作体系,推动人大、政府、政协、监察机关、审判机关、检察机关、人民团体、企事业单位、社会组织等在党的统一领导下协调行动,增强合力,全面提高国家治理能力和治理水平"①。2018 年的行政体制改革是在构建中国特色现代化国家治理体系的大格局中进行的一轮行政体制改革,其"价值定位是,进一步将党对一切工作的全面领导权制度化,不断提高党把方向、谋大局、定政策、促改革的能力和定力;目的定位是,构建中国特色现代化国家治理体系,为提升国家治理能力奠定更加坚实的组织基础;目标定位是,构建系统完备、科学规范、运行高效的党和国家机构职能体系;路径选择是,统筹党政军群机构改革"②。这次改革被看作一场整体性、系统性、重构性的深刻变革,涉及范围之广、力度规模之大、触及利益之深前所未有。

2019 年 10 月,中共十九届四中全会审议通过的《中共中央关于坚持和完善中国特色社会主义制度、推进国家治理体系和治理能力现代化若干重大问题的决定》,对完善国家行政体制做出部署,强调"必须坚持一切行政机关为人民服务、对人民负责、受人民监督,创新行政方式,提高行政效能,建设人民满意的服务型政府"③,提出"完善国家行政体制""优化政府职责体系""优化政府组织结构""健全充分发挥中央和地方两个积极性体制机制"完善国家行政体制的四个方面的目标任务。

"在十九大之前的七次机构改革中,我国行政生态环境整体上得到改善,但新一轮党和国家机构改革依然面临着诸多难题。党的机构设置和职能配置欠缺科学性,保障机制尚未健全,缺乏落实坚持党的全面领导、推进全面从严治党的制度要求;党政关系不够明朗;中央和地方的关系盘根错节且权责划分不够明确;机构编制的科学化、规范化、法定化程度不高,机构编制管理方式有待完善;军民关系、群团组织、事业单位的发展仍存问题。"④因此,中共十九大之后机构改革坚持整体性价值取向和思路。"新一轮机构改革宣扬党领导下的'大系

---

① 中共中央关于深化党和国家机构改革的决定[J].社会主义论坛,2018(3).
② 宋世明.中国行政体制改革 70 年回顾与反思[J].行政管理改革,2019(9).
③ 中共中央关于坚持和完善中国特色社会主义制度推进国家治理体系和治理能力现代化若干重大问题的决定(2019 年 10 月 31 日中国共产党第十九届中央委员会第四次全体会议通过)[N].人民日报,2019-11-06(1).
④ 朱卓婷.基于整体政府理论视角:十九大后机构改革的价值逻辑[J].法制与社会,2019(4).

统'新理念,突破以往仅局限在政府行政部门的改革,将党组织、人大、政协、司法机关、国有企事业单位、人民团体与军群纳入改革方案,对人、财、物、信息和技术进行系统整合,尝试构建一个真正意义上的'大部门'。"[1]改革既协调政府机构内部关系,理顺党政机构之间关系,协同党政机构配置和职能设置,又对全国人大、政协、军队、群团组织、企事业单位提出机构改善、组织调整的要求。

五、"一国两制"制度体系

(一)"一国两制"和推进祖国统一新方略

中共十八大以来,党中央坚决贯彻落实"一国两制"方针政策"不改变、不动摇"的基本原则,始终坚持"一国两制"在香港实践之"顶层设计"和"底线思维"的两个基本点:一是"坚定不移",二是"全面准确"。2015年12月,习近平会见来京述职的梁振英时指出,"中央贯彻'一国两制'方针坚持两点。一是'坚定不移',不会变、不动摇。二是'全面准确',确保'一国两制'在香港的实践不走样、不变形,始终沿着正确方向前进"[2]。

2017年6月底7月初,习近平视察香港的"七一讲话",对香港回归20年来"一国两制"成功实践的历史经验和现实启示进行了全面、系统、深入的梳理和阐释,对"求一国之大同、存两制之大异"之"一国两制""五十年不变"的"后三十年"应该坚持什么、弘扬什么、创新什么以及纠正什么、抵御什么、防范什么等核心问题进行了论述。"七一讲话"的核心思想也是两个基本点:一是对于"一国两制"在香港实践的成功经验、对于"一国两制"的制度性优势、对于"一国两制"的"香港特色",必须予以全面、系统的梳理和阐释、总结和揭示,必须坚定不移同时又与时俱进地予以传承、发展、创新,以期在探索中不断推进"一国两制"在香港实践的伟大事业,不断推进"一国两制"之"国家治理"以及"香港治理"的理论创新和实践创新,进一步发展、丰富和完善"一国两制"在香港实践之"顶层设计"的思想内容和具体举措。二是对于香港回归二十年来"一国两制"在香港实践过程中已经出现的以及在"一国两制""五十年不变"的"后三十年"同样有可

---

[1] 朱卓婷.基于整体政府理论视角:十九大后机构改革的价值逻辑[J].法制与社会,2019(4).
[2] 习近平会见来京述职的梁振英[EB/OL].(2015-12-23)[2018-12-20].http://www.gov.cn/xinwen/2015-12/23/content_5027108.htm.

能出现的新情况、新问题,必须保持清醒的认识和高度的警觉,必须对香港社会已经出现的、在全面准确地理解认识和贯彻落实"一国两制"方针政策和香港基本法方面的偏差和危险倾向,进行全面彻底的拨乱反正、正本清源,必须为"一国两制"在香港实践画出不可触碰、不可逾越的"红线",进一步发展、丰富和完善"一国两制"在香港实践之"底线思维"的思想内容和具体举措。

中共十八大报告指出,"全面准确贯彻'一国两制'、'港人治港'、'澳人治澳'、高度自治的方针,必须把坚持一国原则和尊重两制差异、维护中央权力和保障特别行政区高度自治权、发挥祖国内地坚强后盾作用和提高港澳自身竞争力有机结合起来,任何时候都不能偏废"①。中共十九大把坚持"一国两制"和推进祖国统一列为新时代坚持和发展中国特色社会主义的基本方略之一,提出"必须把维护中央对香港、澳门特别行政区全面管治权和保障特别行政区高度自治权有机结合起来,确保'一国两制'方针不会变、不动摇,确保'一国两制'实践不变形、不走样"②。习近平强调"保持香港、澳门长期繁荣稳定,必须全面准确贯彻'一国两制'、'港人治港'、'澳人治澳'、高度自治的方针,严格依照宪法和基本法办事,完善与基本法实施相关的制度和机制。要支持特别行政区政府和行政长官依法施政、积极作为,团结带领香港、澳门各界人士齐心协力谋发展、促和谐,保障和改善民生,有序推进民主,维护社会稳定,履行维护国家主权、安全、发展利益的宪制责任"③。

中共十九届四中全会审议通过的《中共中央关于坚持和完善中国特色社会主义制度、推进国家治理体系和治理能力现代化若干重大问题的决定》,把"坚持'一国两制',保持香港、澳门长期繁荣稳定,促进祖国和平统一"作为我国国家制度和国家治理体系所具有的13个显著优势之一,充分表明了"一国两制"在我国国家制度和国家治理体系中的特殊重要地位。中共十九届四中全会集中就"一国两制"制度体系建设进行部署,"全面准确贯彻'一国两制'、'港人治港'、'澳人治澳'、高度自治的方针";"健全中央依照宪法和基本法对特别行政

---

① 胡锦涛.坚定不移沿着中国特色社会主义道路前进 为全面建成小康社会而奋斗:在中国共产党第十八次全国代表大会上的报告(2012年11月8日)[N].人民日报,2012-11-18(1).
② 习近平.决胜全面建成小康社会 夺取新时代中国特色社会主义伟大胜利:在中国共产党第十九次全国代表大会上的报告(2017年10月18日)[N].人民日报,2017-10-28(1).
③ 习近平.决胜全面建成小康社会 夺取新时代中国特色社会主义伟大胜利:在中国共产党第十九次全国代表大会上的报告(2017年10月18日)[N].人民日报,2017-10-28(1).

区行使全面管治权的制度";"坚定推进祖国和平统一进程",充分彰显了中央坚持"一国两制"方针的自信、决心。

（二）贯彻"一国两制"推进祖国统一新进展

中共十八以来,党中央"全面准确贯彻'一国两制'方针,牢牢掌握宪法和基本法赋予的中央对香港、澳门全面管治权,深化内地和港澳地区交流合作,保持香港、澳门繁荣稳定,坚持一个中国原则和'九二共识',推动两岸关系和平发展,加强两岸经济文化交流合作,实现两岸领导人历史性会晤;妥善应对台湾局势变化,坚决反对和遏制'台独'分裂势力,有力维护台海和平稳定"①。依法治港治澳不断形成制度成果,主要包括阐明中央对香港特别行政区行政长官普选和2016年立法会产生办法的原则立场;通过主动释法遏制和反对"港独"行径;依法处理非法"占中""旺角暴乱"等事件;确保宪法规定的关于国家象征和标志的重要制度在港澳得到一体遵循;解决了在香港特别行政区区域范围内实施"一地两检"的法律依据问题;在完善行政长官述职制度、依法行使对行政长官和主要官员的实质任命权、加强国家宪法和基本法的宣传教育等方面,中央政府也采取了相应举措;确保基本法得到全面准确地贯彻执行。②

中共十九届四中全会在深入总结"一国两制"实践经验的基础上,从制度层面特别是中央对特别行政区实行管治的层面,对推进"一国两制"实践做了系统的制度设计和工作部署,健全中央依照宪法和基本法对特别行政区行使全面管治权的制度,明确了"完善中央对特别行政区行政长官和主要官员的任免制度和机制、全国人大常委会对基本法的解释制度,依法行使宪法和基本法赋予中央的各项权力;建立健全特别行政区维护国家安全的法律制度和执行机制,支持特别行政区强化执法力量;健全特别行政区行政长官对中央政府负责的制度,支持行政长官和特别行政区政府依法施政;完善香港、澳门融入国家发展大局、同内地优势互补、协同发展机制,推进粤港澳大湾区建设,支持香港、澳门发展经济、改善民生,着力解决影响社会稳定和长远发展的深层次矛盾和问题;加强对香港、澳门社会特别是公职人员和青少年的宪法和基本法教育、国情教育、

---

① 习近平.决胜全面建成小康社会 夺取新时代中国特色社会主义伟大胜利:在中国共产党第十九次全国代表大会上的报告(2017年10月18日)[N].人民日报,2017-10-28(1).
② 胡荣荣.中共十八大以来"一国两制"在港澳的新发展[J].当代中国史研究,2019(1).

中国历史和中华文化教育,增强香港、澳门同胞的国家意识和爱国精神;坚决防范和遏制外部势力干预港澳事务和进行分裂、颠覆、渗透、破坏活动,确保香港、澳门长治久安"①等制度建设安排。

六、党和国家监督体系

(一)把权力关进制度的笼子

"马克思、恩格斯说过:一切公职人员必须'在公众监督之下进行工作',这样'能可靠地防止人们去追求升官发财'和'追求自己的特殊利益'。"②中共十八大报告提出,要坚持用制度管权、管事、管人,保障人民知情权、参与权、表达权、监督权,这是权力正确运行的重要保证;要推进权力运行公开化、规范化,完善党务公开、政务公开、司法公开和各领域办事公开制度,"加强党内监督、民主监督、法律监督、舆论监督,让人民监督权力,让权力在阳光下运行"③。习近平总书记强调,"要加强对权力运行的制约和监督,把权力关进制度的笼子里,形成不敢腐的惩戒机制、不能腐的防范机制、不易腐的保障机制"④,"没有健全的制度,权力没有关进制度的笼子里,腐败现象就控制不住","要把笼子扎紧一点,牛栏关猫是关不住的,空隙太大"⑤。这些论述充分体现了马克思主义政党建设的本质要求,是第一代中央领导集体用民主、人民监督来解决"人亡政息"的"历史周期率"的思想,是改革开放以来加强党和国家制度建设成果的继承与发展。

(二)完善党内监督制度

办好中国的事情关键在党,全面从严治党首先要强化党内监督。党内监督

---

① 中共中央关于坚持和完善中国特色社会主义制度 推进国家治理体系和治理能力现代化若干重大问题的决定(2019年10月31日中国共产党第十九届中央委员会第四次全体会议通过)[N].人民日报,2019-11-06(1).
② 习近平总书记关于加强对权力运行的制约和监督重要论述摘录(2013年1月—2018年7月)[J].中国纪检监察,2018(18).
③ 胡锦涛.坚定不移沿着中国特色社会主义道路前进 为全面建成小康社会而奋斗:在中国共产党第十八次全国代表大会上的报告(2012年11月8日)[N].人民日报,2012-11-18(1).
④ 习近平.习近平谈治国理政[M].北京:外文出版社,2014:388.
⑤ 中共中央关于坚持和完善中国特色社会主义制度 推进国家治理体系和治理能力现代化若干重大问题的决定(2019年10月31日中国共产党第十九届中央委员会第四次全体会议通过)[N].人民日报,2019-11-06(1).

在党和国家各种监督形式中是最基本的、第一位的。中共十八大以来,中国共产党坚持纪严于法、纪在法前,实现纪法分开,以党章为遵循制定和修改了一系列党规,包括党内监督条例、问责条例、廉洁自律准则、党纪处分条例、巡视工作条例等党内重要法规,制定党委(党组)落实从严治党责任的意见,完善领导干部报告个人有关事项、加强"裸官"管理等规定,党内法规制度体系更加健全;同时坚持以上率下、加强学习教育、强化监督检查等,抓好党内监督制度的执行。

(三)健全党和国家监督体系

中共十八大提出了"健全权力运行制约和监督体系"的改革命题。中共中央在《关于全面深化改革若干重大问题的决定》中,提出构建"决策科学、执行坚决、监督有力的权力运行体系"。中共十九大首次从"健全党和国家监督体系"的战略高度提出系统构建社会主义国家权力运行监督机制,要"构建党统一指挥、全面覆盖、权威高效的监督体系,把党内监督同国家机关监督、民主监督、司法监督、群众监督、舆论监督贯通起来,增强监督合力"。这是在社会主义民主政治建设领域进行的重大制度创新。"其内在逻辑是通过党的监督和国家监督的体系化,实现党和国家监督体系的协调化、科学化,在权力监督中形成党和国家监督的整体合力。"①习近平指出:"强化党内监督是为了保证党立党为公、执政为民,强化国家监察是为了保证国家机器依法履职、秉公用权,强化群众监督是为了保证权力来自人民、服务人民。要把党内监督同国家监察、群众监督结合起来,同法律监督、民主监督、审计监督、司法监督、舆论监督等协调起来,形成监督合力,推进国家治理体系和治理能力现代化。"②

中共十九届四中全会进一步明确,党和国家监督体系是党在长期执政条件下实现自我净化、自我完善、自我革新、自我提高的重要制度保障。坚持和完善党和国家监督体系的根本目的是确保党和人民赋予的权力始终用来为人民谋幸福。党中央提出"必须健全党统一领导、全面覆盖、权威高效的监督体系,增

---

① 张梁.健全党和国家监督体系论纲[J].求实,2019(3).
② 习近平在第十八届中央纪律检查委员会第六次全体会议上的讲话(2016年1月12日)[N].人民日报,2016-05-03(2).

强监督严肃性、协同性、有效性,形成决策科学、执行坚决、监督有力的权力运行机制"①。党中央从健全党和国家监督制度,完善权力配置和运行制约机制,构建一体推进不敢腐、不能腐、不想腐体制机制等方面,对坚持和完善党和国家监督体系进行了部署。

在坚持和完善中国特色社会主义制度、推进国家治理体系和治理能力现代化的13个"坚持和完善"中,还有坚持和完善社会主义基本经济制度,推动经济高质量发展;坚持和完善繁荣发展社会主义先进文化的制度,巩固全体人民团结奋斗的共同思想基础;坚持和完善统筹城乡的民生保障制度,满足人民日益增长的美好生活需要;坚持和完善共建共治共享的社会治理制度,保持社会稳定、维护国家安全;坚持和完善生态文明制度体系,促进人与自然和谐共生;坚持和完善党对人民军队的绝对领导制度,确保人民军队忠实履行新时代使命任务;坚持和完善独立自主的和平外交政策,推动构建人类命运共同体7个方面的部署。这7个方面与其他6个"坚持和完善"内在相关,有机协调,相互配合,把新时代改革开放推向前进,体现着新时代中国特色社会主义政治制度文明的新发展。

第三节 新时代中国特色社会主义治国理政新实践

中共十八大以来,中国共产党实施治国理政新思想新战略新实践,出台了一系列重大方针政策,推出一系列重大举措,推进一系列重大工作,解决了许多长期想解决而没有解决的难题,办成了许多过去想办而没有办成的大事,推动党和国家事业发生历史性变革。党中央统筹推进"五位一体"总体布局,协调推进"四个全面"战略布局,"十二五"规划胜利完成,"十三五"规划顺利实施。"四个全面"战略布局,包括全面建成小康社会、全面深化改革、全面依法治国、全面从严治党四个方面。"四个全面"战略布局,"确立了新形势下党和国家各项工作的战略目标和战略举措,为实现'两个一百年'奋斗目标、

---

① 中共中央关于坚持和完善中国特色社会主义制度 推进国家治理体系和治理能力现代化若干重大问题的决定(2019年10月31日中国共产党第十九届中央委员会第四次全体会议通过)[N].人民日报,2019-11-06(1).

实现中华民族伟大复兴的中国梦提供了理论指导和实践指南"①。这是"在我国经济社会发展进入新常态阶段,在深化对共产党执政规律、社会主义建设规律、人类社会发展规律认识的基础上,形成的一系列治国理政新理念新思想新战略的精髓和核心内容"②。"四个全面"是"我们党在新形势下治国理政的总方略,是事关党和国家长远发展的总战略"③,是党中央从坚持和发展中国特色社会主义全局出发,做出的新战略目标和战略举措。"四个全面"作为战略目标和战略举措既有理论指导性,又更加具体、更加深化,更有现实针对性、实践操作性。在"四个全面"战略布局中,既有战略目标,也有战略举措。"全面建成小康社会是我们的战略目标","全面深化改革、全面依法治国、全面从严治党是三大战略举措"。④

一、全面建成小康社会

2015年元旦社论:全面建成小康社会、全面深化改革、全面推进依法治国、全面从严治党,习近平总书记提出的"四个全面",是我们筑就长青基业的必由之路,也是未来一年我们每个人都应鼎力而为的奋斗方向。

2016年元旦社论:全面建成小康社会,是我们向人民、向历史作出的庄严承诺。实现这一承诺,不仅要以"取势"引领正确发展方向,还要以"取实"赢得良好开局。"取势",就是要看到我国发展仍处于可以大有作为的重要战略机遇期,准确把握战略机遇期内涵的深刻变化;"取实",就是要看到机遇抓不住就是挑战,改革和发展都需要实干家。

2019年元旦社论:船到中流浪更急,人到半山路更陡。我们仍需以供给侧结构性改革为主线不动摇,推动我国经济实现高质量发展,决胜全面建成小康社会第一个百年目标;我们仍需继续推动"一带一路"建设、构建人类命运共同体,为了建设一个更美好的世界不懈奋斗。在为人民谋幸福、为民族谋复兴、为世界谋大同的道路上,我们仍

---

① 习近平.习近平谈治国理政:第二卷[M].北京:外文出版社,2017:25.
② 梅荣政.学习研究十八大以来党中央治国理政的创新理论[J].思想理论教育导刊,2016(6).
③ 习近平.习近平谈治国理政:第二卷[M].北京:外文出版社,2017:27.
④ 习近平.习近平谈治国理政:第二卷[M].北京:外文出版社,2017:23.

需以梦为马、扬鞭奋蹄。

2020年元旦社论:新中国在凯歌行进中走过70年,迈入全面建成小康社会之年,迎来实现第一个百年奋斗目标的重要时点——2020年。

(一)全面建成小康社会的目标要求

中共十六大提出,全面建设小康社会的目标是,"在优化结构和提高效益的基础上,国内生产总值到2020年力争比2000年翻两番,综合国力和国际竞争力明显增强;社会主义民主更加完善,社会主义法制更加完备,依法治国基本方略得到全面落实,人民的政治、经济和文化权益得到切实尊重和保障;全民族的思想道德素质、科学文化素质和健康素质明显提高,形成比较完善的现代国民教育体系、科技和文化创新体系、全民健身和医疗卫生体系;可持续发展能力不断增强,生态环境得到改善,资源利用效率显著提高,促进人与自然的和谐,推动整个社会走上生产发展、生活富裕、生态良好的文明发展道路"①。

中共十七大在中共十六大确立的全面建设小康社会目标的基础上对我国发展提出新的更高要求。"增强发展协调性,努力实现经济又好又快发展;转变发展方式取得重大进展,在优化结构、提高效益、降低消耗、保护环境的基础上,实现人均国内生产总值到2020年比2000年翻两番;扩大社会主义民主,更好保障人民权益和社会公平正义;加强文化建设,明显提高全民族文明素质;加快发展社会事业,全面改善人民生活;建设生态文明,基本形成节约能源资源和保护生态环境的产业结构、增长方式、消费模式。"②

中共十八大在中共十六大、中共十七大确立的全面建设小康社会目标的基础上,努力实现新的要求,"经济持续健康发展,转变经济发展方式取得重大进展,在发展平衡性、协调性、可持续性明显增强的基础上,实现国内生产总值和城乡居民人均收入比2010年翻一番;人民民主不断扩大;文化软实力显著增

---

① 江泽民.全面建设小康社会,开创中国特色社会主义事业新局面:在中国共产党第十六次全国代表大会上的报告[J].求是,2002(22).
② 胡锦涛.高举中国特色社会主义伟大旗帜 为夺取全面建设小康社会新胜利而奋斗:在中国共产党第十七次全国代表大会上的报告[J].求是,2007(21).

强;人民生活水平全面提高;资源节约型、环境友好型社会建设取得重大进展"①。

中共十九大提出:"从现在到2020年,是全面建成小康社会决胜期。要按照十六大、十七大、十八大提出的全面建成小康社会各项要求,紧扣我国社会主要矛盾变化,统筹推进经济建设、政治建设、文化建设、社会建设、生态文明建设,坚定实施科教兴国战略、人才强国战略、创新驱动发展战略、乡村振兴战略、区域协调发展战略、可持续发展战略、军民融合发展战略,突出抓重点、补短板、强弱项,特别是要坚决打好防范化解重大风险、精准脱贫、污染防治的攻坚战,使全面建成小康社会得到人民认可、经得起历史检验。"②

全面建成小康社会的目标和要求主要包括经济保持高速增长,创新驱动成效显著,发展协调性明显增强,人民生活水平和质量普遍提高,国民素质和社会文明程度显著提高,生态环境质量总体改善,各方面制度更加成熟更加定型等。"全面建成小康社会的核心特征就是'全面'"③,覆盖的领域要全面,全面小康应是经济建设、政治建设、文化建设、社会建设、生态文明建设五位一体全面发展的小康;覆盖的人口要全面,全面小康应是惠及全体人民、造福全体人民的小康;覆盖的区域要全面,全面小康应是城乡区域共同发展的小康,包括农村的全面小康和欠发达地区的全面小康。实现人民群众共同富裕的愿望,不仅要缩小城乡和区域经济增长速度的差距和居民收入水平的差距,还要缩小基础设施建设和基本公共服务等方面的差距;不仅要满足人们日益增长的物质文化生活需求,还要努力创造和提供适合人自身全面发展需要的社会条件和社会环境。

(二)全面建成小康社会的主要举措

中共十八大以来,中国共产党提出,要统筹推进"五位一体"总体布局、协调推进"四个全面"战略布局,坚持"六大基本原则",遵守"五大发展理念",确保全面建成小康社会奋斗目标如期实现。

中共十八届五中全会对决胜全面建成小康社会做出全面战略部署,领导制

---

① 胡锦涛.坚定不移沿着中国特色社会主义道路前进 为全面建成小康社会而奋斗:在中国共产党第十八次全国代表大会上的报告[J].求是,2012(22).
② 习近平.决胜全面建成小康社会 夺取新时代中国特色社会主义伟大胜利:在中国共产党第十九次全国代表大会上的报告(2017年10月18日)[N].人民日报,2017-10-28(1).
③ 杨胜群.从小康目标的提出到全面建成小康社会[J].邓小平研究,2017(1).

定了《中华人民共和国国民经济和社会发展第十三个五年规划纲要》。到2020年全面建成小康社会,是我们党确定的"两个一百年"奋斗目标的第一个百年奋斗目标。"十三五"时期是全面建成小康社会的决胜阶段。习近平总书记指出:"这个时跨本世纪头二十年的奋斗历程到了需要一鼓作气向终点线冲刺的历史时刻。""十三五"规划针对发展中存在的"短板"问题,提出了全面建成小康社会的指导思想、基本原则、战略举措。

全面建成小康社会要统筹推进"五位一体"总体布局,就是确立并积极推进经济建设、政治建设、文化建设、社会建设、生态文明建设五位一体的总体布局。

全面建成小康社会要坚持"四个全面"战略布局,就是确立并积极推进以全面建成小康社会为目标引领,包括全面深化改革、全面依法治国、全面从严治党三大战略措施的"四个全面"战略布局。"实现全面建成小康社会,必须全面深化改革、全面依法治国、全面从严治党。这就是我们提出的'四个全面'战略布局。"①"全面建成小康社会是我们的战略目标,全面深化改革、全面依法治国、全面从严治党是三大战略举措。要把全面依法治国放在'四个全面'的战略布局中来把握,深刻认识全面依法治国同其他三个'全面'的关系,努力做到'四个全面'相辅相成、相互促进、相得益彰。"②

全面建成小康社会要遵循六大原则,就是坚持人民主体地位、坚持科学发展、坚持深化改革、坚持依法治国、坚持统筹国内国际两个大局、坚持党的领导。

全面建成小康社会要树立创新、协调、绿色、开放、共享的发展理念。创新是引领发展的第一动力,协调是持续健康发展的内在要求,绿色是永续发展的必要条件和人民对美好生活追求的重要体现,开放是国家繁荣发展的必由之路,共享是中国特色社会主义的本质要求。

全面建成小康社会要有科学的战略举措,"十三五"规划中提出实施创新驱动发展战略,构建发展新体制,推进农业现代化,优化现代产业体系,拓展网络经济空间,构筑现代基础设施网络,推进新型城镇化,推动区域协调发展,加快改善生态环境,构建全方位开放新格局,深化内地和港澳、大陆和台湾地区合作

---

① 习近平.在华盛顿州当地政府和美国友好团体联合欢迎宴会上的演讲(2015年9月22日)[N].人民日报,2015-09-24(2).
② 马占成.习近平在省部级主要领导干部学习贯彻十八届四中全会精神 全面推进依法治国专题研讨班开班式上发表重要讲话强调 领导干部要做尊法学法守法用法的模范 带动全党全国共同全面推进依法治国[N].人民日报,2015-02-03(1).

发展,全力实施脱贫攻坚,提升全民教育和健康水平,提高民生保障水平,加强社会主义精神文明建设,加强和创新社会治理,加强社会主义民主法治建设,统筹经济建设和国防建设,强化规划实施保障,共19个方面的战略举措。这些措施坚持全面规划和突出重点相协调,既着眼于全面推进经济建设、政治建设、文化建设、社会建设、生态文明建设、对外开放、国防建设和党的建设,又突出薄弱环节和滞后领域,充分体现了战略性、指导性和可操作性。中共十九大进一步把全面建成小康社会战略凝练为坚定实施科教兴国战略、人才强国战略、创新驱动发展战略、乡村振兴战略、区域协调发展战略、可持续发展战略、军民融合发展战略。

  全面建成小康社会重点要打好"三大攻坚战"。中共十九大报告提出,全面建成小康社会要"突出抓重点、补短板、强弱项,特别是要坚决打好防范化解重大风险、精准脱贫、污染防治的攻坚战,使全面建成小康社会得到人民认可、经得起历史检验"①。"三大攻坚战"既是全面建成小康社会决胜阶段的重点,也是难点。一是防范化解重大风险。当前和今后一段时期,既要高度警惕"黑天鹅"事件,也要防范"灰犀牛"事件,特别要防范系统性风险,为全面建成小康社会营造良好环境。要强化底线思维,坚持结构性去杠杆,防范金融市场异常波动,稳妥处理地方政府债务风险。二是推进精准脱贫与乡村振兴。"全面建成小康社会,不仅要如期实现,而且在地域上、人群上一个都不能少。最艰巨的任务是脱贫攻坚,最繁重的工作是保障各方面困难群众基本生活。"②"中国在扶贫攻坚工作中采取的重要举措,就是实施精准扶贫方略,找到'贫根',对症下药,靶向治疗。"③精准脱贫要坚持现行标准,聚焦深度贫困地区和特殊贫困群体,加大攻坚力度,真正提高脱贫质量,坚持农业农村优先发展,加强脱贫攻坚与乡村振兴统筹衔接,确保如期实现脱贫攻坚目标,农民生活达到全面小康水平。三是加强污染防治和生态建设。环境问题是全社会关注的焦点,也是全面建成小康社会能否得到人民认可的关键。"污染防治要聚焦打赢蓝天保卫战等重点任务,统筹兼顾、标本兼治,使生态环境质量持续改善。大力推动绿色发展,改革完善相

---

① 习近平.决胜全面建成小康社会 夺取新时代中国特色社会主义伟大胜利:在中国共产党第十九次全国代表大会上的报告(2017年10月18日)[N].人民日报,2017-10-28(1).
② 习近平.在学习《胡锦涛文选》报告会上的讲话[N].人民日报,2016-09-30(2).
③ 习近平.习近平主席在2015减贫与发展高层论坛上的主旨演讲[EB/OL].(2015-10-16)[2018-10-11]. http://www.xinhuanet.com/politics/2015-10/16/c_1116851045.htm.

关制度,协同推动高质量发展与生态环境保护。"①

(三)全面建成小康社会目标完成情况

中共十八大以来,中国共产党统筹推进"五位一体"总体布局、协调推进"四个全面"战略布局,"十二五"规划胜利完成,"十三五"规划顺利实施。经济建设取得重大成就,全面深化改革取得重大突破,民主法治建设迈出重要步伐,思想文化建设取得重大进展,人民生活不断改善,生态文明建设成效显著,强军兴军开创新局面,港澳台工作取得新进展,全方位外交布局深入展开,全面从严治党成效卓著。中共十九大宣布,"我国稳定解决了十几亿人的温饱问题,总体上实现小康,不久将全面建成小康社会"②。

"十二五"规划(2011—2015年)确定的主要目标和任务胜利完成,主要体现在"积极应对国际金融危机持续影响等一系列重大风险挑战,适应经济发展新常态,不断创新和完善宏观调控,推动形成经济结构优化、发展动力转换、发展方式转变加快的良好态势;经济保持持续较快发展,经济总量稳居世界第二位,人均国内生产总值增至 49,351 元(折合 7924 美元);经济结构调整取得重大进展,农业稳定增长,第三产业增加值占国内生产总值的比重超过第二产业,居民消费率不断提高,城乡区域差距趋于缩小,常住人口城镇化率达到 56.1%,基础设施水平全面跃升,高技术产业、战略性新兴产业加快发展,一批重大科技成果达到世界先进水平;公共服务体系基本建立、覆盖面持续扩大,教育水平明显提升,全民健康状况明显改善,新增就业持续增加,贫困人口大幅减少,人民生活水平和质量进一步提高;生态文明建设取得新进展,主体功能区制度逐步健全,主要污染物排放持续减少,节能环保水平明显提升;全面深化改革有力推进,经济体制继续完善,人民民主不断扩大,依法治国开启新征程;全方位外交取得重大进展,国际地位显著提高,对外开放不断深入,成为全球第一货物贸易大国和主要对外投资大国,人民币纳入国际货币基金组织特别提款权货币篮子;中华民族伟大复兴的中国梦和社会主义核心价值观深入人心,国家文化软实力不断增强;中国特色军事变革成就显著,强军兴军迈出新步伐;全面从严治党开创新

---

① 张占斌.坚决打好全面建成小康社会收官战[N].学习时报,2019-03-29(1).
② 习近平.决胜全面建成小康社会 夺取新时代中国特色社会主义伟大胜利:在中国共产党第十九次全国代表大会上的报告(2017 年 10 月 18 日)[N].人民日报,2017-10-28(1).

局面,党风廉政建设成效显著;我国经济实力、科技实力、国防实力、国际影响力又上了一个大台阶"①。

按照全面建成小康社会新的目标要求,"十三五"规划提出2015—2020年5年经济社会发展的主要目标,包括经济保持中高速增长,在提高发展平衡性、包容性、可持续性基础上,到2020年国内生产总值和城乡居民人均收入比2010年翻一番;创新驱动发展成效显著;发展协调性明显增强;人民生活水平和质量普遍提高;国民素质和社会文明程度显著提高;生态环境质量总体改善;各方面制度更加成熟更加定型。李克强在2018年政府工作报告中指出:"国内生产总值从54万亿元增加到82.7万亿元,年均增长7.1%,占世界经济比重从11.4%提高到15%左右,对世界经济增长贡献率超过30%。人民生活持续改善。脱贫攻坚取得决定性进展,贫困人口减少6800多万,易地扶贫搬迁830万人,贫困发生率由10.2%下降到3.1%。居民收入年均增长7.4%、超过经济增速,形成世界上人口最多的中等收入群体。"②李克强在2019年的政府工作报中指出,2018年国内生产总值增长6.6%,总量突破90万亿元。"居民人均可支配收入实际增长6.5%。三大攻坚战开局良好,防范化解了重大风险,宏观杠杆率趋于稳定,金融运行总体平稳。精准脱贫有力推进,农村贫困人口减少1386万,易地扶贫搬迁280万人。污染防治得到加强,细颗粒物(PM2.5)浓度继续下降,生态文明建设成效显著。"③2019年,中央经济工作会议上,习近平对2019年经济工作进行总结,并指出:"保持经济社会持续健康发展,三大攻坚战取得关键进展,精准脱贫成效显著,金融风险有效防控,生态环境质量总体改善,改革开放迈出重要步伐,供给侧结构性改革继续深化,科技创新取得新突破,人民群众获得感、幸福感、安全感提升,'十三五'规划主要指标进度符合预期,全面建成小康社会取得新的重大进展。"④

二、全面深化改革

2015年元旦社论:这一年,在以习近平同志为总书记的党中央领

---

① 中华人民共和国国民经济和社会发展第十三个五年规划纲要[N].人民日报,2016-03-18(1).
② 李克强.政府工作报告:二〇一八年三月五日在第十三届全国人民代表大会第一次会议上[N].人民日报,2018-03-23(1).
③ 李克强.政府工作报告:二〇一九年三月五日在第十三届全国人民代表大会第二次会议上[N].人民日报,2019-03-17(1).
④ 饶爱民.中央经济工作会议在北京举行[N].人民日报,2019-12-13(1).

导下,我们大刀阔斧全面深化改革,一些久未突破的改革强势推进,一些酝酿多年的改革举措接踵出台,激发了转型发展的深层动力。

2018年元旦社论:过去5年,我们凭着一股逢山开路、遇水架桥的闯劲,凭着一股滴水穿石、绳锯木断的韧劲,激荡全面深化改革的大潮。改革创新,正是贯穿40年的时代气质,"一股子气呀、劲呀"当常有,"杀出一条血路"的气魄不能丢。新的一年,唯有保持奋斗精神、奋发姿态,才能赓续40年的精神血脉,在新时代破浪前行。

(一)全面深化改革部署

中共十八大之后,中央确立了经济、政治、社会、文化、生态文明体制的"五位一体"改革布局,改革内容涵盖所有方面。中共十八大提出:"全面建成小康社会,必须以更大的政治勇气和智慧,不失时机深化重要领域改革,坚决破除一切妨碍科学发展的思想观念和体制机制弊端,构建系统完备、科学规范、运行有效的制度体系,使各方面制度更加成熟更加定型。"[①]中共十八届三中全会通过了《中共中央关于全面深化改革若干重大问题的决定》,提出了全面深化改革总目标。这个总目标就是完善和发展中国特色社会主义制度,推进国家治理体系和治理能力现代化,主要从经济、政治、文化、社会、生态文明、国防和军队6个方面,具体部署全面深化改革的主要任务和重大举措。这次全面改革取得的新突破主要体现在:"首次定义市场在资源配置中的'决定性作用';更加明确强调了公有制经济和非公有制经济的同等重要性;提出'完善产权保护制度',特别提出了'赋予农民更多财产权利';提出'推进国家治理体系与治理能力现代化';建立全国和地方资产负债表制度、自然资源资产负债表制度、股票发行注册制度、权力清单制度、官邸制、涉法涉诉信访依法终结制度,等等。"[②]这些重大突破,巩固和发展了社会主义制度,丰富和完善了社会主义理论。

从中共十八大到中共十九大,是全面深化改革夯基垒台、积厚成势、攻坚克难、砥砺奋进的5年,也是改革集中推进、全面深入、成果显著、积累经验的5

---

① 胡锦涛.坚定不移沿着中国特色社会主义道路前进 为全面建成小康社会而奋斗:在中国共产党第十八次全国代表大会上的报告(2012年11月8日)[N].人民日报,2012-11-18(1).
② 尹虹.从历史高度全面把握十八届三中全会的深远影响:访省委党校常务副校长徐晨光教授[N].湖南日报,2013-11-20(6).

年。党中央举旗定向、谋篇布局,以前所未有的决心和力度推进全面深化改革,对全面深化改革做出一系列重大战略部署。我们坚持从体制机制层面入手,统筹谋划改革任务,改革涉及范围之广、出台方案之多、触及利益之深、推进力度之大前所未有。改革全面发力、多点突破、纵深推进,着力增强改革系统性、整体性、协同性,压茬拓展改革广度和深度,推出一千五百多项改革举措,重要领域和关键环节改革取得突破性进展,主要领域改革主体框架基本确立。中国特色社会主义制度更加完善,国家治理体系和治理能力现代化水平明显提高,全社会发展活力和创新活力明显增强。

中共十九大再次明确全面深化改革的总目标是完善和发展中国特色社会主义制度、推进国家治理体系和治理能力现代化,强调只有改革开放才能发展中国、发展社会主义、发展马克思主义;必须坚持和完善中国特色社会主义制度,不断推进国家治理体系和治理能力现代化,坚决破除一切不合时宜的思想观念和体制机制弊端,突破利益固化的藩篱,吸收人类文明有益成果,构建系统完备、科学规范、运行有效的制度体系,充分发挥我国社会主义制度优越性。

中共十九届三中全会通过了《中共中央关于深化党和国家机构改革的决定》和《深化党和国家机构改革方案》,明确深化党和国家机构改革,目标是构建系统完备、科学规范、运行高效的党和国家机构职能体系,形成总揽全局、协调各方的党的领导制度体系,职责明确、依法行政的政府治理体系,中国特色、世界一流的武装力量体系,联系广泛、服务群众的群团工作体系,推动人大、政府、政协、监察机关、审判机关、检察机关、人民团体、企事业单位、社会组织等在党的统一领导下协调行动、增强合力,全面提高国家治理能力和治理水平。

中共十九届四中全会通过了《中共中央关于坚持和完善中国特色社会主义制度、推进国家治理体系和治理能力现代化若干重大问题的决定》,紧扣"坚持和完善中国特色社会主义制度、推进国家治理体系和治理能力现代化"这个主题,全面总结党领导人民在我国国家制度建设和国家治理方面取得的成就、积累的经验、形成的原则,重点阐述坚持和完善支撑中国特色社会主义制度的根本制度、基本制度、重要制度,部署需要深化的重大体制机制改革、需要推进的重点工作任务。党中央提出要坚持和完善党的领导制度体系,提高党的科学执政、民主执政、依法执政水平;坚持和完善人民当家作主制度体系,发展社会主义民主政治;坚持和完善中国特色社会主义法治体系,提高党依法治国、依法执政能力;坚持和完善中国特色社会主义行政体制,构建职责明确、依法行政的政府治理体系;坚持和完善社会主义基本经济制度,推动经济高质量发展;坚持和完善繁荣发展社会主义先进文化的制度,巩固全体人民团结奋斗的共同思想基础;坚持和完善统筹城乡的民生保障制度,满足人民日益增长的美好生活需要;坚持和完善共建共治共享的社会治理制度,保持社会稳定、维护国家安全;坚持和完善生态文明制度体系,促进人与自然和谐共生;坚持和完善党对人民军队的绝对领导制度,确保人民军队忠实履行新时代使命任务;坚持和完善"一国两制"制度体系,推进祖国和平统一;坚持和完善独立自主的和平外交政策,推动构建人类命运共同体;坚持和完善党和国家监督体系,强化对权力运行的制约和监督。

中共十九届四中全会和中共十八届三中全会历史逻辑一脉相承、理论逻辑相互支撑、实践逻辑环环相扣,目标指向一以贯之,重大部署接续递进。中共十九届四中全会不仅系统集成了中共十八届三中全会以来全面深化改革的理论成果、制度成果、实践成果,而且对新时代全面深化改革勾勒出更加清晰的顶层设计。

(二)全面深化改革新成就

2013年12月30日,中共中央政治局召开会议决定成立中央全面深化改革领导小组,负责改革的总体设计、统筹协调、整体推进、督促落实,主要职责是研究确定经济体制、政治体制、文化体制、社会体制、生态文明体制和党的建设制度等方面改革的重大原则、方针政策、总体方案;统一部署全国性重大改革;统筹协调处理全局性、长远性、跨地区跨部门的重大改革问题;指导、推动、督促中央有关重大改革政策措施的组织落实。2018年3月,中共中央印发《深化党和国家机构改革方案》,深化党和国家机构改革全面启动,标志着全面深化改革进入了一个新阶段,改革将进一步触及深层次利益格局的调整和制度体系的变革,改革的复杂性、敏感性、艰巨性更加突出。为加强党中央对涉及党和国家事业全局的重大工作的集中统一领导,强化决策和统筹协调职责,中央全面深化改革领导小组改为中央全面深化改革委员会。从2013年到2018年年底,"习近平总书记亲自主持召开40次中央全面深化改革领导小组会议、5次中央全面深化改革委员会会议,审议通过400多个重要改革文件,推出1932个改革方案,主要领域改革主体框架基本确立"①。"党的十八届三中全会提出的336项重大改革举措中已出台实施方案的超过95%,党的十八届四中、五中、六中全会和党的十九大及十九届二中、三中全会部署的改革任务也在按计划进度扎实推进,主要领域改革主体框架基本确立,重点领域和关键环节改革取得突破性进展,国家治理体系和治理能力现代化水平全面提高。"②

三、全面依法治国

2017年元旦社论:2017年是实施"十三五"规划的重要一年,是供给侧结构性改革的深化之年。把握经济新方位、践行发展新理念,需要激发新状态、展现新作为。以自我革命的气魄推进全面深化改革,以"法之必行"的信念坚持全面依法治国,以坚忍不拔的毅力深化全面从严治党,从解决好人民群众普遍关心的突出问题出发推进全面小康社会建设,迎难而上,奋发有为,我们就能压倒一切困难而不被困难所压倒。

(一)全面依法治国新部署

中共十八大提出,法治是治国理政的基本方式,要加快建设社会主义法治国家,全面推进依法治国。中共十八届三中全会提出,建设法治中国,必须坚持依法治国、依法执政、依法行政共同推进,坚持法治国家、法治政府、法治社会一体建设。中共十八届四中全会审议通过了《中共中央关于全面推进依法治国若干重大问题的决定》。全面推进依法治国,总目标是建设中国特色社会主义法治体系,建设社会主义法治国家。这个目标的具体含义是:"在中国共产党领导下,坚持中国特色社会主义制度,贯彻中国特色社会主义法治理论,形成完备的法律规范体系、高效的法治实施体系、严密的法治监督体系、有力的法治保障体系,形成完善的党内法规体系,坚持依法治国、依法执政、依法行政共同推进,坚持法治国家、法治政府、法治社会一体建设,实现科学立法、严格执法、公正司

---

① 冷昊阳.从深改组到深改委:45次会议为中国深化改革谋篇定策[EB/OL].(2019-01-17)[2019-01-17].https://baijiahao.baidu.com/s? id=16228354536890409758&wfr=spider&for=pc.
② 郑新立,郭祥.全面深化改革取得历史性成就[N].人民日报,2019-01-15(9).

法、全民守法,促进国家治理体系和治理能力现代化。"①全面推进依法治国的工作重点包括,一是向国内外鲜明宣示将坚定不移走中国特色社会主义法治道路;二是明确全面推进依法治国的总抓手,这个总抓手就是完善以宪法为核心的中国特色社会主义法律体系,加强宪法实施;三是深入推进依法行政,加快建设法治政府;四是保证公正司法,提高司法公信力;五是增强全民法治观念,推进法治社会建设;六是加强法治工作队伍建设;七是加强和改进党对全面推进依法治国的领导。中共十八届四中全会做出的依法治国的决定,被一些学者称为依法治国方略的升级版,是"国家治理方式的一次转型升级,一大文明跨越,是现代国家治理的全新境界"②。一些国外学者认为,《全面推进依法治国若干重大问题的决定》,"揭开了中国法治崭新的一页,并解决了'党的领导'和'依法治国'如何统一的基本问题"③。

中共十九大"八个明确"强调了"全面推进依法治国总目标是建设中国特色社会主义法治体系、建设社会主义法治国家","十四条坚持"强调要坚持全面依法治国,并提出"全面依法治国是中国特色社会主义的本质要求和重要保障"的重要论断。"必须把党的领导贯彻落实到依法治国全过程和各方面,坚定不移走中国特色社会主义法治道路,完善以宪法为核心的中国特色社会主义法律体系,建设中国特色社会主义法治体系,建设社会主义法治国家,发展中国特色社会主义法治理论,坚持依法治国、依法执政、依法行政共同推进,坚持法治国家、法治政府、法治社会一体建设,坚持依法治国和以德治国相结合,依法治国和依规治党有机统一,深化司法体制改革,提高全民族法治素养和道德素质。"④中共十九大对深化依法治国实践做出了部署。

中共十九届四中全会通过的《中共中央关于坚持和完善中国特色社会主义制度 推进国家治理体系和治理能力现代化若干重大问题的决定》指出:"必须坚定不移走中国特色社会主义法治道路,全面推进依法治国,坚持依法治国、依法

---

① 习近平.关于《中共中央关于全面推进依法治国若干重大问题的决定》的说明[N].人民日报,2014-10-29(2).
② 罗宗毅.中共正着手构建长期执政的永久性制度安排[EB/OL].(2014-12-22)[2018-11-28].http://theory.people.com.cn/n/2014/1222/c148980-26252998.html.
③ 李勇,王刚,青木,等.外媒聚焦宏大法治蓝图出台 热议法治中国新起点[EB/OL].(2014-10-30)[2018-10-30].http://world.huanqiu.com/exclusive/2014-10/5184210.html.
④ 习近平.决胜全面建成小康社会 夺取新时代中国特色社会主义伟大胜利:在中国共产党第十九次全国代表大会上的报告(2017年10月18日)[N].人民日报,2017-10-28(1).

执政、依法行政共同推进,坚持法治国家、法治政府、法治社会一体建设,加快形成完备的法律规范体系、高效的法治实施体系、严密的法治监督体系、有力的法治保障体系,加快形成完善的党内法规体系,全面推进科学立法、严格执法、公正司法、全民守法,推进法治中国建设。"①

(二)全面依法治国新实践

中共十八大以来党中央关于全面依法治国、建设法治中国的新实践主要包括以下四点。一是确立全面依法治国的总目标。全面推进依法治国总目标是建设中国特色社会主义法治体系、建设社会主义法治国家。习近平总书记指出:"全面推进依法治国涉及很多方面,在实际工作中必须有一个总揽全局、牵引各方的总抓手,这个总抓手就是建设中国特色社会主义法治体系。依法治国各项工作都要围绕这个总抓手来谋划、来推进。"②二是明确全面依法治国工作布局。③ 习近平总书记提出,要"准确把握全面推进依法治国工作布局,坚持依法治国、依法执政、依法行政共同推进,坚持法治国家、法治政府、法治社会一体建设"④。三是推动全面依法治国实践,即"成立中央全面依法治国领导小组,加强对法治中国建设的统一领导,加强宪法实施和监督,推进合宪性审查工作,维护宪法权威;推进科学立法、民主立法、依法立法,以良法促进发展、保障善治;建设法治政府,推进依法行政,严格规范公正文明执法;深化司法体制综合配套改革,全面落实司法责任制,努力让人民群众在每一个司法案件中感受到公平正义;加大全民普法力度,建设社会主义法治文化,树立宪法法律至上、法律面前人人平等的法治理念;各级党组织和全体党员要带头尊法学法守法用法,任何组织和个人都不得有超越宪法法律的特权,绝不允许以言代法、以权压法、逐利违法、徇私枉法"⑤。四是加强法治领导,坚持在党的集中统一领导下依法治

---

① 中共中央关于坚持和完善中国特色社会主义制度 推进国家治理体系和治理能力现代化若干重大问题的决定(2019年10月31日中国共产党第十九届中央委员会第四次全体会议通过)[N].人民日报,2019-11-06(1).
② 习近平.关于《中共中央关于全面推进依法治国若干重大问题的决定》的说明[N].人民日报,2014-10-29(2).
③ 公丕祥.十八大以来全面依法治国的理论与实践论纲[J].中国高校社科科学,2017(5).
④ 习近平.加快建设社会主义法治国家[J].求是,2015(1).
⑤ 习近平.决胜全面建成小康社会 夺取新时代中国特色社会主义伟大胜利:在中国共产党第十九次全国代表大会上的报告(2017年10月18日)[N].人民日报,2017-10-28(1).

国与依规治党统筹推进。中共十八大以来的 6 年,被称为全面依法治国举措最有力、最集中的 6 年。国家"成功推出和实施 200 多项重大法治改革举措,制定修改法律 164 部次、行政法规 280 部次。……中国特色社会主义法治体系建设实现新跨越,深入推进依法行政、加快建设法治政府取得新突破,司法改革书写新篇章,全民守法、法治社会建设迈入新阶段"①。

四、全面从严治党

2016 年元旦社论:今天,随着全面从严治党的持续推进,党风政风焕然一新、党心民心同频共振,干事创业环境越来越好,改革发展共识深度凝聚。

2017 年元旦社论:"十三五"开局之年,以习近平同志为核心的党中央把握时代大势、回应实践要求,身体力行推进全面从严治党,党内政治生活展现新气象,全面深化改革夯基垒台、主要领域"四梁八柱"性改革基本出台,供给侧结构性改革、国防和军队改革迈出重大步伐,"四个全面"战略布局协调推进,党中央治国理政方略卓然成型。

(一)全面从严治党新部署

"全面从严治党是党的十八大以来党中央抓党的建设的鲜明主题。"②这一时期,党中央坚持以上率下,推进全面从严治党,把思想建党和制度治党紧密结合,从制定和落实八项规定入手,先后开展党的群众路线教育实践活动、"三严三实"专题教育、"两学一做"学习教育,集中整饬党风,严厉惩治腐败,着力净化党内政治生态。

2014 年 10 月 8 日,习近平在党的群众路线教育实践活动总结大会上的讲话中,对全面推进从严治党进行部署,提出了落实从严治党责任,坚持思想建党和制度治党紧密结合,严肃党内政治生活,坚持从严管理干部,持续深入改进作风,严明党的纪律,发挥人民监督作用,深入把握从严治党规律共 8 个方面的要

---

① 袁曙宏.在改革开放大潮中全面依法治国:上[N].中国国门时报,2019-01-07(3).
② 习近平.关于《关于新形势下党内政治生活的若干准则》和《中国共产党党内监督条例》的说明[N].人民日报,2016-11-03(2).

求。2016年10月,习近平在中共十八届六中全会上从六个方面、用了六个"从严",系统总结了中共十八大以来党中央全面从严治党的重点工作,"一是抓思想从严,坚持用马克思主义中国化最新成果武装头脑、凝心聚魂,用理想信念和党性教育固本培元、补钙壮骨,着力教育引导全党坚定理想、坚定信念,增强中国特色社会主义道路自信、理论自信、制度自信、文化自信。二是抓管党从严,坚持和落实党的领导,引导全党增强政治意识、大局意识、核心意识、看齐意识,着力落实管党治党责任,不断增强各级党组织管党治党意识和能力。三是抓执纪从严,坚持把纪律挺在前面,严明党的政治纪律和政治规矩,着力推动全党牢记'五个必须',防止'七个有之',保证全党团结统一、步调一致。四是抓治吏从严,坚持正确用人导向,深化干部人事制度改革,破解'四唯'难题,着力整治用人上的不正之风,优化选人用人环境。五是抓作风从严,坚持以上率下,锲而不舍,扭住不放,着力解决许多过去被认为解决不了的问题,推动党风政风不断好转。六是抓反腐从严,坚持以零容忍态度惩治腐败,'老虎''苍蝇'一起打,着力扎紧制度的笼子,特别是清除了周永康、薄熙来、郭伯雄、徐才厚、令计划等腐败分子,有效遏制腐败蔓延势头"①。

中共十九大对全面从严治党进行了再部署,强调要"必须以党章为根本遵循,把党的政治建设摆在首位,思想建党和制度治党同向发力,统筹推进党的各项建设,抓住'关键少数',坚持'三严三实',坚持民主集中制,严肃党内政治生活,严明党的纪律,强化党内监督,发展积极健康的党内政治文化,全面净化党内政治生态,坚决纠正各种不正之风,以零容忍态度惩治腐败,不断增强党自我净化、自我完善、自我革新、自我提高的能力,始终保持党同人民群众的血肉联系"②。中共十九届中央纪委二次全会提出,要坚持六个"统一",不断深化全面从严治党,即 坚持思想建党和制度治党相统一,坚持使命引领和问题导向相统一,坚持抓"关键少数"和管"绝大多数"相统一,坚持行使权力和担当责任相统一,坚持严格管理和关心信任相统一,坚持党内监督和群众监督相统一。③

中共十九届四中全会从坚持和完善中国特色社会主义制度、推进国家治理

---

① 习近平.在党的十八届六中全会第二次全体会议上的讲话(节选)[J].求是,2017(1).
② 习近平.决胜全面建成小康社会 夺取新时代中国特色社会主义伟大胜利:在中国共产党第十九届全国代表大会上的报告(2017年10月18日)[N].人民日报,2017-10-28(1).
③ 习近平在十九届中央纪委二次全会上发表重要讲话 强调全面贯彻落实党的十九大精神 以永远在路上的执着把从严治党引向深入[J].中国纪检监察,2018(2).

体系和治理能力现代化的高度,强调要坚持和完善党的领导制度体系,提高党科学执政、民主执政、依法执政水平,对完善全面从严治党制度进行了专门部署。"坚持党要管党、全面从严治党,增强忧患意识,不断推进党的自我革命,永葆党的先进性和纯洁性。贯彻新时代党的建设总要求,深化党的建设制度改革,坚持依规治党,建立健全以党的政治建设为统领,全面推进党的各方面建设的体制机制。坚持新时代党的组织路线,健全党管干部、选贤任能制度。规范党内政治生活,严明政治纪律和政治规矩,发展积极健康的党内政治文化,全面净化党内政治生态。完善和落实全面从严治党责任制度。坚决同一切影响党的先进性、弱化党的纯洁性的问题作斗争,大力纠治形式主义、官僚主义,不断增强党的创造力、凝聚力、战斗力,确保党始终成为中国特色社会主义事业的坚强领导核心。"①

(二)全面从严治党新实践新成效

中共十八大以来全面从严治党的主要成效表现为,"全面加强党的领导和党的建设,坚决改变管党治党宽松软状况;推动全党尊崇党章,增强政治意识、大局意识、核心意识、看齐意识,坚决维护党中央权威和集中统一领导,严明党的政治纪律和政治规矩,层层落实管党治党政治责任;坚持照镜子、正衣冠、洗洗澡、治治病的要求,开展党的群众路线教育实践活动和'三严三实'专题教育,推进'两学一做'学习教育常态化制度化,全党理想信念更加坚定、党性更加坚强。贯彻新时期好干部标准,选人用人状况和风气明显好转。党的建设制度改革深入推进,党内法规制度体系不断完善。把纪律挺在前面,着力解决人民群众反映最强烈、对党的执政基础威胁最大的突出问题。出台中央八项规定,严厉整治形式主义、官僚主义、享乐主义和奢靡之风,坚决反对特权。巡视利剑作用彰显,实现中央和省级党委巡视全覆盖。坚持反腐败无禁区、全覆盖、零容忍,坚定不移'打虎''拍蝇''猎狐',不敢腐的目标初步实现,不能腐的笼子越扎越牢,不想腐的堤坝正在构筑,反腐败斗争压倒性态势已经形成并巩固发展"②。

---

① 中共中央关于坚持和完善中国特色社会主义制度 推进国家治理体系和治理能力现代化若干重大问题的决定(2019年10月31日中国共产党第十九届中央委员会第四次全体会议通过)[N].人民日报,2019-11-06(1).
② 习近平.决胜全面建成小康社会 夺取新时代中国特色社会主义伟大胜利:在中国共产党第十九届全国代表大会上的报告(2017年10月18日)[N].人民日报,2017-10-28(1).

中共十九大以来,党中央持续推进全面从严治党并取得重要新成果,主要表现在以下几点。一是用党的创新理论武装头脑,开展"不忘初心、牢记使命"主题教育。2017年10月18日,习近平在中共十九大报告中指出,在全党开展"不忘初心、牢记使命"主题教育,用党的创新理论武装头脑,推动全党更加自觉地为实现新时代党的历史使命不懈奋斗。2019年5月13日,中共中央政治局召开会议,决定从2019年6月开始,在全党自上而下分两批开展"不忘初心、牢记使命"主题教育。这次主题教育是新时代深化党的自我革命、推动全面从严治党向纵深发展的生动实践,促进了全党思想上的统一、政治上的团结、行动上的一致。二是持续保持惩治腐败高压态势。坚持无禁区、全覆盖、零容忍,坚持重遏制、强高压、长震慑,持续保持惩治腐败高压态势;持续加大审查调查力度,发挥巡视作用,有效推进反腐败合作和追逃追赃工作,惩治腐败更加精准有力;严肃监督执纪问责,加强对贯彻党的十九大精神、打好三大攻坚战等一系列重大决策部署落实情况的监督检查,切实落实"两个维护",从讲政治的高度严肃监督、执纪、问责;深化运用监督执纪"四种形态","2018年1—9月,全国纪检监察机关运用监督执纪'四种形态'处理114万人次"①。三是一体推进党的纪律检查体制改革、国家监察体制改革和纪检监察机构改革。在纪检工作体制机制改革方面,各级纪检监察机关把政治建设摆在首位,坚决践行"两个维护",严格贯彻执行加强和维护党中央集中统一领导若干规定精神,将监督检查党的十九大精神贯彻落实情况作为日常监督、巡视监督、派驻监督的重点,推动全党坚定执行党的政治路线,在政治立场、政治方向、政治原则、政治道路上同党中央保持高度一致;党中央推动"两个责任"落实落细落地;巩固深化巡视巡察工作,制定《中央巡视工作规划(2018—2022年)》;逐步完善派驻监督体制机制,中央纪委国家监委统一设立46家派驻纪检监察组,印发《关于深化中央纪委国家监委派驻机构改革的意见》;加强党的纪律建设和日常监督;初步建立国家监察体系总体框架,国家监委组建成立并有序开展工作,纪检监察机构改革有序推进。四是坚定不移纠"四风"、树新风。中共十九大以来,中央把落实中央八项规定精神、纠正"四风"作为工作重点,紧盯享乐奢靡问题,全面启动整治形式主义、官僚主义问题,持续正风肃纪、保持高压态势,作风建设不断深入。"中央纪委

---

① 姜洁.持续保持惩治腐败高压态势:党的十九大以来全面从严治党成果巡礼之一[N].人民日报,2019-01-07(4).

国家监委网站每个月定期通报全国违反中央八项规定精神问题情况。十九大以来,截至2018年11月底,全国共查处违反中央八项规定精神问题6.9万起,处理党员干部9.7万人,给予党纪政务处分6.9万人。"①五是打造忠诚坚定、担当尽责、遵纪守法、清正廉洁的纪检监察干部队伍。

本章小结

2012—2019年的《人民日报》共发表8篇元旦社论,记录了中国特色社会主义进入新时代社会主义政治文明的新发展、新成果。

在政治意识文明方面,中国共产党在原来"强国""富强""全面建设小康"等目标的基础上,提出和发展了"中华民族伟大复兴中国梦""全面建成小康社会""以人民为中心""人类命运共同体"等新时代中国特色社会主义政治价值观,习近平新时代中国特色社会主义思想,被确立为党必须长期坚持的指导思想,以国家根本法的形式确立了其在国家政治和社会生活中的指导地位。《人民日报》元旦社论通过"清正、清廉、清明""社会主义核心价值观""担责、实干""家风"等关键词,呈现出新时代政治道德建设的新成效。在新时代,党中央提出了中国特色社会主义道德建设新方略,强化党员干部道德建设,把社会公德、职业道德、家庭美德、个人品德建设作为着力点,推进公民道德建设。在政治心态方面,《人民日报》元旦社论通过"自信""担当""奋斗"等话语展示了新时代中国人民新的政治心理和精神面貌。

在政治制度文明方面,这一时期,政治制度建设的核心议题是"完善中国特色社会主义制度,推进国家治理体系和治理能力现代化"。中共十八大以来,中国特色社会主义制度更加完善,国家治理体系和治理能力现代化水平明显提高,为政治稳定、经济发展、文化繁荣、民族团结、人民幸福、社会安宁、国家统一提供了有力保障。《人民日报》元旦社论,以"完善中国特色社会主义制度""国家治理现代化""党和国家机构改革"等话语,记录了中共十八大以来社会主义政治制度建设历程的核心命题。2019年召开的中共十九届四中全会,系统总结了我国国家制度和国家治理体系具有的多方面的显著优势,明确提出了坚持和完善中国特色社会主义制度、推进国家治理体系和治理能力现代化的13个

---

① 孟祥夫.正风肃纪 久久为功:党的十九大以来全面从严治党成果巡礼之三[N].人民日报,2019-01-09(1).

"坚持和完善"。

在政治行为文明方面,中共十八大以来,中国共产党实施治国理政新思想新战略新实践,出台一系列重大方针政策,推出一系列重大举措,推进一系列重大工作,解决了许多长期想解决而没有解决的难题,办成了许多过去想办而没有办成的大事,推动党和国家事业发生历史性变革。《人民日报》元旦社论用"全面建成小康社会""全面依法治国""全面深化改革""全面从严治党"等话语,记述了新时代中国共产党治国理政的重大举措。在这一时期的《人民日报》元旦社论中,"革命"出现2次,"斗争"出现0次,"批判"出现0次,"专政"出现0次;"改革"出现67次,"发展"出现65次,"奋斗"出现29次,"复兴"出现25次,"开放"出现16次,"建设"出现12次,"治理"出现8次,"变革"出现7次,"治党"出现6次。显然,"改革""发展""奋斗""复兴""治理"等话语已成为《人民日报》元旦社论中描述政治行为的主流话语。

结　语

从1949—2019年,中华人民共和国走过了70年的历程。自中华人民共和国成立以来,社会主义政治文明作为新中国社会文明的重要组成部分,体现了中国人民政治生活的进步状态,为中国社会主义发展提供了有力保障,是新中国历史的重要组成部分。《人民日报》是党中央的机关报和中国第一大报。作为报纸的灵魂和政治面貌的旗帜,按照党的新闻舆论工作必须坚持党性和人民性原则,《人民日报》元旦社论在发挥政治传播功能方面发挥着重要作用,如实记录着社会主义政治文明的成长轨迹和发展脉络。如果把新中国社会主义政治文明比作一棵大树,那么《人民日报》元旦社论就是勾画这棵大树整体形象的历史画笔。

"社会共同体是人们以一定的纽带所联系起来的人群集合体,是不同人群所采取的社会组织形式和存在方式。"① 马克思在1859年《政治经济学批判》序言中说:"人们在社会生产中发生一定的、必然的、不以他们的意志为转移的关系,即同他们的物质生产力的一定发展阶段相适合的生产关系。这些生产关系的总和构成社会的经济结构,即有法律的和政治的上层建筑竖立其上并有一定的社会意识形式与之相适应的现实基础。"② 马克思、恩格斯曾经把剥削阶级占

---

① 石云霞.马克思社会共同体思想及其发展[J].中国特色社会主义研究,2016(1).
② 中共中央马克思恩格斯列宁斯大林著作编译局.马克思恩格斯文集:第二卷[M].北京:人民出版社,2009:591.

统治地位的社会共同体称作"冒充的共同体""虚假的共同体",而只有自由人联合体,才是"真正的共同体",恩格斯则更直接地将其称作"共产主义联合体","代替那存在着阶级和阶级对立的资产阶级旧社会的,将是这样一个联合体,在那里,每个人的自由发展是一切人的自由发展的条件"①。

马克思主义认为,社会共同体的普遍本质,从根本上说就是社会的生产关系。中华人民共和国成立以来的社会共同体构建不仅体现为建立在社会主义初级阶段经济基础上,也体现为建立在这种经济基础之上的政治上层建筑上;不仅体现为虚体的观念,也体现为现实的实践。政治文明建设或者说政治共同体是构建社会共同体的重要内容,社会共同体建设任务相应地具有政治属性和政治内涵。中华人民共和国成立以来的社会共同体建设,是以构建"自由人联合体"为核心和目标的,是建设社会主义、实现共产主义为取向的社会主义政治文明建设。中国人民在中国共产党的领导下,通过社会主义革命、社会主义建设,以实现共产主义社会为目标,在构建"真正联合体"上取得了长足实质的进步。

以往关于社会主义政治文明的研究主要集中于中国改革开放以来这一段时期,而对中华人民共和国成立以来特别是改革开放以前的政治文明发展的研究较少。在关于中华民族共同体、人类命运共同体、文明型国家等重大课题的探讨中,社会主义政治文明的构建、传播及其在新中国社会共同体中的作用等问题是一个绕不过去的重要课题。《人民日报》元旦社论为考察新中国社会主义政治文明提供全面的资料和线索,通过元旦社论话语及其反映的新中国政治意识文明、政治制度文明、政治行为文明发展面貌,人们能够更加全面地认识社会主义政治共同体乃至社会共同体。

一、社会主义政治意识文明

社会主义政治意识文明,主要是指关于社会主义的政治价值观、政治思想、政治道德和政治心理等,是社会主义社会政治意识进步发展的成果和状态,是社会主义政治文明的核心和灵魂。马克思认为,意识形态是指统治阶级的思想

---

① 中共中央马克思恩格斯列宁斯大林著作编译局.马克思恩格斯文集:第二卷[M].北京:人民出版社,2009:53.

观念体系,而"社会主义意识形态是指作为意识形态的马克思主义"[①]。因此,社会主义政治意识文明与社会主义意识形态具有内在的相通性或一致性。中华人民共和国成立后,为了巩固无产阶级专政,建设社会主义国家,作为执政党的中国共产党在社会主义政治意识方面进行了深入探索,构成了社会主义政治意识文明成果。作为党报的《人民日报》在党的意识形态工作中有着重要地位,是中国共产党政治传播的重要阵地和媒介。《人民日报》元旦社论因其具有的独特地位、内容和方式,记录着社会主义政治意识文明发展构建过程。

(一)政治价值观

在社会主义过渡时期,随着中华人民共和国的成立,以前的意识形态领域的混乱局面得以终结,中国开始由新民主主义社会向社会主义社会过渡,以马克思列宁主义、毛泽东思想为核心的政治意识文明开始确立。《人民日报》元旦社论记录了中国人民对"解放、自由、民主、正义"等政治价值的新追求,马克思主义政治意识形态主导地位确立过程中,形成了以爱国主义为主要内容的新型政治道德。在中华人民共和国成立之初,解放、自由、民主、正义,作为中国共产党和中国人民的政治价值追求,不仅是指因中华人民共和国的成立已经实现的民族独立、人民解放的状态,更是指未来中国人民要奋斗的政治愿景。新的社会制度的建立为实现进一步解放创造了条件。中国人民享受到了前所未有的自由,人民成了国家的主人。中国人民实现了民主,也就是人民民主,即无产阶级领导的、以工农联盟为基础的人民民主专政。中国要由新民主主义社会进到社会主义社会和共产主义社会,消灭阶级和实现大同。新中国要建设一个独立的、自由的、民主的、统一的、富强的中国,中华民族和中国人民将以勇敢而勤劳的姿态工作着,创造自己的文明和幸福,同时也促进世界的和平和自由。这样的政治价值观就像耀眼的灯塔,指引着全体中国人民前进的道路。

在社会主义建设时期,1956—1966年的十年被称为全面建设社会主义的十年或者探索中国社会主义道路的十年。这一时期,社会主义制度在中国的大地上扎下了根基,并奠定了新生的社会主义制度物质的和精神的基础。中国人民关于强国、民主、正义等政治价值观有了更加具体的内容。在强国观方面,从建

---

① 郑永廷.社会主义意识形态发展研究[M].北京:人民出版社,2002:45.

设现代工业和现代农业的社会主义强国,到建设具有现代农业、现代工业、现代国防、现代科学技术的社会主义强国;在民主观方面,提出"形成一个既有集中、又有民主,既有纪律、又有自由,既有统一意志、又有个人心情舒畅、生动活泼的政治局面",发展民主,完成民主集中制的目标;在正义观方面,中国共产党领导中国人民从事的社会主义革命和建设事业是正义的,在对外关系上中国共产党和政府始终站在发展中国家一边,支持反抗帝国主义侵略的正义斗争。

在中国特色社会主义开创时期,党和国家的工作重心发生重大转移,实行改革开放历史性决策,确立社会主义初级阶段基本路线,开创了中国特色社会主义。这一时期的政治价值观主要包括富强、民主与法制、解放思想、解放生产力、实现共同富裕等。在国家建设目标取向上,由以前的建设社会主义强国变为要使国家更快地强盛起来,使人民更快地富裕起来,建设繁荣富强的中国,而实现富强的目标具体化为四个现代化,要实现小康,也就是实现中国式的现代化。这一时期,中国共产党把民主和法制结合起来,对民主问题进行了开创性探索,提出民主必须法制化、民主与法制要统一,在推进制度改革的同时,强调不能照搬西方民主。与改革开放之前相比,这一时期国家以解放思想、解放生产为指引,开启了思想理论和经济体制领域的解放(自由)运动。在对社会主义政治价值观的探索中特别有意义的是,中国共产党在改革开放过程中,同样重点强调了实现共同富裕对认识和坚持社会主义本质的重大意义,认为在坚持走社会主义道路的过程中,发展生产力和共同富裕二者缺一不可,若偏离了社会主义的目的,就会产生两极分化,就会走上邪路。

在中国特色社会主义发展时期,社会主义政治价值观内容进一步发展,主要包括全面建设小康社会、全面建成小康社会、建设社会主义政治文明、以人为本、和谐社会等。在跨越21世纪前后,中国实现现代化的目标进一步具体化为全面建设小康社会,建设小康社会不再是一个单纯的经济建设目标,而是成为一个重要的政治目标。建设社会主义政治文明是中国共产党政治价值观的一个新发展,建设社会主义政治文明,被确立为全面建设小康社会的重要目标。中国共产党在这一时期还提出了坚持以人为本、构建社会主义和谐社会的政治价值观,进一步明确了政治发展和民主政治建设的根本出发点和落脚点,体现了历经革命、建设和改革已经成为领导人民掌握全国政权并长期执政的党,执政理念和政治价值观的新发展,以及对实现社会公正的新追求。

在中国特色社会主义新时代时期,中国共产党先后召开了中共十八大和中共十九大,形成了以习近平同志为核心的党中央,引领中国特色社会主义发展进入新时代,提出了一系列治国理政的新理念新思想新战略。新时代社会主义政治价值观的主要内容包括中华民族伟大复兴的中国梦、全面建成小康社会、以为人民为中心、人类命运共同体等。实现中华民族伟大复兴的中国梦,是中国特色社会主义政治价值目标的新表达,中国梦是国家的、民族的,也是每一个中国人的,因此,更好的教育、更稳定的工作、更满意的收入、更可靠的社会保障,这些平凡的梦想汇聚起来,便是个人的命运、社会的脉动、国家的方向。在全面建设小康社会的基础上,这一时期提出全面建成小康社会、决胜全面建成小康社会的目标要求,既要实现第一个百年奋斗目标,又提出在21世纪中叶建成富强民主文明和谐美丽的社会主义现代化强国的第二个百年奋斗目标。以人民为中心的价值观,体现了马克思主义为人民服务的根本立场和价值导向,是对中国共产党领导集体执政理念的继承与发展,是对中共十八大以来中国共产党治国理政根本价值取向鲜明而准确的表达。构建人类命运共同体思想是中国共产党着眼于人类发展和世界前途提出的中国理念、中国方案和全球治理政治价值观,体现了中国社会主义政治文明助力人类文明与社会进步的努力。

(二)政治思想

中华人民共和国成立初期,中国共产党坚持"破"与"立"相结合,加强政治思想建设,一方面对封建主义、帝国主义反动思想进行批判,另一方面确立马克思列宁主义、毛泽东思想的主导地位,通过发动知识分子思想改造运动,批判资产阶级唯心主义思想,有组织、有计划地批判封建主义、资产阶级思想。中国共产党采取社会主义工业化和社会主义改造同时并举的方针,实行逐步改造生产资料私有制的具体政策,从理论和实践上完成了在中国这样一个占世界人口近四分之一的、经济文化落后的大国中建立社会主义制度的艰难任务。毛泽东提出的对人民内部的民主方面和对反动派的专政方面互相结合起来就是人民民主专政的理论,丰富了马克思列宁主义关于无产阶级专政的学说,丰富了毛泽东思想中关于社会主义革命的理论。同时,党中央通过开展理论研究,对工农、干部和知识分子进行教育,建立社会主义教育宣传机制等方式,进行马克思列宁主义、毛泽东思想的学习教育。

在社会主义建设时期,中国共产党在政治思想方面形成了调动一切积极因素为社会主义服务、正确处理人民内部矛盾、反和平演变等理论成果,并构成了党的指导思想——毛泽东思想中关于社会主义建设部分。1956年4月25日,毛泽东在中共中央政治局扩大会议上发表了《论十大关系》的讲话,以苏联建设社会主义的经验和问题为鉴戒,针对中国社会主义建设中面临的问题,论述了社会主义革命和建设中的十大关系,提出了社会主义建设的一个基本方针。这个方针就是"要把国内外一切积极因素调动起来,为社会主义事业服务"。1976年12月26日,《论十大关系》在《人民日报》公开发表;1977年,《人民日报》元旦社论引用了毛泽东提出的"我们一定要努力把党内党外、国内国外的一切积极的因素,直接的、间接的积极因素,全部调动起来,把我国建设成为一个强大的社会主义国家",强调这是我们各项工作都必须遵循的基本方针。这一时期,中国共产党的另一项重要理论成果,是提出正确处理人民内部矛盾的理论。社会主义社会仍然存在矛盾,这些矛盾包括两类性质完全不同的矛盾,中国共产党把正确处理人民内部矛盾作为国家政治生活的主题,提出了处理人民内部矛盾的方针和方法。在宣传普及马克思列宁主义毛泽东思想方面,中国共产党主要是通过大规模的社会主义教育,开展工农兵学哲学运动等,提高党员干部的马克思主义理论水平。针对西方把"和平演变"的希望寄托在共产党第三、第四代人身上的战略,中国共产党形成了反"和平演变"思想,社会主义仍然存在着意识形态领域的斗争,因此,要培养无产阶级革命事业接班人。

在中国特色社会主义开创时期,中国共产党在政治思想方面的重要成果就是提出并形成了中国特色社会理论的最初成果——邓小平理论。在恢复解放思想、实事求是思想路线、科学评价毛泽东和毛泽东思想的基础上,中国共产党提出了邓小平理论,第一次比较系统地初步回答了中国社会主义的发展道路、发展阶段、根本任务、发展动力、外部条件、政治保证、战略步骤、党的领导和依靠力量以及祖国统一等一系列基本问题,指导党制定了在社会主义初级阶段的基本路线。在中国特色社会主义理论形成过程中,围绕贯彻党的基本路线,中国共产党坚持排除"左"和右的干扰,强调在把握"一个中心、两个基本点"的问题上,在党内特别是领导干部中要警惕右,但主要是防止"左"。

在中国特色社会主义发展时期,中国共产党在指导思想上发展形成了"三个代表"重要思想和科学发展观。"三个代表"重要思想是在改革和建设的实践中,针对在改革开放和现代化建设的条件下,建设一个什么样的执政党、怎样建设执政党的问题进行的理论探索。科学发展观,第一要义是发展,核心是以人为本,基本要求是全面协调可持续,根本方法是统筹兼顾,对新形势下实现什么样的发展、怎样发展等重大问题做出了新的科学回答。

在中国特色社会主义新时代时期,以习近平同志为核心的党中央提出了一系列治国理政新理念新思想新战略,形成了习近平新时代中国特色社会主义思想。中国特色社会主义进入了新时代,党和国家事业发生历史性变革,世界范围内两种意识形态、两种社会制度的较量呈现新态势。当今世界正处于大发展、大变革、大调整的百年不遇的大变局历史时期。我们党执政面临的社会环境和现实条件发生了深刻变化。我国社会的主要矛盾已经转化为人民日益增长的美好生活需要和不平衡、不充分的发展之间的矛盾。习近平新时代中国特色社会主义思想正是围绕回答这一重大理论和实践问题形成的。中共十九大报告中提出的"八个明确"的基本内容、"十四条坚持"的基本方略,构成了系统完整的科学理论体系。

(三)政治道德

"中华文明的'文化观'看重的主要是道德伦理而不是语言和宗教。"[①]政治道德是新中国社会主义政治文明的重要方面。在社会主义过渡时期,中国共产党大力弘扬社会主义新型政治道德,包括确立全心全意为人民服务的道德建设的核心和集体主义的道德建设的原则;强调党员干部要保持清醒头脑,廉洁奉公,厉行节约、反对浪费,防止贪图享乐和官僚主义;积极发扬"自力更生,艰苦奋斗,吃苦在前,享受在后,不怕吃苦,勇于吃苦"的道德精神,并将其转化为建设祖国,变革社会的巨大精神动力;倡导爱国主义,激发全民爱国热情;"爱祖国,爱人民,爱劳动,爱护公共财产为全体国民的公德"被大力倡导,"五爱"被写进了《共同纲领》和《中华人民共和国宪法》。

在社会主义建设时期,建设社会主义的热情鼓舞着全国人民,形成了以"雷锋精神""铁人精神""焦裕禄精神"等为代表的时代精神和政治道德主基调。这些道德风貌为社会主义政治意识文明打上了深深的时代烙印,主要包括端正党员干部的权力观,强调党员干部就应当代表和维护广大人民群众的利益,利用

---

① 马戎.中华文明共同体的结构及演变[J].思想战线,2019(2).

这个权力来为人民服务,应当依靠人民群众来行使这个权力;明确党员干部道德标准,包括中共八大通过的党章规定的党员义务,特别是强调要遵守共产主义道德,一切党员不管他们的功劳和职位如何,都没有例外,为防止领导干部脱离实际、脱离群众、淡忘党的宗旨、滋长官僚主义作风和特权思想,中国共产党通过理论学习、业务培训、文化教育、劳动实践等方式开展干部教育;在人民群众中开展艰苦奋斗、奋发图强的革命传统和理想信念教育,用共产主义思想教育群众。

在中国特色社会主义开创时期,中国共产党提出"有理想、有道德、有文化、有纪律"道德建设目标,要教育人民成为'四有'人民,教育干部成为'四有'干部。强调党员干部要践行共产主义道德,解放思想、实事求是,克服官僚主义,树立民主作风,坚持艰苦奋斗,艰苦创业。在这一时期,中国共产党提出建设社会主义国家,不但要有高度的物质文明,而且要有高度的精神文明,明确了"爱祖国、爱人民、爱劳动、爱科学、爱社会主义"的社会主义道德建设基本要求。在公民政治道德建设方面,中国共产党深入开展"五讲四美三热爱"活动和爱国主义教育。

在中国特色社会主义发展时期,中国共产党首次提出"以德治国",强调坚持物质文明和精神文明两手抓,实行依法治国和以德治国相结合,对党员干部道德规范的要求进一步深化。党内集中开展了"三讲"、保持共产党员先进性、学习实践科学发展观、创先争优等党内教育实践活动,开展对党员干部的政治道德教育。为进一步推进公民道德建设,国家出台了《公民道德建设实施纲要》,开展了以"八荣八耻"为主要内容的社会主义荣辱观教育。

在中国特色社会主义新时代时期,社会主义政治道德建设包括明确新时代中国特色社会主义道德建设新方略,印发《新时代公民道德建设实施纲要》,保持公民道德建设的社会主义方向;高度重视党员干部和全社会的理想信念教育,大力弘扬中国精神,凝聚中国力量,培育社会主义核心价值观,引领新时代社会主义道德建设;强化党员干部政德建设,明确党员干部道德标准,教育引导和党纪国法相结合,深化党员干部教育;深入实施公民道德建设工程,突出党员领导干部、青少年、教师等重点群体,推进社会公德、职业道德、家庭美德、个人品德建设。

(四)政治心态

政治心态是反映政治文明的一面镜子。政治心态的状况反映着民众对政权的满意状况和认同程度,是政权获得合法性的基本条件之一。在社会主义过渡时期,《人民日报》元旦社论表达当时全国人民的政治心态主要表现在翻身得解放的心态、当家做主的心态、生活改善的幸福心态。中华人民共和国的成立,标志着国家四分五裂、持续战乱的历史结束,一个独立、统一的新中国诞生了,中国人民从此站了起来。在巨大胜利的鼓舞下,中国人民表现出了强烈的翻身得解放心理,爱国热情、革命热情和工作热情空前高涨。中华人民共和国的成立打开了政治输入的广泛渠道,各阶层民主权利得到保障,基层群众获得当家做主的主人翁意识。人民群众特别是基层群众的幸福感主要源于贫富差距的缩小和物质生活水平的改善。

在社会主义建设进程中,广大党员和人民群众意气风发,斗志昂扬。在国内发生严重经济困难、国际上受到战争威胁和巨大压力的情况下,党和人民坚持独立自主,自力更生,团结一致,艰苦奋斗,以高昂的英雄气概和热情投身建设事业,深入探索社会主义中国的发展道路,培养起了自强自立、不怕鬼、不信邪的精神。

在中国特色社会主义开创时期,中国人民总体上展现出自由开放、积极向上、担当奉献、拼搏进取的心理特征。民众的政治心态由原来的紧张状态,转变为一种自由舒畅,生动活泼的状态。人们的积极性和创造性得到充分激发,对未来充满理想,对国家敢于担当,对工作生活充满乐观自信,成为普遍的心态。在建设四个现代化的奋斗目标和经济政治改革的推动下,中国人的拼搏干劲被有力地调动起来,表现出时不我待、奋发进取的心态。

在中国特色社会主义发展时期,中国社会的转型进一步深化,随着经济高速发展,主流政治心态呈现出更加自信、开拓进取的特征。同时,社会分化日益加大,社会阶层进一步分化,政治心态呈现出复杂化和多元化的一面。随着中国综合国力和人民生活水平的提升,各阶层对国家发展、社会制度和生活状况显示出更强的信心。这一时期,中国面临着国际、国内多重挑战和困难,在应对这些挑战和困难的过程中,中国人民开拓进取、攻坚克难、爱国主义等精神继续被不断地激发出来。

中共十九大提出,要加强社会心理服务体系建设,培育自尊自信、理性平和、积极向上的社会心态。在中国特色社会主义新时代时期,中国人民呈现出更加自信、担当、奋斗的政治心态。中国共产党和中国人民对中国特色社会主义的自信由原来的"三个自信"发展为"四个自信",即道路自信、理论自信、制度自信、文化自信。为了推进中国特色社会主义伟大事业,实现"两个一百年"奋斗目标和中华民族伟大复兴中国梦,中国共产党突出强调全党要强化担当意识。这一时期,中国共产党对奋斗做出了深刻的理论阐述,赋予其崭新的政治内涵,把奋斗作为一种价值观、政治观、人生观,使党员干部和人民群众把奋斗与新时代、新目标紧密联系起来。

二、社会主义政治制度文明

政治制度文明是政治文明的重要组成部分,具有根本性、全局性、稳定性和长期性的特征,居于关键和核心地位,反映的是政治上层建筑的进步状态。中华人民共和国成立后,中国社会主义制度经过创建、曲折、改革、建设历程,社会主义根本政治制度、基本政治制度和具体政治制度不断发展完善,为新中国取得历史性成就提供了有力保障。

在社会主义过渡时期,中国共产党结合中国的社会历史文化传统和现实国情,借鉴其他各国政治制度文明成果,确立了社会主义基本制度,确立了中华人民共和国的国体和政体,建立了人民代表大会制度、中国共产党领导下的多党合作和政治协商制度、民族区域自治制度等政治制度,确立了与人民民主专政的国体相适应的政治制度体系。中华人民共和国成立初期,按照人民民主专政国家性质的内在要求,在中国共产党的领导下,《中华人民共和国宪法》被制定出来,其规定了国家的性质和政治制度。1954年9月,第一届全国人民代表大会第一次会议召开,《中华人民共和国宪法》和一系列组织法的通过,标志人民代表大会制度立法程序最终完成和国家根本政治制度最终形成。1949年,政治协商会议的召开和《共同纲领》中的相关规定,"表明了中国共产党领导的多党合作和政治协商这一具有中国特色的基本政治制度的确立"①。随着社会主义改造的基本完成,中国共产党"把共产党领导下的多党合作、政治协商,进一步

---

① 梁柱.论社会主义三大基本政治制度的形成与完善[N].光明日报,2004-08-31.

提升为必须长期坚持的基本政治制度"①。中华人民共和国成立初期,国家通过国家根本大法的形式,确立了民族区域自治制度是中国的一项基本政治制度,成为我国社会主义民主政治制度中的一项重要内容,保证各少数民族在聚居的地方,都能真正行使自治权。

在社会主义建设时期,政治制度文明的积极成果主要体现在中共八大前后和20世纪60年代初调整时期,中国共产党对政治关系、领导体制、党的建设、行政体制的有益探索。中国共产党在民主集中制方面进行了有效探索,在人民内部,不可以没有自由,也不可以没有纪律;不可以没有民主,也不可以没有集中。这种民主和集中的统一,自由和纪律的统一,强调在总结正反两个方面的经验的基础上,必须健全党的民主集中制。在处理中央和地方关系上,形成了党中央注重调动中央和地方两个积极性,给地方以更大的自主权,妥善处理中央和地方两个积极性,目的就是调动一切积极因素,服务社会主义建设。这一时期,人民代表大会制度在曲折中发展,行政管理体制进一步加强集中统一领导;人民公社被作为建成社会主义和逐步向共产主义过渡的最好组织形式和发展成为未来共产主义社会的基层单位而迅速建立起来。农村人民公社制度一方面有着难以逾越和克服的制度缺陷,同时它又是我国农村社会发展史上持续时间最长、影响深远的农村社会制度。从一定意义上,家庭联产责任制被认为是对农村人民公社历史遗产的扬弃。②

在中国特色社会主义开创时期,中国共产党把制度建设置于空前高度加以重视和推进,对"文化大革命"破坏的政治制度进行了恢复,在此基础上就如何健全完善社会主义政治制度进行了积极探索。中国共产党针对"文化大革命"期间政治制度的破坏性影响,旗帜鲜明地坚持四项基本原则,对中华人民共和国成立以来建立的社会主义基本政治制度进行恢复和完善,为改革开放和现代化建设提供了根本保证。四项基本原则,即第一必须坚持社会主义道路,第二必须坚持无产阶级专政,第三必须坚持共产党的领导,第四必须坚持马克思列宁主义毛泽东思想。中共十四大将四项基本原则确定为立国之本,体现了中国共产党对社会主义革命和建设历史经验的清醒认识,确立了保持党和国家团结、稳定、发展、进步的重要政治基础。这一时期,作为根本政治制度的人民代

---

① 高宝柱.确立新中国的完整政治制度:毛泽东与中国社会主义建设概论之九[J].党史文汇,2003(9).
② 辛逸.试论人民公社的历史地位[J].当代中国史研究,2001(03):27-40.

表大会制度得以恢复和完善。邓小平一再强调,必须坚持人民代表大会制度,这个制度有着很大的优越性,要保持住这一优势。在恢复人大工作的同时,国家采取一系列举措完善人民代表大会制度。在中国共产党领导的多党合作和政治协商制度方面,国家进一步完善了工作方针,明确了这一制度在国家基本政治制度中的地位,多党合作工作不断取得新发展并走向制度化、规范化。这一时期,中国共产党提出了政治体制改革的必要性、任务目标和主要内容,并进行了积极的实践探索。这一时期,法制在政治制度中的突出地位得以确立,成为政治制度文明中的一大亮点和特色。通过对"文化大革命"的反思,中国共产党深刻认识到法制建设的重要性,法制被赋予了前所未有的政治价值,社会主义法制建设的基本方针得以确立,社会主义法制不断健全。这一时期,国家制度的一项重大创新就是提出了"一国两制"构想,并在解决香港问题的过程中得以成功实践。

在中国特色社会主义发展时期,中国政治制度进一步完善,政治体制改革渐进深化。党和国家对人民代表大会制度的认识进一步深化,强调人民代表大会制度是中国人民当家做主的重要途径和最高实现形式,是中国社会主义政治文明的重要制度载体,是中国社会主义民主政治最鲜明的特点。人民代表大会制度不断完善,作用日益增强。中国共产党领导的多党合作和政治协商制度进一步制度化,首次将共产党领导的多党合作和政治协商制度概括为社会主义政党制度,明确提出我国政党制度的总体格局,政治协商、参政议政、民主监督职能得到更好发挥,明确了社会主义协商民主是我国人民民主的重要形式。为适应建设社会主义市场经济体制的需要,按照"转变职能、理顺关系、精兵简政、提高效率"的目标,我国继续推进行政体制改革和政府机构改革,其中先后实施了1993年、1998年、2003年、2008年四次政府机构改革。这一时期,与社会主义市场经济总体布局相适应,中国共产党提出建设社会主义法治国家的目标,建立起了中国特色社会主义法律体系。这一时期,基层民主政治制度更加完善,基层民主的内容得到进一步拓展,民主的实现形式得到进一步丰富,既有选举民主、协商民主,又有自治民主。

在中国特色社会主义新时代时期,中国特色社会主义制度更加完善,国家治理体系和治理能力现代化水平明显提高;中国共产党和人民对社会主义制度更加自信;坚持和完善党的领导制度体系,把党的领导落实到国家治理的各领域、各方面、各环节。这一时期,中国共产党坚持和完善人民当家做主制度体系,推进人民代表大会制度的理论创新与新实践。中国共产党领导的多党合作和政治协商制度不断完善。民族区域自治法治体系建设得到加强,中国坚持和完善民族区域自治制度。以习近平同志为核心的党中央实施全面依法治国战略,对加强社会主义民主法治建设提出了一系列新理念新思想新要求,"全面依法治国"成为习近平新时代中国特色社会主义思想的重要组成部分,是新时代坚持和发展中国特色社会主义的基本方略,明确"建设中国特色社会主义法治体系,建设社会主义法治国家"作为全面推进依法治国的总目标。这一时期,中国统筹推进党和国家机构改革、行政体制改革,明确了改革的目标要求和战略部署;坚决贯彻落实"一国两制"方针政策"不改变、不动摇"的基本原则,始终坚持"坚定不移""全面准确"地贯彻"一国两制",依法治港治澳不断形成制度成果;把权力关进制度的笼子,落实全面从严治党,强化党内监督,健全党和国家监督体系,系统构建社会主义国家权力运行监督机制。

三、社会主义政治行为文明

"政治行为是政治关系的直接动态表现。"①中国政治行为主体是中国共产党和国家以及构成国家的主要机构,而最广泛意义的政治行为主体是人民群众。中国社会主义政治行为文明是党领导人民群众,建设社会主义民主政治,发展社会主义政治文明,治理国家的系列行为,包括"坚持党的领导、人民当家作主、依法治国有机统一,积极发展全过程人民民主,健全全面、广泛、有机衔接的人民当家作主制度体系,构建多样、畅通、有序的民主渠道,丰富民主形式,从各层次各领域扩大人民有序政治参与,使各方面制度和国家治理更好体现人民意志、保障人民权益、激发人民创造"②。

在社会主义过渡时期,中国共产党和国家的政治行为主要有"巩固新的国家政权""完成社会主义革命""开展'三反''五反'""开展整风整党运动"等。中华人民共和国成立后,中国共产党带领中国人民通过肃清国民党军队的后期作战,收回主权,抗美援朝,进行土地革命和企业民主改革,消除社会丑恶现象,恢复国民经济,巩固新的国家政权。这一时期的重要任务是向社会主义过渡,基

---

① 王浦劬.政治学基础[M].北京:北京大学出版社,2006:113.
② 中共中央关于党的百年奋斗重大成就和历史经验的决议[N].人民日报,2021-11-17(1).

于当时对社会主义的认识,中国共产党提出了社会主义过渡时期的总路线,概括而言就是"一体两翼""一化三改",即实现社会主义工业化是总路线的主体,实现农业、手工业以及资本主义工商业的社会主义改造(即"三改")是总路线的两翼。大规模经济建设和工业化取得了巨大成就,社会主义改造基本完成,私有制被公有制取代,国民经济结构发生了根本性变化,这些标志着社会主义制度在中国基本建立。在短短几年时间,中国就完成了社会主义革命,但并没有引起社会的急剧动荡,也没有使生产力受到大的破坏,反而在经济建设上取得了巨大成就,在社会主义公有制的基础上巩固了社会主义政治制度,同时也为进一步发展社会主义民主和法制开辟了道路。"三反""五反"运动、整风整党运动,是取得政权后中国共产党着手整理基层组织加强自身建设的重要举措,清除了干部队伍中的贪污腐败分子,产生了很好的教育干部效果,树立了干部的良好作风,进一步解决了党内思想不纯和组织不纯的问题。

在社会主义建设时期,中国共产党和政府的政治行为主要围绕"正确处理人民内部矛盾""开展整风运动和反右派斗争""反对帝国主义和霸权主义"等主题展开。在1957年年初,党中央和毛主席提出了正确处理人民内部矛盾问题。为了正确处理人民内部矛盾,毛泽东提出了"团结—批评—团结"的总方针,以及解决这些矛盾的具体方针政策。全党整风是中共八大提出来的,目的是克服主观主义、官僚主义、宗派主义的思想和作风,前期主要还是为了通过和缓的方式正确处理人民内部矛盾,后来为了反对右派对共产党执政、社会主义制度进行攻击的言论,中国共产党发起反右派斗争。这一时期,世界局势"大动荡、大分化、大改组",社会主义阵营与帝国主义阵营相对抗的国际格局逐步演变为美苏两强争霸。中国高举"反帝"旗帜,反对苏联霸权主义,加强同亚非拉国家的团结合作,支持各国人民的正义斗争,使中国经受住了险恶国际形势的严峻考验。

在中国特色社会主义开创时期,中国共产党形成了社会主义初级阶段的基本路线,坚持以经济建设为中心,坚持四项基本原则,坚持改革开放,在政治行为文明方面最突出的内容是拨乱反正和改革开放。拨乱反正是这一时期中国共产党推进改革开放、开创中国特色社会主义等一系列政治行为的开端,旨在纠正"文化大革命"期间的社会政治乱象,正确评价毛泽东的历史地位和毛泽东思想,推进社会主义现代化建设。经过开展真理标准问题大讨论、召开中共十一届三中全会、通过《关于建国以来党的若干历史问题的决议》、召开中共十二大，拨乱反正任务完成。改革开放是党和人民大踏步赶上时代的重要法宝，是坚持和发展中国特色社会主义的必由之路，是决定当代中国命运的关键一招。改革开放从中共十一届三中全会起步，中共十二大以后全面展开，经历了从农村改革到城市改革，从经济体制的改革到各方面体制的改革，从对内搞活到对外开放的历史进程。改革开放使得中国共产党摆脱了许多思想上和体制上的禁锢，调动起广大人民群众的积极性，使社会主义充满活力。

中国特色社会主义发展时期，是正值跨越21世纪的时期，《人民日报》元旦社论记述了中国建立社会主义市场经济体制、确立社会主义初级阶段的基本纲领、祖国统一大业取得重大新进展、改善民生等方面的重大举措。这一时期，中国共产党把建立社会主义市场经济体制确立为经济体制改革的目标，这不仅是中国经济领域的重大突破，同时也是社会主义政治领域的一项重大突破。中共十五大确立了中国社会主义初级阶段的基本纲领。这是在中共十三大确定社会主义初级阶段基本路线、中共十四大确立中国经济体制改革目标是建立社会主义市场经济后，中国共产党探索社会主义客观规律过程中取得的又一重要成果，表明党的基本路线中确定的建设富强、民主、文明的社会主义国家这一基本目标已经具体化。在跨世纪的特殊历史时期，着眼于21世纪的发展，中国共产党先后提出了实现中国发展的几个重要发展战略，主要是实施可持续发展战略、科教兴国战略、"走出去"战略。这一时期，祖国统一大业取得重大新进展，"一国两制"构想得以实现，中国顺利对香港、澳门恢复行使主权。这一时期，在第二代中央领导集体开创的党的建设新的伟大工程的基础上，党中央继续推进党的建设新的伟大工程，加强党的执政能力建设，提高党的领导水平和执政水平，把中国特色社会主义推向21世纪。中国共产党进一步聚焦解决民生问题，推动经济社会协调发展，更加注重解决发展不平衡问题，更加注重发展社会事业：城乡就业持续扩大，居民收入较快增长，家庭财产稳定增加，衣食住行用条件明显改善，城乡最低生活保障标准和农村扶贫标准大幅提升，企业退休人员基本养老金持续提高。

中共十八大以来，中国共产党实施治国理政新思想新战略新实践，出台一系列重大方针政策，推出一系列重大举措，推进一系列重大工作，解决了许多长期想解决而没有解决的难题，办成了许多过去想办而没有办成的大事，推动党和国家事业发生历史性变革。党中央统筹推进"五位一体"总体布局、协调推进"四个全面"战略布局,"十二五"规划胜利完成,"十三五"规划顺利实施。"四个全面"战略布局,包括全面建成小康社会、全面深化改革、全面依法治国和全面从严治党四个方面。"四个全面"战略布局,确立了新形势下党和国家各项工作的战略目标和战略举措,为实现"两个一百年"奋斗目标、实现中华民族伟大复兴的中国梦提供了理论指导和实践指南,是中国共产党在新形势下治国理政的总方略。

《人民日报》元旦社论话语反映了社会主义政治文明发展的主要脉络,呈现了社会主义政治文明的基本形象,展示了构建新中国社会主义政治文明共同体的历史进程。同时,我们也看到,《人民日报》元旦社论对新中国社会主义政治文明的话语构建,首先是一种思想观念上的构建。社会主义政治文明不仅是一种想象的共同体,更是一种与生活在社会共同体中的最广大人民群众现实生活密切相关的利益上、制度上和行为上的命运共同体。

附录
《人民日报》元旦社论篇名
（1949—2020）

1949 年 《将革命进行到底》

1950 年 《完成胜利，巩固胜利迎接一九五〇年元旦》

1951 年 《在伟大爱国主义旗帜下巩固我们的伟大祖国》

1952 年 《以高度的信心和坚强的意志迎接一九五二年》

1953 年 《迎接一九五三年的伟大任务》

1954 年 《一切为了实现国家的总路线》

1955 年 《迎接一九五五年的任务》

1956 年 《为全面地提早完成和超额完成五年计划而奋斗》

1957 年 《新年的展望》

1958 年 《乘风破浪》

1959 年 《迎接新的更伟大的胜利》

1960 年 《展望六十年代》

1961 年 《团结一致，依靠群众，争取世界和平和国内社会主义建设的新胜利》

1962 年 《新年献词》

1963 年 《巩固伟大成绩，争取新的胜利》

1964 年 《乘胜前进》

1965 年 《争取社会主义事业新胜利的保证》

1966 年	《迎接第三个五年计划的第一年——一九六六年》
1967 年	《把无产阶级文化大革命进行到底》
1968 年	《迎接无产阶级文化大革命的全面胜利》
1969 年	《用毛泽东思想统帅一切》
1970 年	《迎接伟大的七十年代》
1971 年	《沿着毛主席革命路线胜利前进》
1972 年	《团结起来,争取更大的胜利》
1973 年	《新年献词》
1974 年	《元旦献词》
1975 年	《新年献词》
1976 年	《世上无难事,只要肯登攀》
1977 年	《乘胜前进》
1978 年	《光明的中国》
1979 年	《把主要精力集中到生产建设上来》
1980 年	《迎接大有作为的年代》
1981 年	《在安定团结的基础上,实现国民经济调整的巨大任务》
1982 年	《一年更比一年好,定叫今年胜去年》
1983 年	《为我们的伟大事业增添新的光彩》
1984 年	《勇于开创新局面》
1985 年	《和衷共济搞四化》
1986 年	《让愚公精神满神州》
1987 年	《坚持四项基本原则是搞好改革、开放的根本保证》
1988 年	《迎接改革的第十年》
1989 年	《同心同德,艰苦奋斗》
1990 年	《满怀信心迎接九十年代》
1991 年	《为进一步稳定发展而奋斗》
1992 年	《在改革开放中稳步发展》
1993 年	《团结奋进》
1994 年	《艰苦奋斗,再创辉煌》
1995 年	《总揽全局,乘势前进》

1996 年　《满怀信心夺取新胜利》

1997 年　《把握大局,再接再厉,同心同德,开拓前进》

1998 年　《在十五大精神指引下胜利前进》

1999 年　《团结奋斗,创造新业绩》

2000 年　《迎接新世纪的曙光》

2001 年　《迈进光辉灿烂的新世纪》

2002 年　《迈出中华民族伟大复兴的新步伐》

2003 年　《共创幸福生活美好未来》

2004 年　《为全面建设小康社会提供坚强的人才保证》

2005 年　《迈出全面建设小康社会的新步伐》

2006 年　《伟大的开局之年》

2007 年　《科学发展的道路越走越宽广》

2008 年　《迎接伟大的 2008 年》

2009 年　《描绘更新更美的图画》

2010 年　《迎接奋发有为的 2010 年》

2011 年　《在把握机遇中迎接下一个十年》

2012 年　《迈向充满希望的 2012》

2013 年　《让我们一起成就梦想》

2014 年　《让今天的改革为明天铺路》

2015 年　《为明天共筑长青基业》

2016 年　《新开局要有新作为》

2017 年　《不忘初心　逐梦前行》

2018 年　《我们的新时代　历史的新光荣》

2019 年　《创造无愧于伟大新时代的新辉煌》

2020 年　《决胜全面小康　迈向新的征程》

参考文献

一、中文·政治哲学历史社会学类

1.中共中央马克思恩格斯列宁斯大林著作编译局.马克思恩格斯文集:第一卷[M].北京:人民出版社,2009.

2.中共中央马克思恩格斯列宁斯大林著作编译局.马克思恩格斯文集:第二卷[M].北京:人民出版社,2009.

3.中共中央马克思恩格斯列宁斯大林著作编译局.马克思恩格斯文集:第三卷[M].北京:人民出版社,2009.

4.中共中央马克思恩格斯列宁斯大林著作编译局.马克思恩格斯文集:第八卷[M].北京:人民出版社,2009.

5.中共中央马克思恩格斯列宁斯大林著作编译局.马克思恩格斯全集:第一卷[M].北京:人民出版社,2002.

6.中共中央马克思恩格斯列宁斯大林著作编译局.马克思恩格斯全集:第七卷[M].北京:人民出版社,2016.

7.中共中央马克思恩格斯列宁斯大林著作编译局.马克思恩格斯全集:第四十二卷[M].北京:人民出版社,2016.

8.中共中央马克思恩格斯列宁斯大林著作编译局.列宁选集:第三卷[M].北京:人民出版社,2012.

9.中共中央马克思恩格斯列宁斯大林著作编译局.列宁全集:第五十五卷[M].北京:人民出版社,1990.

10.毛泽东.毛泽东选集:第一卷[M].北京:人民出版社,1991.

11.毛泽东.毛泽东选集:第二卷[M].北京:人民出版社,1991.

12.毛泽东.毛泽东选集:第三卷[M].北京:人民出版社,1991.

13.毛泽东.毛泽东选集:第四卷[M].北京:人民出版社,1991.

14.中共中央文献研究室.毛泽东文集:第一卷[M].北京:人民出版社,1993.

15.中共中央文献研究室.毛泽东文集:第二卷[M].北京:人民出版社,1993.

16.中共中央文献研究室.毛泽东文集:第三卷[M].北京:人民出版社,1996.

17.中共中央文献研究室.毛泽东文集:第四卷[M].北京:人民出版社,1996.

18.中共中央文献研究室.毛泽东文集:第五卷[M].北京:人民出版社,1996.

19.中共中央文献研究室.毛泽东文集:第六卷[M].北京:人民出版社,1999.

20.中共中央文献研究室.毛泽东文集:第七卷[M].北京:人民出版社,1999.

21.中共中央文献研究室.毛泽东文集:第八卷[M].北京:人民出版社,1999.

22.毛泽东.建国以来毛泽东文稿:第一册[M].北京:中央文献出版社,1987.

23.毛泽东.建国以来毛泽东文稿:第四册[M].北京:中央文献出版社,1990.

24.毛泽东.建国以来毛泽东文稿:第六册[M].北京:中央文献出版社,1992.

25.毛泽东.建国以来毛泽东文稿:第七册[M].北京:中央文献出版社,1992.

26.毛泽东.建国以来毛泽东文稿:第九册[M].北京:中央文献出版社,1996.

27.毛泽东.建国以来毛泽东文稿:第十册[M].北京:中央文献出版社,1996.

28.毛泽东.建国以来毛泽东文稿:第十一册[M].北京:中央文献出版社,1996.

29.毛泽东.建国以来毛泽东文稿:第十二册[M].北京:中央文献出版社,1998.

30.周恩来.周恩来选集:下卷[M].北京:人民出版社,1984.

31.朱德.朱德选集[M].北京:人民出版社,1983.

32.刘少奇.刘少奇选集:下卷[M].北京:人民出版社,1985.

33.邓小平.邓小平文选:1975—1982[M].北京:人民出版社,1994.

34.邓小平.邓小平文选:第一卷[M].北京:人民出版社,1994.

35.邓小平.邓小平文选:第二卷[M].北京:人民出版社,1994.

36.邓小平.邓小平文选:第三卷[M].北京:人民出版社,1993.

37.中共中央文献研究室.邓小平年谱(1975—1997):上[M].北京:中央文献出版社,1998.

38.中共中央文献研究室.邓小平年谱(1975—1997):下[M].北京:中央文献出版社,2004.

39.中共中央文献研究室.邓小平思想年谱:1975—1979[M].北京:中央文献出版社,1998.

40.江泽民.江泽民文选:第一卷[M].北京:人民出版社,2006.

41.江泽民.江泽民文选:第二卷[M].北京:人民出版社,2006.

42.江泽民.江泽民文选:第三卷[M].北京:人民出版社,2006.

43.习近平.习近平谈治国理政[M].北京:外文出版社,2014.

44.习近平.习近平谈治国理政:第二卷[M].北京:外文出版社,2017.

45.中共中央党史研究室.中国共产党简史[M].北京:中共党史出版社,2009.

46.中共中央党史研究室.中国共产党历史:第二卷[M].中共党史出版社,2011.

47.胡绳.中国共产党的七十年[M].北京:中共党史出版社,1991.

48.当代中国研究所.中华人民共和国史稿[M].北京:人民出版社,2012.

49.郑谦.中华人民共和国史:1966—1976[M].北京:人民出版社,2010.

50.伍国友.中华人民共和国史:1977—1991[M].北京:人民出版社,2010.

51.陈述.中华人民共和国史:1992—2002[M].北京:人民出版社,2010.

52.柳建辉.中华人民共和国史:2002—2009[M].北京:人民出版社,2010.

53.中共中央办公厅.中国共产党第八次全国代表大会文献[M].北京:人民出版社,1957.

54.中共中央文献研究室.三中全会以来重要文献选编:上[M].北京:人民出版社,1982.

55.中共中央文献研究室.建国以来重要文献选编:第四册[M].北京:中央文献出版社,1993.

56.中共中央文献研究室.建国以来重要文献选编:第五册[M].北京:中央文献出版社,1993.

57.中共中央文献研究室.十三大以来重要文献选编[M].北京:人民出版社,1991.

58.中共中央文献研究室.十四大以来重要文献选编[M].北京:人民出版社,1997.

59.中共中央文献研究室.十五大以来重要文献选编[M].北京:人民出版社,2000.

60.中共中央文献研究室.十六大以来重要文献选编[M].北京:中央文献出版社,2008.

61.本书编写组.十一届三中全会以来历次党代会、中央全会报告公报决议决定[M].北京:中国方正出版社,2008.

62.《中国共产党历次党章汇编》编委会.中国共产党历次党章汇编:1921—2012[M].北京:中国方正出版社,2012.

63.薄一波.若干重大决策与事件的回顾[M].北京:中共中央党校出版社,2008.

64.高清海.马克思主义哲学基础[M].北京:人民出版社,1987.

65.李秀林.辩证唯物主义和历史唯物主义原理[M].北京:中国人民大学出版社,2004.

66.陈占安.马克思主义经典著作选编导读[M].北京:北京大学出版社,2002.

67.王浦劬.政治学基础[M].2版.北京:北京大学出版社,2006.

68.虞崇胜.政治文明论[M].武汉:武汉大学出版社,2003.

69.王沪宁.政治的逻辑:马克思主义政治学原理[M].上海:上海人民出版社,2004.

70.学习时报编辑部.社会主义政治文明论[M].杭州:浙江人民出版社,2003.

71.齐鹏飞,温乐群.20世纪的中国:走向现代化的历程(政治卷1949—2000)[M].北京:人民出版社,2010.

72.李延明,刘青建,杨海蛟.马克思恩格斯政治学说研究[M].北京:人民出版社,2002.

73.韩冬雪.马克思主义政治哲学诸范畴初探[M].长春:吉林出版集团有限责任公司,2007.

74.李德顺.走向民主法治:当代中国政治文明的价值体系初探[M].北京:法律出版社,2011.

75.杨海蛟.新世纪 新拓展:政治学理论研究概观[M].北京:世界知识出版社,2009.

76.杨光斌.政治变迁中的国家和制度[M].北京:中央编译出版社,2011.

77.林尚立.建构民主:中国的理论、战略与议程[M].上海:复旦大学出版社,2012.

78.胡鞍钢.第二次转型国家制度建设[M].北京:清华大学出版社,2009.

79.胡鞍钢.中国政治经济史论:1949—1976[M].北京:清华大学出版社,2007.

80.王绍光.国家治理[M].北京:中国人民大学出版社,2014.

81.王绍光.安邦之道:国家转型的目标与途径[M].北京:生活·读书·新知三联书店,2007.

82.王绍光.民主四讲[M].北京:生活·读书·新知三联书店,2008.

83.郑永年.改革及其敌人[M].杭州:浙江出版联合集团,2011.

84.郑永年.中国改革三步走[M].北京:东方出版社,2012.

85.邓正来.国家与社会[M].北京:北京大学出版社,2008.

86.上海市社会科学界联合会.马克思主义与中国百年变迁:第三十五卷[M].上海:上海人民出版社,2011.

87.叶长茂,虞崇胜.制度转轨的政治艺术:当代中国渐进式政治发展研究[M].武汉:武汉大学出版社,2009.

88.周全华.中国政治现代转型的轨迹[M].北京:人民出版社,2012.

89.王智.当代中国政治结构变迁:以执政党为中心的政党—政府—社会[M].北京:中国社会科学出版社,2010.

90.王中汝.经济、社会与国家历史唯物主义视域内的社会变迁[M].北京:人民出版社,2011.

91.李景治,熊光清.当代中国政治发展与制度创新[M].北京:中国人民大学出版社,2009.

92.黄宗良,黄南平.党的执政能力与政治文明[M].上海:上海人民出版社,2008.

93.段志超,邱小玲.中国共产党与社会主义政治文明论略[M].天津:天津人民出版社,2009.

94.梁昱庆,周建胜.党的三代领导人与社会主义政治文明建设[M].成都:四川大学出版社,2010.

95.许超.新中国行政体制沿革[M].北京:世界知识出版社,2012.

96.楚成亚.变迁、分化与整合:当代中国政治文化实证研究[M].济南:山东大学出版社,2010.

97.王俊秀,杨宜音.中国社会心态研究报告:2012—2013[M].北京:社会科学文献出版社,2013.

98.李培林,李强,孙立平.中国社会分层[M].北京:社会科学出版社,2004.

99.汝信,陆学艺,李培林.2012年中国社会形势分析与预测[M].北京:社会科学文献出版社,2012.

100.房宁.中国政治参与报告[M].北京:社会科学文献出版社,2011.

101.朱育和.当代中国意识形态情态录[M].北京:清华大学出版社,1997.

二、中文·新闻传播学类

1.邵培仁.政治传播学[M].南京:江苏人民出版社,1991.

2.郭庆光.传播学教程[M].北京:中国人民大学出版社,1999.

3.邵培仁.传播学[M].北京:高等教育出版社,2000.

4.陈力丹.马克思主义新闻学词典[M].北京:中国广播电视出版社,2002.

5.陈卫星.传播的观念[M].北京:人民出版社,2004.

6.李元书.政治体系中的信息沟通[M].郑州:河南人民出版社,2005.

7.赵月枝.传播与社会:政治经济与文化分析[M].北京:中国传媒大学出版社,2011.

8.支永碧.基于语料库的政治话语语用预设研究[M].苏州:苏州大学出版社.2010.

9.张昆.政治传播与历史思维[M].武汉:华中科技大学出版社,2010.

10.袁军.新闻媒介通论[M].北京:北京广播学院出版社,2000.

11.张友渔.张友渔新闻学论文选[M].北京:新华出版社,1988.

12.秦珪,胡文龙.新闻评论学[M].北京:中国人民大学出版社,1987.

13.丁法章.新闻评论教程[M].上海:复旦大学出版社,2002.

14.王晓明.轨迹:从元旦社论看中国的发展[M].哈尔滨:黑龙江人民出版社,2009.

15.刘华蓉.大众传媒与政治[M].北京:北京大学出版社,2011.

16.纪程.话语政治[M].北京:中国社会科学出版社,2011.

17.张晓峰,赵鸿燕.政治传播研究:理论、载体、形态、符号[M].北京:中国传媒大学出版社,2011.

18.杨正联.话语与过程[M].北京:社会科学文献出版社,2011.

19.文贵良.话语与生存[M].上海:上海世纪出版集团,2007.

20.陈晓明.解构的踪迹:历史、话语与主体[M].北京:中国社会科学出版社,1994.

21.陈月明.使命与主体:《人民日报》社论(1949—2008)的话语呈现[M].上海:复旦大学出版社,2013.

22.丁云亮.阶级话语的叙述与表象[M].合肥:安徽师范大学出版社,2010.

23.刘学义.话语权转移:转型时期媒体言论话语权实践的社会路径分析[M].北京:中国传媒大学出版社,2008.

24.中共中央文献研究室,新华通讯社.毛泽东新闻工作文选[M].北京:新华出版社,1983.

25.丁柏铨.执政党与大众传媒基于党的执政能力研究[M].南京:凤凰出版传媒集团,2010.

26.冯健.中国新闻实用大辞典[M].北京:新华出版社,1996.

27.谷长岭,俞家庆.中国新闻事业史参考资料[M].北京:中国广播电视大学出版社,1987.

28.刘大保.社论写作[M].北京:中国广播电视出版社,2000.

29.刘学谦.社会主义群体凝聚力学[M].北京:红旗出版社,1991.

三、译著

1.麦克法夸尔,费正清.剑桥中华人民共和国史:上卷 革命的中国的兴起 1949—1965年[M].谢亮生,等译.北京:中国社会科学出版社,1990.

2.麦克法夸尔,费正清.剑桥中华人民共和国史:下卷 中国革命内部的革命 1966—1982年[M].俞金戈,等译.北京:中国社会科学出版社,1992.

3.李侃如.治理中国:从革命到改革[M].胡国成,赵梅,译.北京:中国社会科学出版社,2010.

4.波格丹诺.布莱克维尔政治制度百科全书[M].邓正来,译.北京:中国政法大学出版社,2011.

5.维纳.控制论[M].郝季仁,译.北京:科学出版社,1962.

6.福柯.知识考古学[M].谢强,译.北京:生活·读书·新知三联书店,2007.

7.阿尔蒙德,鲍威尔.比较政治学:体系、过程和政策[M].曹沛霖,等译.北京:东方出版社,2007.

8.伊斯顿.政治生活的系统分析[M].王浦劬,译.北京:人民出版社,2012.

9.罗尔斯.正义论[M].何怀宏,等译.北京:中国社会科学出版社,1988.

10. 罗尔斯.政治自由主义[M].万俊人,译.南京:译林出版社,2011.

11. 亨廷顿.变化社会中的政治秩序[M].王冠华,等译.上海:上海世纪出版集团,2008.

12. 麦克莱伦.马克思以后的马克思主义[M].3版.李智,译.北京:中国人民大学出版社,2004.

13. 施特劳斯.政治哲学史[M].3版.李洪润,等译.北京:法律出版社,2009.

14. 海贝勒.从群众到公民:中国的政治参与[M].张文红,译.北京:中央编译出版社,2009.

15. 桑德尔.公正该如何做是好?[M].北京:中信出版社,2011.

16. 海伍德.政治学[M].张立鹏,译.北京:中国人民大学出版社,2006.

17. 汤森,沃马克.中国政治[M].顾速,等译.南京:凤凰出版传媒集团,2010.

18. 波兰尼.大转型:我们时代的政治与经济起源[M].冯钢,刘阳,译.杭州:浙江人民出版社,2007.

19. 伊格尔顿.马克思为什么是对的[M].李杨,等译.北京:新星出版社,2011.

20. 阿里吉.亚当·斯密在北京:21世纪的谱系[M].路爱国,黄平,译.北京:社会科学文献出版社,2009.

21. 普列汉诺夫.社会主义与政治斗争[M].刘若水,译.北京:生活·读书·新知三联书店,1957.

22. 斯塔尔.毛泽东的政治哲学[M].中共中央文献研究室编辑组,译.北京:中国人民大学出版社,1992.

23. 麦克奈尔.政治传播学引论[M].殷祺,译.北京:新华出版社,2005.

24. 费尔克拉夫.话语与社会变迁[M].殷晓蓉,译.北京:华夏出版社,2003.

25. 亚里士多德.修辞学[M].罗年生,译.上海:上海人民出版社,2005.

26. 李普曼.舆论学[M].林姗,译.北京:华夏出版社,1989.

27. 施拉姆.传播学概论[M].何道宽,译.北京:中国人民大学出版社,2010.

28. 伊尼斯.帝国与传播[M].何道宽,译.北京:中国人民大学出版社,2003.

29. 莫斯可.传播政治经济学[M].胡正荣,等译.北京:华夏出版社,2000.

30. 安德森.想象的共同体:民族主义的起源与散布[M].吴叡人,译.上海:上海世纪出版集团,2005.

31. 本奈特,恩特曼.媒介化政治:政治传播新论[M].董关鹏,译.北京:清华大学出版社,2011.

32. 李特约翰,福斯.人类传播理论[M].9版.史安斌,译.北京:清华大学出版社,2009.

33. 麦格雷.传播理论史:一种社会学的视角[M].刘芳,译.北京:中国传媒大学出版社,2009.

34.芬克.冲击力:新闻评论写作教程[M].柳珊,等译.北京:新华出版社,2002.

35.沃克.报纸的力量:世界十二家大报[M].苏潼均,等译.北京:新华出版社,1997.

四、期刊

1.荆学民,施惠玲.政治与传播的视界融合:政治传播研究五个基本理论问题辨析[J].现代传播,2009(4).

2.荆学民.论中国特色政治传播战略研究的时代背景与现实意义[J].现代传播,2012(2).

3.荆学民,李海涛.论中国特色政治传播中的政治话语[J].青海社会科学,2014(1).

4.荆学民,苏颖.中国政治传播研究的学术路径与现实维度[J].中国社会科学,2014(2).

5.荆学民.大陆政治传播研究亟待政治学深度介入[J].中国社会科学报,2015(689).

6.杨光斌.中国政治发展次序的战略选择:2000—2030[J].当代中国政治研究报告,2011.

7.李景鹏.试论社会主义民主的运行机制和理论基础[J].政治学研究,1988(3).

8.林尚立.社会主义政治文明的历史方位与现实取向[J].马克思主义与现实,2002(4).

9.刘国光.学习毛泽东经济思想拓展强国富民之路[J].经济研究,1993(12).

10.陆学艺.当前中国经济社会形势与社会建设[J].新视野,2011(5).

11.马凯.努力加强和创新社会管理[J].求是,2010(20).

12.许耀桐.关于社会主义政治文明的若干思考[J].国家行政学院学报,2002(5).

13.陈国清.论"八大"前后中共领导集体建设社会主义民主政治的思想[J].中国延安干部学院学报,2012(6).

14.陈述.共和国历史上的伟大转折:论中共十一届三中全会前后的拨乱反正[J]当代中国史研究,1998(2).

15.吴忠民.改革开放以来三十年自由和平等的演进及问题[J].清华大学学报(哲学社会科学版),2011(2).

16.吴忠民.中国现阶段社会矛盾凸显的原因分析[J].马克思主义与现实,2013(6).

17.陈蔚.六十年来中共对中国特色社会主义民主政治的理论探索[J].当代世界与社会主义,2009(5).

18.王维国,谢蒲定.改革开放以来我国人民代表大会制度的发展历程与基本经验[J].政治学研究,2008(6).

19.魏凌云.中国领导体制改革:1978—2008年五次政府机构改革[J].改革与开放,2010(8).

20.谢庆奎.新中国五十年的政治发展[J].理论学习与研究,1999(5).

21.房宁.建设有中国特色的社会主义政治文明[J].北方交通大学学报(社会科学版),2003(3).

22.高宝柱.确立新中国的完整政治制度:毛泽东与中国社会主义建设概论之九[J].党史文汇,2003(9).

23.郭根山.毛泽东的平等观及其历史价值[J].科学社会主义,2006(2).

24.江洪明.中共历代中央领导集体社会公平正义思想演进规律探析[J].理论界,2009(3).

25.何毅亭.改革开放是如何起步和不断前进的?[J].学习与研究,1992(1).

26.高尚全.改革已经到了攻坚阶段[J].人民论坛,2012(3).

27.田海龙.政治语言研究:评述与思考[J].外语教学,2002(1).

28.柯木火.论历史唯物主义的出发点和结构[J].暨南学报(哲学社会科学版),1982(3).

29.吴邦国.形成中国特色社会主义法律体系的重大意义和基本经验[J].求是,2011(3).

30.秋石.辉煌的成就和历史性进步:党的十六大以来的十年[J].求是,2012(16).

31.尹书博,叶春涛.从"斗争哲学"到构建"和谐社会":中共执政理念的新飞跃[J].党史文苑,2007(6).

32.郑言,王冠杰.论中共十六大以来的政治建设与政治发展[J].探索,2012(5).

33.周永红."四个全面"体现中国特色社会主义理论发展新境界[J].中国社会科学报,2015(713).

34.张丽敏,秦晶.近年来国内政治语言研究述评[J].长春大学学报,2014(3).

35.卓尔杰维奇.政治文明[J].哲学译丛,1982(1).

36.阿法纳西耶夫.论政治信息及其传播工具[J].中国广播电视学刊,1989(6).

37.陈庆汉.马克思论语言的本质特征及其意义[J].河南大学学报,2003(6).

38.史安斌,钱晶晶.从"客观新闻学"到"对话新闻学":试论西方新闻理论演进的哲学与实践[J].国际新闻界,2011(12).

39.黄顺铭."镜子"与"探照灯"辨析:对新闻传播学中反映论与建构论的认识思考[J].现代传播,2003(1).

40.蒋晓丽,李玮.从"反映论"到"对话观":论多重语境下新闻的转向[J].湘潭大学学报(哲学社会科学版),2012(6).

41.李建宇.社会主义政治文明建设中的国民政治心态分析[J].河南社会科学,2011(1).

42.曹丽.改革三十年国民政治心态的嬗变[J].理论参考,2008(12).

43.陶季邑.论50年代末急于求成的社会心理[J].华中师范大学学报(哲学社会科学版),1995(3).

44.田心铭.论马克思主义的理论自觉和理论自信[J].马克思主义研究,2012(10).

45.青连斌.领导干部眼中的今明两年社会形势[J].理论前沿,1998(1).

46.谢志强,潘嘉.领导干部对2007年中国社会形势的基本判断[J].中国党政干部论坛,

2007(12).

47.杨丽萍.试论建国初期上海市民的翻身感[J].华东师范大学学报(哲学社会科学版),2006(2).

五、学位论文

1.段炼.从革命型到建设型的民主模式转换:新中国建立以来中国共产党民主政治理论发展历程(1949—2002)[D].北京:中共中央党校,2011.

2.申坤.中国人民代表大会制度的历史变迁研究[D].北京:中共中央党校,2013.

3.崔正进.试论新中国社会主义政治制度的形成和发展(1949—1954年)[D].北京:中国社会科学院,2002.

4.吴自斌.社会发展视域中的政治文明[D].南京:南京师范大学,2004.

5.朱大鹏.社会主义正义观研究[D].兰州:兰州大学,2011.

6.张东.人权理论若干重大问题研究[D].北京:中共中央党校,2009.

7.董宝训.当代中国政治文化研究(1949—1978)[D].济南:山东大学,2009.

8.胡红生.社会心态论[D].武汉:武汉大学,2004.

9.胡春阳.传播的话语分析理论[D].上海:复旦大学,2005.

10.宋黎明.中国共产党政治传播机制研究[D].北京:中共中央党校,2007.

11.陈丽江.文化语境和政治话语[D].上海:上海外国语大学,2007.